JN024930

一流シェフのレシピ大全

本当においしく作れる永久保存の200品

世界文化社

料理を本気で「学びたい」。
いつもの料理を、もっとおいしくしたい。
そんな気持ちにおこたえします。

「料理をおいしく作りたい」「おいしい料理を囲んで楽しい時間を過ごしたい」という声をよく聞くようになりました。そして、少し時間や手間がかかっても、きちんと料理を学びたい、習得したいという人も増えています。おうちで過ごす時間が増え、自分の生き方や暮らしを見直して、ゆっくりと、余裕をもって生活するかたが多くなったこともあるのでしょう。

今の時代、「学び」への関心が高くなっています。この本では和食、天ぷら、フランス料理、イタリア料理、洋食、中国料理、韓国料理、インド料理、計14人のシェフから、ていねいに料理を学びます。お店のキッチンで、シェフから作り方を教わった200品。シェフから学んだ言葉を読者の皆さまと共有したい——そんな思いで、ライブ感が伝わるように誌面を作りました。

プロの仕事には、ひとつひとつに意味があります。この本では作り方の手順に加え、「どうしてそうするの？」という理由や考え方も、シェフたちが説き明かしてくれました。理由がわかれば、理解が深まる。法則がわかれば、料理の幅が広がる。応用がきくから、料理がさらに楽しくなるのです。

いつものハンバーグ、いつもの煮もの、いつものご飯……、シェフの教え通りに作れば、あまりのおいしさに驚くことでしょう。まずは本の通りに作ってみてください。そして気に入った料理を自分のご自慢レシピにするもあり、自分好みに応用してオリジナルにするもあり。そんなふうにして、長く作り、楽しみ続けていただけたら本望です。

本書で料理を教えてくださったシェフたち

和食・天ぷら
JAPANESE & TEMPURA

道場六三郎

東京・銀座「銀座ろくさん亭」主人。テレビ番組「料理の鉄人」でも人気を博し、家庭で料理を作る楽しさや食材の可能性を伝えた。2021年、50周年を機に銀座6丁目に移転。92歳を迎えてなお、現役料理人として後進の指導に励み、YouTubeチャンネル「鉄人の台所」でも広く料理の楽しみを教えている。

近藤文夫

東京・銀座「てんぷら近藤」主人。駿河台「山の上ホテル」料理長時代、薄いころもで素材の香りや色を生かす方法を考案し、とくに「野菜の天ぷら」を専門店の味として確立。作家の池波正太郎氏をはじめ多くの文化人にも愛された。1991年に「てんぷら近藤」を開店、その温かい人柄も人気。

野崎洋光

和食料理人。元「分とく山」総料理長。従来の考え方にとらわれない自分の料理哲学を、柔らかい語り口でわかりやすく説く、稀有な料理人。武蔵野栄養専門学校を卒業した栄養士でもあり、常に家庭料理の大切さや家庭でしか作れないおいしさ、そして料理を食べて健康に、を唱えている。

腕
舌
遊び心
賛否両論
笠原将弘

笠原将弘

東京・恵比寿「賛否両論」店主。「正月屋 吉兆」で9年間修業し、実家の鶏料理店を継ぐ。2004年に「賛否両論」を開店、たちまち人気店に。テレビや雑誌、書籍などを通じ、明快な理論で、家庭の和食を驚くほどおいしくする知恵を伝授。その教え方には定評があり、本書でも惜しみなく披露していただいた。

作り手の
思いを伝える
料理
銀座小十
奥田透

奥田 透

東京・銀座「銀座小十」オーナー料理長。静岡、徳島などで修業し、1999年に独立。2003年、銀座に「小十」を開店、2012年に並木通り沿いに移転、20年にわたり日本料理のよさを伝え続ける。とくに「だし」の味を決めるのは水であると、故郷・静岡から湧き水を毎日取り寄せるなど、味の追求はとどまるところがない。

フランス料理
FRENCH

三國清三

帝国ホテルで村上信夫総料理長に学んだあと、駐スイス日本大使館料理長に。フランスとスイスの三ツ星レストランで修業を重ね、1985年「オテル・ドゥ・ミクニ」を開店。2022年末、37年間の営業に幕を閉じた。2025年、同じ場所でカウンター8席の店をオープン予定。YouTubeチャンネルでは簡単な家庭料理を中心に毎日配信、2年足らずで登録30万人を突破した。

洋食
YOSHOKU

舌に味を覚えさせるのが
一番の早道
K. Omiya

大宮勝雄

東京・浅草「レストラン大宮」オーナーシェフ。フランス料理の修業後、26歳でニュージーランドのホテルでスーシェフに。さらにイギリス、フランス、ギリシャ、モロッコなどを車で回り、その土地の料理や文化を学んだ。1982年、地元の浅草に「レストラン大宮」を開店、40年にわたる人気店となる。

塩っぱいのはダメ
塩の薄いのは
もっとダメ
七條清孝

七條清孝

東京・三鷹「レストラン七條」オーナーシェフ。父が始めた洋食店を継ぎながら、四ツ谷のフランス料理店「北島亭」で週1回料理を学び、料理の幅を広げる。定番の海老フライやコロッケ、ステーキなどの他、夜はワインに合うビストロ料理も提供。本書でもフランス料理の手法を使ったワインに合う肉料理を教わる。

イタリア料理
ITALIAN

Come al solito
吉川敏明

吉川敏明

東京・経堂「エル・カンピドイオ」オーナーシェフ。かつて西麻布でオーナーシェフを務めた「カピトリーノ」は、イタリアそのままの雰囲気と味が楽しめるとして、食通が毎夜通った伝説の店。2009年、「エル・カンピドイオ」を開店。イタリア、とくにローマの食について右に出る者はいないイタリア料理の第一人者。

L'ingrediente
più importante
è la passione
西口大輔

西口大輔

東京・白山「ヴォーロ・コズィ」オーナーシェフ。吉川敏明シェフのもとでイタリア料理を学んだあと、2回にわたって計9年間、北イタリアで研鑽を積む。2006年に帰国し、「ヴォーロ・コズィ」を開店。現地の料理を日本でふるまいたいと、イタリアのシェフたちと情報交換を続けながら、日々研究を重ねる。

中国料理
CHINESE

鍛錬千日
勝負一瞬
楽しい食
脇屋友詞

脇屋友詞

東京・赤坂「Wakiya一笑美茶樓」「トゥーランドット臥龍居」「Ginza 脇屋」等、4店舗のオーナーシェフ。上海料理をベースにした洗練された料理を、ひと皿ずつ美しい盛りつけで提供するスタイルを確立し、中国料理に新風を巻き起こした。ワインや中国茶、料理とのマリアージュにも造詣が深い。

温故知新
菰田欣也

菰田欣也

東京・南青山「4000 Chinese Restaurant」オーナーシェフ。「赤坂四川飯店」に入社、グループ店総料理長を経て、2017年、五反田に栄養薬膳師の資格を活かした火鍋専門店を開く。'18年には完全予約制の「4000 Chinese Restaurant」をオープンした。現在、計5店舗のオーナー。

韓国料理
KOREAN

한국요리는 무침과 비빔과
버무림의 손맛이다。
유 향 희

柳香姫

東京・四谷三丁目「妻家房」総料理長、料理研究家。韓国の大邱で生まれ、1985年に来日。ていねいで味わい深い手料理が友人の間で評判となり、'93年、夫の呉永錫さんと「妻家房」を開店。本場の味を日本に広めるとともに、料理教室では家庭料理を教える。この本では本格的なキムチ作りも教わる。

インド料理
INDIA

ナイル善己

東京・銀座「ナイルレストラン」三代目。南インド・ゴア州の五ツ星ホテルで修業を積んで帰国、インド独立活動家の祖父A.M.ナイル氏が開いた「ナイルレストラン」を継ぎ、日々お客様を迎える。作りやすいレシピとおいしさを追求する姿勢に定評があり、雑誌などでも活躍。信条は「NO SPICE NO LIFE」。

CONTENTS
一流シェフのレシピ大全

CHAPTER 1

レジェンドシェフが学んでほしい料理

和食 Japanese
野崎料理長の「学び」

フランス料理 French
三國シェフの「学び」

イタリア料理 Italian
吉川シェフの「学び」

中国料理 Chinese
脇屋シェフの「学び」

奥田料理長の基本 Lesson

CHAPTER 3

人気の洋食・ビストロ・イタリアン

洋食の基本

ワインに合うビストロ料理

おうちで食べたいイタリアン

大宮シェフの基本 Lesson

七條シェフの基本 Lesson

西口シェフの基本 Lesson

CHAPTER 4

作りたくなるチャイニーズ

菰田シェフの基本 Lesson

脇屋シェフの基本 Lesson

韓国の家庭料理

柳香姫さんの基本 Lesson

スパイスをきわめる！インド料理

この本の使い方

きちんとおいしく作るために、
本書のレシピの使いこなし方をご紹介します。

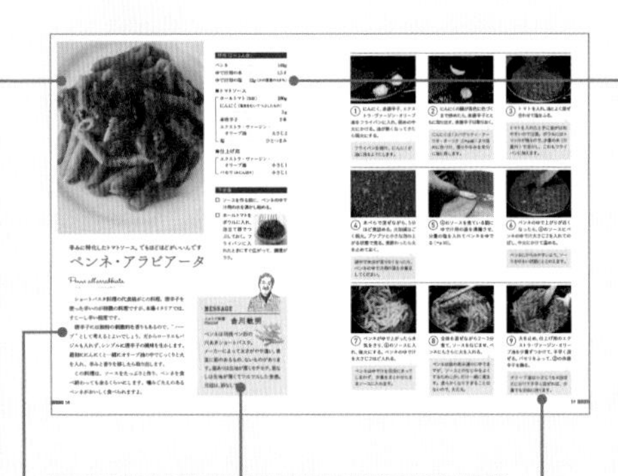

- でき上がり写真は盛りつけ例です。材料表の分量と違うことがあります。
- 温かい料理を盛るときは、お皿も温めておくとよりおいしくいただけます。
- シェフの盛りつけを参考にして、素敵なひと皿にしてみてください。

- 料理名の由来や料理のおいしさ、作るときのコツ、食べ方提案などをご紹介。とくに大切なところは色文字になっていますので、ぜひ注意してご覧ください。

- シェフから読者の皆さまへ、シェフが調理の意味や大切なこと、コツ、食べ方のアイディアなどをお伝えします。お料理上手になるヒントも詰まっています。

- 作り方の下にある囲みでは、シェフの言葉でレシピには書かれていない大切なポイントや意図をお教えします。

- 1カップは200mℓ、1合は180mℓ、大さじ1は15mℓ、小さじ1は5mℓです。
- 塩小さじ1は、さらさらの塩の場合は6g、少しべたっとしてすくったときにすき間のできる塩の場合は5gです。
- ブイヨンや鶏スープは市販のものを分量の湯に溶かして使う場合、塩分が含まれていることが多いので調味料の塩を加減してください。
- 材料表のこしょうは白こしょうのこと、しょうゆは濃口しょうゆのことを指します。黒こしょうやうす口しょうゆの場合は明記しています。酒は清酒、みりんは本みりん、卵はM玉を、生クリームは動物性のものを使用。乳脂肪分は45%前後を基準にしています。
- バターは食塩不使用のものを使っています。食塩使用タイプを使う場合は、塩を加減してください。

レジェンドシェフが学んでほしい料理

和食、フランス料理、イタリア料理、中国料理——
長年、そのジャンルをリードしてきたレジェンドシェフたちから、
今、皆さまに学んでほしい料理を教わりました。

食べて健康！

たんぱく質たっぷり

最強のみそ汁

「旨いだけの時代は終わった」──私はそう思っています。今の料理に必要とされるのは、“おいしくて健康的”だということ。そこで注目される栄養素が、たんぱく質です。たんぱく質はそもそも旨みのかたまりですし、筋肉の素でもあります。

そこでご紹介するのが、みそ汁。しかも大豆製品を4種類も使った“最強”のみそ汁です。“畑の肉”ともいわれる大豆ですが、旨みだけなら肉のほうが強い。でも大豆は植物性でカロリーが低く、よりヘルシーなのです。作り方は簡単です。冷たいところから煮て、煮立ったらでき上がり。野菜やきのこなどを加えて、煮もののようにして、ご飯とちょっとした小鉢を添えれば、健康的な献立になりますよ。

材料（2人分）

- 煮干しのだし汁（→p.15）……300mℓ
- だし汁に使った煮干し……4本
- 豆腐……100g
- 油揚げ（1cm幅の短冊切り）……20g
- 納豆……40g（1パック）
- わかめ（もどしたもの。ざく切り）……20g
- 長ねぎ（小口切り）……3cm分
- みそ……20g

代用食材

□ 納豆がお好きでないかたは、ゆで大豆や麩を入れてもよい。同様にたんぱく質がたっぷり摂れる。

野崎さんの知恵袋

みそ玉で 簡単みそ汁

簡単にみそ汁を作りたいなら、みそ玉を作って冷凍しておくとよいでしょう。10回分なら、みそ120gにかつお節の粉末5g、乾燥わかめ10gを混ぜて10等分し、丸めてラップで包んでおきます。

食べるときは、ゆでてストックしてある野菜や油揚げ、ちょっと余ったレタスや玉ねぎスライス、常備してある玉麩などを活用します。マグカップやお椀にみそ玉を1個と具を入れ、お湯150mℓを注いで電子レンジで加熱すれば完成！ 子どもでも作ることができます。

作り方

1. 鍋にだし汁と煮干しを入れて火にかける。

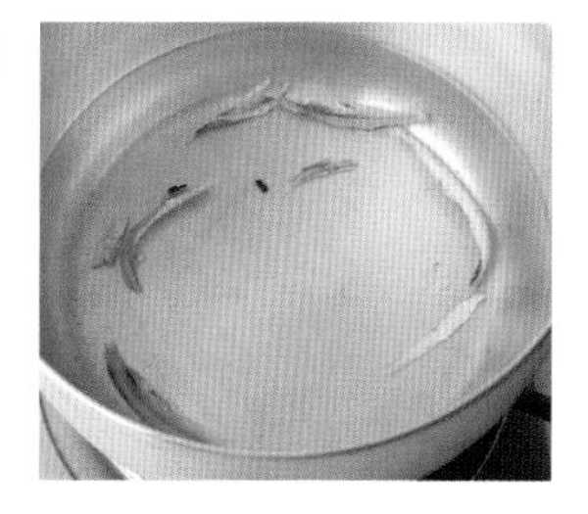

2. わかめを入れ、豆腐を手でくずしながら入れる。油揚げも入れる。

豆腐は包丁で切るよりも、手でくずしたほうが、大豆の甘みや旨みが強く感じられておいしい！ 表面積が増えて、舌に当たる面積が増えるからです。

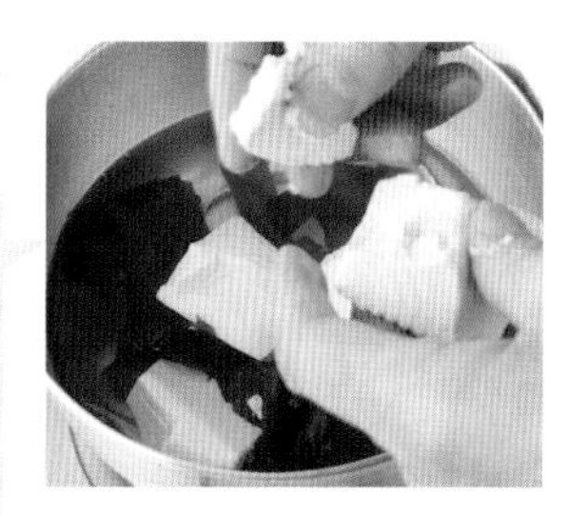

3. みそをボウルに入れ、鍋からだし汁を少量取って溶き、鍋に加える。

溶いてから入れれば、みその溶け残りはありませんよ。

4. 納豆、長ねぎも入れ、ひと煮立ちしたら完成。

豆腐は最初から入れて温まっていますから、煮込まなくてOKですよ。グツグツと煮立てないので、みその風味が残ります。

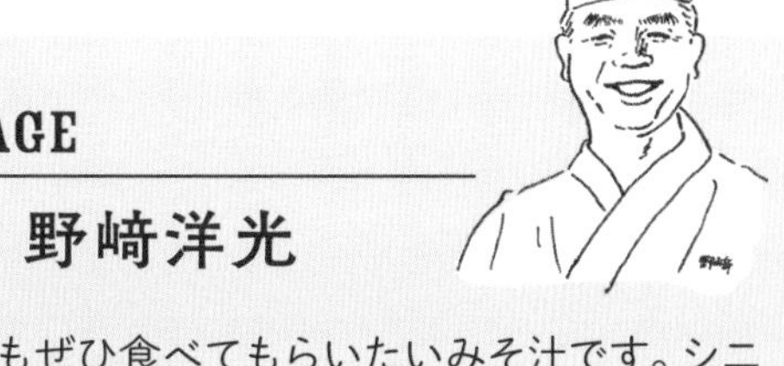

MESSAGE

和食 JAPANESE **野崎洋光**

シニアにもぜひ食べてもらいたいみそ汁です。シニアに足りない栄養素はたんぱく質。そのため筋肉ができず、足腰の弱さにつながっているといわれています。またトップアスリートは試合前、大豆製品たっぷりのみそ汁とお餅を食べて力をつけているんですよ。

野崎料理長の基本
Lesson 1

だし汁について

和食を学ぶには、「だしのとり方から」といわれますが、ご家庭ではむずかしく考えず、気軽にとって、だし素材も食べきりましょう。

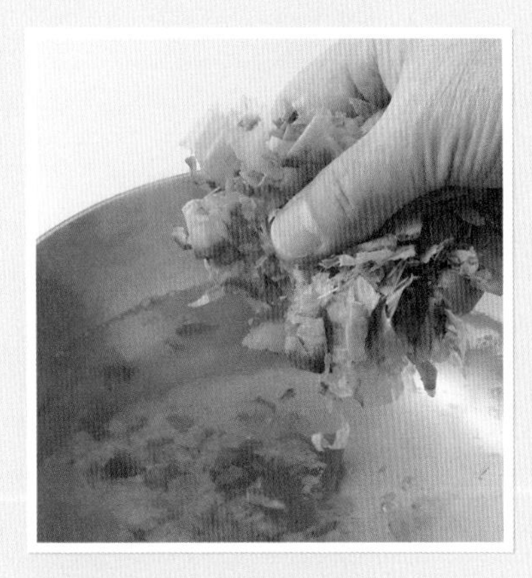

料理店とご家庭では、だしに求めるものが違います。料理店では「吸い地」と呼ばれる、最高の旨みと香りを引き出した透明感のあるだしをとるため、途中で昆布を取り出します。だしを主役として味わうからです。しかし、ご家庭ではその必要はありません。だしを使う必要があるのは、具の少ないみそ汁や旨みを補いたい煮もの、おひたしなどだからです。私のだしのとり方はいたって簡単。味はすっきりと上品で、それだけでは少し薄いと感じるかもしれませんが、塩やしょうゆを加えるとグッと旨みが引き立ちます。注意したいのは、だしが素材の味を邪魔することもあること。たとえば鯛を煮るとき、かつお節の旨みは必要ないと思いませんか？　煮るときの水分は、鯛の持ち味が生きる水のほうがよいのです。

主なだし素材

昆布

水１ℓに対し、昆布は5g（5㎝角１枚）で充分。そこで大事なのは「旨みのよく出るいい昆布を使う」こと。一見高価に思えても、少量使うだけでいいから、１回分にかかるのは、50円ぐらい。最後に食べきってしまえば安いものです。昆布は低温から80℃ぐらいまでの温度で旨みがよく出るため、水に浸けてひと晩おくだけでもしっかり味が出ます。

かつお節（削り節）

できるだけ削ってから時間のたっていないものを使いましょう。かつお節の上品なだしがとれるのは、75~90℃。とくに80℃がベストな温度です。90℃以上になると、えぐみが出てきます。

煮干し（いりこ）

今は、古くなって油焼けした煮干しはほとんど売られていませんが、できるだけ新しいものを使うとよいでしょう。また頭を下げたような姿の煮干しは、腹が破裂していなくておすすめです。頭とワタを取ると上品なだしがとれ、表面積も広がって旨みが出やすくなります。

だし素材の三段活用

だし汁は、2回は充分においしくとれますが、素材にはまだ旨みが残っています。それを捨てることなく食べきることは“エコ”につながります。フードロスが問題となっている時代、簡単な一品を作って食べきりましょう。なおご家庭では一番だし、二番だしといったむずかしいことは考えず、区別なく使って大丈夫です。

昆布＋かつお節

一番だし

1 鍋に水1ℓ、昆布5g（5㎝角1枚）を入れて火にかける。鍋底に小さな気泡が出たら、80℃の合図。火を止めて、かつお節10gを加えてほぐし、1分おいてこす。

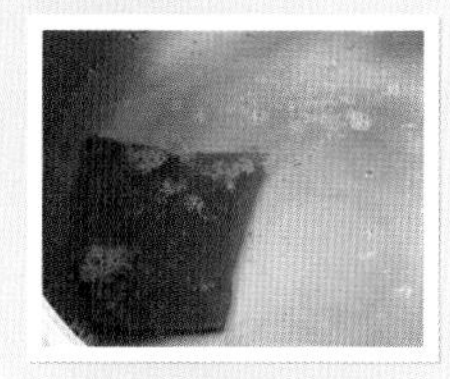

かつお節は、温度が高すぎると上に浮き、低すぎると沈みます。真ん中あたりでゆらいでいるのが、だしをとるにはベストな状態。上品なだしがとれます。

二番だし

2 鍋に残った昆布とかつお節に、沸騰した湯500㎖を注ぎ、そのまま5分おいてこす。

湯温が80℃ぐらいに下がり、おいしい旨みが出る温度になります。グツグツ煮出すと苦みが出るので、お湯に浸すだけにします。

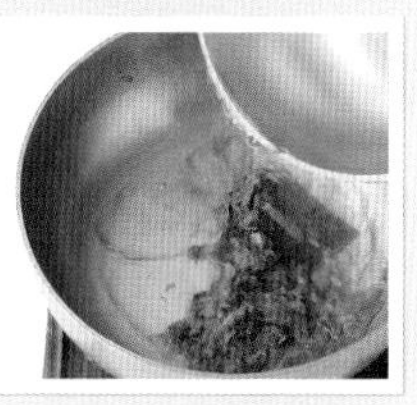

食べきる

3 二番だしをとったあとの昆布とかつお節を刻み、ポン酢しょうゆに浸ける。ご飯のお供にしたり、ゆでた青菜と和えておいしい簡単和えものなどにするのがおすすめ。

煮干し

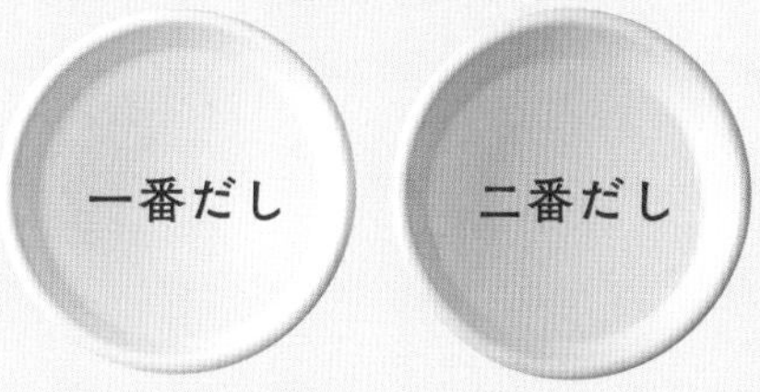

1 水１ℓに20gの煮干し（頭とワタを取ったもの）を浸け、3時間以上おいてこす。

きれいな透明感のある旨みのだしがとれるので、お吸いもののだしにしてもとてもおいしいです。

2 残った煮干しを鍋に入れ、水１ℓを注ぎ、昆布5g（5㎝角1枚）を加えて中火にかけ、ひと煮立ちしたらこす。

旨みが濃いめのだしがとれます。ただし濃すぎるとやや臭みや苦みが出ます。

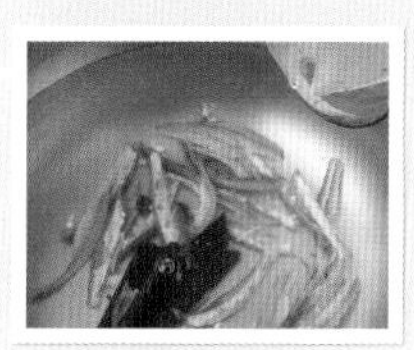

3 二番だしをとった後の煮干しに、天ぷらごろもをつけて揚げる。

煮干しが柔らかくなっているので食べやすく、カルシウムも摂れます。しょうゆをシュッとスプレーすると、とてもおいしいです。昆布は刻んで、ポン酢しょうゆに浸けるとよいでしょう。

本当においしいご飯の炊き方

私たちにとって、おいしいご飯こそが最高のごちそう。ひと粒ひと粒がツヤツヤに光って、口当たりふっくら、口の中でほぐれて噛むと甘みがじんわりと広がる——これが私にとって理想のご飯です。特別なお米でなくても、**炊き方や炊いたあとの扱い方次第**で、味や風合いは大きく変わります。ここでは炊飯器で炊く方法と、炊いたご飯のいちばんおいしい食べ方をご紹介します。

材料（作りやすい分量）

米……3合（540mℓ）
水……浸水後の米の容量の9割

① 米を洗う。水を入れ、軽くこするようにする。水を替え、これを数回くり返す。

今は古米はほとんどありませんから、力を入れてとぐ必要はありません。とぎ汁は旨みですから、にごりが残っていても大丈夫。

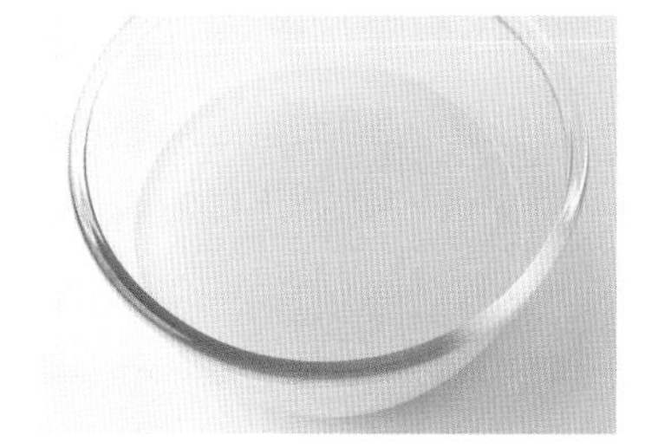

② 15～30分浸水させ、吸水させる。

お米は“乾物”。しっかりと水を含ませて、もどしてあげましょう。

③ ざるに上げて、15分以上、しっかりと水気をきる。

ざるに上げている間も表面の水を吸収します。米の芯まで水を吸わせるには、浸水と水きりの合計で30分以上必要です。

④ 洗った米の、容量で9割の水を用意し、炊飯器の早炊きモードで炊く。

炊飯器の目盛りは、浸水させていない米を炊くときの水分量です。浸水させた米を目盛り通りの水分で炊くとベチャッとなってしまいます。

⑤ 炊き上がったらスイッチを切り、すぐにしゃもじでほぐして空気を入れる。

しゃもじで、スッスッスッと切るようにするとよいでしょう。

野崎さんの知恵袋

米は洗ってストック

作り方③の状態で保存容器に入れ、半日ほど冷蔵庫に入れておいても大丈夫。夜洗って冷蔵庫に入れておけば朝すぐに、朝洗っておけば夜帰宅してすぐに炊飯器のスイッチを押せば、30分後に炊きたてのご飯を食べることができます。

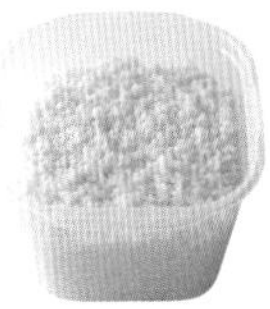

すぐに食べないときは

炊飯器の保温機能は使いません！　加熱を続けるのと同じことで、30分で風合いがなくなり、2時間で酸化し始めて、味が損なわれます。そこで炊き上がってほぐしたらすぐに釜を取り出し、ぬれ布巾やぬらしたペーパータオルをかぶせておくと、冷めてもツヤツヤ、そのままの状態で保存できます。おにぎりにする場合や早く粗熱をとりたい場合は、バットに広げ、下に菜箸を置いてバットを離し、ぬらしたペーパータオルをかけておきます。

粗熱がとれたご飯は、食べるときに電子レンジで温めると、炊きたてと同じ風合いで食べられます。冷凍するときは、粗熱がとれたご飯をラップで包んで冷凍庫へ入れましょう。

最高の食べ方を提案！

ご飯を３合炊いたなら

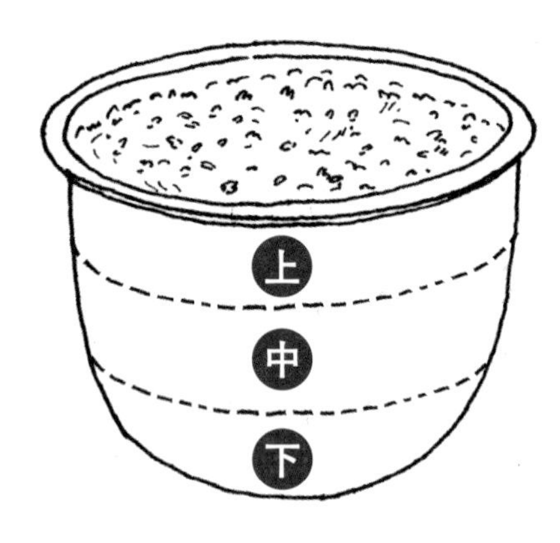

炊き上がったご飯は、釜の中の場所によって水分量が少し違います。そのため、全体をしゃもじでほぐして均一にするわけですが、ここでは水分量の違いを利用して、ベストな食べ方をご提案しましょう。

お米１合は150 g、炊くと330gのご飯になるので、お米３合で990gのご飯が炊けます。それを上から３分割すると、**上は硬め、中はちょうどよく、下は柔らかめで、それぞれすし飯、おむすび、ご飯**で普通に食べるのに向いています。

上 はすし飯に

細巻き４本
(１本約 80g × 4)

太巻き１本
(１本 330g)

中 は おむすびに

おむすび４個
(１個約 80g × 4)

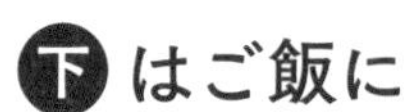

下 はご飯に

ご飯２膳
(１膳 165g × 2)

おむすびのにぎり方

おむすびは“米と米を結ぶ”もの。持ったときに形がくずれずまとまっていながら、口に入れるとほわっとほぐれる柔らかさが理想です。硬くギュッとにぎらないように。塩味は塩水を手につけて、表面にのみつけます。

おむすび（4個分）

ご飯（粗熱をとったもの）…… 1合分

■5％塩水
- 水 …… 100mℓ
- 塩 …… 5g

作り方

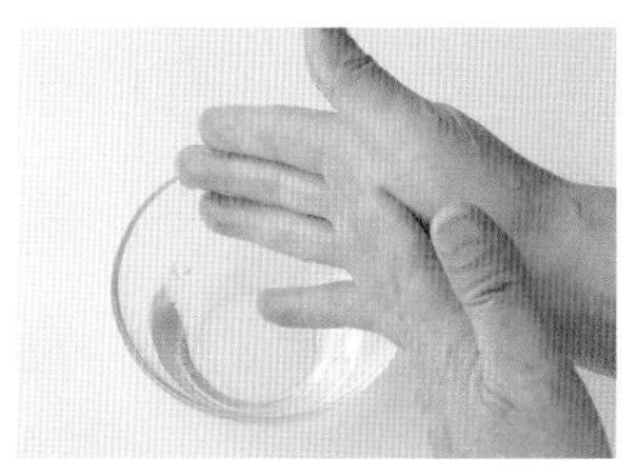

① 塩水の材料を混ぜ溶かし、手にたっぷりとつける。

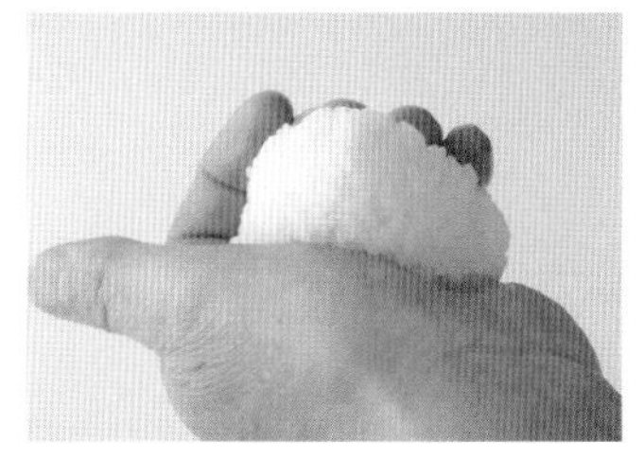

② ご飯1/4量をとる。左手の親指のつけ根と4本の指で押さえるようにして軽くにぎる。

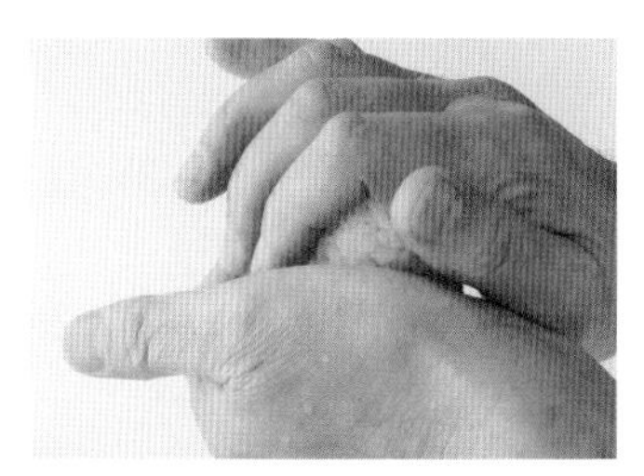

③ 右手を三角の形にして、支える程度に軽く押さえる。

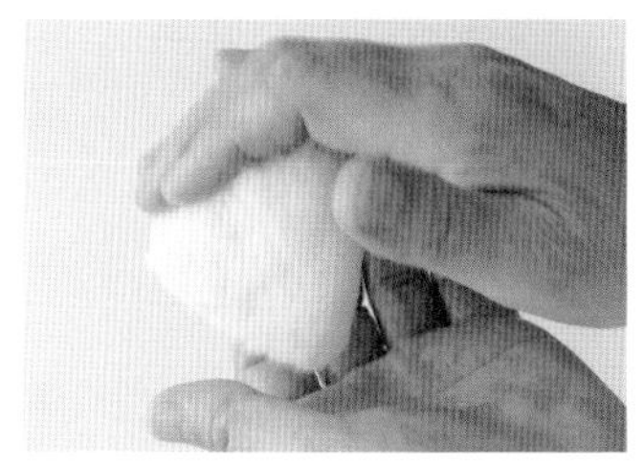

④ 向きを変えながら形を整える。

細巻き、太巻きの作り方

炊飯器の一番上のご飯を使うと、すし酢を混ぜたときにちょうどよい加減になります。すし飯用には、水を減らして硬く炊く、という説もありますが、それはにぎりずしの話。普通の水加減で大丈夫です。

おすしは少しハードルが高いと思われがちですが、すし酢を作りおいておくと簡単に作れます。すし酢の材料は酢、砂糖、塩ですから、まとめて作って冷蔵庫で保存すれば3か月もちます。

すし酢の配合 ＝ 酢 18：砂糖 12：塩 5

酢180mℓ、砂糖120g、塩50gを混ぜ溶かす。これが味のブレが少なく作りやすい配合です。

1合分のすし飯の作り方

炊きたてのご飯330gをボウルに入れ、すし酢36mℓをかけて切るように混ぜ、ぬらしたペーパータオルをかぶせて粗熱をとる。少量ですぐに冷めるので、うちわであおぐ必要なし！

作り方

① 巻きすにのりを置き、すし飯を広げる。太巻きはすし飯1合分、細巻きは1/4合分を使う。

② 手前にお好みの具を横向きにのせ、手前から一気に巻く。

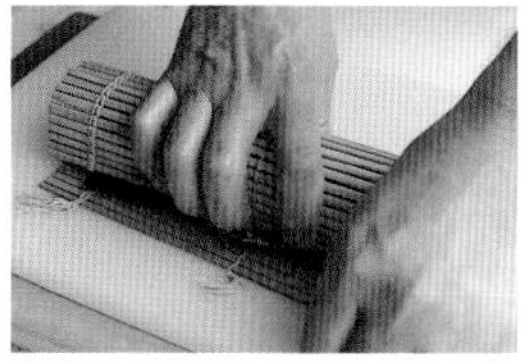

③ 最後にキュッと締め、巻きすの上から輪ゴムで留めて、しばらくなじませる。

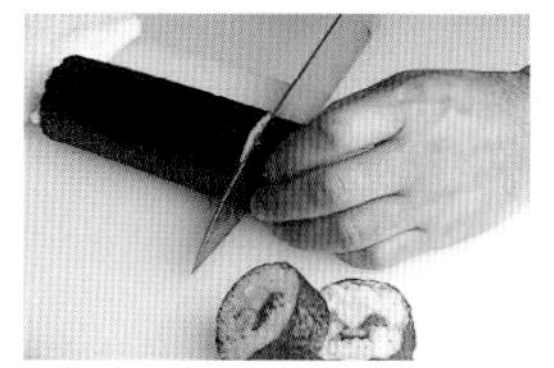

④ 包丁を、酢水（分量外）でぬらした布巾で拭き、食べやすい大きさに切り分ける。

「今」を食べる

さばの淡煮

さばのみそ煮

煮魚は煮込まない！

さばの淡煮　さばのみそ煮

時代によってレシピは変わるべき！

今の時代、流通が格段によくなり、スーパーにはいつも新鮮な食材が並んでいます。そんな時代に、**伝統の料理だからといって、昔と同じ作り方をするのはおかしい**ですよね。私は皆さんに、“時代が変わったんだ”という意識を学んでいただきたくて、“「今」を食べる”というテーマを取り上げました。

中でも質が大きく変わった食材が、魚です。私が料理の世界に入った頃は、新鮮なものは刺し身で食べ、少し鮮度が落ちたら焼いて、最後に煮る、という順番が鉄則でした。しかし今は、**刺し身も切り身も鮮度はほとんど同じ**。安心してください。

煮魚をおいしく作るコツ

私はまず、ご家庭では手軽な切り身を使うことをおすすめします。一尾魚をさばく必要はありません。

魚の人気おかずといえば煮魚ですが、作るときに大切なのは“**煮すぎない**”こと。昔のように鮮度の落ちた魚を煮るわけではないので、加熱殺菌の必要はありません。魚は、80℃ぐらいに温まったところを食べると、身が柔らかくてジューシー、魚らしい風合いも感じられていちばんおいしいのです。80℃以上になるとたんぱく質が変性して素材から水分が出ていき、その状態で煮続けるとパサパサになって、素材に旨みは残りません。

では、煮すぎないためにはどうしたらよいのでしょうか。コツは大きくふたつ。ひとつは、**下ごしらえで塩をふって**、素材と煮汁が行き来できる“味の道”を作ること。次に、魚を冷たい煮汁に入れて火にかけ、**徐々に温度を上げていくこと**。外と芯の温度差が少なくなって、芯が生の状態、ということがありません。次のページで、具体的に作り方をご紹介していきましょう。

MESSAGE

和食 JAPANESE **野﨑洋光**

「さばの淡煮」では、さばから動物性の旨み成分、イノシン酸が、豆腐やしいたけからは植物性の旨み成分、グルタミン酸が出ます。このイノシン酸とグルタミン酸が合わさると、1＋1＝2以上、何倍ものおいしさになる“旨みの相乗効果”があることがわかっています。だから淡煮は、水で煮るだけでもとてもおいしくなるのです。具だくさんなので、このワンディッシュと白いご飯だけでも充分満足の、おかず兼汁ものになりますよ。

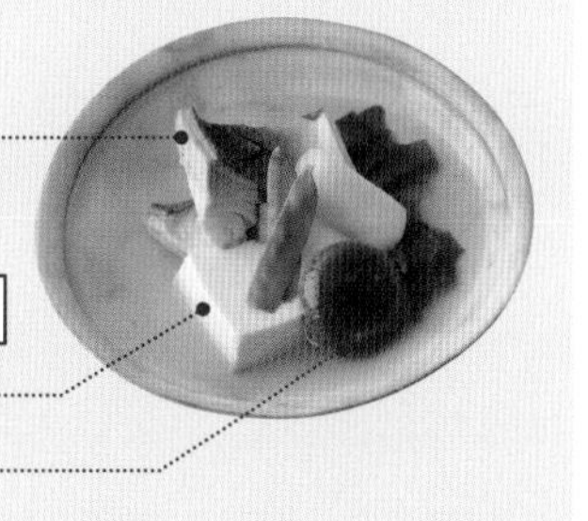

さばの淡煮

材料（2人分）

さば（40gの切り身）…… 4切れ

■煮汁*
- 水 …… 300mℓ
- うす口しょうゆ …… 20mℓ
- 酒 …… 10mℓ

塩 …… 適量
長ねぎ（3cm長さ）…… 4切れ
しいたけ …… 2個
豆腐 …… 100g
わかめ（もどしたもの。ざく切り）…… 40g
さやえんどう（ゆでたもの）…… 適量

* 淡煮だけで食べきる場合の分量。煮汁をうどんに活用するため、作り方の写真では倍量の、水600mℓ、うす口しょうゆ40mℓ、酒20mℓを使っている。

作り方

① さばは、皮に斜め十文字に切り目を入れ、両面に軽く塩をふって20～30分おく。

さばに塩が浸透して、"味の道"ができます。煮たときに煮汁と魚が行き来でき、味に親和性も生まれます。

② 長ねぎの表面に斜めに切り目を入れる。しいたけは石づきを切り落とす。鍋に湯を沸かし、長ねぎとしいたけを湯通しし、引き上げる。

③ ②の湯に①を入れ、うっすら白くなったら網じゃくしで引き上げ、氷水にとる。

うっすら白くなるので、料理用語で"霜降りにする"といいます。余分な汚れが取れて、魚本来の純粋な味が楽しめます。

④ 別の鍋に③のさば、②の長ねぎとしいたけ、豆腐、わかめ、煮汁の材料を入れ、火にかける。

温かい煮汁に入れるのではありません。冷たい煮汁から煮ていくのがポイントです。

⑤ 煮汁が軽く沸いてから2～3分煮て、長ねぎに火が入ったらでき上がり。ふたつの器に、それぞれ具と煮汁150mℓを盛る。さやえんどうを添える。

煮汁は沸騰させないことで、だいたい80℃をキープして火を入れることができます。

さばのみそ煮

材料（2人分）

さば（40gの切り身）……4切れ

■煮汁

- 水……150mℓ
- 酒……150mℓ
- 酢……15mℓ
- 砂糖……大さじ2
- みそ……30g

長ねぎ（青い部分）……少量
しょうが（薄切り）……6枚
水溶き片栗粉*……大さじ2
塩……適量
白髪ねぎ、青菜（ゆでたもの）……各適量

＊片栗粉と水を1：1で合わせたもの。

代用食材

□ さばの代わりに、鯛、さわら、鮭、金目鯛、ぶりなどで作っても、とてもおいしい。

作り方

① さばは「淡煮」の作り方①、③と同様に切り目を入れ、塩をして、湯に通す。鍋にさば、混ぜ溶かした煮汁、長ねぎを入れ、火にかける。

魚を煮るには、ある程度の量の煮汁が必要ですが、加熱時間を長くしたくない。そこで水と酒を同量で使い、煮汁が早く蒸発するようにします。

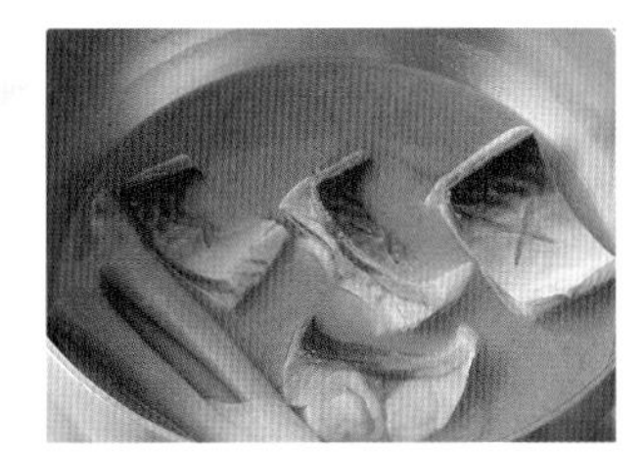

② 沸いたらしょうがを加える。煮汁が少ないようなら鍋を少し斜めにし、さばが煮汁に浸かるようにする。

脂の強い魚は、しょうがの苦みがちょっと加わると味の調和がとれます。しょうがは煮すぎるといやな苦みが出るので、煮上がり間近に加えます。

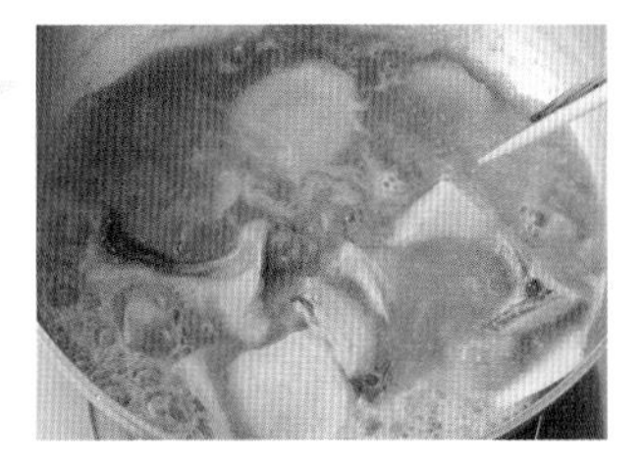

③ 水溶き片栗粉を加えてとろみをつけ、全体にからませる。器に盛り、白髪ねぎと青菜を添える。

中まで味をしみ込ませる必要はありません。ちょうどよい煮加減になったらとろみをつけて、表面にからませればいいですよ。

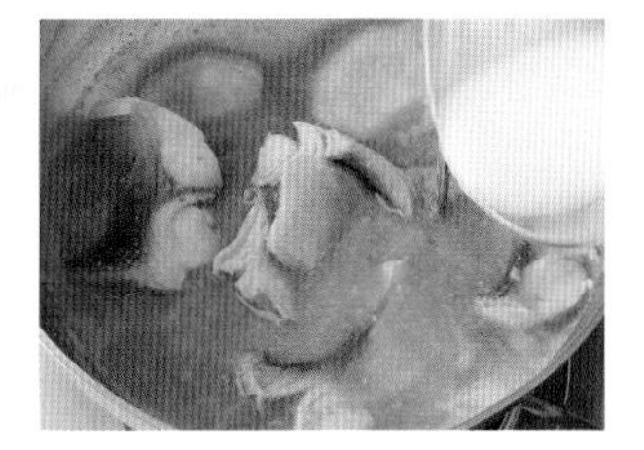

淡煮の煮汁を使ってアレンジレシピ

簡単に絶品うどん

さばの淡煮の煮汁は、魚の旨みが出たおいしいだしになります。淡煮を作るときに、煮汁の分量を倍量にして、うどん分の煮汁をストックしておくと便利。

材料（1人分）

「さばの淡煮」の煮汁……300mℓ
うどん（ここでは稲庭うどん）……180g
わかめ（もどしたもの。ざく切り）……30g
青菜（ゆでたもの）……30g
おろししょうが……適量

作り方

1 うどんをゆで、水気をきる。
2 「さばの淡煮」の煮汁に1を入れて軽く温め、椀に盛る。煮汁にわかめ、青菜を入れて軽く温めてうどんに添え、煮汁を注ぐ。おろししょうがをのせる。

材料（2人分）

牛かたまり肉*	300 g
サラダ油	少量

■煮汁

水	125 mℓ
酒	125 mℓ
砂糖	30g
しょうゆ	15 mℓ

トマトケチャップ	大さじ1
ブロッコリー（塩ゆで）、白髪ねぎ、クレソン	各適量
溶きがらし	適量

＊ランプ肉がおすすめ。

“焼かない”“油が残らない”ビフテキ

牛肉のステーキ

10分で作れて失敗しない、“新しい”ステーキレシピをご紹介しましょう。ステーキといっても、焼くのは表面だけ。焼いた後に脂を拭き取って煮汁で煮て、温めては取り出すことを10分ほどくり返します。ゆっくり温度が上がり、**60℃前後の“低温調理”をする**ことになるので、肉の旨みが引き出されて水分を逃がさず、ジューシーに仕上がります。煮汁には牛肉の旨みが出ているので、煮詰めておいしいソースにします。**切り分けると中は見事なピンク色**。肉汁もほとんど出ないので、肉の旨みを存分に味わえます。

MESSAGE

和食 JAPANESE **野崎洋光**

「これで本当にできるの！」「料理人だからできるのでは？」と思うかたもいるかもしれません。10分ほど鍋につきっきりになりますが、誰でもこの美しいグラデーションに仕上げることが可能ですよ。焦げつかないフッ素樹脂加工のフライパンだからこそ、できる技ですね。

① フライパンにサラダ油を引いて牛肉を入れる。強火にかけ、焼き色がついたらひっくり返し、同様に焼く。

高さのあるフライパンがおすすめ。じわじわと温度を上げたいので、冷たいフライパンに入れます。

② ペーパータオルで余分な脂や汚れを拭き取る。

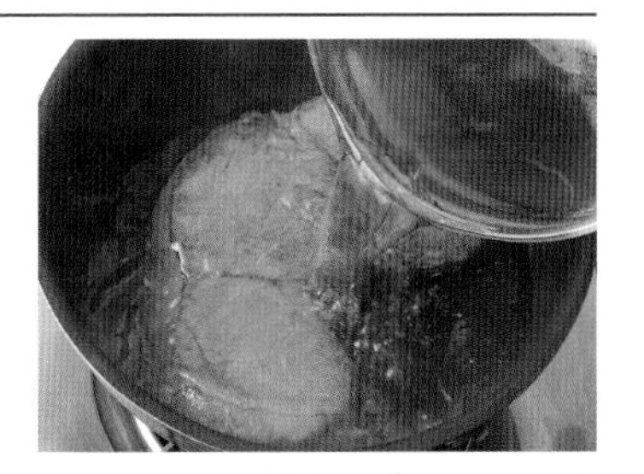

③ 煮汁の材料を合わせて、冷たいまま注ぐ。

低温から火にかけることで、旨みの素となるミオシンという成分が一番引き出される40〜60℃の時間帯を長くします。

④ 煮汁が沸いたら軽く煮てひっくり返し、再び軽く煮る。

⑤ いったんバットに取り出す。

バットに上げている間に、余熱でじわじわ火が入り、ミオシンが旨み成分のイノシン酸に変わる60℃前後をキープします。

⑥ 煮汁を沸かして、軽く煮詰める。

牛肉の旨みが出た煮汁を煮詰めることで、おいしいソースになっていきます。

⑦ 肉を戻し、温まったら再び引き上げる。これを何度かくり返す。

たんぱく質に火が入りすぎないので、肉汁を逃すことなく、ジューシーさをキープできます。

⑧ 煮汁の量が半分ぐらいになって煮汁の泡が大きくなったら、トマトケチャップを加えて煮詰め、とろみをつける。これがソースとなる。

⑨ 肉を戻して軽く煮からめる。取り出してひと口大に切って器に盛り、ブロッコリーと白髪ねぎ、クレソンを盛り、溶きがらしを添える。ソースをかける。

“締めない”フレッシュさが今の味

あじの酢締め

酢締めというと、昔は殺菌のため、中まで真っ白になるまで浸けていたものです。しかし素材の持ち味を楽しむ“今の時代の酢締め”は、魚に塩をしたあと、ほんの軽く、**表面がうっすら白くなる程度**に酢に浸けます。刺し身のようにフレッシュでありながら刺し身ではなく、さっぱりとした酢締めになりますよ。

MESSAGE

和食 JAPANESE **野崎洋光**

作り方④で、頭側を左にして置き、厚みのある背側から指先でていねいに皮をめくります。

材料（2人分）

あじ（三枚おろしにしたもの）……1尾分
塩……適量
酢……適量

■二杯酢
酢……15㎖
しょうゆ……15㎖

きゅうり（小口切りを塩もみする）……20g
わかめ（もどしてひと口大に切ったもの）……20g
おろししょうが……適量

作り方

① 二杯酢を作る。酢を耐熱容器に入れ、電子レンジに20秒かけ、酢気をとばす。冷ましてからしょうゆを合わせる。

② あじの両面に薄く塩をし、15~20分おく。

ここで“味の道”を作り、二杯酢と素材とがなじみ、味がバラバラに感じないようにします。

③ バットに酢を入れ、②を入れて5分浸ける。小骨を抜く。

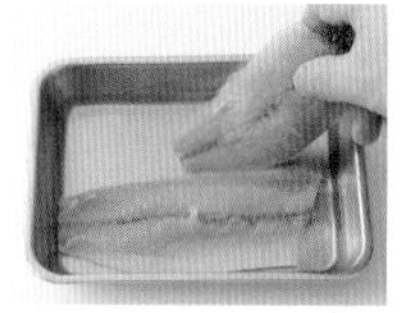

ほんの軽く、酢で締める程度で、中はほとんどフレッシュな状態です。

④ あじの頭側から皮をむく。まず、指先で皮をめくる。

⑤ 少しむいたら、もう一方の手で身を押さえながら静かにむいていく。

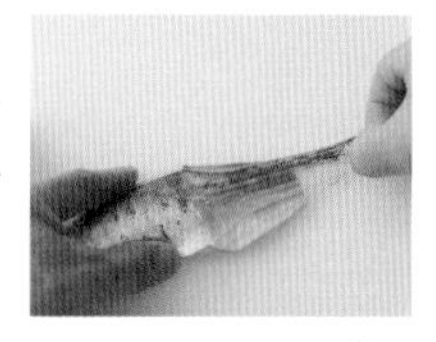

一気にむくと、皮の下にある美しい銀皮が破れてしまいます。

⑥ 銀皮側に鹿の子に切り目を入れ、ひと口大に切って器に盛る。きゅうり、わかめを盛り合わせ、おろししょうがをのせて二杯酢をかける。

割合で味つけは決まる

うどんとそばでは、つゆの濃さが違います。うどんは薄く、そばは濃い。「うどん文化の関西は薄味だから」ではありません。うどんは麺に塩を練り込み、そばには入れないからで、麺とつゆの**トータル塩分量は、ほぼ同じ**なんですよ。料理は割合を覚えたら、確実に味を決めることができます。たとえば、つけ焼きのたれはしょうゆ1：酒1：みりん1、照り焼きのたれはみりん5：酒3：しょうゆ1。レシピ本の材料表の横に、エンピツで割合を書き入れると、とても便利ですよ。私の裏ワザです。

うどんつゆは「だし汁20：しょうゆ1：酒0.5」

油揚げとねぎのうどん

材料（1人分）

- うどん（冷凍）……1玉
- 油揚げ……1/2枚
- 長ねぎ……1/4本

■つゆ

- 煮干しだし（→p.15）……300mℓ
- うす口しょうゆ……15mℓ
- 酒……8mℓ

作り方

1. 油揚げを湯に通して油抜きし、水気をきって斜め半分に切る。長ねぎは斜めに切る。
2. 少し大きめの鍋につゆの材料、①、冷凍うどんを加えて強火にかける。沸いたら火を弱め、1分ほど煮て味をしみ込ませ、器に盛る。

そばつゆは「だし汁15：しょうゆ1：みりん0.5」

三つ葉とわかめのそば

材料（1人分）

- そば（乾麺）……1束
- 三つ葉……5本
- わかめ（もどしたもの）……15g
- 長ねぎ……5cmを2本

■つゆ

- 一番だし（→p.15）……300mℓ
- うす口しょうゆ……20mℓ
- みりん……10mℓ

- 柚子の皮……適量

作り方

1. 鍋に湯を沸かしてそばをゆで、ざるに上げて水気をきる。
2. 三つ葉は5本を束にして結び、わかめは4cm長さに切る。長ねぎは表面に斜めに切り目を入れる。
3. 別の鍋につゆの材料と②の長ねぎを入れて強火にかけ、沸いたら火を弱めて①を加える。1分ほど煮てわかめを加え、温まったら器に盛る。三つ葉と柚子の皮を添える。

フランス料理
French
三國シェフの「学び」
1

古典&定番料理の基本を知る

3段階の火入れの意味と目的を理解して作れば、極上のおいしさに！

ローストビーフ

Rôti de bœuf
ロティ ド ブフ

温度と湿度のコントロールがカギ

ローストビーフの醍醐味は、しっとりした柔らかな肉質と噛み締めることでにじみ出てくる豊かな旨み。大きなブロック肉を温度と湿度に心を配って焼くことで、大満足のひと皿になります。

まずは、ローストビーフに見合う大きさの肉を準備。大きすぎると火入れがむずかしいし、小さすぎるとステーキ風になってしまうので、ご家庭なら400～800gが手頃でしょう。かたまりが大きい分、火が通るのに時間がかかります。冷蔵庫から出したての冷たい状態で焼き始めると、中心までなかなか熱が伝わりません。焼く前に1時間ほど**室温において肉の温度をもどし**ましょう。ここからすでに、調理は始まっていますよ！

火入れはフライパン、オーブン、休息の3段階で

フライパンだけで焼く方法をご紹介することもありますが、オーブンを使うオーソドックスな方法が失敗も少なく、初めてトライするかたにはおすすめ。①フライパンで周りを焼く ➡ ②オーブンで中まで火を通す ➡ ③常温でやすませるという3段階で完成させます。

フライパンでは、6面すべてを焼いて表面に薄膜状の壁を作り、**肉汁を閉じ込めながら形を整える**のが目的。

次のオーブンで、中心までやさしく火を入れます。ポイントは、肉を香味野菜の上にのせること。野菜から引き出される甘み、旨み、香りが肉にしみ込む効果もありますが、野菜から蒸発する水分で**肉が“蒸し焼き”状態**になり、しっとりデリケートに焼き上がるのです。まるで自然のスチームコンベクションオーブンです。肉が天板にダイレクトに触れないので、硬く焼けすぎることもありません。

オーブンのあとは、アルミ箔で包んで温かい場所で休息タイム。これも大事な最終調理です。**余熱で仕上げの火入れ**をし、熱い肉汁を落ち着かせて肉のすみずみに行きわたらせます。焼き加減はミディアムレアからミディアムが、なめらかで旨みをしっかり感じられるゾーンだと思います。

MESSAGE

フランス料理 FRENCH **三國清三**

お手頃価格の牛肉を使うなら、内もも肉が断然おすすめ！　筋がなくて柔らかいし、旨みも濃いんです。写真は和牛を使っていますが、アメリカやオーストラリア産の赤身主体の牛肉は、あっさりとして噛むほどに味わいの出てくる肉質なので、これらもローストビーフ向き。脂肪が少ないので、焼き時間は5～10分ほど長くしてください。

ローストビーフの作り方

材料（4〜5人分）

牛内ももかたまり肉……800 g
塩、黒こしょう……各適量
エクストラ・ヴァージン・オリーブ油……大さじ1

■香味野菜と付け合わせ
- 玉ねぎ……1個
- にんじん……1本
- セロリ……½本
- じゃがいも……小12個（大なら2〜4個）
- にんにく……1株
- ハーブ（タイム、ローズマリーなど）……2枝

バター……30g
粒マスタード……適量

代用部位

□ サーロイン、リブロース、フィレもローストビーフ向きでよく使われる。和牛の場合、サシが多すぎると焼き縮んだり、冷めたときに硬くなったりしやすいので、ほどよい脂の量のものがおすすめ。

下準備

□ 牛肉を冷蔵庫から取り出して、1時間ほど室温にもどす。
□ オーブンを230〜240℃に予熱する。
□ じゃがいもは皮付きのまま水洗いして調理。大きい場合も皮付きで2〜3カットに切る。
□ バターを小角切りにし、冷蔵庫で冷やしておく。

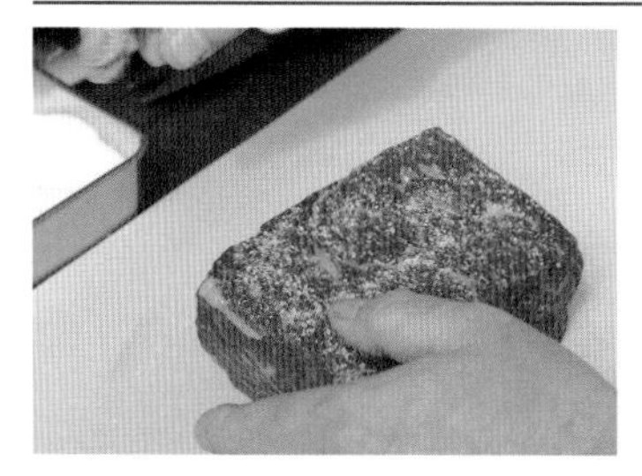

① 牛肉のすべての面に塩をふる。

面全体にまんべんなくふります。強火で焼くとはがれやすいので、気持ち多めに。

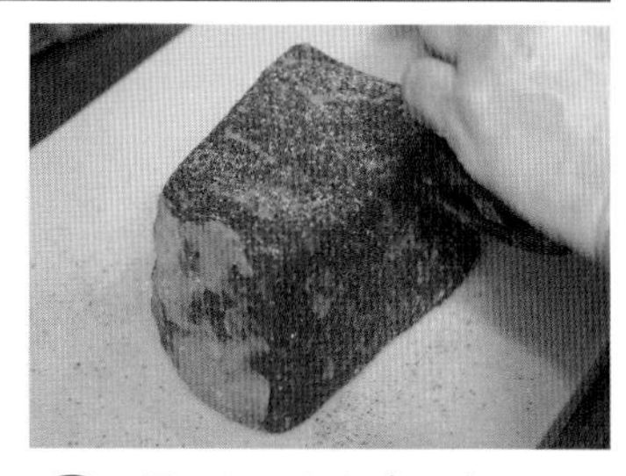

② 黒こしょうも肉のすべての面にふる。

赤い色の牛肉には黒こしょう。これ、僕のこしょう使いの基本です。

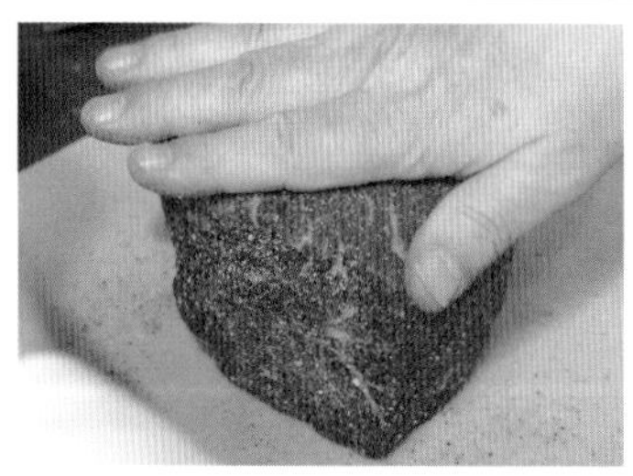

③ 塩、こしょうを手のひらで押さえてなじませる。はがれにくくなる。室温で15分ほどおく。

焼く直前では肉に味が浸透しません。しかし時間をおきすぎると、旨みのある水分がしみ出ることがあるので、15分がちょうどよい。

④ タコ糸で縛る。

縛ることで肉の形がゆがむことなく、きれいな形で焼けます。1本をぐるぐると巻き付けるより、ひと巻きずつ結ぶほうが簡単。

⑤ 玉ねぎを大きめの角切りにする。

½個を繊維に垂直に半分に切り、次に端から幅2㎝ほどに切ります。

⑥ にんじんを乱切りにする。

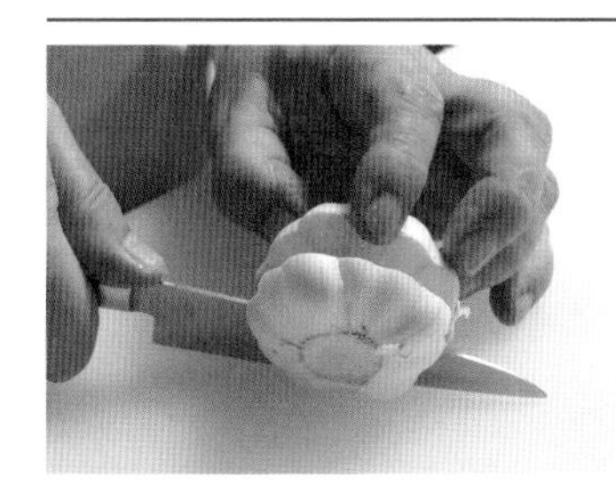

⑦ にんにくは薄皮をつけたまま横半分に切り、セロリは2〜3cm幅に切る。

長時間かけて加熱する料理では、にんにくが焦げないように皮付きで調理します。切ることで断面から風味が出やすくなります。

⑧ 下処理した香味野菜と付け合わせ。

⑨ フライパンにオリーブ油を引き、強火にかける。

玉ねぎなどの野菜を1片入れておくと、フライパン内の温度の目安がわかります。

⑩ フライパンから煙が立つ直前くらいまで熱したら、牛肉を入れる。

目安の玉ねぎの断面も、きつね色に色づいてくるタイミングです。

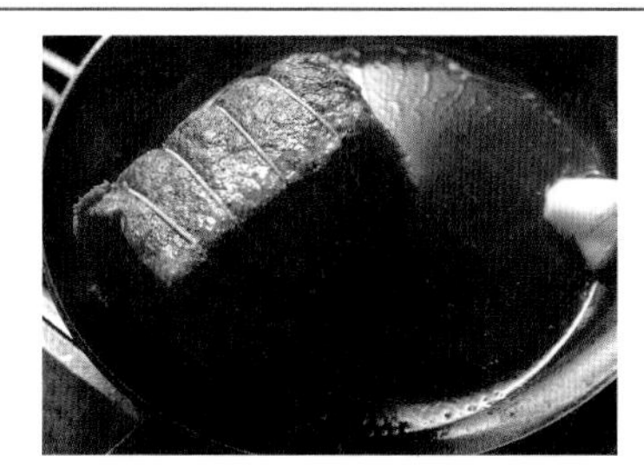

⑪ 強火のまま、肉に濃い焼き色がつくまで焼いたら、面を変えて同様に焼いていく。

弱火では時間がかかり、水分が抜けて肉が硬くなるので強火で！ 短時間で焼いて表面に薄い膜を作り、内側をガードします。

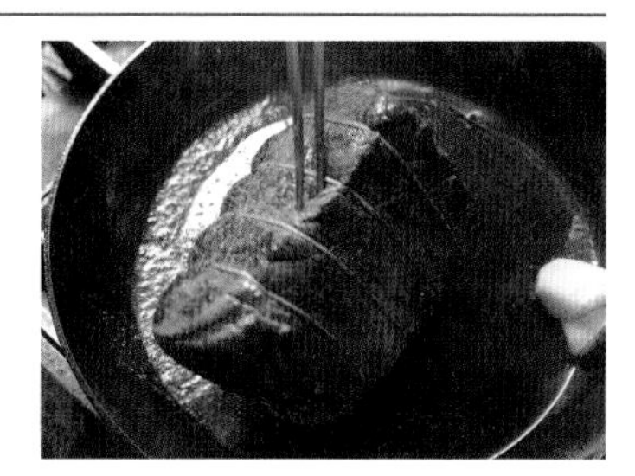

⑫ すべての面に、均一に香ばしい焼き色をつける。

⑬ 側面も、立ててフライパンにあて、しっかりと焼く。

倒れやすいので、ミートフォークやトング、菜箸などで支えます。

⑭ すべての面を焼き終えたら牛肉を皿に取り出す。同じフライパンににんにくの切り口を下にして入れ、香りが出るまで焼く。

⑮ 玉ねぎ、にんじん、セロリ、じゃがいもを入れ、軽く塩、こしょうする。ときどき返しながら、フライパンの底に残った牛肉の脂を野菜にからませる。

目的は、野菜に牛肉の脂の風味をつけること。時間をかけず、さっと炒め合わせる程度にします。

☞p.32に続く

⑯ 耐熱容器に⑮の野菜を敷き、上に牛肉をのせてハーブを添える。

⑰ 牛肉にバターをのせる。

オーブンで温まるとバターが溶けて肉に浸透し、しっとり、香りよく焼き上がります。

⑱ 予熱したオーブン（下段）に入れ、約20分焼く。400g前後の牛肉なら、目安は10分。

オーブンによって火加減に個体差があるので、10分たったら焼き加減をチェックし、残りの焼き時間を判断してください。

⑲ 焼き上がったら天板をオーブンから取り出す。

⑳ 牛肉をアルミ箔で二重に包み、温かいところで15～30分やすませる。野菜は天板にのせたままオーブンに戻し、さらに10分ほど焼く。

かたまりが大きいほど、やすませる時間を長くとってください。オーブンの上など、温かい場所へ。

㉑ 天板に残った煮汁は、ソースとして利用する。

㉒ やすませた牛肉を薄く切り分け、皿に盛る。香味野菜やじゃがいも、粒マスタードを添えて、ソースを少量たらす。

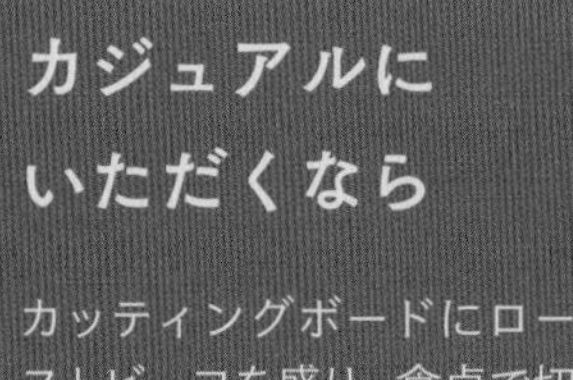

カジュアルにいただくなら

カッティングボードにローストビーフを盛り、食卓で切り分けながら食べるのも楽しい。ソースと粒マスタードは別の器に入れて添え、付け合わせのじゃがいもと香味野菜も別皿に盛り合わせて食卓で取り分ける。

三國シェフの基本
Lesson
1

フランス料理の定番テクニック

この本のレシピでもよく使う、おうちフレンチ基本の“き”をご紹介します。

塩、こしょうの使い方ルール

僕のレシピでは、塩、こしょうを「3回で決める」のが基本ルール。シンプルなソテーは別にして、煮込みなどでは煮詰まり具合や材料の質などの違いから、1回で決めるのはむずかしいからです。1回目は素材の風味を立たせるための下味。2回目で全体の味をととのえ、3回目でピンポイントに決めます。

肉と魚ではふり方が違います。肉は最初に強めにふります。強火で焼くことが多く、塩、こしょうがはがれやすいからです。そのあとは何回も味見をして、風味の出方を確認し、ととのえていきます。

こしょうは黒と白を使い分けます。僕は、赤い肉には黒こしょう、白い肉には白こしょう。これ原則です。赤い肉とは牛肉、仔羊、鴨肉、鹿肉、青魚など。白い肉とは鶏肉、豚肉、白身魚などです。こしょうの辛みの強さと肉質のバランスの観点から、白身魚にはこしょうの代わりにカイエンヌペッパーを使うこともあります。これは甘辛味のアクセントです（舌平目のムニエル➜p.44）。もちろん、シェフによっては黒こしょうのみ、白こしょうのみなど、好みや考え方はいろいろですよ。

ぜひ覚えたい“アロゼ”

「アロゼ　arroser」って知ってますか？　フランス料理でよく使われ、料理ので き上がりを左右する重要なテクニックとされています。簡単にいうと、アツアツの液体を素材に「かける」作業。焼いたり、煮たりしている素材に油脂分や煮汁などをかけることで、その効用はたくさんあります。上面がしっとり仕上がる、油脂分や煮汁に含まれる香りや旨みが素材にしみ込む、上下から均一に火が入る、形の入り組んだ素材の焼きムラを防ぐなど……。

この本では「豚肉のオレンジソテー」や「舌平目のムニエル」で、アロゼするところをご紹介しています。豚肉は脂身から溶け出た脂を、舌平目はムース状に泡立ったバターを頻繁にかけることで、香りよくふっくらと焼き上がります。

アクはほどほどに取る

水分を入れて煮込むと、材料のアクが浮いてきます。ほんの少しだけのこともあれば、取っても取っても出続けることもある。出続けるときにどこまで取るか、ですが、最初のアクには苦み、えぐみがたくさんあり、色も悪いので必ず取り除きます。大きくふくらんで色の濃いアクは2、3回も取ればなくなりますから、それで充分。アクには旨みや油脂分も含まれているので、取りすぎるとかえって逆効果です。ある日本料理の大家は「アクも力なり」という言葉を遺しています。程度が大事です。

脂身はカリカリに、肉はアロゼの技法で手早くしっとり焼く

豚肉のオレンジソテー

Sauté de porc à l'orange
ソーテ ド ポール ア ロランジュ

脂身から出る脂で肉を焼く

豚肉のソテーに向くのは、ロース肉。柔らかい肉質もさることながら、外側に厚い脂身がついているので、これを利用して風味よく焼けるからです。脂が多いからといって、切り落としてはいけませんよ。

ただし下処理が必要で、**脂身側に何本も切り目を入れておきます**。目的は、ひとつに脂身から脂を溶け出しやすくするため。次に、脂身と赤身の境にある筋を断ち切り、加熱したときに縮んで変形するのを防ぐためです。

ソテーするときはフライパンに油を引かず、まず脂身を直接フライパンにあて、**脂身だけを徹底的に焼き**ます。カリカリになるまで焼けば脂身もおいしく食べられるし、脂がかなり溶け出ます。このたっぷりの脂で肉全体をソテーするわけです。ここがポークソテーのいちばんの要！　ほかの油脂を使う必要がなく、豚の風味を生かせる合理的な調理法です。また脂身を先に焼いておけば、肉はさっと火を入れるだけでよいので、硬く締まることもありません。**熱い脂をスプーンですくってかける"アロゼ"**で上からも火を入れれば、短時間でしっとりとした、最上のポークソテーができます。

オレンジは皮、果汁、果肉を丸ごと使う

この料理ではソースにオレンジを使っています。鴨肉のオレンジソースは古典の定番ですが、その組み合わせをポークソテーに応用しました。豚肉を焼いて残った焼き汁を砂糖でカラメリゼし、オレンジの果汁、果皮、果肉を加えて甘酸っぱくさわやかなソースに仕立てます。豚肉との相性も抜群。2人分に1個のオレンジを使いますが、それくらいの量を使わないと醍醐味は感じられません。かくし味に万能のうまみ調味料、しょうゆを少量入れると味が引き締まり、コクも加わります。

MESSAGE

フランス料理 FRENCH　三國清三

ソースに使うてんさい糖は、てんさい（砂糖大根、ビート）から作られる砂糖で、僕は好んで使っています。グラニュー糖や白砂糖は糖蜜を除いた「分蜜糖」ですが、てんさい糖は糖蜜入りのまま精製する「含蜜糖」で、ミネラルが豊富に残っています。コクや香りが豊かで甘みはまろやか。100％、自然のままの砂糖です。

豚肉のオレンジソテーの作り方

材料（2人分）

豚ロース肉（1枚150～200ｇ）…2枚
オレンジ……1個
しいたけ……6個
しょうゆ……大さじ2
ブランデー……大さじ1
てんさい糖……小さじ1
バター……60g
塩、こしょう……各適量

下準備

- □ オレンジはp.39を参照して、果肉のカルティエ、果汁、果皮のせん切りに分けておく。
- □ しいたけもp.39を参照して掃除する。
- □ バターを小角切りにし、冷蔵庫で冷やしておく。

① 豚ロース肉の脂身側に、1㎝間隔で何本も切り目を入れる。

脂身と赤身肉の間に筋があるので、その境目を切るように包丁を入れます。これで焼いても縮みにくくなります。

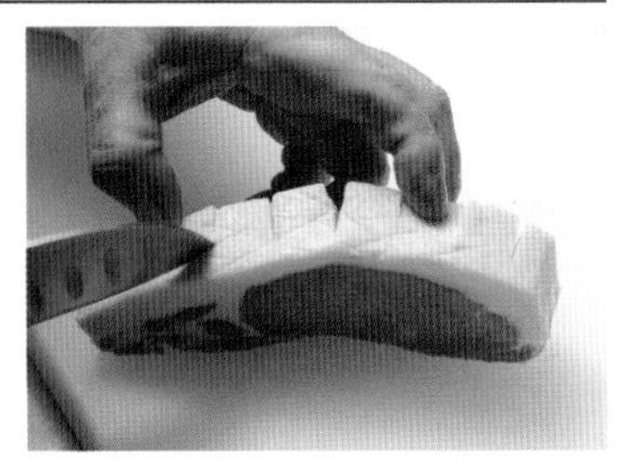

② 脂身の外側にも、斜めに浅く切り目を入れる。裏面も①と同様に切り目を入れる。

切り目がたくさんあると脂が溶け出しやすく、カリカリに焼けます。

三國流カット法

切り目の間隔をあけず、トントントンとリズムを刻むように浅く筋を切る方法でもよい。

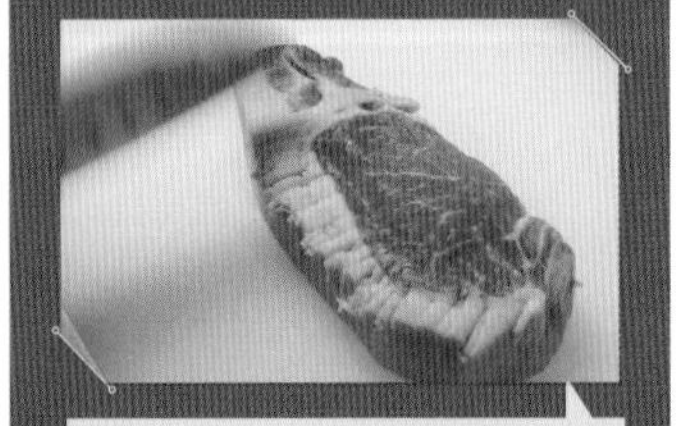

包丁の重さで切るので力がいらず、短時間で切れるのがメリット。

③ 肉の両面に塩、こしょうをふる。

豚肉は白い肉ですから、ここでは白いこしょうを使いますよ。

④ 塩、こしょうをふり終えた状態。

肉を焼く料理では塩が取れやすいので、気持ち多めにふるのがポイント。

⑤ フライパンに豚肉の脂身だけをあてるようにしてのせ、強火にかける。

フライパンに油は引きません。豚肉2枚を合わせ、フライパンの側面に立てかけたり、トングではさんだりすれば安定します。

⑥ 脂が溶け始めたら中火に落とし、数分じっくりと焼く。

高温では焦げるので70°C前後の中火で焼きます。ときどき、フライパンに押しつけたり、位置を変えたりすると効率的に焼けます。

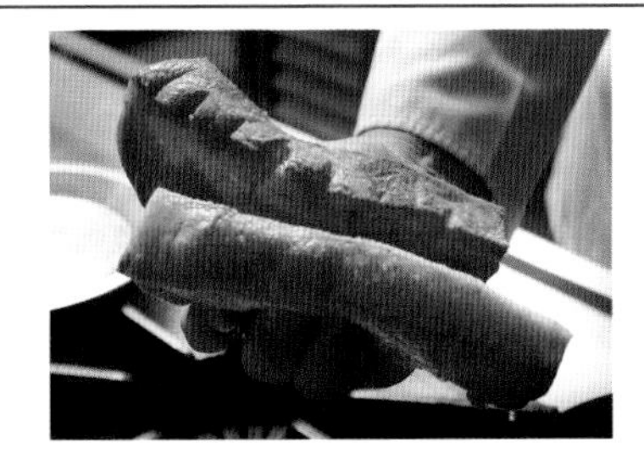

⑦ カリカリに焼き上がった脂身。均一に色づき、香ばしい脂の香りがする。

⑧ 強火にして、肉の面を焼く。

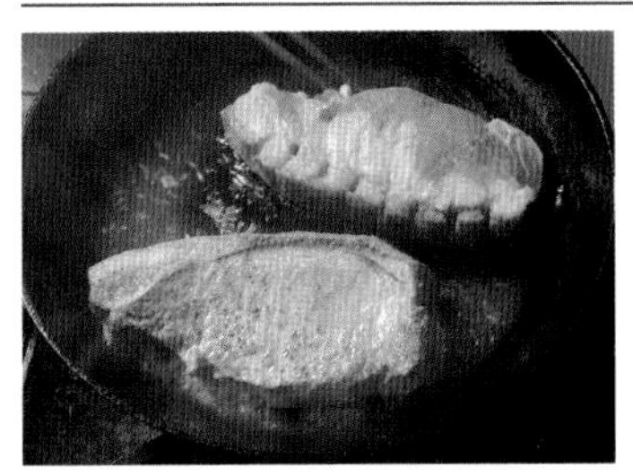

⑨ 色づき、カリッと焼けたら、裏返して中火に落とす。

⑩ 溶けた脂をスプーンですくって肉にかける“アロゼ”をくり返し、しっとり焼き上げる。

肉は何回かひっくり返し、両面ともにアロゼをして均一に火を入れる。

⑪ きれいな焼き色がついたら肉を皿に取り出す。

⑫ フライパンに残った脂を捨て、バター30gを加える。溶け始めたらしいたけを加え、軽く塩、こしょうして炒める。

⑬ しいたけに火が通ったら、豚肉の皿に取り出す。

⑭ 同じフライパンにてんさい糖を入れ、バターとなじませて溶かし、カラメリゼする。

フライパンの中が焦げ茶色に色づき、甘く香ばしい風味がつくまで火を入れるのがカラメリゼです。

☞p.38に続く

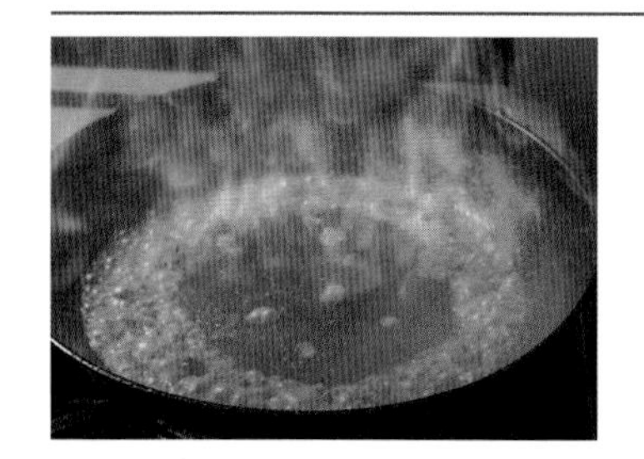

⑮ ブランデーを加えてフランベする。

アルコール分が燃えるときに炎が大きく上がるので、驚かないように！　心配ならいったん火を止めて入れ、再び火にかけて煮詰める方法でもOK。

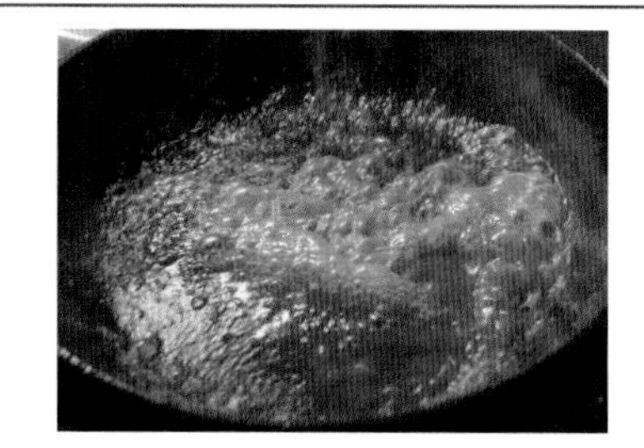

⑯ フランベの炎が収まったら、オレンジの果汁を入れて沸かす。

⑰ オレンジの皮を加え、柔らかくなるまで炒める。

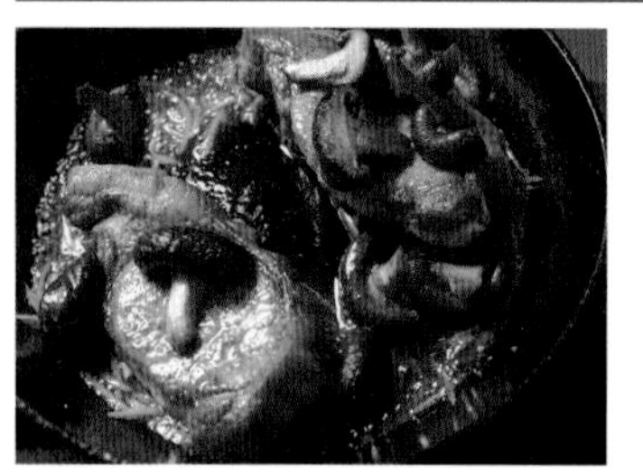

⑱ 取り出しておいた豚肉、しいたけ、皿にたまった汁をフライパンに戻し、ソースをからませながら軽く煮る。

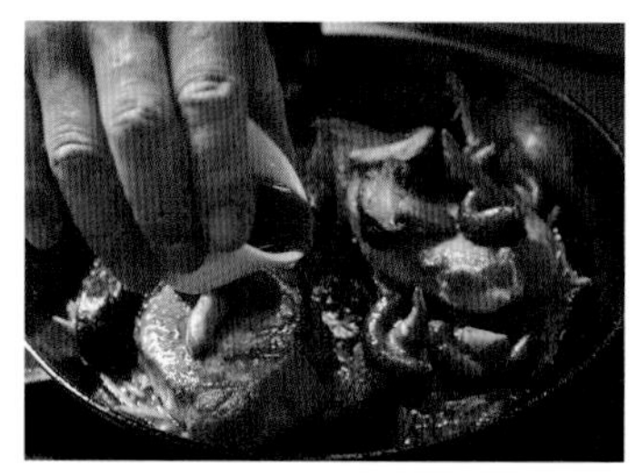

⑲ しょうゆを加えて沸かす。

⑳ 火加減を弱めの中火に落とし、バター30gを加える。

最後にもう一度バターを加えて、ソースにとろみをつけ、バターのフレッシュな風味も加えます。

㉑ バターを溶かし、豚肉にかけながら照りをつける。味見をして、足りなければ塩、こしょうでととのえる。

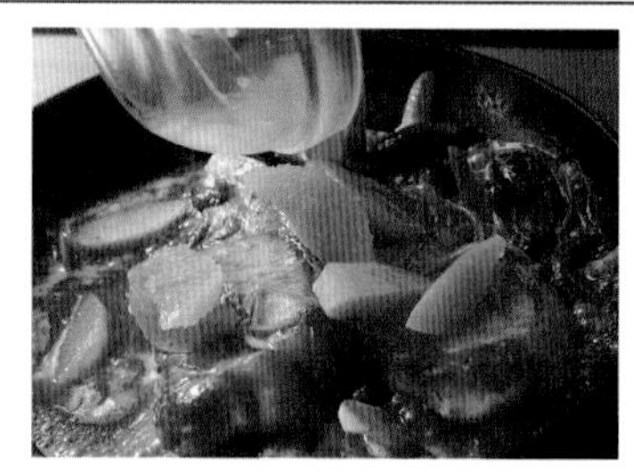

㉒ オレンジの果肉を加える。

㉓ 果肉が温まる程度に軽く火を入れたら、でき上がり。

果肉がつぶれないよう、かき混ぜずにそのまま温めます。

三國シェフの基本
Lesson
2

野菜とフルーツの包丁テクニック

しいたけの掃除、オレンジのカルティエ切り、にんにくのみじん切りの早業をお教えします。
しいたけは軸もおいしいですし、笠につけておくと盛りつけたときに見栄えもします。

しいたけの下処理

1 軸から石づきを切り落とす。

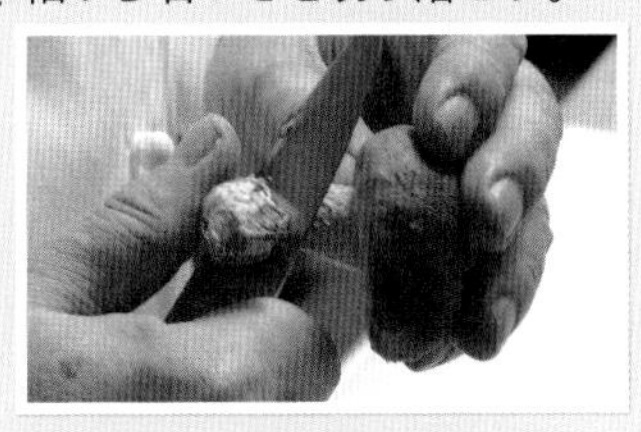

2 笠から**1**の断面に向けて、軸の周りをペティナイフでそぎ取る。

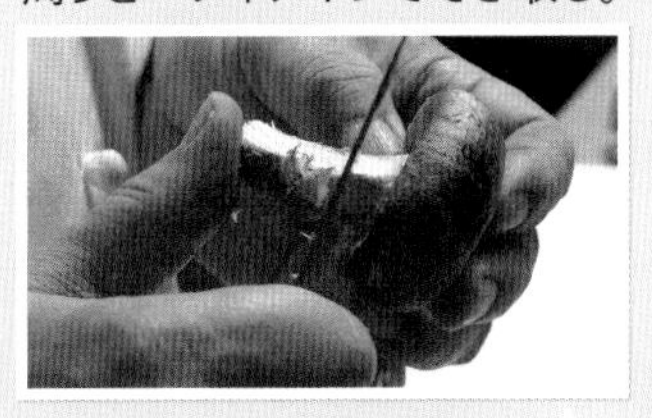

うぶ毛のような硬い薄皮が取れ、白い軸が表れて見た目も美しくなります。

3 下処理を終えた状態。しいたけの形が生き、かつ食べやすい。

4 縦に2等分する。

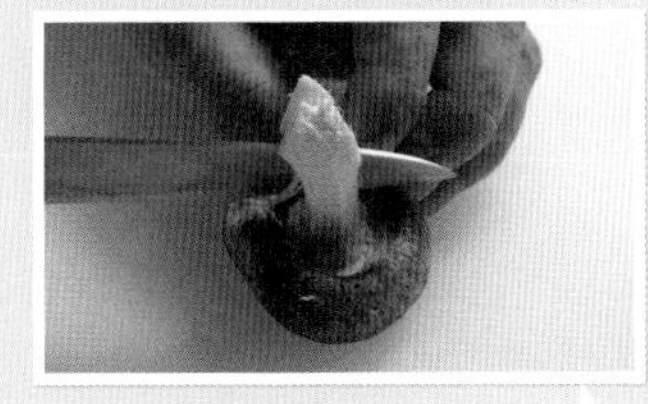

軸からナイフを入れれば、均等に2等分できます。

オレンジの下処理

1 天地を切り落とし、白いワタのすぐ内側に包丁を入れて、果肉に沿って皮をむく。1周してすべてむく。

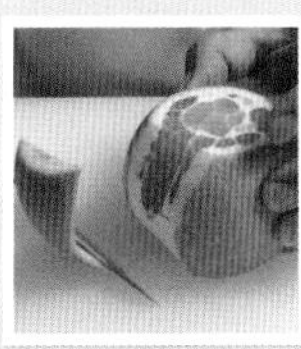

2 1房ごとに、左右の薄皮のきわにナイフを入れ、果肉を取り出す。

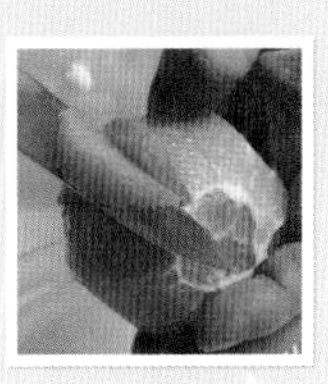

このくし形切りをフランス料理で「カルティエ」といいます。時間をおくと形がくずれるので、できるだけ直前に。

3 残った薄皮はにぎって果汁を絞り、ボウルに入れる。

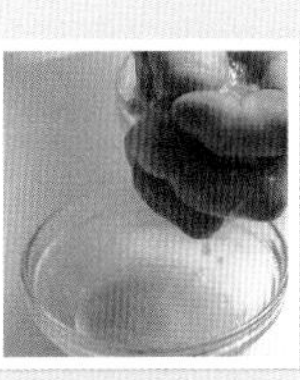

4 皮から白いワタを切り離し、ごく細いせん切りにする。

ワタは苦みがあり、ついたままだと色みも悪いので、オレンジ色の皮だけを使います。香りがいちばんあるのも皮です。

にんにくのみじん切り

1 にんにくの薄皮をむき、縦半分に切り、中心の新芽を取り除く。

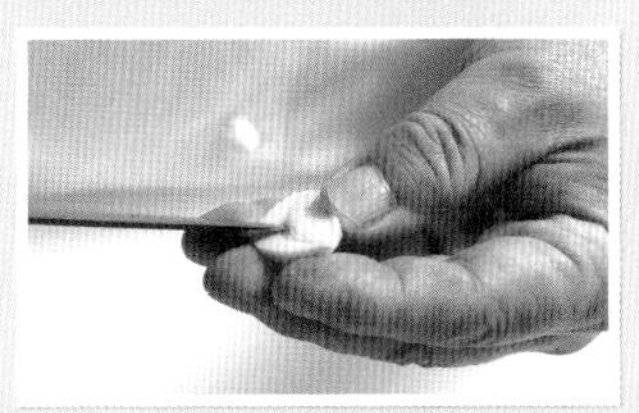

2 切り口を下にして置き、垂直に細かい切り目を入れ、次に水平に薄く切り目を入れる。

3 端から切れば、みじん切りのでき上がり。

忙しいときは

レストランでは、フォークの溝ににんにくをあててこすり、すりおろすようにしてみじん切りにすることも。形はくずれるが、短時間でできる。

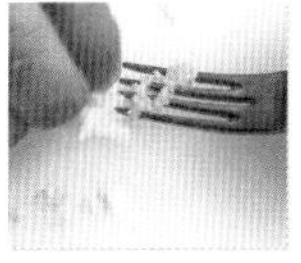

材料（2〜3人分）

鶏もも肉（骨付き）	2本
ベーコン（かたまり）	50 g
玉ねぎ	½個
にんにく（薄皮をむいたもの）	1かけ
マッシュルーム	1パック
プルーン（セミドライ）	4〜8個
ブーケガルニ（→p.41）	1束
コニャック*1	少量
赤ワイン*2	350㎖
塩、黒こしょう、薄力粉	各適量
エクストラ・ヴァージン・オリーブ油	大さじ1

*1 コニャックの代わりに、各種ブランデーで代用してもよい。

*2 赤ワインは酸味が強すぎず、お手頃価格で買えるものなら何でも。むずかしく考えなくて大丈夫。今回はチリ産のカベルネ・ソーヴィニヨンを使っているが、ボージョレを使うことも多い。

下準備

□ プルーンを赤ワインの一部に浸し、柔らかくもどす。

骨付きの鶏肉を香ばしく焼いて煮込む、シンプルフレンチ

コック・オー・ヴァン

Coq au vin
コック　オー　ヴァン

もとは肉質の硬い雄鶏（コック）で作っていたフランス古典料理。赤ワインで時間をかけて煮込むことで柔らかくする、という知恵の詰まった料理でした。現代では柔らかい若鶏を使って軽く煮込み、赤ワインの豊かな風味を楽しむ料理になっています。

部位は煮込んでも硬くならないもも肉が向き、必ず**骨付きで使います**。骨から出る香り、旨みがあってこそ、この料理の醍醐味です。

もうひとつ、**煮込む前に小麦粉をまぶして皮をしっかり焼く**ことも大切です。焼いた香ばしさや旨みが、味に深みをもたらします。

MESSAGE

フランス料理
FRENCH
三國清三

鶏の種類は手に入るお好きなもので。撮影に使ったのは「さつま地鶏」ですが、今は地鶏、銘柄鶏が全国でたくさん生産されているので、いろいろ試してみてください。ブロイラーも柔らかいですし、肉が淡泊でもソースの味が濃厚なので充分おいしく食べられます。

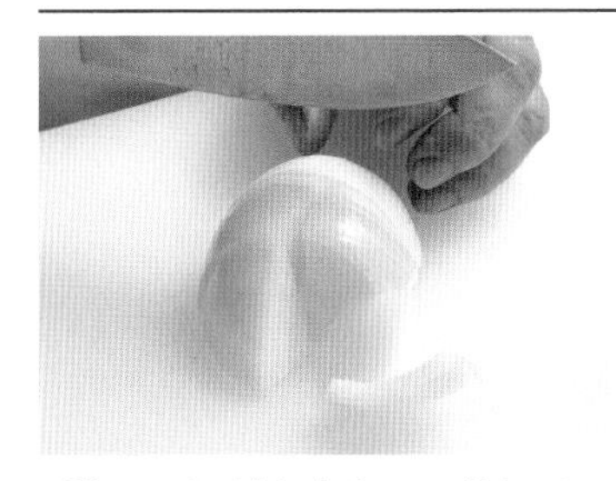

① 玉ねぎを大きめの角切りにする。

½個を繊維に垂直に半分に切り、端から幅2㎝ほどに切ればOK。

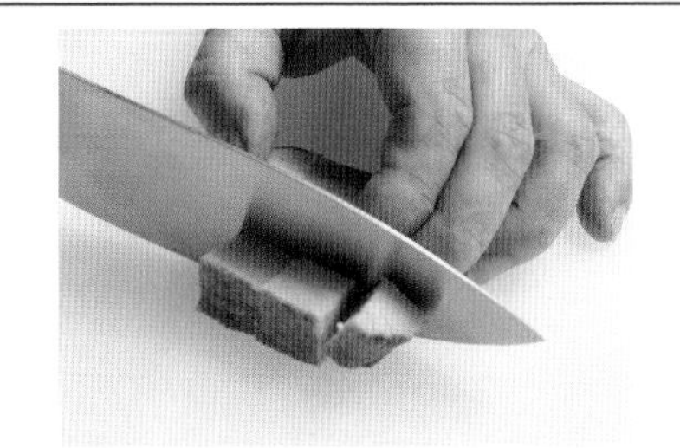

② ベーコンを1㎝ほどの角切りにする。

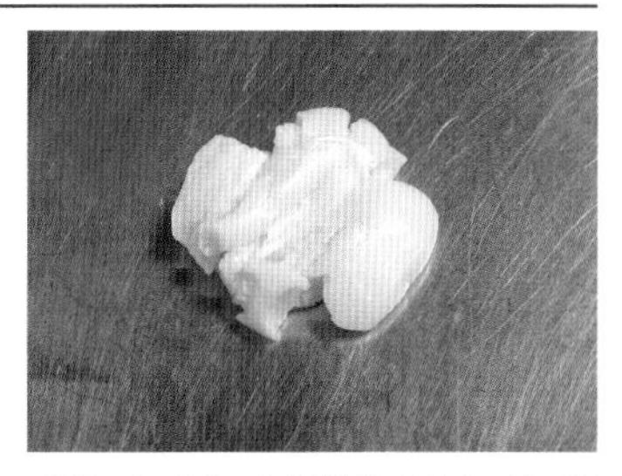

③ にんにくを縦半分に切り、新芽を取り除く。まな板にのせて包丁の腹で押しつぶす。マッシュルームは大きければ半分に切る。

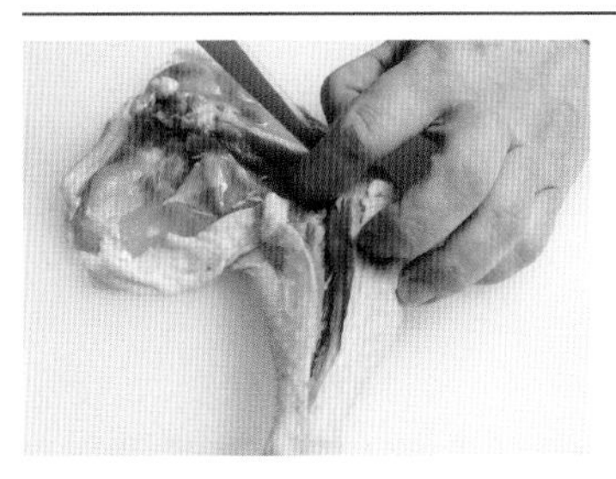

④ 鶏もも肉を皮を下にして置き、太い骨の脇に、包丁で切り目を入れる。

火を通しやすくするためのかくし包丁で、端から端まで、深く切り込みを入れます。すでに切り目が入った状態で売られているものもあります。

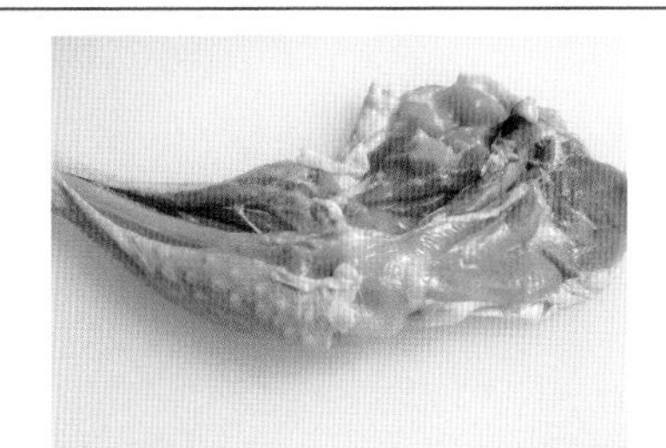

⑤ 骨のもう一方の脇にも切り目を入れる。

骨が浮き出るくらいに切り離して大丈夫です。

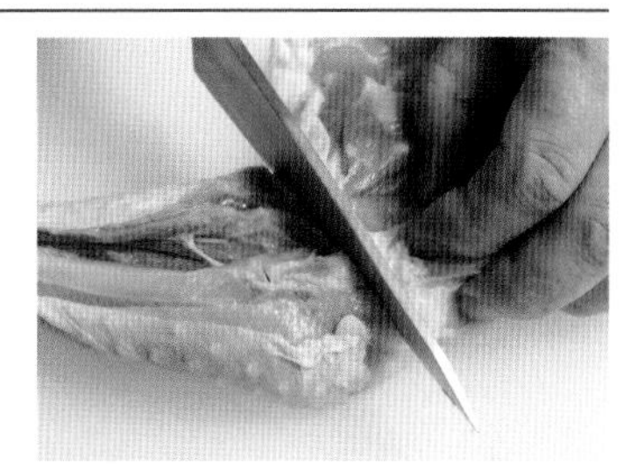

⑥ 骨の真ん中にある関節に包丁を入れ、切り離してふたつに分ける。

関節は、力を入れなくても包丁がスッと入り、簡単に切れます。

☞ p.42 に続く

ブーケガルニの作り方

ブーケガルニとは、香味野菜や香草を束にまとめたもので、肉と一緒に煮込むことで臭みを消し、よい香りをつけてくれます。ご紹介したのは基本の材料ですが、ポワロー（ポロねぎ）は白ねぎで代用しても。そのほかハーブは、セロリの葉、ローズマリー、セージ、エストラゴンなどを使ってもよいでしょう。

材料

ポワロー、タイム、パセリの葉と軸、セロリ、ローリエ、白粒こしょう …… 各少量

タコ糸 …… 適量

作り方

1 ポワロー、タイム、パセリの軸、セロリを7~8㎝の長さに切りそろえる。

2 ポワローで、タイム、パセリ、セロリ、ローリエを包むようにしてひとつに束ねる。白粒こしょうも落ちないように入れる。

3 ほどけないようにタコ糸でしっかりと縛る。

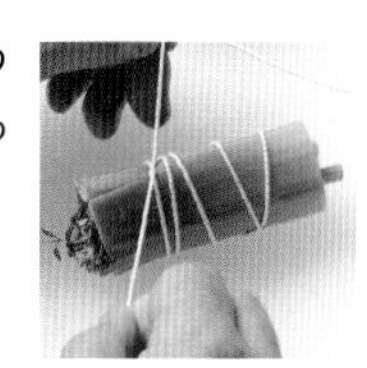

⑦ 両端の骨の小片を切り落とし、切り口をなめらかにする。

見た目や口あたりをよくするために、レストランでは必ずこの工程を行います。家庭では省略してもOKです。

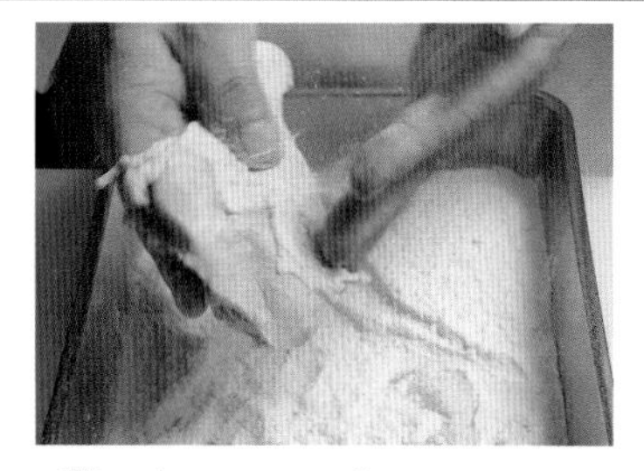

⑧ 肉の両面に塩、こしょうをふり、薄力粉をまぶす。両手ではたいて余分な粉を落とす。

薄力粉は均一に薄い膜になるようにつけます。余分についていると焦げたり、舌ざわりが悪くなってしまいます。

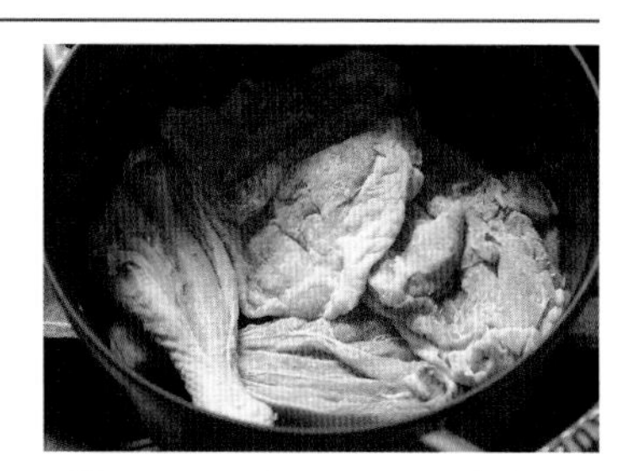

⑨ 厚手の鍋にオリーブ油を引き、強めの中火にかける。鶏肉の皮を下にして並べる。

鶏肉が重ならない大きさの鍋を用意。皮をのばして肉全体を覆うように広げて鍋に入れると、均一にきれいな焼き色がつきます。

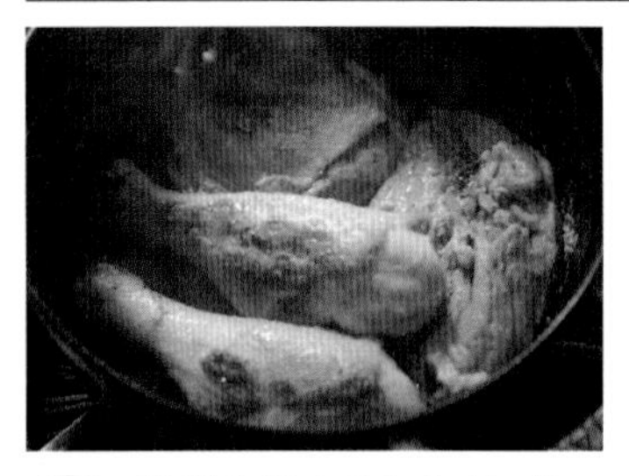

⑩ 皮がカリカリになり、きつね色に色づくまで焼く。裏に返して肉の面も同様に焼く。

赤ワイン煮込みの場合は、強めに焼き色をつけましょう。これも旨みになります。

⑪ ベーコン、玉ねぎ、マッシュルーム、プルーンの順に鍋に加え、中火に落とす。

プルーンを入れるのは僕のアレンジ。濃縮した甘みがアクセントになり、赤ワインの酸味ともバランスよし。ぜひ、入れてください。

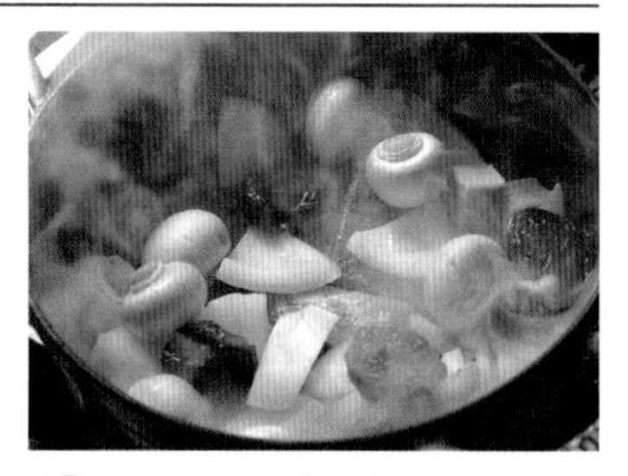

⑫ コニャックを加えてフランベする。

フランベはアルコール分が燃えるときに炎が大きく上がるので、驚かないように！　火を止めたところに加え、再び火にかけて煮詰める方法でもOK。

⑬ 赤ワイン、にんにく、ブーケガルニを加え、強火にして沸騰させる。

⑭ アクが出たら取り除く。

⑮ 弱火にしてコトコトと軽く沸く火加減にし、蓋をして15~20分煮込む。

水分がひたひたの状態で煮込みます。15分煮込んだら、肉や野菜の煮え加減を見て、足りなければさらに5分ほど煮込みましょう。

三國シェフの基本

Lesson

3

肉の焼き方テクニック

肉といっても、牛肉、豚肉、鶏肉それぞれに、
おいしく焼くポイントがあります。部位や大きさで違いはありますが、ここでは
この本で紹介している部位と切り方を例に、ポイントをお教えします。

鶏肉

鶏肉を焼いたり煮込んだりする料理には、もも肉を使うことがほとんど。パサつきにくく、旨みが強いので、しっかり火を入れる料理に適しているんですね。

鶏はできるだけ骨付きのまま使って、骨から出る旨みで焼き汁や煮汁をおいしくします。

焼くときは（煮込む前段階の焼く調理も含めて）、最初に皮を均一にカリカリに焼き上げること。皮から脂が抜け、食感がよくなり、香ばしさが出ます。「これができれば、料理は半分成功！」と、僕はいつも言っています。

皮は縮みやすいので、事前にフォークや包丁で穴をあけたり、よくのばして肉にかぶせたりすると焼きやすいですよ。フライ返しで押しつけるのも手です。

ロースト系はこの焼きが勝負。何回か裏返しにしながら焼き汁でアロゼ（➔p.33）して、中心までしっかり火を入れます。

豚肉

ロース肉、肩ロース肉、バラ肉など脂身のついている部位を調理するときは、“自分の脂身”を利用して肉全体を焼くのが理にかなっています。赤身まで焼けるだけの脂量がありますし、風味もよいからです。そのためには、最初に脂身をとことん焼く、これに尽きます。脂身を下にして肉を立ててじっくり焼いていると、脂が“これでもか！”というぐらいに出て、脂身はカリカリになって、香ばしくおいしくなります。脂身は火が入るのに時間がかかるので、最初にしっかり焼き、そのあとで赤身を焼けば、どちらもちょうどよく火が入ります。

効率的に脂を溶かすためのポイントは、脂身にたくさん切り目を入れておくこと。また、ソテー用の厚さなら、複数枚を重ねてトングではさむか、フライパンの側面に立てかけると、脂身を一度に効率よく焼くことができます。

牛肉

牛肉を焼く料理といえば、ステーキとローストビーフが代表格。厚みのある肉を、時間をかけて焼き上げます。中心まで火が通りにくい大きさなので、焼く前に常温において肉の温度を上げる必要があります。表面と中心で温度差がありすぎると、外側だけが焼けすぎて硬くなるので、大事な工程です。

サーロインやリブロースのように脂身のついている場合は、先に脂身をしっかり焼ききり、その脂を利用して赤身を焼きます。もも肉のような赤身主体なら、サラダ油、オリーブ油、バターなどの油脂を引いて焼くことになります。

ステーキなら両面をアロゼしながら焼きます。ローストビーフなら6面すべてをひとつずつ順繰りに焼き固めてからオーブン内で蒸し焼きにすれば、焼いてなおジューシーな味わいが楽しめます。

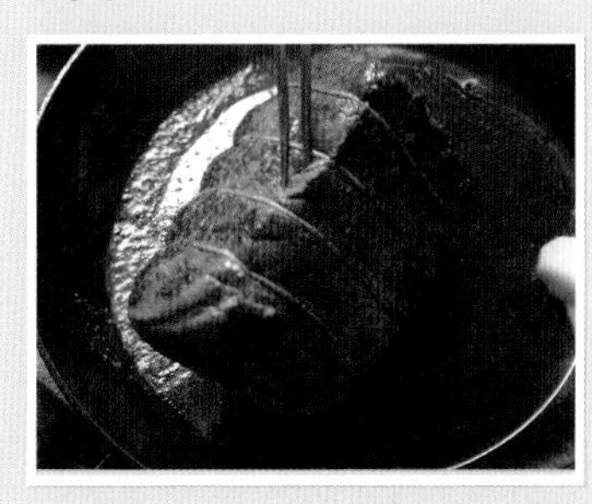

材料（1人分）

舌平目[*1] …… 1尾
塩、カイエンヌペッパー[*2]、薄力粉 …… 各適量
バター …… 30g ～

■ソース
- バター …… 20g
- ケイパー（酢漬け） …… 小さじ1
- レモン …… $\frac{1}{2}$個

＊1 舌平目は黒、赤など数種類あり、僕は身の締まった黒が気に入っていますが、手に入るものならなんでもOK。

＊2 カイエンヌペッパーの代わりに白こしょうでもよい。

下準備

- □ 舌平目にウロコがついていれば包丁などでかき取り、水洗いする。皮をむいたものを購入した場合は、プロセス①～②は省略。むく皮はおもて面の黒のみで、裏の白い皮は柔らかいので残しておく。
- □ バターを約1㎝角に切って、冷蔵庫で冷やしておく。
- □ ケイパーは水分をきる。

フレンチの古典魚料理は、バターの泡で焼く！

舌平目のムニエル

Sole meunière
ソール　ムニエール

ムニエルとはフランス語で「粉挽き」の意味で、小麦粉をまぶして焼くことから名づけられました。バターで焼いて仕上げるのがルールです。フランス料理には、似た調理法にソテー sauter やポワレ poêler がありますが、これらは粉をつけてもつけなくてもいいし、油脂もバターに限りません。ムニエルの醍醐味は、**粉を焼いた香ばしさと、ミルキーなバターの風味**なのです。

成功のカギは、焼くときのバターにかかっています。バターは惜しみなく使い、溶け始めのぶくぶくと泡立ったムース状の中でアロゼしながら焦がさないようにしっとり焼く。**ふわふわのバターの布団のなかで焼く**イメージです。バターの泡を持続させるため、3回に分けて加えるのも大切です。

MESSAGE

フランス料理 FRENCH　**三國清三**

舌平目のような繊細な味の白身魚に、こしょうの代わりにカイエンヌペッパーを使うことがよくあります。甘みを帯びた辛さが心地よいアクセントになり、油脂分の多さが気になりません。

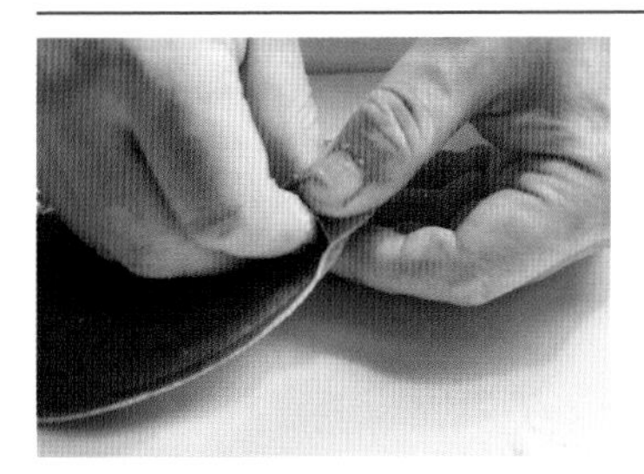

①指先に塩をつけ、舌平目の端から少しずつ黒い皮をめくる。

塩をつけるとすべらず、皮がめくりやすくなります。親指～中指の3本にしっかりつけます。頭と尾のどちらからむいてもOK。

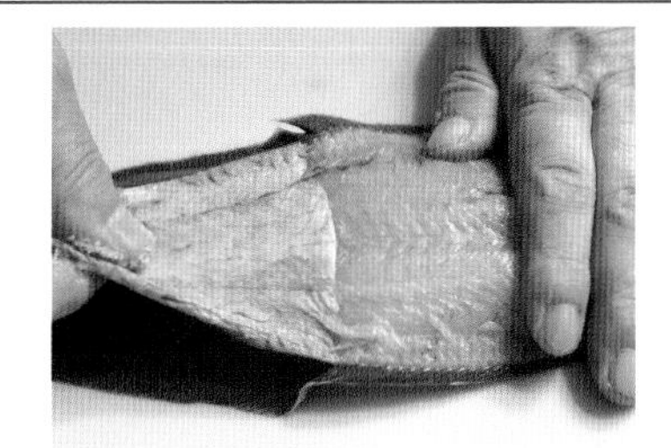

②めくった皮をつまんで少しずつはがし、もう一方の手で身を押さえてむき取る。

胸のあたりは身が薄く、柔らかくてくずれやすいので、皮を一気に引っ張らないように。少しずつキュッ、キュッとむきましょう。

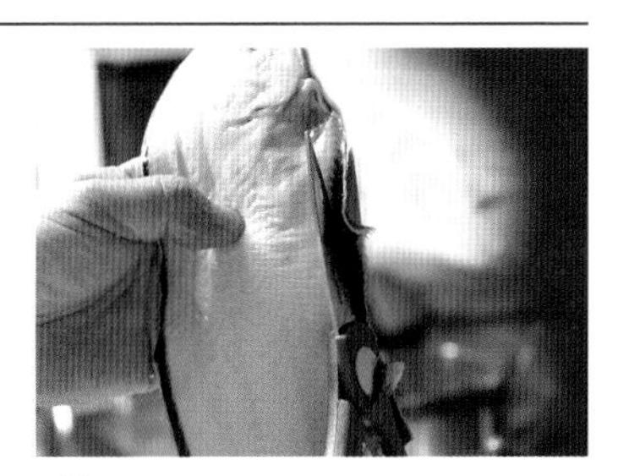

③両側のヒレを調理バサミで切り取る。

フランスではレストランでもハサミで切ることが多いです。簡単なので、ご家庭ではおすすめの方法です。

三國流　包丁でヒレを切る方法

舌平目をまな板に縦方向に置き、尾側のヒレがまな板の縁に当たるように包丁で押さえる。このとき、包丁は切っ先を右側に向け、斜めにヒレの根元を押さえる。そのまま舌平目を手前に引っ張ってヒレを切り離す。

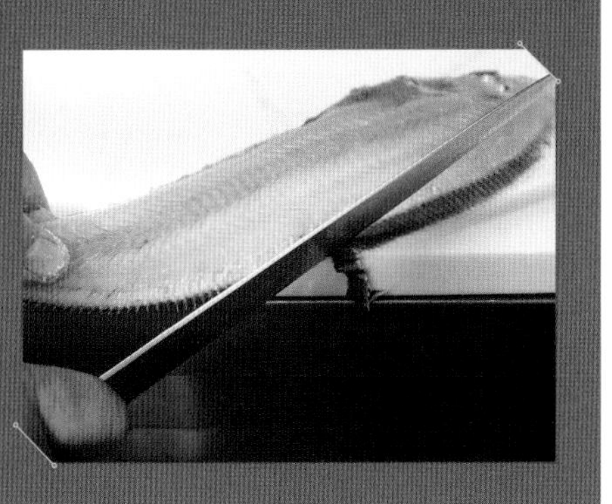

④頭から胸にかけて、包丁で斜めに切り落とす。尾も2㎝ほど切り落とす。

切り落とした頭と尾には旨みがあるので、レストランではある程度量がたまったら水で煮出し、魚料理用のだしをとります。

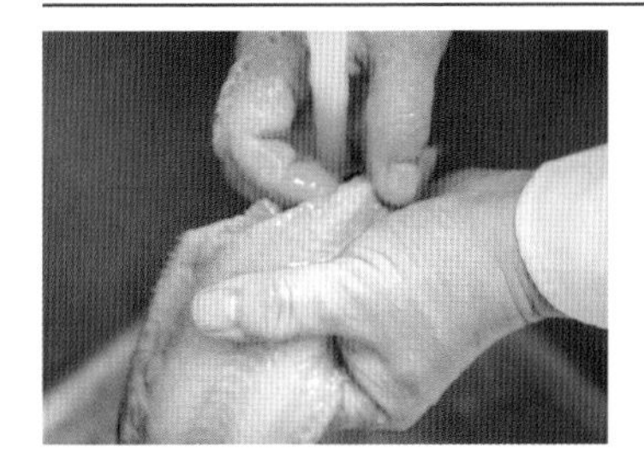

⑤表面、腹の中ともにきれいに水洗いする。腹の中の血のかたまりはペティナイフの切っ先などで丹念に削って取る。

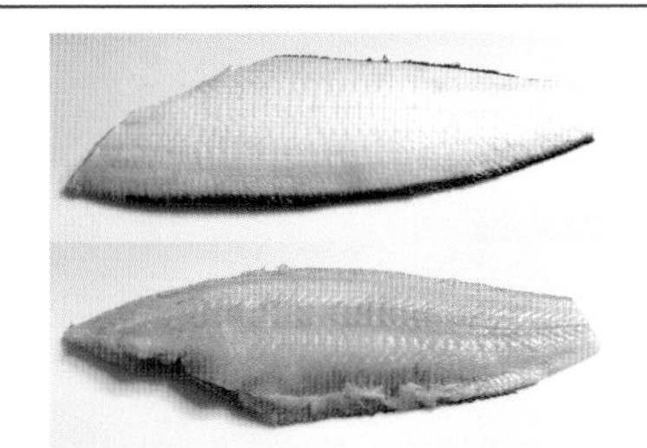

⑥切り口を包丁で切り整えてから、ペーパータオルで余分な水分を拭き取る。写真上は白皮の面、下は黒皮をむいた面。

日本では両面とも皮をむくことが多いのですが、フランスでは白皮はつけたまま。フランス流に、白皮つきで焼いていきます。

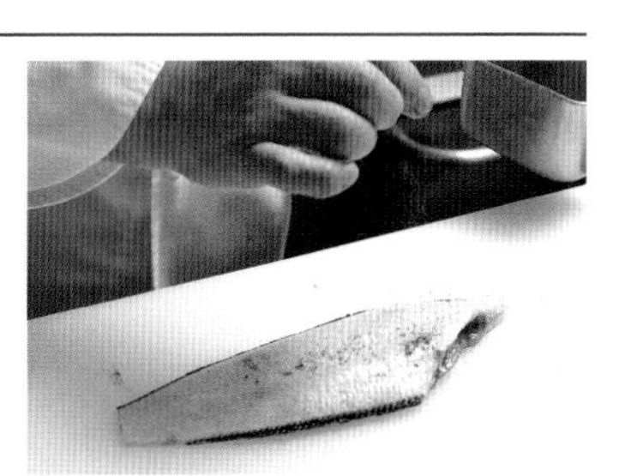

⑦舌平目の両面に塩、カイエンヌペッパーをふる。

カイエンヌペッパーは辛みが強いので、ごく少量を。白こしょうでもOK。

☞ p.46に続く

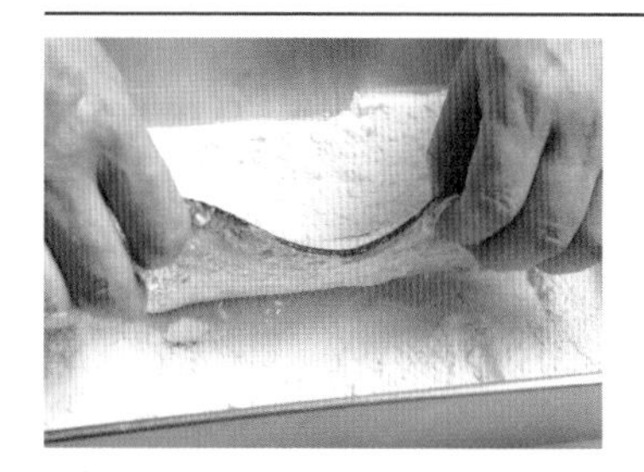

⑧ 両面に薄力粉をまぶし、手ではたいて余分な粉を落とす。

粉が厚くついていると焦げやすく、食感も損ねるので、魚の表面が透けて見える程度の薄い膜状にまぶします。

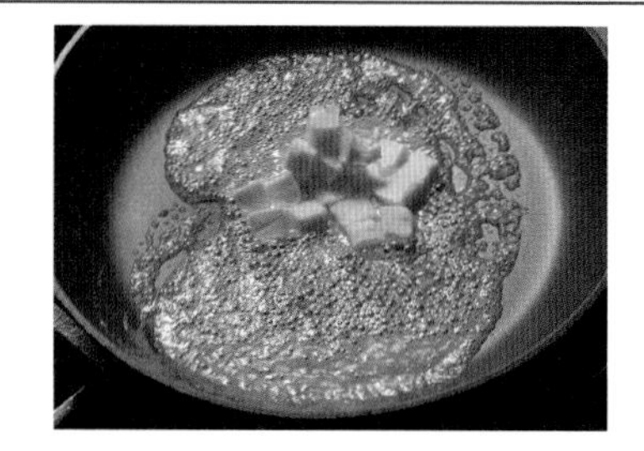

⑨ フライパンにバター30gを入れて中火にかけ、溶かす。

バターがすべて溶けて、全体が黄色いムース状になるまで待ちます。バターは均一に素早く溶けるように小角切りにし、冷やしておきます。

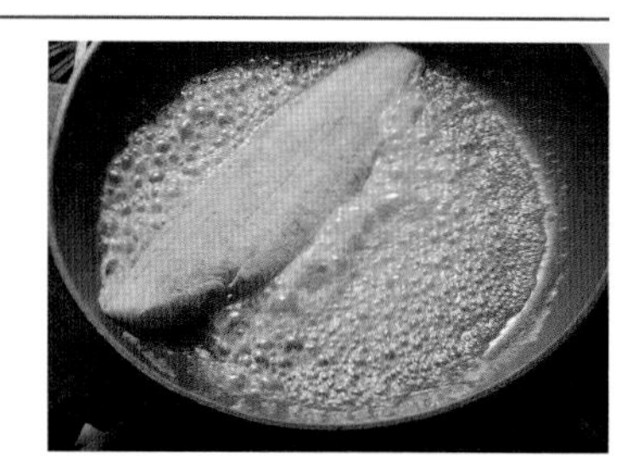

⑩ 舌平目の白い皮を下にして入れ、焼き始める。

まずは白い皮面から、たっぷりのバターの泡の中で焼きます。泡は空気が入っている分、液体より熱伝導が遅いので、やさしく火が入ります。

⑪ 焼いている途中で、ときどきフライパンを回すようにゆする。

ゆすって空気を入れることでバターの泡立ちがよくなり、焦げにくくなります。舌平目も動き、焦げつくことがありません。

⑫ 白い皮面が淡いきつね色に焼けたら、裏に返す。バター適量を加える。

⑬ バターの泡で、アロゼしながら焼く。

バターは少し色づいてきますが、新たに冷たいバターを加えることでフレッシュなムースができ、温度の上昇も抑えます。

⑭ フライパンを傾けて、たまったバターの泡をかけ続けながら焼く（＝アロゼ）。

傾けることで、フライパンの片側が火から遠ざかって温度が下がるので、バターが焦げるのを防げます。

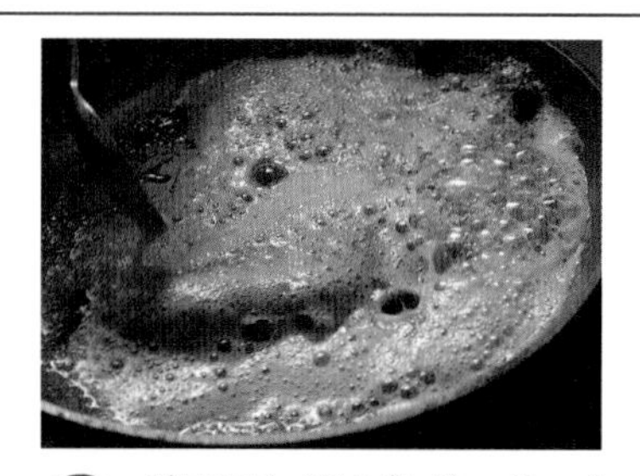

⑮ 舌平目に焼き色がつき、バターも焦げ色がついてきたら新たに冷たいバター適量を加え、溶けるまでアロゼする。焼き上がった舌平目を皿に盛る。

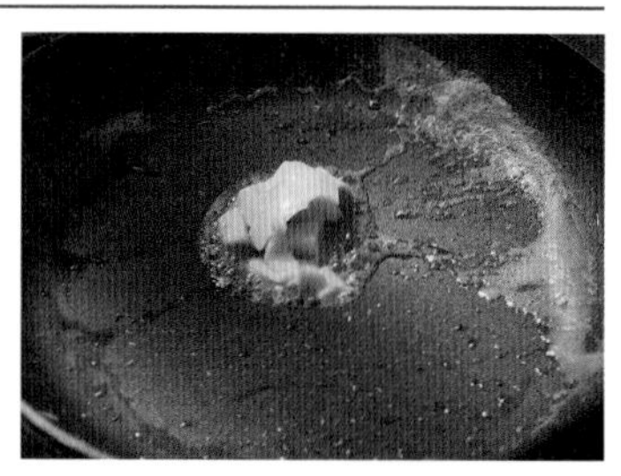

⑯ フライパンに残ったバターは捨て、ソース用のバターを入れて溶かす。

⑰ バターがムース状になり、その後、薄茶色に色づいてきたらケイパーを加えて混ぜる。

フランス料理用語でいう「ブール・ノワゼット」、はしばみ色に色づけます。

⑱ レモン汁を絞り入れ、さっとひと混ぜして舌平目にかける。付け合わせの粉ふきいも（材料外）を添える。

三國シェフ実演！ 舌平目のムニエルの切り分け方

1尾丸ごとを皿に盛る舌平目のムニエル。骨が多く身も薄いので、切り分けるのにコツが必要です。食べやすく、見た目も美しい切り分け方をお教えしましょう。使うのはテーブルナイフとテーブルフォーク。上の身を切り開く→骨を取る→下の身を切る、という手順です。食べ始めるタイミングは、上の身を切り開いた状態でも、骨をすべて取り除いてからでもかまいません。

1 フォークで軽く身を押さえ、ナイフで中央（中骨の真上）にまっすぐ切り目を入れる。

ナイフは中骨に当たるまで深く切り込みます。

2 切り目からナイフを入れて、上身の片側を骨からはがしながら開く。

舌平目にちょうどよく火が入っているので、骨に沿わせるようにナイフを入れれば簡単にはがれます。

3 上身のもう一方の側を、同様に切り目からナイフを入れてはがし、開く。

上身が両側に開いて観音開きになります。

4 骨をナイフとフォークではさんで取り除く。下身の中心線に沿ってふたつに切り分ける。

材料（2～3人分）

- じゃがいも（メークイン） …… 大3個（約650g）
- にんにく（薄皮をむいたもの） …… 1かけ
- 牛乳 …… 1カップ
- 生クリーム（乳脂肪分40%台） …… 1カップ
- 塩、こしょう、ナッツメッグ …… 各適量
- バター …… 50g

下準備

- □ オーブンを180℃に予熱する。
- □ バターは10g分を室温で柔らかくし、40g分は小角切りにし、冷蔵庫で冷やしておく。

フランスの定番家庭料理は、ひと手間で風味もとろみもアップ

グラタン・ドフィノワ

Gratin dauphinois（グラタン ドフィノワ）

じゃがいもだけで作るグラタンは、フランスの家庭の味。牛乳と生クリームで簡単に作れてクリーミーな食感が魅力です。もっとも簡単に作るならグラタン皿に直接材料を入れてオーブンで焼きますが、僕は、最初に鍋で煮てからオーブンで焼き上げます。直火で煮ることでじゃがいもが**煮汁を吸いながら柔らかくなり**、煮汁も煮詰まって、ほどよいとろみのソース状になるんです。切ったじゃがいもは水にさらすと水っぽくなり、じゃがいものでんぷん質も流れてとろみが出にくくなるので、**切ったら時間をおかず、すぐに調理**に取りかかってください。

MESSAGE

フランス料理 FRENCH　**三國清三**

グラタンに使うじゃがいもは、煮くずれないメークインが向いています。最近はおいしい品種がたくさん栽培されているので、お好みのものでもよいですよ。その場合は、粉質のホクホク系ではなく、メークインに似たねっとりした食感のものがいいですね。

① にんにくをみじん切りにする（➜p.39）。

② じゃがいもの皮をむき、水にさっとさらして水気を拭く。厚さ約3㎜の輪切りにする。

厚いと柔らかくなるまでに時間がかかり、逆に薄すぎると歯ごたえが弱く、早く煮えるので煮汁の濃度がつきにくくなります。

③ 鍋に牛乳と生クリームを入れ、塩とこしょうをふる。

鍋はじゃがいもが平らに並べられる、直径の大きい浅鍋がおすすめ。牛乳と生クリームの配合は同割がおいしいです。

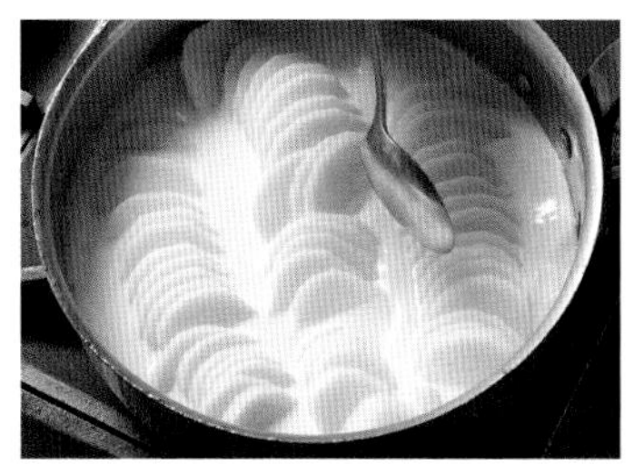

④ じゃがいもをへらなどですくって、切り分けた形のまま鍋に並べる。強火にかける。

少しずつずらして整然と並べると、均一に火が入ります。

⑤ 煮汁がひと煮立ちしたら中火にする。にんにくのみじん切りとナッツメッグを入れ、味見をして塩、こしょうでととのえる。

にんにくとナッツメッグは欠かせません。牛乳臭さを消してくれます。

⑥ スプーンで煮汁を表面にかけながら、2分ほど煮る。

煮汁から出ている部分が乾かないよう、煮汁をかけながら煮ます。徐々にじゃがいものでんぷん質が溶けて、煮汁にとろみが出てきます。

⑦ グラタン皿に柔らかいバター（10g）をぬる。

底と側面にくまなくぬります。均一でなくてもOK。

⑧ ⑥のじゃがいもを、くずさないようにヘラで一列ずつすくい取り、グラタン皿に移す。

柄付きの長い金べらがすくいやすいです。形をそろえて並べると、均一に火が入り、見た目も美しいです。

⑨ 煮汁は再度強火にかけ、泡立て器でかき混ぜながらなめらかにする。沸いたら火を止め、じゃがいもに注ぐ。小角切りのバター（40g）を散らし、オーブンで約30分、焼き色がつくまで焼く。

焼き色を見て、足りなければ10〜20分追加しましょう。

トマトソースのパスタ

“さわやかさ”が大事なトマトソース。
シンプルな材料で、さっと煮込むのがおいしい

スパゲッティ・トマトソース

Spaghetti al pomodoro
スパゲッティ アル ポモドーロ

味の安定した缶詰のトマトがいちばん！

トマトソースだけで和えたスパゲッティは、**パスタ料理の“基本中の基本”**です。シンプルななかにも旨み、酸味、甘みがととのっていること、少ない材料で簡単にできることが広く愛される理由でしょう。完熟した味の濃い生トマトがあれば、それもよいのですが、一年中いつでも安心して作れるのは缶詰のホールトマトです。季節を問わず確実に熟れたものが使え、味が安定しているから初心者には絶対におすすめ。しかも、最近は味がよくて柔らかい品種が使われ、以前にはなかった濃厚なトマト汁が一緒に詰めてあるので、トマトソースが断然おいしく作れるようになりました。

少しの玉ねぎとトマトを5分煮るだけ

このようにホールトマト自体、甘みが増しているので、玉ねぎの使い方も昔とは変わっています。今は**2人分で小さじ1とごく少量**、しかも軽く炒めるだけ。以前はソースに甘みを加えるために、たくさんの玉ねぎをしっかり炒めていましたが、今はむしろ、すがすがしい香りを加えるのが目的です。ソースになったときに舌にさわらないよう、ごく細かく切って使いましょう。

ソースを煮るのは5分程度。短いでしょう！少しだけ水分をとばして濃度を調整する、それくらいの煮詰め方でも充分旨みが出ます。長く煮ればいい、というものではないんです。**トマトのさわやかさがこのソースの醍醐味**。材料の種類を絞り、煮詰めすぎず、トマトの味を前面に出します。そして最後に、スパゲッティの旨みの溶け出たゆで汁で濃度を調整すれば、ソースは完成。玉ねぎを使ったこのトマトソースはいちばんの基本形ですから、ぜひ覚えてください。

MESSAGE

イタリア料理 ITALIAN **吉川敏明**

トマトソースにパルミジャーノ・レッジャーノをかけて食べたいときは、あらかじめソースにバターを入れておきましょう。粉末のチーズはソースの水気を吸って固まりやすいので、バターで油膜を作ってガードしておきます。トマトの酸味が和らぎ、マイルドでコクのある味になるのもメリット。バターの量は、2人分で10g。ソースの仕上げ、つまり53ページの作り方⑪の最後に入れてください。

スパゲッティ・トマトソースの作り方

材料（2人分）

スパゲッティ（直径1.9㎜）…… 160g
ゆで汁用の水 …… 2ℓ
ゆで汁用の塩
…… 16g（水の重量の0.8％）

■トマトソース

- ホールトマト（缶詰）…… 250g
- 玉ねぎ（みじん切り）…… 小さじ1
- ローリエ …… ½枚
- 塩 …… ひとつまみ
- サラダ油 …… 大さじ⅔

下準備

□ ソースを作る前に、スパゲッティのゆで汁用の水を沸かし始める。

①玉ねぎとサラダ油をフライパンに入れ、弱めの中火にかける。油が熱くなったら弱火にし、混ぜながら香りを出す。

フライパンをあらかじめ熱しておかないように。玉ねぎが焦げやすくなります。

②玉ねぎが少し色づいてきたら、炒め終わり。

茶色になるまで炒めてはいけません。すがすがしい香りが出れば充分です。

③ホールトマトを全量入れる。

このソースには具が入らないので、ホールトマトをそのままフライパンに入れ、その中でつぶしていきます。

④器などに残ったトマト汁を、少量の水（分量外）で溶かし、③に加える。

缶詰から直接入れる場合も、缶の中に汁が残ります。大事なソースの素ですから、水に溶かして全量を使いきります。

⑤トマトのかたまりを泡立て器でつぶしながら混ぜる。

つぶし加減はお好みで。完全なピューレより、果肉が少し残るくらいが味の凝縮感や食感の変化が出ます。昔は野菜こし器に通しましたが、泡立て器で充分。

⑥塩をふり、ローリエを加える。

ローリエはさわやかな香りに加え、旨みも出ます。ほかに、バジルを使ってもいいでしょう。

基本のイタリア食材
ホールトマト

最近の缶詰トマトは品種改良で果肉が柔らかくなっています。ピューレに近い濃度の濃縮トマト汁も一緒に缶に詰められているので、味が濃厚で濃度もアップ。ダイストマト缶はあっさり味になるので、パスタソースにはホールトマト缶が向きます。

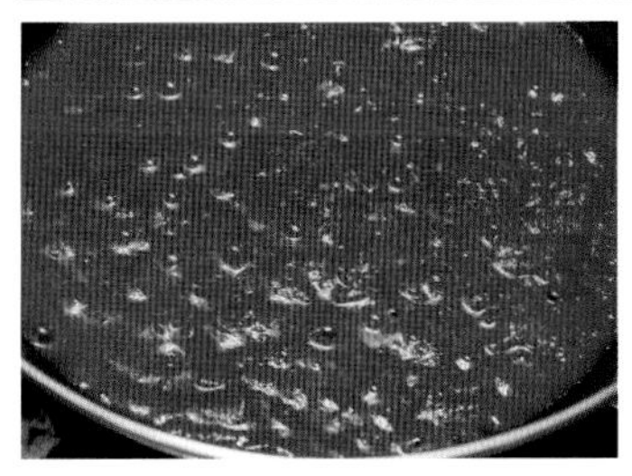

⑦ ソースがプツプツと泡立つくらいのごく弱火で、5分ほど煮詰める。焦げつかないように、適宜混ぜる。

煮始めると、果肉から水分がしみ出てきます。水っぽくならないよう、煮詰めて濃縮させます。

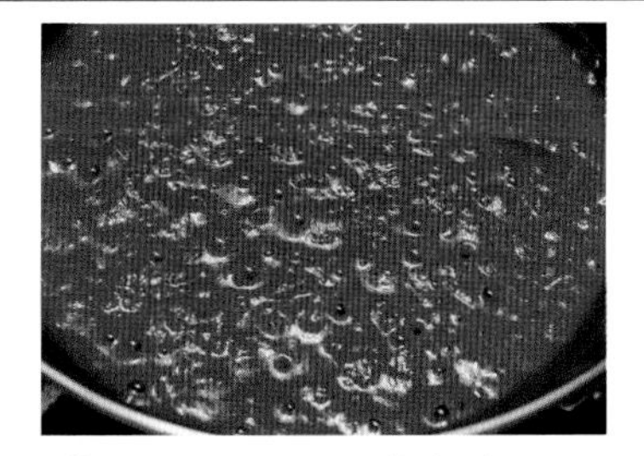

⑧ ドロッとして濃度が出てきたら、煮詰め終わり。ローリエを取り出し、火を止める。

スパゲッティがゆで上がる頃には、煮詰まったようにやや硬くなります。目指す濃度の少し手前で、火を止めておきましょう。

⑨ ゆで汁用の湯を沸騰させ、分量の塩を入れてスパゲッティをゆでる（➜p.55）。

⑩ スパゲッティのゆで上がりが近くなったら、⑧にスパゲッティのゆで汁大さじ3～4を入れてのばし、中火で温める。

ゆで汁を入れすぎたら煮詰めればよいだけ。足りないよりは多めに加えましょう。

⑪ 温めながら、スパゲッティがからみやすい濃度にととのえる。

⑫ スパゲッティがゆで上がったら水気をきり、⑪に入れ、強火にする。

スパゲッティはゆで汁を完全にきってしまわず、少量をまとわせたままソースに入れます。

⑬ トングでスパゲッティをつかみながら混ぜ、ソースをからませる。

料理人はフライパンをあおって混ぜますが、ご家庭ならパスタをぐるりぐるりと混ぜればからまります。あわてず、ゆっくり30秒ほど。時間をかけて大丈夫！

⑭ スパゲッティ全体にソースが行きわたれば混ぜ終わり。

ソースがゆるいようなら、煮詰めながら混ぜましょう。

⑮ スパゲッティを温めた器に盛り、フライパンに残ったソースをかける。

吉川シェフの基本 Lesson 1

パスタの基本、徹底マスター！

日本では「イタリア料理＝パスタ」というほど定着しています。
ここでは、日本人の大好きなパスタを
スパゲッティなどのロングパスタを中心に、極上の味にするためのポイントをご紹介します。

本当のスパゲッティ、知っていますか？

私たち日本人が普段「パスタ」と呼ぶのは、小麦粉を練って形作って乾燥させた乾麺のこと。ここでもパスタは乾麺のことを指すことにします。

日本でおなじみなのは、細い筒状のスパゲッティや少し平べったいリングイーネなどのロングパスタ。スパゲッティは、日本では直径1.6㎜前後の細麺が人気です。しかしじつはこれ、正しくは「スパゲッティーニ」といいます。正真正銘のスパゲッティは直径1.8～2.0㎜で、日本では1.9㎜が多く出回ります。

スパゲッティは表面が丸みを帯びているので、ソースのノリがあまりよくありません。そのため太めを選ぶほうがソースがからみやすく、またしっかりと噛んで食べるので粉の旨みが広がりやすくなるんですね。私は太いほうがおいしく作れると思います。

段取りが大事！

パスタ作りでは、鍋とフライパンを使います。「パスタをゆでる」「ソースを作る」2つの作業があるからです。同時に仕上げてタイミングよくパスタをソースにからめられたらいいのですが、それがなかなかむずかしい。ソースはでき上がったら火を止めておけば大丈夫なので、パスタ作りの基本段取りは、「まずパスタの湯を沸かす」→「ソースを作り始める」→「パスタをゆでる」と覚えましょう。

例外は、ソースが10分以内でできる簡単なパスタ。パスタをゆで始めてからソースを作っても間に合います。「スパゲッティ・アーリオ・オーリオ」「ゴルゴンゾーラのペンネ」などがそれにあたります。

基本の段取り

パスタ用の湯を沸かし始める。
▼
ソースを作り始める。
▼
ソースができたら火を止める。
▼
パスタをゆで始める。
▼
ゆで上がりが近くなったら
ソースを温めなおす。
▼
ゆで上がったら
ソースをからませる。

パスタをゆでるときは、時間とゆで加減に注意

ロングパスタは、袋の表示時間通りにゆでるのが基本です。表示の2分前にゆで上げるのがよい、という説もありますが、ご家庭ではその必要はありません。パスタはラーメンのようにすぐにのびません。

ショートパスタは、2パターン。ひとつは、表示より2分長くゆでて、ソースにからませる方法。もうひとつは表示通りゆでて、ソースの中で少し煮込む方法です。ショートパスタは厚みがあって、噛んだときのボリューム感があるので、少し柔らかめにゆで上げるほうがおいしく感じられます。

パスタの理想の硬さは、食べるときに、まるで芯があるかのような“弾力”が感じられる状態。よくパスタを「アルデンテ」（細い白い芯が目に見える状態）にゆで上げると言いますが、その後ソースをからませたり食卓に並ぶまでに余熱が入るので、芯はなくなります。

ロングパスタのゆで方

1 2人分のロングパスタをゆでるには、水2ℓと塩16gを用意。塩分濃度は0.8％。

一般に塩分濃度は1％といわれますが、最近はイタリアでも減塩傾向で0.8％くらいが標準。これはお吸いものの塩分濃度と同じで、飲んでちょうどよい塩味です。

2 塩は水が沸騰してから入れる。すぐに溶ける。

塩分の強いドライトマトを使うパスタ料理では、塩分濃度はやや抑えて0.7％に。

3 ロングパスタは、束をつかんで、まず鍋の中心に立てる。

4 パッと離せば、パスタが平均的に散らばる。

イタリアでは「パスタをゆでるのは女性や子どもを扱うのと同じ」と言います。ある程度かまわないとダメ、でもかまいすぎてもいけないという意味ですよ。

5 湯から出ているパスタをトングや菜箸で沈め、再沸騰したら、パスタ同士がくっつかないようほぐす。

弱火～弱めの中火でゆでます。小さい泡がポコポコと上がり、パスタがゆっくり水中で動く火加減。激しく泡が浮く強火では、パスタ同士がこすれて表面が溶けてきます。

6 袋の表示時間通りに静かにゆでる。火加減は弱火～弱めの中火。

何度も混ぜると湯温が下がってゆで上がりに時間がかかります。いじりすぎないこと。とくにショートパスタはこすれて欠けたりするので放っておきます。

7 ロングパスタは、湯から上げて3秒おいてから、1本の中心を指の腹で押さえて柔らかさを確認する。

簡単にブツッと切れたら、まだゆで上がっていない証拠です。硬いほうが切れやすく、ゆだって弾力が出てくると切れにくくなります。

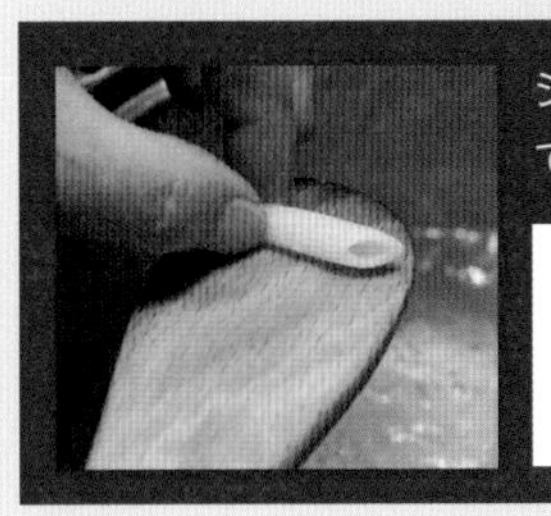

ショートパスタはへらにのせ、真ん中をさわって確認。ショートはロングよりも柔らかめに。

ロングもショートも、ゆで上がりの確認は湯から上げてすぐではなく、3秒おいて表面の水分をとばしてから。これで本当の硬さがわかります。

吉川シェフの基本
Lesson
1

湯きりのコツ

ゆで上がったパスタはざるにあけたりせず、ロングパスタならトングでつかみ、ショートパスタなら穴じゃくしか小ぶりのストレーナーですくい、直接ソースに入れます。

コツは、パスタをゆっくり引き上げたら、軽く2～3回ふって湯をきり、パスタからポツンポツンとたれるゆで汁とともにソースへ入れる、これくらいがちょうどよい湯きり加減です。一度の作業ですみ、パスタからしたたり落ちるゆで汁も一緒にソースに入れられますから。ゆで汁が少量入ることでソースがうまくからみ、なめらかに仕上がります。

ソース作りはフライパンで

ソースを作るのは、鍋ではなくフライパンが便利です。口径が広く、焦げにくいので作りやすいですし、パスタと混ぜるのもとてもラク。深さがあって、側面が外側に開いている形のものが、混ざりやすくベストです。2人分なら直径24～26cmが手頃。

ショートパスタは、混ぜるときにフライパンから飛び出しやすいですね。そんなかたは、パスタのゆで鍋を利用すると便利です。ゆで上がったらパスタとゆで汁をいったんボウルなどに移し、空になったゆで鍋にソースとパスタを入れて混ぜるのです。パスタが飛び出さず、鍋が温かいので保温にもなります。分量を多く作る場合は、このほうが便利です。

ゆで汁はおいしいブイヨン

イタリアでは、パスタのゆで汁を「ブオン・ブロード＝おいしいブイヨン」と呼んでパスタソースに活用します。塩味と、パスタから溶け出た小麦の旨みがあるからです。

たとえば、パスタソースが煮詰まったときにのばしたり、味を凝縮させるときにゆで汁でいったん薄めてから煮詰めたり。これは水分調整だけでなく、ブイヨン的な旨みや塩味を利用しているのです。塩味は、塩をふってつけるより、ゆで汁の塩分を利用したほうがマイルド。私はソースの塩を控えめにし、ゆで汁を加えて煮詰めて、塩味をととのえています。

パスタをソースに加えたあとも、ゆで汁でのばすことがあります。パスタやチーズがソースの水分を吸うので、ゆで汁で水気を補わないと、パサついた仕上がりになりますよ。

急がなくていい、しっかり混ぜる

パスタとソースを混ぜるとき、心してほしいのは「あわてない」「急がない」。日本人には、1秒でも遅れると「パスタがのびてしまう！」という思い込みがあるようです。パスタはラーメンのように簡単にはのびません。普通に混ぜればいいんです。大急ぎで混ぜることより、ゆっくり、しっかり混ぜることのほうが大事。よく混ぜて、パスタとソースをなじませると、味がぐんとよくなります。

プロの料理人はフライパンをあおって混ぜますが、慣れていないとパスタが飛び出しますから、初心者はトングでぐるりぐるりと混ぜましょう。

仕上げのチーズは火を止めてから

調理の最後にチーズやオリーブ油を混ぜることの多いのが、パスタ料理です。どちらの場合も、必ず火を止めてから混ぜてください。風味を生かすためです。また、一度に全量を入れず、チーズなら2回に、オリーブ油なら数回に分けて、そのつど混ぜるのが均等にからめるコツ。チーズはとくにソースの水分を吸収しやすいので、一度に入れると一か所で固まってしまうことになりかねません。

パスタを盛る皿は温めて！

パスタ料理は、必ず温めた皿に盛ってください。冷たいままの皿にのせるとパスタの表面が冷えてしまうだけでなく、硬くなって食味が落ちます。パスタがゆで上がる2分ほど前に、皿にゆで汁を少量張って温めるか、パスタをゆでている鍋に焼き網やざるなどをのせ、その上に皿を重ねておけば蒸気で温まります。

ただし、手で持てないほどに熱くしないように。2分前から温めるぐらいで、適温になります。

辛みに特化したトマトソース。でもほどほどがいいんです

ペンネ・アラビアータ

Penne all'arrabbiata
ペンネ　アッラッラッビヤータ

ショートパスタ料理の代表格がこの料理。唐辛子を使った辛いのが特徴の料理ですが、本場イタリアでは、すこーし辛い程度です。

唐辛子には独特の刺激的な香りもあるので、"ハーブ"として考えるとよいでしょう。だからローリエもバジルも入れず、シンプルに唐辛子の風味を生かします。最初ににんにくと一緒にオリーブ油の中でじっくりと火を入れ、辛みと香りを移したら取り出します。

この料理は、ソースをたっぷりと作り、ペンネを食べ終わっても余るくらいにします。噛みごたえのあるペンネがおいしく食べられますよ。

材料（2～3人分）

- ペンネ……140g
- ゆで汁用の水……1.5ℓ
- ゆで汁用の塩……12g（水の重量の0.8％）

■トマトソース

- ホールトマト（缶詰）……280g
- にんにく（薄皮をむいてつぶしたもの）……3g
- 赤唐辛子……2本
- エクストラ・ヴァージン・オリーブ油……大さじ2
- 塩……ひとつまみ

■仕上げ用

- エクストラ・ヴァージン・オリーブ油……小さじ1
- パセリ（みじん切り）……小さじ1

下準備

- □ ソースを作る前に、ペンネのゆで汁用の水を沸かし始める。
- □ ホールトマトをボウルに入れ、泡立て器でつぶしておく。フライパンに入れたときにすぐ広がって、調理がラク。

MESSAGE

イタリア料理
ITALIAN
吉川敏明

ペンネは羽根ペン形の穴あきショートパスタ。
メーカーによって太さがやや違い、表面に筋のあるもの、ないものがあります。筋ありは生地が厚くモチモチ、筋なしは生地が薄くてツルツルした食感。元祖は、筋なしです！

① にんにく、赤唐辛子、エクストラ・ヴァージン・オリーブ油をフライパンに入れ、弱めの中火にかける。油が熱くなってきたら弱火にする。

フライパンを傾け、にんにくが油に浸るようにします。

② にんにくの縁が茶色に色づくまで炒めたら、赤唐辛子とともに取り出す。赤唐辛子は取りおく。

にんにくは「スパゲッティ・アーリオ・オーリオ」(➔p.60)より強めに色づけ、香りや辛みを充分に油に移します。

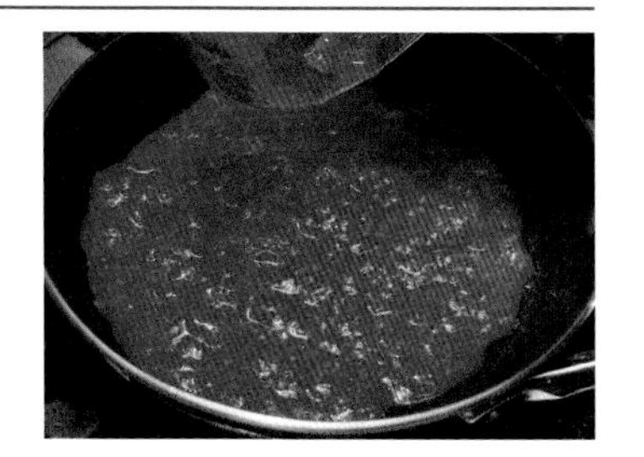

③ トマトを入れ、油とよく混ぜ合わせて塩をふる。

トマトを入れたときに油がはねやすいので注意。ボウルにはトマト汁が残るので、少量の水(分量外)で溶かし、これもフライパンに加えます。

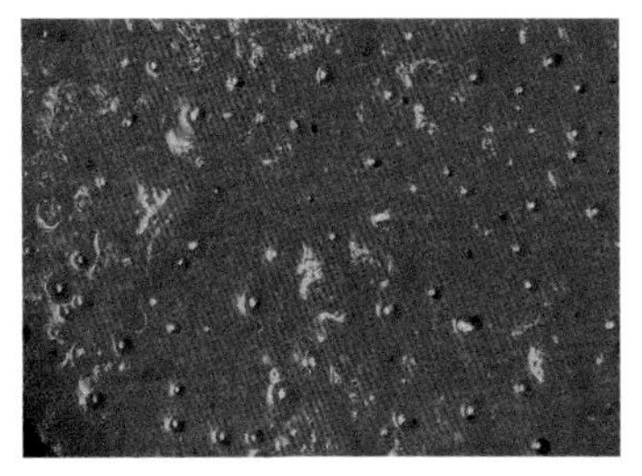

④ 木べらで混ぜながら、5分ほど煮詰める。火加減はごく弱火。プツプツと小さな泡の上がる状態で煮る。煮終わったら火を止めておく。

途中で水分が足りなくなったら、ペンネのゆで汁用の湯を少量足してください。

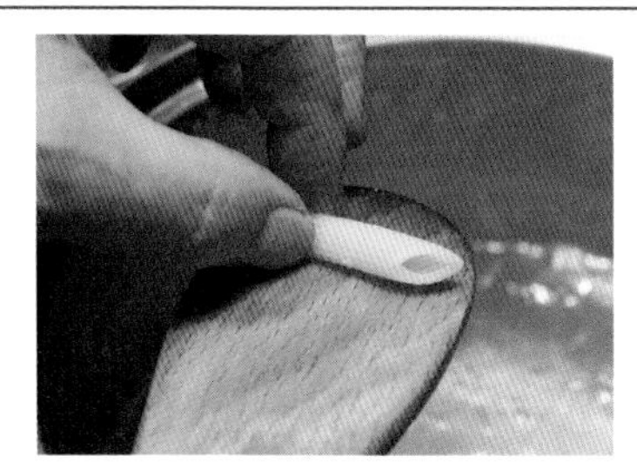

⑤ ④のソースを煮ている間にゆで汁用の湯を沸騰させ、分量の塩を入れてペンネをゆでる(➔p.55)。

⑥ ペンネのゆで上がりが近くなったら、④のソースにペンネのゆで汁大さじ2を入れてのばし、中火にかけて温める。

ペンネにからみやすいよう、ソースをゆるい状態にととのえます。

⑦ ペンネがゆで上がったら水気をきり、⑥のソースに入れ、強火にする。ペンネのゆで汁を大さじ2ほど入れる。

ペンネはゆで汁を完全にきってしまわず、少量をまとわせたままソースに入れます。

⑧ 全体を混ぜながら2〜3分煮て、ソースをなじませ、ペンネにもさらに火を入れる。

ペンネは袋の表示通りにゆでますが、ソースとのなじみをよくするために少しだけ一緒に煮ます。柔らかくなりすぎることはないので、大丈夫。

⑨ 火を止め、仕上げ用のエクストラ・ヴァージン・オリーブ油を少量ずつかけて、手早く混ぜる。パセリをふって、②の赤唐辛子を飾る。

オリーブ油は小さじ1を4回ほどに分けて手早く混ぜれば、少量でも全体に回ります。

イタリア料理
Italian
吉川シェフの「学び」
2

オイルソースのパスタ

ほのかなにんにくの香りに、たっぷりのオリーブ油がジャストバランス

スパゲッティ・アーリオ・オーリオ

Spaghetti aglio, olio e peperoncino
スパゲッティ　アッリオ　オーリオ　エ　ペペロンチーノ

にんにくを入れすぎない、炒めすぎない！

普段は脇役に甘んじているにんにく、オリーブ油、赤唐辛子。この３つがアーリオ・オーリオの主役です。材料が少なく手順は簡単ですが、香りの出し方や水分バランスのとり方が意外にむずかしく、ちょっとしたさじ加減で味が大きく変わります。

ポイントをふたつに絞りましょう。ひとつめはにんにくの扱い。あの独特の香りがあってこそのアーリオ・オーリオですが、**日本ではにんにくをきかせすぎていることが多い**ようです。この料理に限らず“イタリア料理＝にんにく”のイメージで、強くきかせることがイタリア料理であり、おいしいと思い込んでいませんか。

アーリオ・オーリオでは、風味の出方と取り出しやすさの両面から、**「薄切り」のにんにくをおすすめ**します。丸ごとつぶしたものでは風味が足りません。かといってみじん切りは香りが強く出すぎる。仮にみじん切りを使うなら、耳かき１杯が限界ですよ！　また、にんにくは火入れが足りないと香りが臭みとなり、旨みも出ません。かといって茶色になるほど炒めると苦みが出て、繊細さに欠ける。ブロンド色でストップすることが大切です。

ゆで汁でのばすから、なめらかさが出るんです

ポイントのふたつめは、オリーブ油とゆで汁のコントロール。最近は「乳化」などといわれますが、要はパスタにからめるのは油だけではなく、油とほぼ同量のゆで汁を加えて作ったゆるやかなオイルソースなのです。大事なのは、**水分と油分をほぼ同じ量にする**こと。そして、油を“少しずつ加えて混ぜる”というくり返しの作業。パスタに均一に、くまなく広がることで、しっかりからむのです。オイル系ソースは、混ぜ終わったときに油とゆで汁がフライパンに少量残る。これがベスト。ゆで汁を加えすぎて残ったら、強火で一気に水分をとばせばOKです。

MESSAGE

イタリア料理
ITALIAN
吉川敏明

オリーブ油、とくにエクストラ・ヴァージン・オリーブ油はディスペンサーに入れて使うと、全体に少量ずつ回しかけることができるので、使う量も調整できて便利ですよ。

スパゲッティ・アーリオ・オーリオの作り方

材料（2人分）

スパゲッティ（直径1.9㎜）…… 160g
ゆで汁用の水 …… 2ℓ
ゆで汁用の塩 …… 16g（水の重量の0.8％）
にんにく（厚さ2㎜の薄切り）……4g
赤唐辛子（輪切り）……$1/2$～1本分
パセリ（みじん切り）……大さじ1
エクストラ・ヴァージン・オリーブ油 ……大さじ1

■仕上げ用
エクストラ・ヴァージン・オリーブ油 …… 大さじ2弱

① ゆで汁用の水を沸かし、分量の塩を入れてスパゲッティをゆで始める（➜p.55）。

この料理では、ソースが短時間ででき上がるので、まずスパゲッティをゆで始めます。

② フライパンににんにくとエクストラ・ヴァージン・オリーブ油を入れて弱めの中火にかけ、炒める。

フライパンを傾け、隅に油をためて炒めやすくします。茶色になるまで炒めず、ブロンド色に！

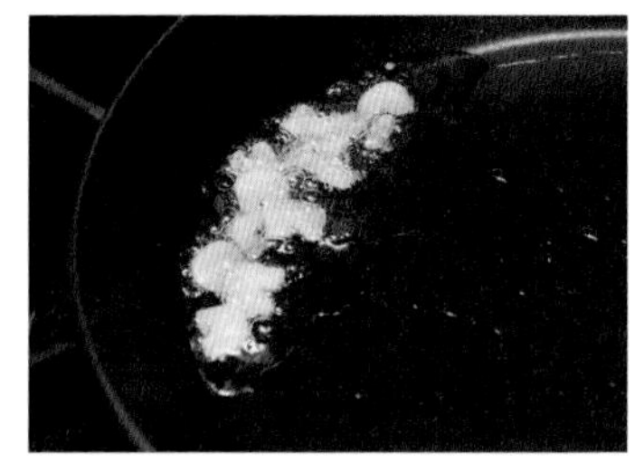

③ 赤唐辛子を加え、ひと呼吸おいてから火を止める。

輪切りの赤唐辛子は焦げやすく、辛みも出やすいので、にんにくよりも加えるタイミングを遅らせ、軽く火を通します。

④ 火を止めたまま、パセリとスパゲッティのゆで汁約大さじ3を加える。このまま、スパゲッティのゆで上がりを待つ。

ゆで汁が多いように見えますが、これくらいは必要。スパゲッティが吸ってちょうどよくなります。

⑤ スパゲッティがゆで上がったら水気をきり、④に入れ、中火にかける。

スパゲッティはゆで汁を完全にきってしまわず、少量をまとわせたままソースに入れます。

⑥ トングでスパゲッティをつかみながら混ぜ、オイルソースをからませる。

パスタをつかんでぐるりぐるりと混ぜればからまります。あわてずゆっくり、30秒くらい。時間をかけて大丈夫です。

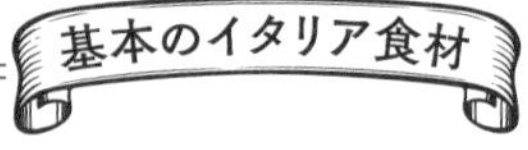

ドライトマト

切り分けたトマトに塩をふって乾燥させたのが、ドライトマト。保存食なので、昔はカラカラに乾燥させていましたが、最近はフレッシュ感を少し残した“セミドライ”が主流です。柔らかくて酸味や塩味が控えめなので、使い勝手がよくなっています。

⑦ 混ぜ終わり。スパゲッティがオイルソースの水分を吸って、フライパンの底にはソースがわずかに残る程度。

⑧ スパゲッティのゆで汁約大さじ1を加えて、再度よく混ぜて火を止める。

このゆで汁は、塩分と水分の最終調整。オイルソースはフライパンに少量だけ残るようにします。

⑨ 仕上げ用のエクストラ・ヴァージン・オリーブ油を大さじ1弱ずつ、2回に分けて入れ、そのつど混ぜる。温めた器に盛る。

オリーブ油は必ず火を止めてから混ぜ、風味を生かします。

スパゲッティ・アーリオ・オーリオのアレンジ

ドライトマトのスパゲッティ

アーリオ・オーリオのソースにドライトマトを加えるだけ。凝縮したトマトの旨みがきいたインパクトのある味です。ドライトマトの塩分があるので、料理全体の塩分は抑え気味にするほうがいいでしょう。

材料（2人分）

スパゲッティ（直径1.9㎜）…160g
ゆで汁用の水…2ℓ
ゆで汁用の塩…14g（水の重量の0.7％）
ドライトマト（セミドライ）…25g
にんにく（みじん切り）…2g
赤唐辛子…1本
パセリ（みじん切り）…大さじ1
エクストラ・ヴァージン・オリーブ油…大さじ1
湯…100㎖を用意

■仕上げ用
エクストラ・ヴァージン・オリーブ油…大さじ2弱

ドライトマトの風味が強いので、それに合わせて、にんにくはみじん切りにして使います。もちろん、かたまりをつぶしたものや薄切りでもかまいません。その場合は5gに増やしてください。

作り方

1 ドライトマトを熱湯（分量外）に15分ほど浸して柔らかくもどす。水分を絞って細かく刻む。

2 ゆで汁用の水を沸かし、分量の塩を入れてスパゲッティをゆで始める（➜p.55）。

3 フライパンににんにく、赤唐辛子、エクストラ・ヴァージン・オリーブ油を入れて弱めの中火にかける。にんにくがブロンド色になったらパセリと湯約大さじ3を加え、軽く煮詰める。赤唐辛子を取り出し、1を入れてひと煮立ちさせ、火を止める。スパゲッティのゆで上がりを待つ。

4 スパゲッティの水気をきって3に入れ、中火にかけて混ぜる。湯約大さじ1を入れてさらに混ぜる。

5 仕上げ用のエクストラ・ヴァージン・オリーブ油を2回に分けて入れ、そのつど混ぜる。

イタリア料理
Italian
吉川シェフの「学び」
3

ミートソースのパスタ

ひき肉のひと粒ひと粒に歯ごたえがあり、旨みがあってこそのミートソース

スパゲッティのボローニャ風ミートソース

Spaghetti alla bolognese
スパゲッティ　アッラ　ボロニェーゼ

粗びき肉を弱火でゆっくり炒めるべし

ミートソースはボローニャが発祥地であることから「ボロニェーゼ」と呼ばれます。ただ、その伝統レシピは、イタリア全土に広まっているホールトマト主体で煮るソースとは違います。トマトペーストとたっぷりの赤ワイン、特産の豚肉加工品を加えるなど、酸味のきいた個性的な味わいです。ここでは、マイルドで食べやすく、失敗の少ないイタリアの全国標準のレシピをマスターしましょう。

おいしいミートソースとは、ひき肉のひと粒ひと粒に歯ごたえがあり、旨みがしっかりとあり、ジューシーなもの。ソースの中で肉がだしがらのように硬くなっていたら失敗です。そうならないためには、**粗びき肉を使い**、最初にカリカリに炒めてしまわないこと。煮る工程より、どう炒めるかがミートソースの出来を左右する、といってもいいでしょう。**あせらずゆっくり、弱火で炒め始める**と、しばらくして水分がにじみ出てきますから、そうなったら火を強めて一気に水分をとばします。これでアクが抜け、肉の臭みもなくなります。ひき肉を炒めるのは火を入れるだけではなく、余分な水分をとばすことも大切な目的。ここまでやれば炒め終わりです。

香味野菜は具ではなく、だしの素！

うまく炒めるには、**ひき肉と香味野菜を別々に炒める**のが合理的です。それぞれをベストの状態に炒めて、煮る直前に合わせればいい。一緒に炒めると、水分がうまくとばなかったり、炒めすぎたりと、なかなかむずかしいですよ。

また、香味野菜はごくみじんに切ることが大切です。ミートソースにおける野菜は具ではなく、風味づけの“だしの素”です。ひと切れが大きいと火が入るのに時間がかかるし、何よりひき肉よりも大きいようでは肉の食感のじゃまになりますから。

MESSAGE

イタリア料理
ITALIAN
吉川敏明

戦後、日本に定着したミートソースは、皿にスパゲッティを盛り、その上にソースをかけてチーズをふるというスタイルでした。でも、ソースもチーズも、フライパンの中でスパゲッティとよく混ぜたほうがしっかりからんで旨みがなじみ、断然おいしくなります。チーズの量も少量では意味なし。たっぷり入れてこそ、旨み効果が出ます。

スパゲッティのボローニャ風ミートソースの作り方

材料（2人分）

スパゲッティ（直径1.9㎜）…… 160g
ゆで汁用の水 …… 2ℓ
ゆで汁用の塩 …… 16g（水の重量の0.8％）

■ミートソース

- 粗びき肉（牛肉、または合いびき）…… 80g
- 玉ねぎ（みじん切り）…… 10g
- セロリ（みじん切り）…… 10g
- にんじん（みじん切り）…… 10g
- サラダ油 …… 適量
- ポルチーニ（ドライ）…… 4g
- ぬるま湯（ポルチーニのもどし用）…… 80mℓ
- 赤ワイン …… 90mℓ
- ホールトマト（缶詰）…… 180g
- ローリエ …… ½枚

ナッツメッグ …… ひとつまみ
塩 …… ひとつまみ
黒こしょう …… 適量
湯 …… 100mℓを用意
バター（小角切り）…… 15g

■仕上げ用

- パルミジャーノ・レッジャーノ …… 大さじ3

道具

□ フライパンはフッ素樹脂加工のものを。鉄製はひき肉を炒めるときに焦げやすいので向かない。

下準備

□ ソースを作る前に、スパゲッティのゆで汁用の水を沸かし始める。

□ ホールトマトをボウルに入れ、泡立て器でつぶす。

① ポルチーニをぬるま湯に15分ほど浸けてもどす。柔らかくなったら水分を絞り、ひき肉と同じくらいのみじん切りにする。もどし汁はとっておく。

ポルチーニがなければ、マッシュルームや干ししいたけでも。

② ひき肉とサラダ油小さじ1をフライパンに入れ、弱火にかける。ほぐしながら炒め、肉が薄茶色になり水分が出てきたら、中火にして水分をとばしながら炒める。

ひき肉は100gに増やしてもOK。

③ 水分がとび、薄茶からこげ茶色になったら炒め終わり。肉をいったん取り出す。

ひき肉は中まで火が入っていますが、弾力もジューシー感も保たれています。

④ ③のフライパンにサラダ油大さじ1を足し、香味野菜（玉ねぎ、セロリ、にんじん）を入れて弱火で炒める。③のひき肉を戻す。

野菜は少し色づくくらいまで炒めて大丈夫です。

⑤ 赤ワインを入れ、強火にして沸かしながらよく混ぜ、アルコール分をとばす。

沸かす時間は20秒ほど。フライパンについた肉や野菜の旨みを煮溶かし、ソースに混ぜ込みます。

⑥ つぶしておいたトマトとローリエを入れて混ぜる。①のポルチーニを加え、もどし汁は茶こしでこしながら入れる。

トマトを入れていたボウルにトマト汁が残るので、少量の水（分量外）で溶かし、これもフライパンに加えます。

⑦ ソースがプツプツと泡立つくらいの弱火にし、6〜7分煮詰める。焦げつかないよう、適宜混ぜる。

水分がとんで、次第に濃度が出てきます。

⑧ ⑦のソースを煮詰めている間に、ゆで汁用の水を沸騰させ、分量の塩を入れてスパゲッティをゆで始める（➜p.55）。

⑨ 煮詰めた⑦のソースにナツメッグ、塩、黒こしょうを順次加え、そのつどよく混ぜる。

⑩ ソースに湯大さじ3を入れていったんのばし、再び混ぜながら煮詰め、味を凝縮させる。

より濃厚な味にしたいときは、この工程をくり返しましょう。ブイヨンの素を加えてもかまいません。

⑪ 混ぜたときに、ソースが流れない濃度に煮詰まったらでき上がり。ローリエを取り除き、火を止めておく。

ややドライな状態ですが、あとで湯やバターが入るので、これくらいまで煮詰めても大丈夫。

⑫ スパゲッティのゆで上がりが近くなったら、⑪に湯大さじ3を入れてのばし、中火にかけて温める。スパゲッティがゆで上がったら、バターを加える。

バターは入れるだけ。ここで溶かす必要はありません。

⑬ スパゲッティの水気をきって⑫に入れ、トングでつかんで混ぜて、ソースをからませながらバターも溶かす。

スパゲッティはゆで汁を完全にきらず、少量をまとわせた状態でソースへ。混ぜ加減はソースの色が全体に回る程度。

⑭ 火を止めて、仕上げ用のパルミジャーノ・レッジャーノの半量をふりかけて混ぜる。

チーズを混ぜるときは、必ず火を止め、2回に分けて。均一に混ぜるコツです。

⑮ 残りのチーズをふりかけて混ぜる。温めた器に盛りつける。

中国料理
Chinese
脇屋シェフの「学び」
1
定番中華を
極上の味に

薄切り肉を丸めて作るのが脇屋流。
ミルフィーユ状にするとジューシーで柔らかく仕上がります

黒酢の酢豚

糖醋肉塊

失敗しにくい酢豚のコツは薄切り肉を使うこと

私の理想の酢豚は、噛むと豚肉からジューシーな旨みがほとばしり、周りにからんだ甘酢あんと一体化してさらにおいしくなっていること。一般に、酢豚を作るときはかたまりの肉をひと口大に切り分けて使いますね。でも私の作り方は少し違います。**薄切り肉を丸めてかたまりのようにして使います**。これなら、ご家庭でも失敗が少なくて、しかも私の目指す仕上がりにぐんと近づきます。

というのも、かたまり肉は火の入れ方がむずかしいからです。中まで火を通したいけれど、通しすぎると肉汁が出て硬くなり、旨みも逃げてしまう。薄切り肉なら**火の通りが早く**、しかも丸めたときに肉の層にすき間ができるから、**熱が伝わりやすい**んです。全体に脂が行きわたるのも、均一に火が通るポイントです。

下揚げでほぼ火を通し、味をからませるだけ

ころもをつけた豚肉は、二度揚げして火を入れていきます。1回目は低めの油温で硬くなるのを防ぎながら八割がた火を通します。2回目は高温でさっと揚げて表面の水分を一気にとばし、周りをカリッと歯ざわりよく仕上げます。余熱で九割がた火が通るので、あとは甘酢あんをからませるだけ。これで完成！　実は、**このカリッとしている触感が大事**で、仕上げの甘酢あんが短時間でもからみやすくなります。

なお、料理名の「糖醋」は甘酢のこと。甘酢あんには風味がよく旨みの強い中国の黒酢、香醋を使うと、より本格的な味わいになります。あんを作るときは、よーくよーく、酢をとばすように。ツンとしたイヤな刺激がとぶと、旨みがぐっと強くなります。同じようにして鶏もも肉を使って「酢鶏」にしたり、白身魚を使って「酢魚」にするなど、アレンジしてもいいですよ。

MESSAGE

中国料理 CHINESE **脇屋友詞**

この酢豚は冷めても柔らかいですし、白いご飯も進む味つけなので、お弁当にも向きますよ。また、中国にはいろいろなタイプの黒酢がありますが、香りのよい「香醋」がおすすめです。とくに名産地の鎮江で作られた「鎮江香醋」は風味がよく、独特の刺激臭が少なくて口あたりがマイルドです。

黒酢の酢豚の作り方

材料（2～3人分）

豚ロース薄切り肉 …… 120g

■下味用調味料
- 塩 …… 小さじ¼
- こしょう …… 少量

玉ねぎ …… 100g
パプリカ（赤、黄） …… 各5g

■ころも
- とき卵 …… 大さじ3
- 片栗粉 …… 大さじ2
- 薄力粉（薄力粉） …… 大さじ2
- 水 …… 大さじ1

■甘酢あん
〈合わせ調味料〉
- 砂糖 …… 大さじ4
- トマトケチャップ …… 大さじ3
- 中国黒酢（香醋） …… 大さじ2
- 酢 …… 大さじ1
- 水 …… 大さじ1
- しょうゆ …… 小さじ2

水溶き片栗粉* …… 大さじ1

サラダ油 …… 適量

*片栗粉と水を1：2で合わせたもの。

ここでは豚ロース肉を使いましたが、豚バラの薄切り肉を使ってもいいでしょう。脂が多いので、より旨みが強く仕上がります。

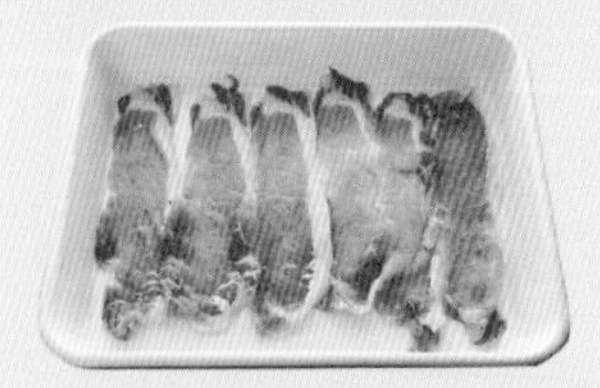

下準備

□ ボウルに甘酢あんの合わせ調味料の材料を入れてよく混ぜ合わせておく。

①玉ねぎは薄切りに、パプリカは細切りにする。それぞれ水に浸してパリッとさせ、ざるに上げて水気をしっかりきる。

酢豚を生野菜と一緒に食べたときの食感のメリハリも、この料理のおいしさのひとつです。

②豚ロース薄切り肉は幅が広ければ3cm幅に切り、片面に下味用調味料をふる。

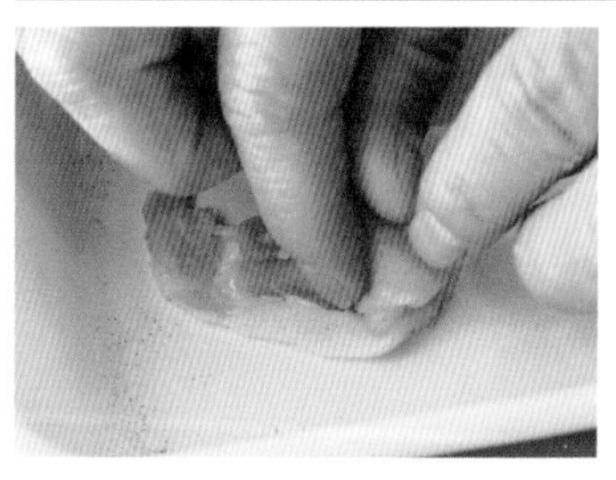

③調味料をふった面を上にして、豚肉の端からジグザグに折り込んで球状にする。バットの上で転がして折り込んでもよい。

脂身はくっつかないので、内側に折り込むようにして転がすと、はがれにくく形が保てます。

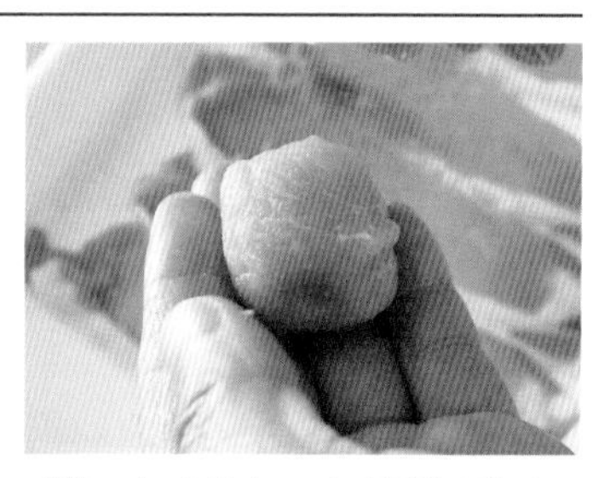

④丸め終わった状態。残りの豚肉も同様に丸くする。

⑤ころもの材料をよく混ぜ、④に適量かけ、転がして肉の周りになじませながら薄くまとわせる。

ころもが薄いほうが肉の存在感が強く感じられておいしいので、つけすぎないように。全体になじませるようにつけます。

⑥小さめのフライパンにサラダ油を適量入れて熱し、約160℃にする。⑤にころもを再びからませてから、揚げ油に入れる。

⑦ フライパンを斜めにしたり、玉じゃくしで油をかけたりしながらゆっくりと揚げ、ころもを固めていく。

熱い油をかけて、素材になるべくやさしく火を入れましょう。

⑧ ころもが固まったら、転がしながら均一に火を入れる。2〜3分揚げて豚肉にほぼ火を通し、引き上げて油をきる。

二度揚げするので、ここで完全に火を通さなくてもかまいません。

⑨ 揚げ油の温度を180℃に上げ、⑧を入れて30秒ほど揚げる。

⑩ 表面がカリッとした状態にする。引き上げて油をきる。

⑪ ⑩のフライパンの油をあけ、合わせ調味料を再び混ぜて入れ、中火にかける。

⑫ 玉じゃくしでぐるぐると混ぜながら、軽く煮立てる。

玉じゃくしの背で大きく混ぜて、よーくよーく、酢の酸味をとばすようにします。

⑬ 水溶き片栗粉を回し入れ、素早く混ぜてとろみをつける。サラダ油少量を加え、混ぜてつやを出す。

油を加えて玉じゃくしの背でぐるぐると混ぜると、食欲をそそるいい照りが出てきます。これを化粧油といいます。

⑭ ⑬が沸き立った状態で⑩を戻し入れる。

⑮ 玉じゃくしで混ぜたり、フライパンをあおって、豚肉に手早く甘酢あんをからませる。器に①の玉ねぎを敷いて盛り、パプリカを散らす。

脇屋シェフの基本
Lesson
1

おうち中華、4つの極意

中国料理はおかずにぴったりなのに、どうしてもご家庭では作りにくいと言われます。そこで私が、その悩みを解決する4つのコツをお教えしましょう。

中華鍋は不要、普通のフライパンで

「中華鍋を持っていませんが、おいしく作れますか」と聞かれることがあります。作れます。ご家庭なら、フッ素樹脂加工のフライパンがおすすめです。普通のフライパンでも充分ですが、さらに少し深めのフライパンがひとつあると、煮込み料理などにとても便利です。私の料理教室でも、やや深めのフライパンを使っています。あらかじめ熱しておく必要がありませんし、調味料もこびりつかず、とてもラクに作れます。

油通しは、素材が浸るぐらいの油でOK

中国料理の基本テクニックのひとつに「油通し」があります。素材をあらかじめ高温の油にさっと通すことで、まず、下味つけしてからまぜた調味料や卵が素材に密着します。さらに軽く火が入ることで、そのあとの炒める作業が短時間ですむので、素材のみずみずしさや勢いを失うことなく仕上げることができます。

でも、このたっぷりの油が必要な「油通し」こそが、中国料理が敬遠される理由のひとつだと思います。ですから私は、ご家庭なら少量の油で炒めるようにすればいいですよ、とお教えしています。油は、フライパンを斜めにしたときに、素材が浸る量があれば充分。これなら作ってみたくなるでしょう！

下味つけは
ていねいに

中国料理をおいしく作るのに一番大切なのは、この下味つけかもしれません。この作業だけは、ていねいに行いましょう。肉や魚が驚くほどジューシーで柔らかく仕上がります。わかりやすく“下味”といいますが、素材に調味料と水分を含ませる作業です。まず塩やこしょうで味をなじませて粘りを出し、卵白を含ませるようにしながら水気がなくなるまで混ぜる。そこに片栗粉を混ぜて含ませた水分が出ないようにし、仕上げに油をからませて素材が空気に触れないように“蓋”をする、これが一連の作業です。ここまで行ったら冷蔵庫でやすませてなじませてください。丸一日はやすませても大丈夫ですので、あらかじめ行っておくと便利です。

ずっと強火で
なくていい

中国料理というと火力全開、強火で一気に炒め上げる、そんなイメージがあるでしょう。ご家庭の火力ではムリ、と言うかたもいますが、そんなことはありません。火加減のほとんどが中火。そんなにあわてることはないんです。中火である程度火を入れたら、仕上げだけは強火で一気に炒め合わせてください。ポイントを押さえれば、ご家庭でも簡単に、おいしく作れるんですよ。

サクッと歯切れのよい食感“脆（ツォエイ）”に仕上げるには
巻き方に極意あり

春巻き

春巻（チュンジュアン）

歯切れのよさが春巻きの醍醐味

春巻きは中華おかずの定番のひとつですね。でも本当においしい春巻き、食べたことありますか？　私にとって春巻きの醍醐味は、まず噛んだとたん、まるで春の薄氷を踏んだときのように、**軽やかにパリッと割れる“脆（もろ）さ”**。そして中のなめらかで旨みたっぷりのあんが広がって、皮の香ばしさや食感とともに味わえるところにあります。

この食感を出すには、巻き方にポイントがあります。**決してきつく巻かない**、ふわっと転がして、皮と皮の間に指１本入るぐらいの空間を作ります。こうして筒状にすると、揚げたときに空間に熱い油が通って、皮全体がパリッとなります。

揚げるときは低温から、が基本

春巻きの皮は水に溶いた粉を薄く広げ、片面だけ焼いて作ります。ですから、焼かれた面はツルツル、焼かれていない面はザラザラしています。春巻きの具を巻くときは、この**ツルツルした面が外側になるようにします**。揚げ上がりのつやや色が、まったく違いますよ。揚げるときは、中までしっかりと温まるよう、低めの油温からスタートして、じわじわと上げていきます。こうするとカリッと揚がります。

なお、春巻きの皮には丸い形と四角い形があります。丸形のほうが皮の割合が少なくてあんとのバランスがよくなりますが、もちろん、どちらも同じ巻き方で作ることができます。

MESSAGE

中国料理 CHINESE　**脇屋友詞**

春巻きの野菜にはキャベツを使うのが基本ですが、冬はキャベツの代わりに白菜でもおいしいです。豚肉は脂があって旨みの強いバラ肉がよく合います。細切りにすると食べやすく、旨みのバランスもいいでしょう。

春巻きの作り方

材料（8〜10本分）

春巻きの皮（あれば円形）……8〜10枚
キャベツ……250g
たけのこ（水煮）……50g
干ししいたけ（水でもどす）……2枚
豚バラ薄切り肉（細切り）……50g
干し貝柱……6g

Ⓐ
長ねぎ（斜め薄切り）……20g
しょうが（せん切り）……5g

Ⓑ
紹興酒……小さじ2
しょうゆ……小さじ3
鶏スープ（市販）……100mℓ
オイスターソース……小さじ2
砂糖……小さじ1
こしょう……少量

水溶き片栗粉*……小さじ1〜2

Ⓒ
ねぎ油（→p.280）……小さじ1
ごま油……小さじ1

サラダ油……適量

■のり
薄力粉……適量
水……適量

*片栗粉と水を1：3で合わせた、やや薄いもの。

下準備

□ 干し貝柱を、水と紹興酒を大さじ1ずつ合わせたもの（分量外）に浸け、30分蒸してもどす。

① キャベツとたけのこは細切りにし、しいたけは薄切りにする。

② フライパンにサラダ油を熱し、豚バラ薄切り肉を入れ、中火で炒める。ほぐしながら脂を出すようにして、しっかりと炒める。

ここでよーく豚肉の脂と旨みを引き出しましょう。

③ Ⓐを加えて、ほぐしながらいい香りが立つまで炒め合わせる。干し貝柱をほぐして加え、炒め合わせる。もどし汁はとっておく。①のたけのこ、しいたけも加え、炒め合わせる。

④ ①のキャベツを加え、炒め合わせる。Ⓑを入れ、③の干し貝柱のもどし汁も加える。全体に軽く混ぜてなじませる。

キャベツに他の具材をすべてまとわりつかせるイメージです。

⑤ 蓋をして蒸し煮にし、味を含ませる。キャベツがしんなりして、味が全体になじんだら、煮汁を少しとばすように混ぜる。

キャベツから水分がたっぷり出て、具全体にキャベツの風味がなじんでとてもおいしくなります。

⑥ 水溶き片栗粉をまず半量回し入れ、ゆっくりと大きく混ぜる。残り半量も回し入れ、同じようにゆっくり混ぜてとろみをつけ、全体をまとめる。

薄めの水溶き片栗粉をゆっくりと混ぜ合わせて、全体に柔らかいとろみをつけます。

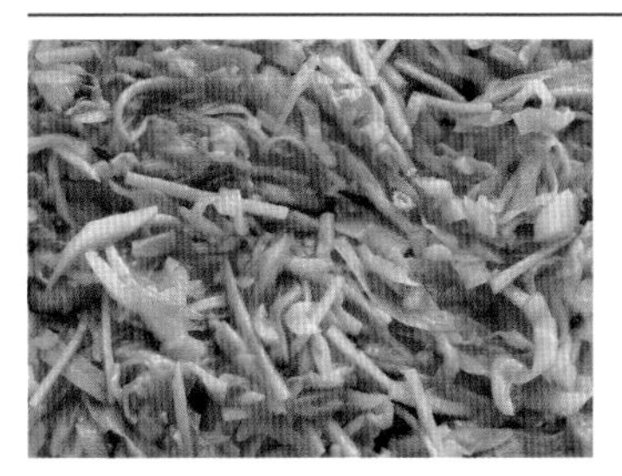

⑦ Ⓒを順に鍋肌から回し入れ、そのつど大きく混ぜて香りをつけ、あんの完成。あんをバットに移し、平らにならして冷ます。薄力粉と水を1：3で混ぜてのりを作っておく。

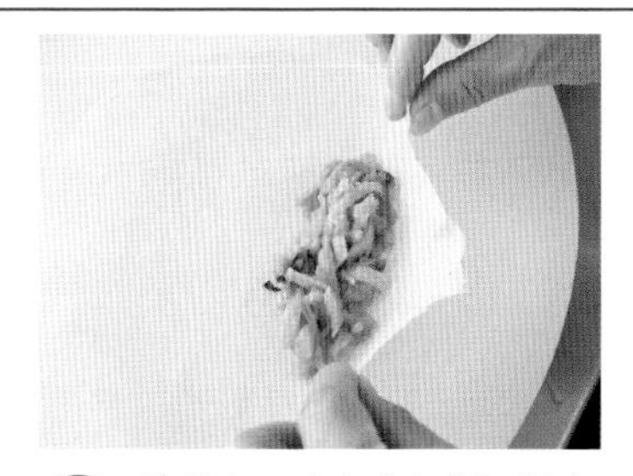

⑧ 春巻きの皮をまな板に置く。⑦のあんの$\frac{1}{8}$〜$\frac{1}{10}$量をすくい、皮の中心よりやや手前に横長にのせる。手前の皮を持ち上げる。

春巻きの皮は、ツルツルの面を下にして置いて、巻き終わりに外側になるようにしましょう。

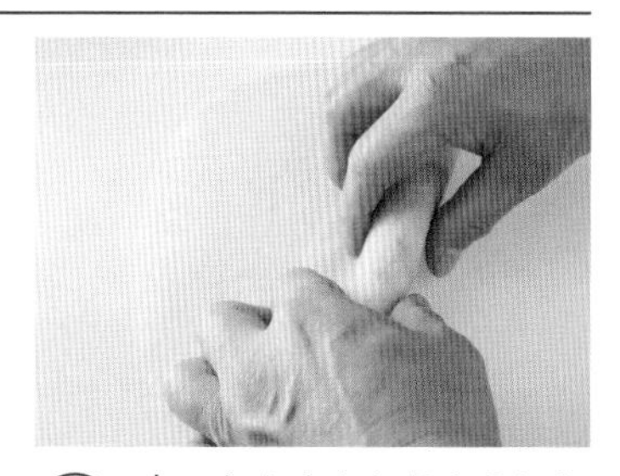

⑨ 皮であんをおおうようにして、ふわりとかぶせる。筒状になるようにイメージし、持ち上げるようにして全体を少し手前に寄せる。両端を内側に折り込み、転がすようにして巻く。

柔らかく、かるーく巻きますよ。

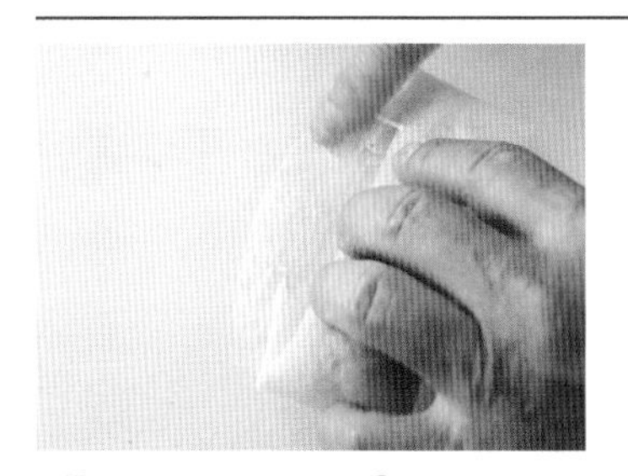

⑩ 巻き終わりに⑦ののりをぬり、ふんわりと転がして留める。

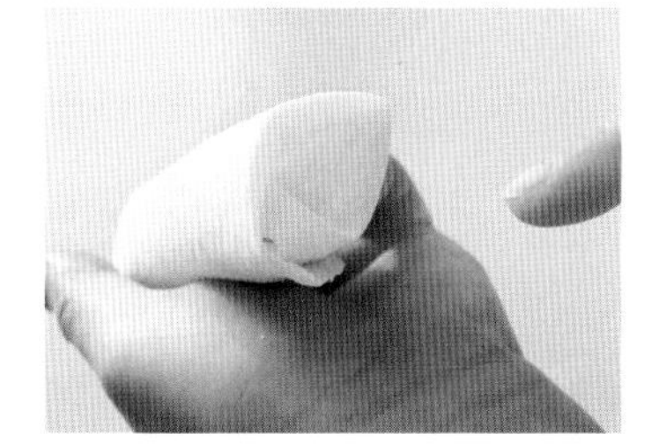

⑪ 巻き終わった状態。皮と皮の間に指1本が入るくらいの空間ができるように、ふわりとさせる。つぶさないこと。

ラップをかけて冷蔵庫に入れておけば、2〜3時間はいい状態を保てます。

⑫ 揚げ油（サラダ油）を120〜130℃に熱し、⑪を入れる。目安は、入れるとほんの少しチリチリと音がするぐらい。ゆっくり揚げ始める。

口径が狭くて深い鍋がおすすめ。中までしっかりと火が通るよう、低温からスタートします。

⑬ 皮が固まったら、箸でときどき油を混ぜ、温度を均一にしながら、皮を巻き込んだすき間にも油が入るようにする。

油を混ぜないと、揚げ色にムラが出ます。揚げている途中にブクブクと泡が出ていればすき間に油が通っている証拠。

⑭ 浮いてきて皮がパリッとして、薄く揚げ色がついたら揚げ上がり。

引き上げてからも揚げ色が濃くなるので、琥珀色になる前、軽く色がつく程度でかまいません。

⑮ トングで取り出し、ペーパータオルの上に立てて油をきる。

立てておくと、皮の間を通った油がしっかりときれて、油っぽくなりません。

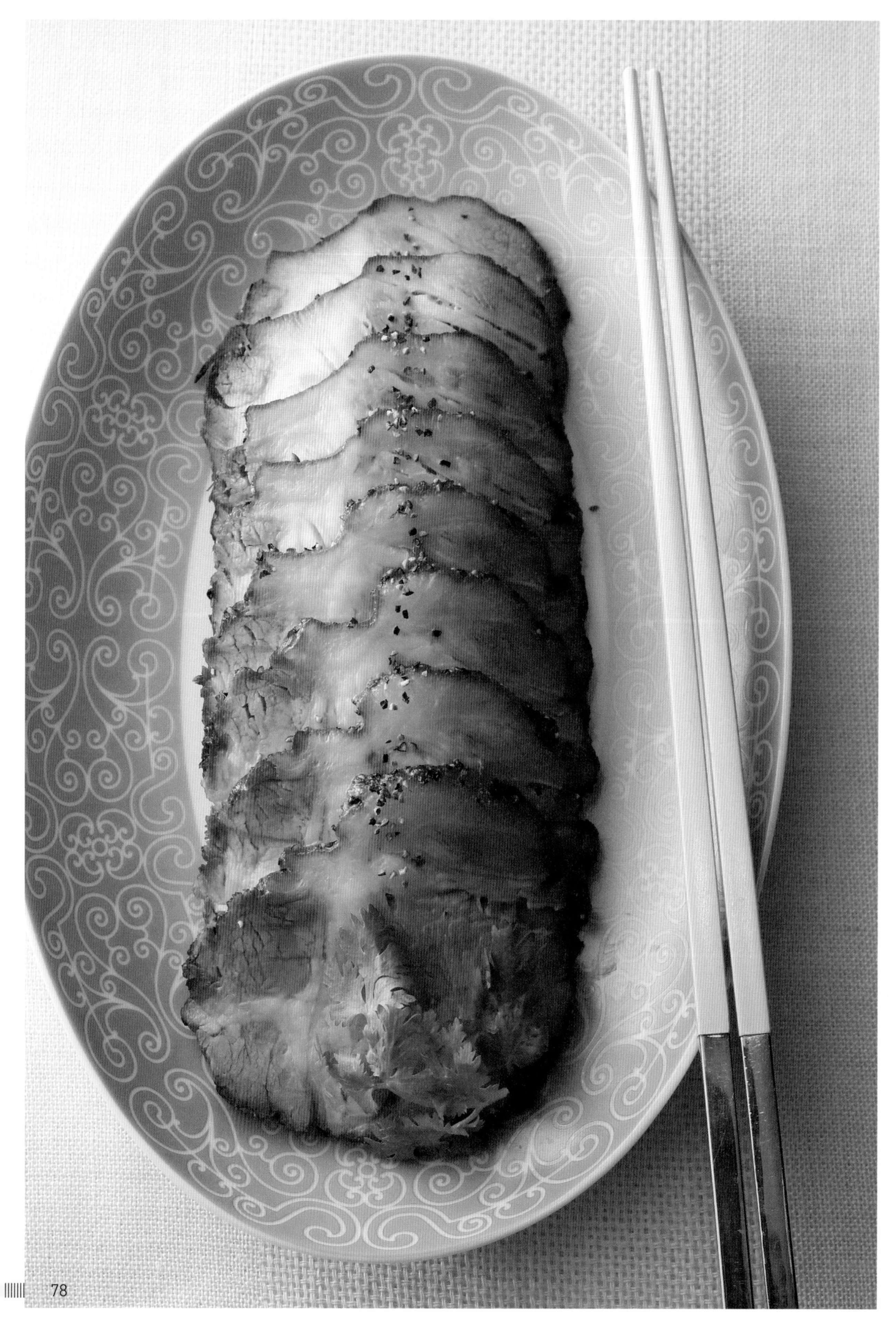

簡単で本格的なチャーシューの作り方をご紹介。
はちみつの甘みと黒こしょうの香りで大人の味に

はちみつチャーシュー 黒こしょうの香り

黒椒香叉焼
ヘイ ジヤオ シャン チャア シャオ

手作りならではのおいしさを味わってほしい

ご家庭ではむずかしいと思われている中国料理のひとつが、チャーシューでしょう。でもそんなことはありません。ゆっくりと下ゆでして、調味料に漬けて、焼く、これだけで驚くほど本格的なチャーシューが作れます。しかもまだほの温かい状態で食べられるから、豚肉の柔らかさや旨みが存分に堪能できるのも、手作りならではですね。

とくにこのチャーシューでは、**仕上げにはちみつとたっぷりの黒こしょうをかけます**。はちみつのコクと甘み、黒こしょうのピリッとした辛みと香りが、チャーシューを大人の味わいにしてくれます。作り方はシンプルなのにごちそう感が出て、あらかじめ作っておくこともできますから、おもてなしの前菜にもどうぞ。多めに作って、冷凍保存しておくこともできます。

脂のおいしさが、チャーシューの魅力

チャーシュー作りには、**豚肩ロースが向いています**。この部位は、豚肉の中でも適度に筋が入っているから、旨みもたっぷり。脂ものっているので、噛むごとに肉の味と脂の旨みがじわじわとあふれてきて、とても味わい豊かです。

作る工程では、脂身をていねいに扱います。フライパンで**表面を焼くときはまず脂身から**。最初によく脂を溶かして、そのあと赤身部分を焼くことでかたまり肉全体に旨みをまとわせます。オーブンで焼くときも切り分けるときも、柔らかい脂身がつぶれないよう、上にして置きましょう。

MESSAGE

中国料理 CHINESE **脇屋友詞**

豚肉を漬けた汁はとても香りがいいので、使い終わったら鶏もも肉を煮てもおいしいですよ。

はちみつチャーシュー 黒こしょうの香りの作り方

材料（作りやすい分量）

豚肩ロースかたまり肉……600g

Ⓐ
- 塩……小さじ2
- 粗びき黒こしょう……適量

■漬け汁
- しょうゆ……500mℓ
- 酒……30mℓ
- 紹興酒……30mℓ
- 長ねぎ（つぶす）……50g
- しょうが（つぶす）……30g
- にんにく（つぶす）……10g
- 八角（はっかく）……2個
- 肉桂（にっけい）……少量
- 花椒（ホワジャオ）（中国山椒の粒）……適量
- 赤唐辛子……2本

はちみつ……大さじ2
粗びき黒こしょう……適量
サラダ油……小さじ1
香菜（シャンツァイ）……少量

特に用意するもの

- □ タコ糸
- □ 刷毛

① 豚肩ロースかたまり肉にⒶをふる。脂にはやや多めにふる。

② バットに残った塩、黒こしょうを肉でぬぐったり、手ですりこんで、よくなじませる。

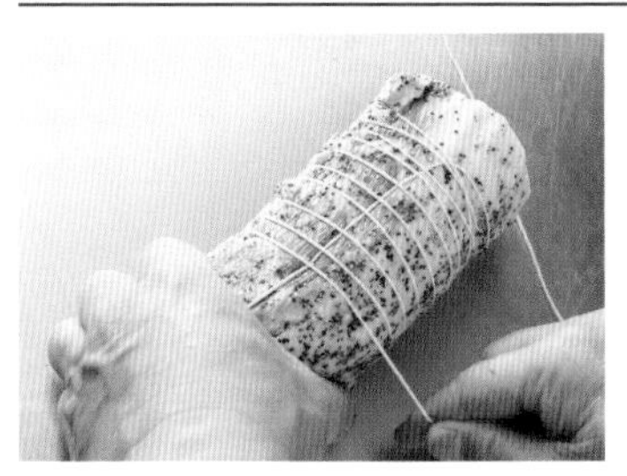

③ ②にタコ糸を巻く。まず肉の左断面から右断面にタコ糸をかけ、右端から1㎝間隔で巻いていく。

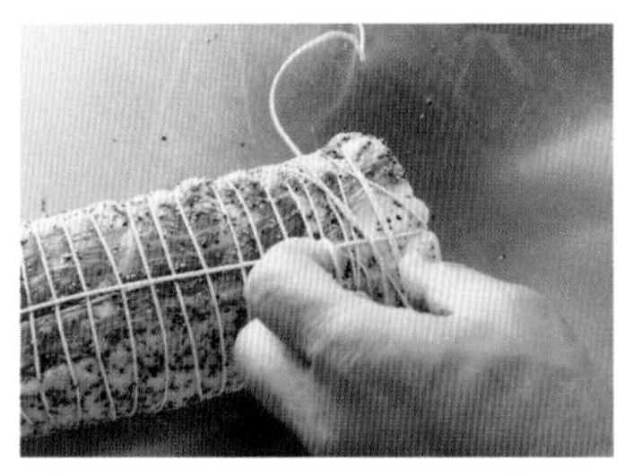

④ 左端まで巻いたら、③の巻き始めの端を縛り、ひっくり返し、ところどころ巻き終わった糸にくぐらせ、右端で縛る。

タコ糸を巻くのは、煮くずれを防止して形を一定にするため。きつく締めると肉が縮みます。

⑤ バットなどにのせてそのまま冷蔵庫に入れ、1時間ほどやすませる。

このやすませる時間をとることで下味がしみ込み、水分も出て旨みが凝縮し、とてもおいしくなりますよ。

⑥ フライパンにサラダ油を熱し、⑤を脂身を下にして入れ、中火で焼き始める。脂身はしっかりと焼いて焼き色をつける。

脂身から焼くと脂が溶けて、その脂で全体を焼くことができます。豚肉のおいしさを余すところなく生かしましょう。

⑦ 豚肉を転がしたり、フライパンを斜めに傾けたり、トングで立てたりしながら、全面を焼く。脂身以外の部分は少し焼き色がつく程度に。

⑧ 鍋に水2ℓと⑦を入れ、強火にかける。

⑨ 沸いたらアクをすくって取り除く。火加減を弱火にして蓋をし、1時間〜1時間20分ゆでる。写真はゆで終わり。

圧力鍋があると短時間でゆで上がって便利。その場合、圧力がかかって15分で火を止めます。

⑩ 別の鍋に漬け汁の材料をすべて入れ、混ぜながらひと煮立ちさせる。

漬け汁に香味野菜や香辛料のいい香りがなじみます。酒は日本酒だけでもかまいませんが、風味が違う紹興酒も使うといっそう美味。

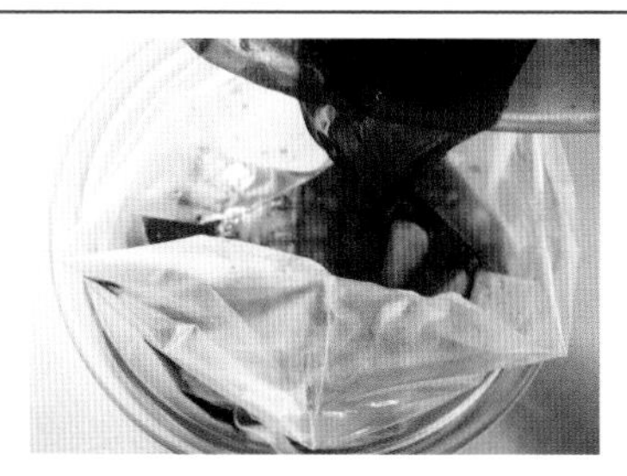

⑪ ジッパー付き保存袋に⑨の豚肉の水気をきって入れる。⑩を熱いうちに注ぎ、香味野菜や香辛料も一緒に入れる。空気を抜いて袋を閉じ、そのまま約1時間半おく。

肉も漬け汁も熱いと、肉に味がよくなじみます。

⑫ オーブンを180℃に予熱する。天板にオーブンペーパーを敷き、⑪の汁気をきって脂身を上にしてのせる。脂身の面に刷毛ではちみつを塗る。

脂身は柔らかいので、つぶれないように、上にして焼きます。

⑬ 粗びき黒こしょう小さじ1/3を全体にふる。

この黒こしょうが、何とも香りがよくてアクセントになります。豚肉の旨み、はちみつの甘み、それらを引き締めてくれますよ。

⑭ オーブンで約5分、表面を軽く焼く。オーブンから出して、粗熱がとれたらタコ糸をはずす。

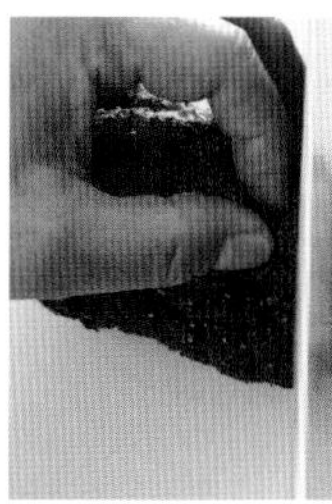

⑮ 脂身を上にしてまな板に置き、3㎜厚さに切る。器に盛り、粗びき黒こしょう適量をふって香菜を添える。

脂身は柔らかいので、つぶれないように上にして切りましょう。

食材を捨てずに再利用

肉や魚が驚くほどおいしくなる「野菜床（やさいどこ）」

「野菜床（やさいどこ）」。皆さん、あまり聞いたことのない言葉でしょう。これは私が考えた、野菜のぬか床のようなもの。たっぷりの野菜くずを香味野菜や香辛料、フルーツ、塩と一緒にひと晩ねかせて作る、**野菜の酵素が効いた万能の漬け床**なんです。この中に肉や魚介を漬け込むと、驚くほど柔らかくしっとりして、風味もアップ。適度な塩味もつきます。だからパサつきがちな鶏むね肉も、漬けて、から揚げにするとそのジューシーさにびっくりすることでしょう。野菜だって、漬けるだけで味わいが深くなってぬか漬け風になります。上海にはもともと、ねぎ、しょうが、にんにくで作る床があります。でも、どうしても香りが強すぎる。そこで野菜の皮やしいたけの軸、だしをとったあとの昆布などを入れて、マイルドでおいしい私流の野菜床を考えたんです。にんにくがたっぷり入っているので腐りにくく、**材料と塩を足せば５回ほど使えます。**

肉や魚介を漬けたあとの野菜床（下の写真）は、上に水分がしみ出てきたらペーパータオルで吸い取ってください。ここにフードプロセッサーで細かくした野菜くずと、その重量の10％の塩分を足しながら、冷蔵保存しておけば、くり返し使えます。**日持ちの目安は２週間。**長期間使わないときは傷む可能性があるので、においをかいで確認するなど、注意して使いましょう。ぬか床のように混ぜる必要はありません。

材料（作りやすい分量）

■野菜などの廃棄する部分

にんじんの皮	60g
しいたけの軸	20g
セロリの葉	40g
だしをとったあとの昆布	40g

にんにく	100g
しょうが	100g
玉ねぎ	75g
長ねぎ（青い部分）	50g
りんご	1個
オレンジ（ワックスのかかっていないもの）	1個
生赤唐辛子	大3本
花椒（ホワジャオ）（中国山椒の粒）	小さじ2
八角（はっかく）	2個
塩	80g

作り方

① 野菜などの廃棄する部分、にんにく、しょうが、玉ねぎ、長ねぎ、皮付きのりんごを適当な大きさに切ってフードプロセッサーにかけ、粗いペースト状にする。

② オレンジは皮ごとスライスする。

③ ボウルに①を入れて生赤唐辛子、花椒、八角、塩を入れてよく混ぜる。

③ ②も混ぜ、保存容器に入れてひと晩ねかせる。これで野菜床の完成！

パサつきがちなむね肉がしっとり

香味から揚げ

野菜の旨みやエキスがじわじわしみ込んだ鶏むね肉のから揚げは、柔らかく、旨みがあふれ出てくるほどジューシー！　ただし漬かりやすいので、漬け時間は30分。**長く漬けると塩辛くなりすぎます。**

材料（2〜3人分）

鶏むね肉……1枚（300g）
野菜床（➜p.82）……適量

■ころも
- とき卵（L玉）……1個分
- 薄力粉……適量
- ベーキングパウダー……少量

揚げ油……適量

作り方

① 鶏むね肉の皮を取り除く。

② 保存容器に野菜床を塗り広げ、①をのせ、野菜床でおおい、冷蔵庫で30分漬ける。

③ 周りの野菜床をぬぐい、水でさっと洗い流す。ペーパータオルで水気を拭き取り、大きめのひと口大に切り分ける。

④ ボウルに③を入れ、ころものとき卵をよく混ぜる。薄力粉とベーキングパウダーも混ぜる。

⑤ フライパンに揚げ油を入れて160℃に熱し、④を入れて軽く揚げ色がつくまで揚げ、引き上げる。油を180℃ほどに上げ、鶏肉を戻してさっと揚げ、表面の水分をとばす。

おもてなしの前菜にも喜ばれます

香味鶏ハム

鶏もも肉は、肉自体に旨みがあってジューシー、皮のおいしさも持ち合わせた部位です。それを野菜床に漬けてじっくりと蒸し上げると、旨みが凝縮し、しっとり、ジューシーに仕上がります。まるで熟成させたハムのような味わいは、オードヴルやおつまみにぴったり。火が入りすぎないよう、**蒸し上がったら氷水にとって急冷**するのを忘れないように。

MESSAGE

中国料理 CHINESE **脇屋友詞**

そのまま食べるのはもちろん、わさびじょうゆやラー油（➜p.281）をつけていただいても、ひと味変わっておいしいですよ。

材料（作りやすい分量）

鶏もも肉 …… 1枚（250g）
野菜床（➜p.82）…… 適量
生赤唐辛子、青唐辛子（各小口切り）…… 各適量

作り方

① 鶏もも肉の皮を下にしてまな板に置き、厚い部分に横から包丁を入れて開き、厚みが均等になるようにする。

② バットなどに野菜床をぬり広げ、①を皮を上にしてのせる。さらに上から野菜床をのせておおう。冷蔵庫で1時間漬ける。

③ 野菜床をぬぐい、水でさっと洗い流す。ペーパータオルで水気を拭き取る。

④ ラップの上に鶏肉の皮を下にして、横長になるようにのせる。鶏肉を手前から巻き、そのままラップで包み、さらにアルミ箔で巻く。

⑤ ④を蒸気のよく上がった蒸し器に入れて30分蒸す。アルミ箔ごと氷水に入れて冷ます。

⑥ アルミ箔とラップをはずし、端から5㎜ほどの厚さに切り分け、皿に盛りつける。生赤唐辛子と青唐辛子を飾る。

おもてなしのフィンガーフードに

鶏肉の香味焼き

鶏もも肉を野菜床に漬けて、オーブンで焼くだけ。野菜床のパワーが一番発揮される料理です。ひと口大に切ってピックを刺せば、おもてなしにもぴったり。

材料（作りやすい分量）

鶏もも肉	1枚（250g）
野菜床（➜p.82）	適量

作り方

1. バットなどに野菜床をぬり広げ、鶏もも肉を皮を上にしてのせ、上から野菜床をのせておおう。冷蔵庫で1時間漬ける。
2. オーブンを180℃に予熱する。
3. 野菜床をぬぐい、水でさっと洗い流す。ペーパータオルで水気を拭き取る。
4. 180℃のオーブンに入れ、約15分焼く。
5. 取り出してひと口大に切り分け、器に盛ってピックを刺す。

鶏の旨みが里いもにしみてしみじみおいしい

鶏手羽と里いもの煮もの

肉からも骨からもおいしいだしが出る鶏手羽。皮を香ばしく焼いてスープに仕立て、里いもを煮込みます。鶏肉にしみた塩分が出るので塩の量は加減して。

材料（2人分）

鶏手羽先	4本
野菜床（➜p.82）	適量
里いも	4個
Ⓐ しょうが（1.5㎝角の薄切り）、長ねぎ（1.5㎝角）	各少量
Ⓑ 鶏がらスープ	300㎖
Ⓑ 紹興酒	大さじ2
Ⓑ 塩、こしょう	各少量
サラダ油	適量

作り方

1. 鶏手羽先は先を切り落とし、野菜床に2時間漬ける。野菜床をぬぐってさっと水洗いし、ペーパータオルで水気を拭く。
2. 里いもは皮を厚めにむき、縦半分に切る。
3. 鍋または深めのフライパンにサラダ油大さじ$\frac{1}{2}$を熱し、①と②を入れ、強火で焼く。手羽の皮に焼き色がついたらすべて取り出す。
4. ③の鍋を拭いてきれいにし、サラダ油小さじ1を熱してⒶを炒める。香りが立ったらⒷを加え、ひと煮立ちさせる。
5. ③を入れ、汁気が少なくなるまで煮込む。

道場六三郎、90歳の料理

道場料理長の「学び」

1

便利な圧力鍋を活用する

今、ご家庭で作ってほしい料理

◎鴨 蒸茄子 田楽味噌

◎筑前焚き

◎南京(かぼちゃ)煮物

◎豚バラの落揚 トンカツ

◎秋刀魚の柔煮

◎落揚擂り 汁物 擂大根

便利な圧力鍋は使うべし！　煮汁が残ることなく焚き上がります

筑前焚き

早くて美しく焚ける圧力鍋を使わない手はない

家にある材料を無駄なく使う――これは家庭料理における私の信条です。筑前焚きはその意味でぴったりの料理なんですよ。根菜が数種類と鶏肉があれば簡単にできるし、たいていのものは買いおきしていることが多い。あるもので自由に作れるところがいいんです。私は冷蔵庫に半端に残っている大根やさつまいもだって筑前焚きに使いますよ。

ここで**ぜひ用意してほしいのは、圧力鍋**です。あればなおよいではなく、わざわざでも購入して使うべし！　密閉された高圧下だと100℃以上の高温になるため、とても柔らかく、形がくずれずきれいに煮えます。加熱時間も圧倒的に短いから電熱費も節約できる。他にもかぼちゃ、なす、さんまの料理に圧力鍋を利用していますから、たくさん作って使いこなしてください。

圧力鍋以外にも、ピーラーのように簡単で無駄の出ない道具はどんどん使う、ということも私の信条です。

具材の大きさをそろえれば、火の通りもそろいます

筑前焚きは材料をほぼ同じ大きさに切りそろえます。見た目も美しいですが、いちばんの目的は均一に火を入れること。大小の違いがあると柔らかくなりすぎるものがある一方、硬さが残るものもあって、煮上がりがまちまちになります。鶏肉の部位は何でもかまいませんが、ここで使ったのは手羽肉。安いし、食べやすく、骨も付いているからいいだしが出て、旨みやコクが全然違ってきます。

煮ものというと、昔、普通の鍋で煮ていたときは材料のひたひた近くまで煮汁を入れていたものですが、圧力鍋を使えば、**少ない煮汁で効率よく柔らかくなって、味もしみわたる**んですな。つやもいいし、余計な水分を使わないから素材の歯切れがよくて食感もいい。材料に火が通るのと、煮汁がなくなるタイミングがピタリと合うと、気持ちがよくって楽しいもんです。ですから、焚き上がりにちょうど煮汁がなくなる量に減らしています。以前の半分以下ですよ。だし汁や調味料を無駄にすることもないですからね。

和食
JAPANESE **道場六三郎**

自宅で作るときは、最後に溶けるチーズとエストラゴンやこしょうをふりかけることもありますよ。豪華だし、実にうまい。筑前焚きと思うと違和感があるでしょうが、「手羽肉と野菜の炒め煮」ととらえれば、どんな味つけでもいいんですよ。好きな材料を加えたり、置き換えたり。そうすることで新しい美味に出合えるんです。

筑前焚きの作り方

材料（4人分）

鶏手羽先	5本
ごぼう	太め1/3本
にんじん	中1/2本
れんこん	小1個
里いも	中3個
じゃがいも	大2個
こんにゃく	1/2枚
干ししいたけ	小5個
ブロッコリー	小5房
赤唐辛子	1本
有馬山椒（実山椒の佃煮）	適量
サラダ油	小さじ1
合わせ地*	300mℓ

＊だし3：酒2：みりん1：しょうゆ1の割合の材料と砂糖大さじ1/2を用意。

代用食材

- □ 根菜は全種類そろわなくてもよい。大根、さつまいもを使ってもおいしい。
- □ 鶏肉は皮付きもも肉、むね肉など、どの部位を使ってもよい。その場合は約300g使う。
- □ 青みはブロッコリーに限らず、きぬさや、さやいんげんでも。

下準備

- □ 干ししいたけを水に半日ほど浸してもどす。
- □ ブロッコリーを小房に分ける。茎は周りを切り落として直方体にむく。幅広の薄切りにし、斜めに切る。房は塩ゆでし、合わせ地（分量外）に浸しておく。

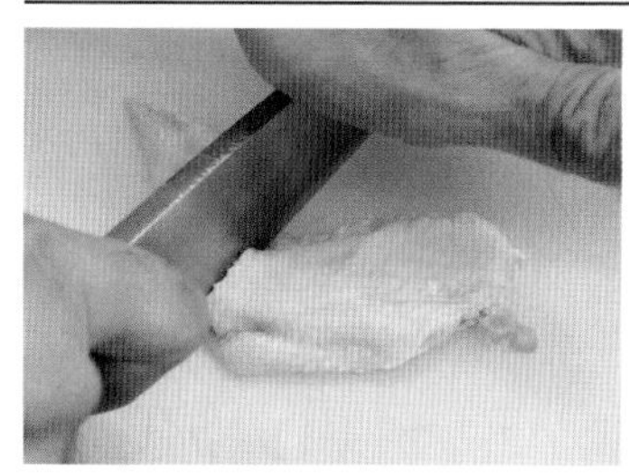

① 手羽先の関節を切って、先端の三角形の部分を切り落とす。

関節は折れ曲がったところにあり、簡単に切れます。煮たあと、骨を抜いて肉を半分に切ってもよいです。

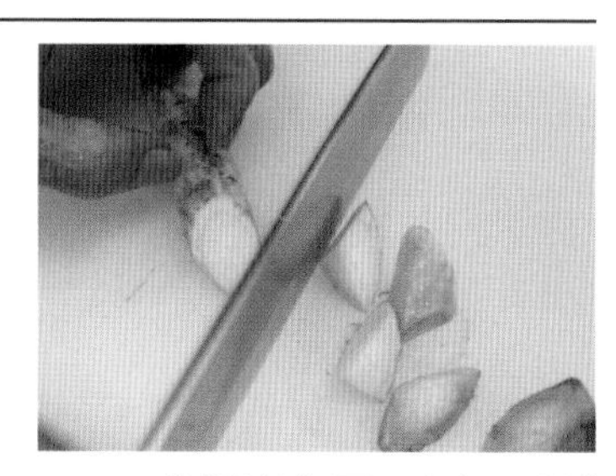

② ごぼうは包丁で皮をこそげ取り、水洗いして小さな乱切りにする。

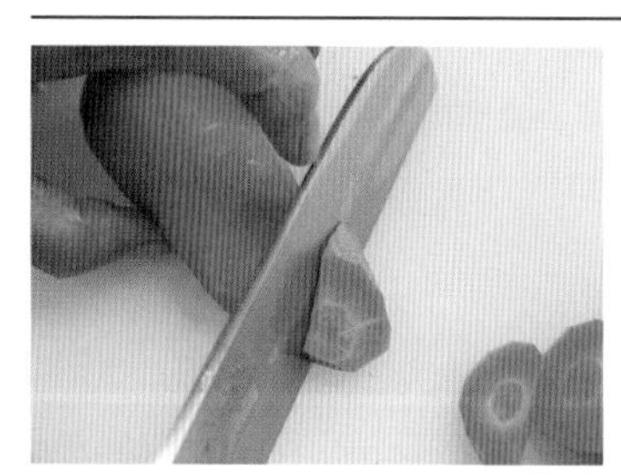

③ にんじんは皮をむき、小さな乱切りにする。

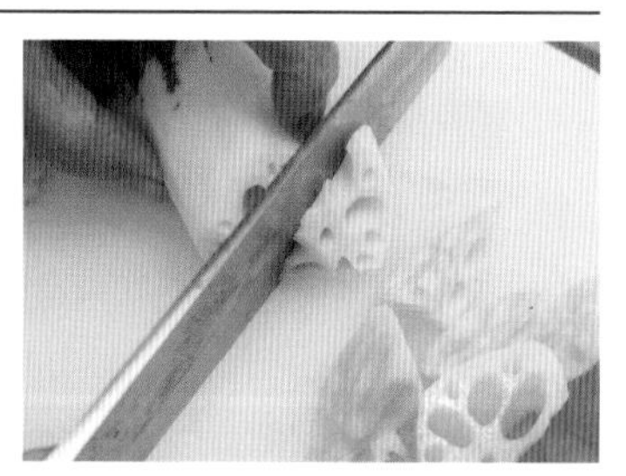

④ れんこんの皮をむき、小さな乱切りにする。

れんこんもピーラーを利用すると皮が簡単にむけますから、利用してみてください。

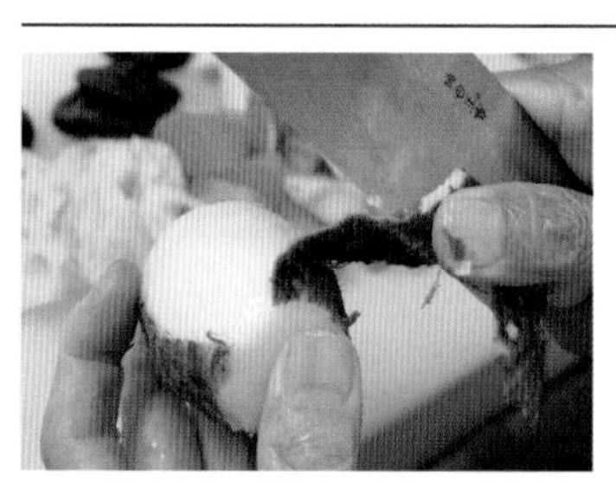

⑤ 里いもは皮付きのまま水に入れ、火にかける。沸いてから2分ほど軽くゆでる。皮をむき、根菜と同じ大きさに切る。

下ゆですると皮と身が離れやすくなり、皮を引っ張るだけでむけます。生のまま皮をむくと身が皮について無駄が出ます。

⑥ じゃがいもは皮付きのまま、4〜6等分に切る。

じゃがいもは、皮付きで煮たあとに皮を引っ張ると、簡単に皮だけがむけます。

⑦ こんにゃくをスプーンで小さくちぎり、熱湯で2～3分ゆでる。

包丁で切るよりちぎるほうが、表面積が広がって味がしみやすいですよ。下ゆでは凝固剤の石灰分のえぐみ、臭み抜きです。

⑧ フライパンを中火で熱し、サラダ油を薄く引く。手羽先の皮面を下にしてしっかり焼き色がつくまで焼く。裏返しにして同様に焼き、取り出す。

私はバターで焼くこともあります。風味がいいですよ。

⑨ ⑧のフライパンに②～⑦の材料と、もどしたしいたけ、ブロッコリーの茎、赤唐辛子を入れ、油分をからめる程度に炒める。

野菜は炒めなくてもOK。その場合は、2～3分長く煮ます。あっさりした味になります。

⑩ 筑前焚きの合わせ地。だし、酒、みりん、しょうゆ、砂糖を混ぜる。300㎖使う。

⑪ 圧力鍋に炒めた手羽先と野菜を入れ、合わせ地を注ぐ。

⑫ 合わせ地は材料の高さの2～3割分が浸っているのがちょうどよいバランス。

少なすぎると焦げつき、多すぎると材料が水っぽく、食感も悪い。こんなに少ないの？ と思うかもしれませんが、煮上がるとちょうど煮汁がなくなります。

⑬ 圧力鍋の蓋をセットして強火にかけ、加圧状態になったら中火にして5分煮る。火を止めて10分ほど蒸らす。

⑭ 筑前焚きの煮上がり。

ちょうど水分がなくなっているのがよい煮上がり。煮汁が残っていたら、火にかけて煮詰め、具材に含ませます。

⑮ じゃがいもの皮を引っ張ってむく。器に盛り合わせて青みのブロッコリーを添え、有馬山椒を散らす。

じゃがいもは、煮たあとならスルリと皮がむけて身がくっつかず無駄なく食べきれます。

材料（4人分）

かぼちゃ …… 3/4個
砂糖 …… 大さじ2
塩 …… 小さじ1/3
水 …… 120㎖

だしは不要、塩と砂糖だけで際立つかぼちゃの滋味

南京煮物

このかぼちゃの煮ものは曹洞宗大本山、永平寺の由緒ある精進料理で、「永平煮」とも呼ばれます。何が違うかといえば、**調味料が塩と砂糖のみ**。精進なので水分は水を使い、しかもほんの少し補って煮るだけなので、口に含むとかぼちゃの滋味があふれます。塩と砂糖は引き立て役に徹し、だしの味もしょうゆの味もないので、ほぼ**100%かぼちゃの味わい**。おかずにはもちろん、おやつにしてもおいしいです。食べ始めると箸が止まりませんよ。これも圧力鍋がおすすめ。加熱時間はたったの3分。煮くずれずにきれいな形のまま煮上がります。煮汁が残っているとホクホクにならないので、**煮汁がちょうどなくなることが大切**です。

MESSAGE

和食 JAPANESE **道場六三郎**

かぼちゃは皮もおいしいし、圧力鍋なら柔らかく煮えます。料理店では面取りといって煮くずれ防止のために角を削ることが多いですが、圧力鍋を使えばくずれにくいので、家庭料理では面取りの必要はありませんよ。

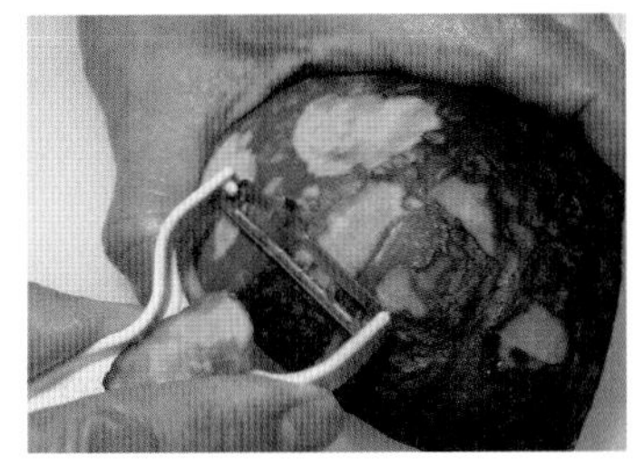

①かぼちゃの種を取り、皮の硬い突起があればピーラーでむき取る。

おいしい皮はできるだけ生かします。ゴツゴツした硬い部分があれば食感が悪いので、むいてください。

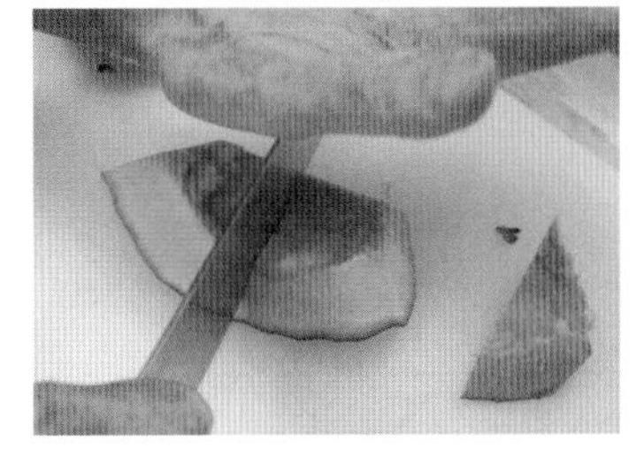

②かぼちゃを縦に3等分して、¼個分ずつに切り分ける。それぞれを4等分に切る。

まず三角形の頂点を三角に切り、残りを平行に3等分します。調理しやすく、食べやすい大きさになります。

③圧力鍋にかぼちゃの皮を下にして並べる。

かぼちゃが重ならないよう、鍋底に平らに並べます。かぼちゃの量に合った大きさの鍋を使いましょう。

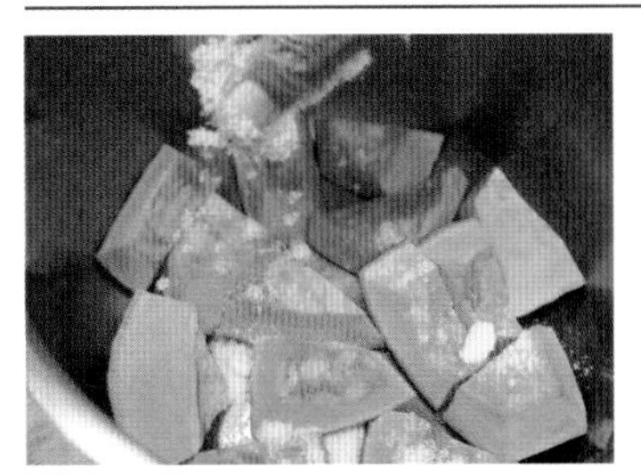

④分量の砂糖と塩をふる。

塩はきくかきかないか程度の量。入れすぎないように注意しないといけないね。

⑤分量の水を入れる。

だしではなく水を使います。素材の水分も生かしながら、味を逃がすことなく煮上げます。

⑥圧力鍋の蓋をセットして強火にかけ、加圧状態になったら中火にして3分煮る。火を止めて5分ほど蒸らす。

時間を守れば、必ずおいしくできるのも圧力鍋のいいところですな。

⑦煮上がったかぼちゃ。

煮汁がほとんどなくなっているベストの煮上がりです。

材料（5人分）

■蒸しなす
- なす……5本
- 塩……適量
- みょうばん……塩の1/3量
- 水……100mℓ

■鴨の治部煮
- 鴨むね肉……1枚
- 片栗粉……適量
- 合わせ地*……200mℓ

■田楽みそ
- みそ……大さじ2
- 酒……大さじ4
- 砂糖……大さじ2
- 卵黄……1個

しょうがの絞り汁、粉山椒……各適量
木の芽……適量

＊酒3：水2：みりん1：しょうゆ1：砂糖少量の割合で合わせたもの

下準備

□ なすに縦に切り目を5本ほど入れる。

皮が歯にあたらず、驚くほど鮮やかな「なす紺」に

蒸し茄子と鴨 田楽味噌

なすの蒸しものも、圧力鍋で作りましょう。なすは案外皮が硬くて、火入れが浅いと噛み切れず、食べにくいんです。でも圧力鍋を使うと、**皮までしっかり柔らかくなる**。高齢になると、こういうちょっとしたところの食べやすさが大事でしてね。水を少量加え、加圧して3分で柔らかくなります。

なす料理のもうひとつのポイントは「なす紺」といわれる皮の色。そのまま加熱すると、褪色して素っ気ない色になるので、事前にみょうばんをすり込むと蒸しても**鮮やかな紫色が残ります**。組み合わせたのは相性のよい鴨肉。“かもなす”にかけた言葉遊びでもあります。鶏肉でもおいしいですよ。

MESSAGE

和食 JAPANESE 道場六三郎

なすは、オランダ煮もよく作ります。油で揚げてから合わせ地で煮る料理で、私にとってはおふくろの味。これもなすにみょうばんをすり込み、美しいなす紺の煮ものにします。合わせ地を簡単に作るなら、市販のそばつゆに砂糖少量を合わせてもいいですよ。

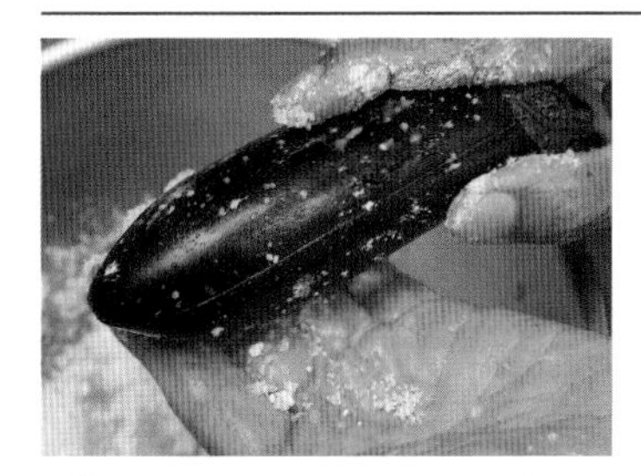

①ボウルに塩とみょうばんを混ぜ、なすにまぶしてすり込む。2分ほどおいてから水洗いする。

みょうばんが残るとにおいや渋み、苦みを感じることがあるので、水で洗い流します。

②圧力鍋になすを入れ、分量の水を加える。蓋をセットして強火にかけ、加圧状態になったら中火にして3分蒸す。火を止めて5分ほど蒸らす。

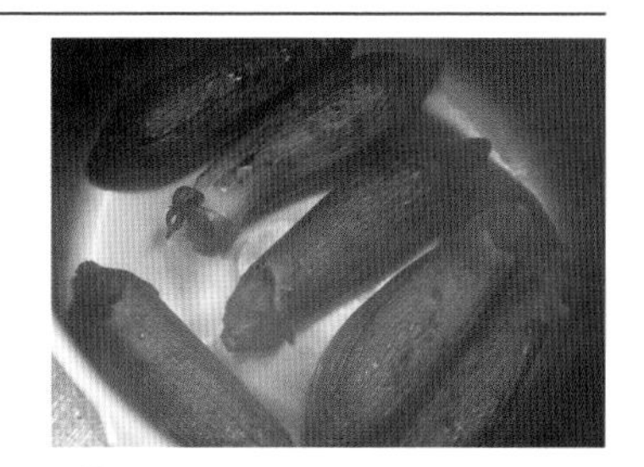

③なすの蒸し上がり。

④粗熱をとり、ひと口大の輪切りにする。

時間がたつにつれ、なす紺の色が鮮やかになってきます。

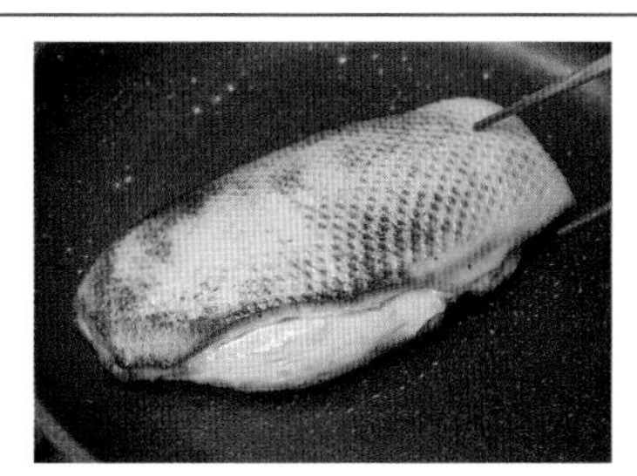

⑤フライパンを中火で熱し、鴨肉の皮を下にして焼く。焼き色がついたら裏返しにして肉の表面を焼き固める。

皮と身の間の脂を溶かすため、皮側に集中的に火を入れます。後から火を入れるので、中心まで火を入れる必要はありません。

⑥鴨肉を薄くそぎ切りにし、包丁の峰（刃の反対側）で軽くたたき、細かく切り目を入れる。

鴨肉は身が締まってやや硬いので、切り目を入れると柔らかく食べやすくなります。味もよくしみ込みますよ。

⑦鴨肉を半分に切り、片栗粉をまぶす。鍋に合わせ地を入れて沸かし、鴨肉を入れる。

⑧30秒ほど火を通し、引き上げる。

鴨肉は薄切りなので、ごく短時間で火が入ります。

⑨田楽みそを作る。ステンレスのボウルにみそ、酒、砂糖を混ぜ、湯せんで混ぜながら温める。卵黄を加えて3〜4分練る。しょうがの絞り汁と粉山椒を混ぜる。器に田楽みそを適量敷き、なすと鴨肉を盛り、木の芽を添える。

材料（作りやすい分量）

さんま……3尾
合わせ地*……180㎖
粉山椒……適量

＊酒5：みりん1：しょうゆ1：砂糖0.5の割合で合わせたもの

代用食材

□ 鮎やいわしなど、ワタのおいしい魚でもおいしく作れる。

圧力鍋なら、ワタも骨も丸ごと食べられます！

秋刀魚の柔らか煮

これこそ、圧力鍋の威力が最大に生きる料理。さんまをワタ付き、骨付きで煮ることで一尾丸ごとおいしく食べることができます。風流で上品な趣を表す「雅味」という言葉がありますが、さんまのワタこそ雅味に値しますね。**ワタ入りで煮ると格段に旨みが増しますから**、ぜひ覚えて生かしてほしいです。

圧力鍋を使ういちばんのメリットは、中骨も小骨も短時間で柔らかくなり、**骨の旨みも加わる**こと。この煮つけは、圧力鍋で煮汁が少し残るくらいに煮上げ、蓋を取ってから煮詰めて照りを出して仕上げます。下ごしらえはほとんどなく、ぶつ切りにして20分煮るだけの簡単でおいしい煮つけ。ぜひ時季には作ってください！

MESSAGE

和食
JAPANESE **道場六三郎**

合わせ地の配合は、好みで増減してもかまいません。酒は水と半々にしてもいいでしょう。また冷蔵庫にしょうががあれば、皮付きでいいので薄く切って適量を入れてください。臭み消しになります。

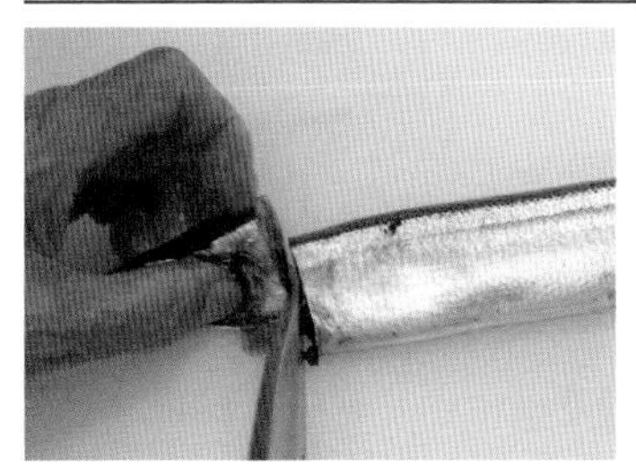

① さんまの表面を包丁でこそげ、水洗いして水分を拭き取る。頭と尾ビレを切り落とす。

ウロコはありません。軽く表面のぬめりを取る程度で大丈夫です。

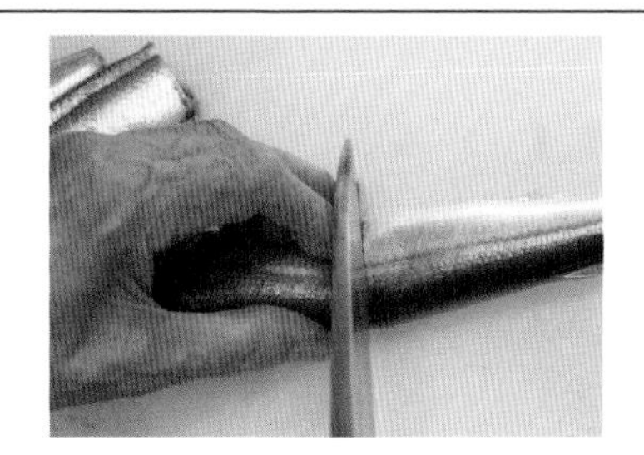

② 身を半分に切る。

4等分くらいのひと口大にしても食べやすいです。

③ 圧力鍋にさんまを入れる。

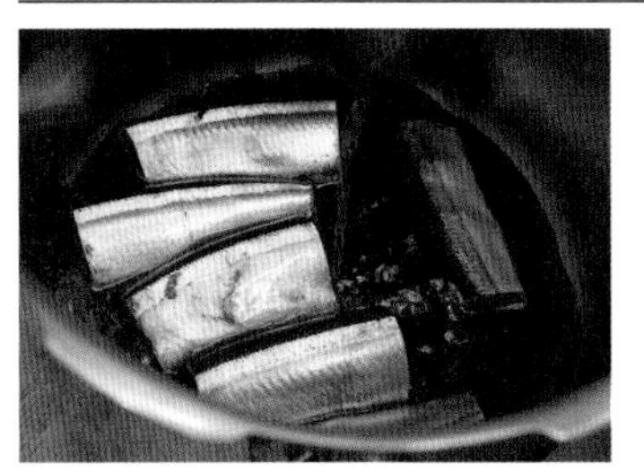

④ 合わせ地を加える。

さんまが少し煮汁に浸っている程度の量です。

⑤ 圧力鍋の蓋をセットして強火にかけ、加圧状態になったら中火にして15分煮る。火を止めて15分蒸らす。

⑥ 煮上がったさんま。

鍋底にとろりとした煮汁が少し残っているくらいがちょうどよいです。

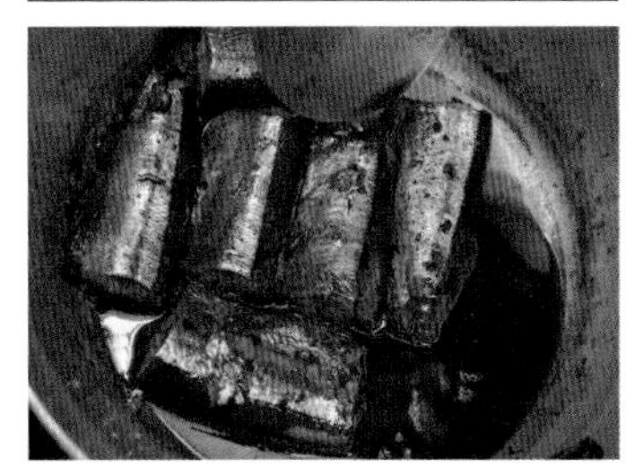

⑦ 火にかけ、煮汁をかけながら軽く煮詰める。照りが出たら粉山椒をふって、器に盛る。

仕上げに煮詰めると煮汁にとろみがつき、さんまに美しい照りがつきます。

材料（2人分）

豚バラ肉（薄切り）……5～6枚
塩、こしょう……各適量
ころも（薄力粉、卵、パン粉）……各適量
サラダ油……適量

■野菜サラダ
- キャベツ（せん切り）……5枚分
- 玉ねぎ（薄切り）……1/2個分
- にんじん、きゅうり（ともにせん切り）……各少量
- 塩……小さじ1

プチトマト、すだち、クレソン……各適量
オーロラソース（➜p.97）……適量

代用食材

□ 豚肉は、薄切り肉ならどの部位でもおいしい。

薄切り肉で作るとシニアにもヘルシー&食べやすい

豚バラの薄焼きトンカツ

油をたくさん使う揚げものは、油の処理が大変だから家では作らないという人が増えているでしょう。でも薄切りの豚肉をトンカツ仕立てにして焼けば、ハムカツ風だけど塩気の強いハムカツよりあっさり食べられます。何しろ柔らかくてひと口サイズだから、シニアでも子どもでも食べやすい。**薄切り肉だから少しの油でも豚肉に火が通り、ころもがサクサク**しておいしい。**ヘルシー**なところもいいですよ。

豚肉は、薄切りであればどの部位でもかまいませんが、脂身が多少はあったほうが、旨みがあっていい。だから今回は豚バラ肉を使っています。気取った料理なんぞより、何倍もおいしい料理だと思いますよ。

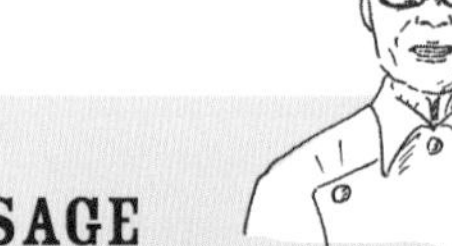

MESSAGE

和食 JAPANESE **道場六三郎**

私はこの料理を「サクサクカリカリ・ヘルシーフライ」と呼んでいます。ころもに使う粉は薄力粉だけでもいいですし、片栗粉を合わせるとサクサク、カリカリ感が増します。粉と卵は2：1くらいの割合で。付け合わせは野菜サラダのほか、ほうれん草のバターソテーも簡単で、薄焼きトンカツに合います。

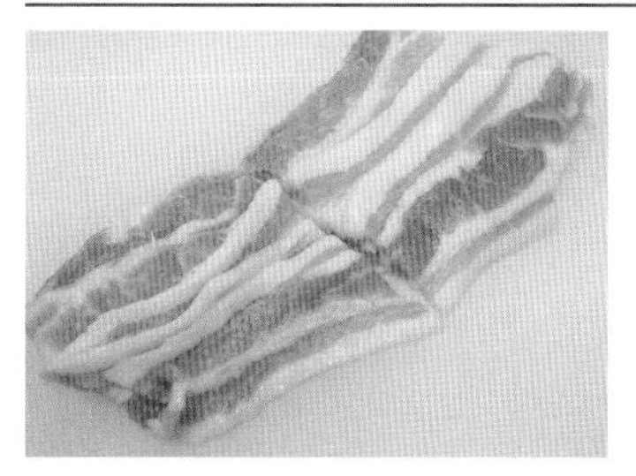

① 豚バラ肉を半分に切り、両面に塩、こしょうをふる。

食べやすいひと口大にすることが大事です。

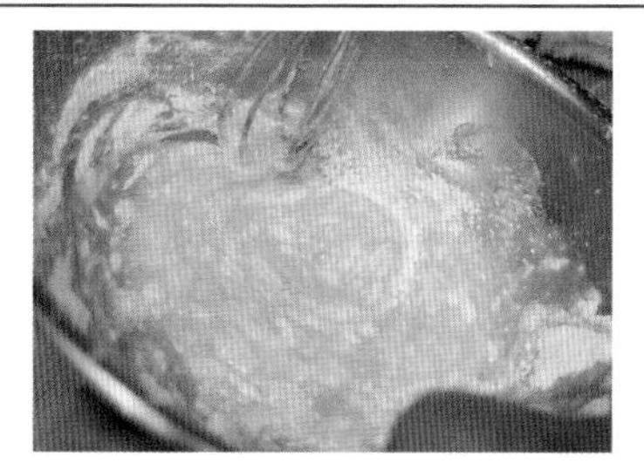

② ボウルに卵をとき、薄力粉を入れ、泡立て器で混ぜる。

薄力粉→卵の順で別々につけてもよいですが、最初に混ぜておくと1回でまぶせますよ。粉と卵は2：1ぐらいの割合です。

③ 豚肉1枚ずつに②の卵液をまぶす。

④ 豚肉の両面にパン粉をまぶす。

パン粉は粗くても細かくても、お好みでいいです。

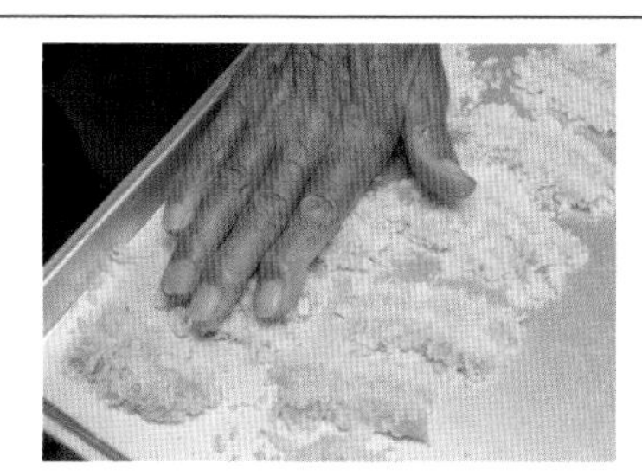

⑤ 豚肉をバットに並べ、手のひらで押さえてころもを密着させ、余分なパン粉を落とす。

⑥ フライパンを中火で熱し、サラダ油を薄く引く。豚肉を1枚ずつ並べて焼く。

焦げつかないフッ素樹脂加工のフライパンに油を入れたら、ペーパータオルなどで全体に薄くのばしてください。

⑦ 香ばしい焼き色がついたら裏返しにして、同様に焼く。

⑧ せん切りにした野菜をボウルに入れ、塩をふって、つかむようにして混ぜる。水気が出たら水にさっと浸し、手でにぎって水分を絞る。器に⑦、野菜サラダ、プチトマト、すだち、クレソンを盛り、オーロラソースを添える。

「ろくさん亭」定番

オーロラソースの作り方

「ろくさん亭」で昔から評判のオーロラソース。とんかつソース、トマトケチャップ、マヨネーズ、酒を1：1：1：1の割合で用意。とんかつソース、トマトケチャップ、酒を小鍋に入れて火にかけ、混ぜながら沸騰させる。火からおろして粗熱をとり、マヨネーズを混ぜる。

台所にあるものだけで作れるのは、家庭ならでは

薄焼き握り

家庭料理で大切なのは、わざわざ**材料を買わなくても、ある食材で作る"始末料理"**。その典型がこの料理です。冷蔵庫の中にあるもの、何でもいいから具材を数種類集めて、ご飯に混ぜてにぎってフライパンで焼くだけ。色合いや味の違い、相性もちょっと頭の片隅に入れておくと、いいですね。残っていたハム1枚、ピーマン1個なんてものを具材にすればいいんです。

MESSAGE

和食 JAPANESE **道場六三郎**

最後に焼いて仕上げるので、ご飯は冷めたものでかまいません。ただし冷えすぎて硬いと具材が混ざらず、にぎりにくいので、電子レンジで少し温めるとよいでしょう。炊きたての熱いご飯でも、もちろんOKです。

材料

- ご飯……適量
- ハム……適量
- パプリカ……適量
- ピーマン……適量
- 紅しょうが……適量
- 塩、サラダ油……各適量
- 梅大根*……適量

＊梅干しの果肉を包丁でたたいて柔らかいペースト状にし、大根の拍子木切りを和えたもの。おにぎりのおともにもぴったり。

代用食材

具にハムとアスパガラスを使って、マヨネーズを添えてもおいしい。

作り方

1. 具材を準備する。ハムはあられ切りにする。パプリカ、ピーマン、紅しょうがはみじん切りにする。

   パプリカの皮は少し歯にあたるので皮をむいても。紅しょうがは水っぽくならないよう、水分を絞ってから刻みます。

2. ボウルに具材をすべて入れ、ご飯を加えてほぐしながら混ぜる。
3. 別のボウルに塩分濃度3%ぐらいの濃い目の塩水を作り、手のひらにつけてご飯をにぎる。

   塩を直接ふるより、塩水のほうが均等に塩味がつけられます。おにぎりはふんわり丸くにぎるだけで充分。

4. フライパンを中火で熱し、サラダ油を薄く引く。おにぎりを置き、手のひらでつぶして平らにする。
5. フライ返しなどで押さえ、おにぎりを薄く広げながら香ばしく焼く。裏返しにし、同様に押さえながら焼く。

   何回か裏返して、パリッと焼き上げます。

6. 取り出して8等分くらいの大きさに切り、器に立てかけるように盛る。梅大根を添える。

CHAPTER 2

きちんと覚えたい 和食

日本の食卓の基本は和食ですから、ちゃんと身につけたいですね。
焼きもの、煮もの、ご飯、汁ものなど、難しいこと抜き！
４人のシェフがご家庭で作りやすい方法と道具で教えます。

白いご飯に合う和のおかず

日本の食事の基本は、ご飯と汁、おかず。白いご飯が進む、肉や魚の定番おかずをご紹介します。

材料（2人分）

- 豚こま切れ肉……200g
- 玉ねぎ（薄切り）……1/2個分
- Ⓐ
  - 酒……大さじ2
  - しょうゆ……大さじ3
  - みりん……大さじ2
  - はちみつ……大さじ1
  - りんご（すりおろし）……大さじ2
  - しょうが（すりおろし）……小さじ1
- サラダ油……大さじ2
- 一味唐辛子……適量

■付け合わせ

- キャベツ（せん切り）……適量
- トマト（くし形切り）……1/2個分

和食の定番肉おかずは、強火で一気に火を通しましょう

豚肉のしょうが焼き

定食の定番おかず、豚肉のしょうが焼きは、さまざまな作り方がありますよね。家庭料理には正解がないし、それがまた飽きない所以（ゆえん）なのかなと思います。

で、しょうが焼き。今まで、浸け汁に浸けなかったり、意識して「つゆだく」にしたりしてきましたが、今回は**漬け込んだ豚肉を煮からめる手法**をご紹介します。玉ねぎもたっぷり入って、家庭向きです。豚肉は**軽く汁気をきって、広げながら焼きます**。最後は煮汁がなくなるまで一気に強火。煮汁が多いと火を通す時間が長くなり、硬くなってしまうので、注意してください。

MESSAGE

和食 JAPANESE **笠原将弘**

豚肉に調味料をからませる間に玉ねぎを炒めれば、ほんの15分ほどで完成です。調味料も肉にからみつく最小限の量ですので、ほとんど無駄がありませんよ。

① ボウルに豚こま切れ肉を入れ、Ⓐを加えて手でもみ込んで10分おく。

10分以上おいても味のしみ込みはほとんど変わりません。

② フライパンにサラダ油を熱し、弱火で玉ねぎをしんなりするまで炒める。

③ ①の汁気を軽くきり、②に加えて強火にし、ほぐして広げながら焼く。

一気に手早く焼きたいので、強火にします。

④ 肉がほぐれて全体に色が変わったら、ときどき炒めながら煮汁を煮詰める。

⑤ 汁気がほぼなくなったら、器に盛って一味唐辛子をふり、付け合わせを添える。

もう一品ほしいときに

たこときゅうりの酢のもの

酢のものの王道、たこときゅうり。水分の多い野菜はしっかり水分を絞り、水っぽくならないように注意してください。三杯酢でいただきます。

材料（2人分）

- ゆでだこ …… 60g
- きゅうり …… 1本
- わかめ（もどしたもの） …… 20g
- 塩 …… ふたつまみ

■三杯酢（作りやすい分量）
- だし汁 …… 100mℓ
- 酢 …… 大さじ3
- しょうゆ …… 大さじ2
- 砂糖 …… 大さじ1

- 白炒りごま …… 少量

作り方

1. きゅうりは斜め薄切りにして塩を加えて軽く混ぜ、しばらくおく。
2. 1のきゅうりを手でもみ、水で洗ってしっかり絞る。わかめはざく切りにする。

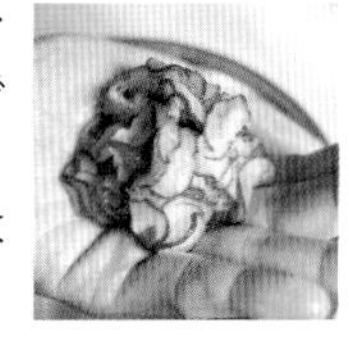

3. ゆでだこは手首を左右に動かして、断面を波打たせながら5㎜厚さに切る。

4. 器にそれぞれ2、3を盛って三杯酢を大さじ2ずつかけ、白炒りごまをふる。

材料（2人分）

鶏もも肉	250g（1枚）
ヤングコーン	2本
ししとう	4本
薄力粉	適量
Ⓐ 酒	90mℓ
Ⓐ みりん	90mℓ
Ⓐ しょうゆ	大さじ1
サラダ油	大さじ1

鶏肉を柔らかく仕上げるコツは酒使いにあった！

鶏もも肉の照り焼き

白いご飯が恋しくなる美しい照り。口に入れるとジューシーな鶏肉の旨みとたれの味が一体となるのが、この料理のおいしさです。

作り方は、鶏肉を強火で焼いて焼き色をつけ、中火で煮汁をからませるだけ。ここで注目したいのは、**たれに使うたっぷりの酒**。煮るにはある程度の量の水分が必要ですが、とはいえ煮すぎると肉が硬くなる。酒は**加熱するとアルコール分が蒸発する**ので手早く煮えるうえ、**肉の臭みも一緒にとばしてくれます**。ときどきフライパンを傾け、全体が煮汁に浸るようにすると、たれがまんべんなくからみます。

MESSAGE

和食 JAPANESE **野崎洋光**

粉は刷毛を使うと薄く均一にまぶすことができます。ムラなくきれいな焼き色がつき、煮汁もからみやすくなりますよ。

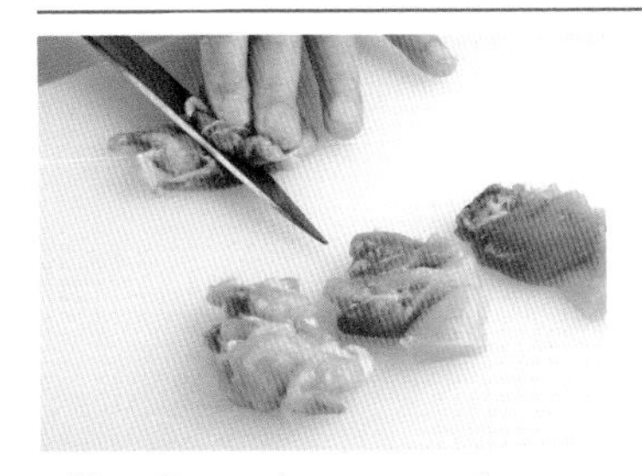

① 鶏もも肉は4㎝ほどのひと口大にそぐように切る。Ⓐを合わせる。ししとうはヘタを切り落とす。

② ①の鶏肉に薄力粉を刷毛で払うように薄くつける。

③ フライパンにサラダ油を熱し、②を皮側から強火で焼く。焦げないようにときどき動かし、うっすら焼き色がついたら返す。

強火でかまいません。中まで加熱するのではなく、表面にきれいに焼き色をつけるのが目的です。

④ 鶏肉から出た脂をペーパータオルで拭き取る。中火にする。

⑤ Ⓐを合わせて加え、鶏肉にからませながら煮詰める。フライパンを傾けて、まんべんなくからませる。

煮汁は、最初は細かい泡がボコボコと立つので、その中で鶏肉を煮るイメージです。

⑥ 少し煮詰まったら、ヤングコーンを加えてたれをからませる。泡が大きくなったら、ししとうを加えてさっとからませ、器に盛る。

煮詰まってきたら、次第に泡が大きくなります。フライパンを平らに戻してからませましょう。

副菜になる小さな料理

いんげんのごま和え

ごまのいい香りがすること、これが大事な料理です。炒りたてのごまをすってころもを作ってみてください。風合いが全然違いますよ！　白ごま、くるみ、ナッツなど、油のコクのある素材でもおいしく作れます。

材料（2人分）

さやいんげん（4㎝長さに切る）……70g
塩、しょうゆ……各適量

■ごまごろも
- 黒ごま……10g
- 砂糖…大さじ½
- しょうゆ……小さじ1

作り方

1 フライパンに黒ごまを入れ、中火ででから炒りする。

2 1を粗くすって砂糖をすり混ぜ、しょうゆを加え、ごまの粒つぶが残る程度にする。

3 塩分濃度5%の塩湯で、さやいんげんをゆでる。

4 ざるに上げ、2のころもにからませる。

材料（2人分）

ぶり（切り身）	2切れ
薄力粉	少量
Ⓐ 酒	50mℓ
Ⓐ みりん	50mℓ
Ⓐ しょうゆ	大さじ1 ½
長いも	100g
塩	少量
サラダ油	大さじ1
貝割れ菜	適量
大根おろし	適量

たれを入れる前が勝負、しっかり焼いて脂を拭いて！

ぶりの照り焼き

甘辛いたれがとろりとからんだ照り焼きは、脂ののったぶりで作ると最高に美味。香ばしいよい香りに期待が高まります。きれいな照りをつけるには、**煮る前にしっかり焼き目をつけること**。薄く薄力粉で膜を作るとこんがりと焼き色がつき、たれがしっかりからみます。その際、皮もパリッと焼きましょう。焼き色がついたら、臭みのもととなる**脂を拭き取るのを忘れずに**。すっきりと、香ばしく仕上がります。たれの煮詰め具合は、泡が細かくなり、底が見えるほどとろりとしたらOK。濃いめの味つけなので白いご飯によく合います。さっぱりとした付け合わせがおすすめです。

MESSAGE

和食 JAPANESE **笠原将弘**

今回はサクッとした食感とやさしい味わいが特徴の長いもを付け合わせに。ぶりと一緒に焼いて、たれを加える前に取り出しています。

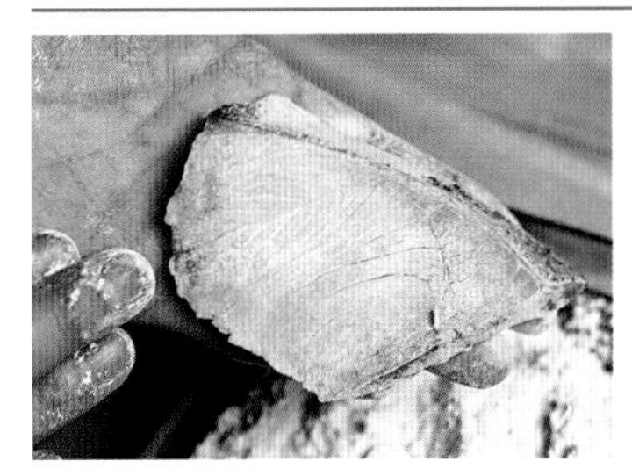

① ぶりは薄力粉をつけて余分な粉をはたいて落とし、薄くまぶす。長いもは拍子木切りにする。

② フライパンにサラダ油を熱し、①を中火で焼く。盛りつけたときに上になる面を下にして焼き始める。

③ 長いもは返しながら焼き、色づいたらペーパータオルに取り出し、塩をふる。

④ ぶりは焼き色がしっかりついたら裏返し、同様に焼き色がつくまで焼く。

焼き色をしっかりつけることで、仕上げにからませるたれがよくのります。

⑤ 身を立てて皮もカリッと焼く。

箸などで押さえて、皮をフライパンの底面にあてて、しっかり焼きましょう。おいしくいただけます。

⑥ 均一に焼き色がついたら、出た脂をペーパータオルで拭き取る。

魚は脂と一緒に臭みも出てきます。拭き取るひと手間で、ぐんとおいしくなります。

⑦ Ⓐを加え、フライパンをゆすってたれを煮詰める。

⑧ とろみがついたら裏返してからめる。フライパンの底が見えるくらいにとろみがついたら煮上がり。③の長いもとともに器に盛り、貝割れ菜、大根おろしを添えてたれをかける。

材料（2人分）

生鮭（切り身）	2切れ
塩	ふたつまみ
Ⓐ みそ*	100g
Ⓐ 酒	大さじ2
Ⓐ 砂糖	大さじ2
グリーンアスパラガス	2本
サラダ油	大さじ1
すだち（半分に切る）	1個分
大根おろし	適量

*ここでは信州みそを使用。

焦げやすいので弱火でじっくり焼きましょう

鮭のみそ漬け焼き

2日間漬けた鮭は、みその風味をしっかり含み、上品なおいしさ。みそ漬けというと、プロは白みそで作りますが、ご家庭では普段お使いのみそで充分です。ただし、赤みそは向きませんよ。

みそ漬け焼きの最大の難点は、焦げやすいこと。焼く前に、**みそをきれいにぬぐい取ってください**。魚調理に弱火は禁物ですが、みそばかりは、そうもいっていられません。**弱火でゆっくりゆっくり火を通しましょう**。大根やにんじんなど、野菜も一緒に漬け込んで焼くとおいしく、彩りも豊かなひと皿になります。

MESSAGE

和食 JAPANESE **笠原将弘**

使うみそは、赤みそ以外ならお好みで何でもかまいませんが、白みそを使う場合はみそ自体が甘口なので、みそ床に使う砂糖大さじ2は入れなくてかまいません。

① 生鮭は両面に薄く塩をして30分おく。

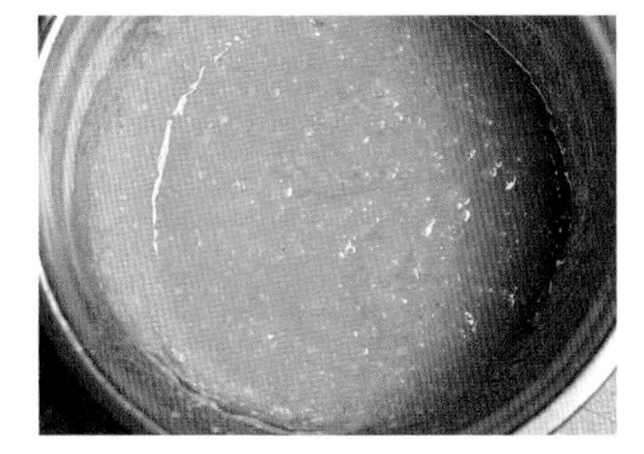

② ボウルに🅐を混ぜ合わせる。グリーンアスパラガスは下$^1/_3$の硬い皮をむく。

③ ①はペーパータオルで水分をしっかり拭き取る。

鮭に塩をして少しおくことで、余分な水分が臭みと一緒に出てきます。しっかりと拭き取るのがポイントです。

④ ③と②のアスパラガスに、🅐を手で全体にぬり、バットに並べてラップをかけ、2日間冷蔵庫におく。

⑤ 鮭とアスパラガスについているみそと水分を、ペーパータオルでていねいに拭き取る。

みそが残っていると、焦げるのできちんと拭き取ります。

⑥ フライパンにサラダ油を引き、⑤を弱火で焼く。鮭は盛りつけたときに上になる面を下にして焼き始める。

⑦ 焼き色がついたら裏返す。アスパラガスは焼けたら取り出して長さを半分に切る。

⑧ 鮭はもう一度裏返して表になる面をさっと焼く。器に盛り、⑦のアスパラガス、すだち、大根おろしを添える。

材料（2人分）

- 鯛（切り身）……2切れ
- Ⓐ
  - みりん……100㎖
  - 酒……50㎖
  - 水……50㎖
  - しょうゆ……40㎖
  - 砂糖……大さじ½
- ごぼう（5㎝長さの斜め切り）……50g
- しいたけ（軸を取る）……2個
- しょうが*……20g
- 木の芽……適量

＊半量は薄切りに、残りを針しょうがにして水にさらす。

代用食材

□ 金目鯛、かれい、さば、銀だらなど、煮つけ向きの魚なら何でも。

煮る前が勝負！ さっと湯に通して上品な味に

鯛の煮つけ

さっと火を入れるだけで、和のおかずになる魚の煮つけ。淡泊な魚の表面だけに煮汁がしっかりからみ、白いご飯がおいしくいただけます。シンプルな料理だけに、煮る前のひと手間で、おいしさが断然違ってきます。熱湯にさっと通し、氷水でキュッと締めて汚れを取る、それで臭みのない上品で魚の旨みが存分に伝わる味になります。とくに鯛は硬いウロコが残っていることもあるので、ここできちんと取り除きましょう。魚の煮つけも、肉じゃがや筑前煮と同様にフライパン＆落とし蓋を使いましょう。

MESSAGE

和食 JAPANESE 笠原将弘

切り身魚の煮つけには、鍋よりもフライパンがオススメ！　素材が重ならず、少なめの煮汁で均一に火を入れることができます。ただしここで必須なのが落とし蓋。煮汁が全体に対流するので、混ぜたりさわったりする必要がなく、煮くずれしません。

① 鍋に湯を沸かし、ボウルに氷水を準備する。鯛を網じゃくしにのせ、約5秒湯に浸ける。

身がうっすらと白くなることから"霜降り"といいます。

② ①を氷水にとり、表面をなでて汚れや残ったウロコを取る。

急冷することでたんぱく質が固まり、汚れが取れやすくなります。

③ ペーパータオルで水気を拭き取る。

④ フライパンに🅐を入れて煮立たせ、③、ごぼう、しいたけを入れてひと煮立ちさせる。

底面が平らなフッ素樹脂加工のフライパンが便利です。

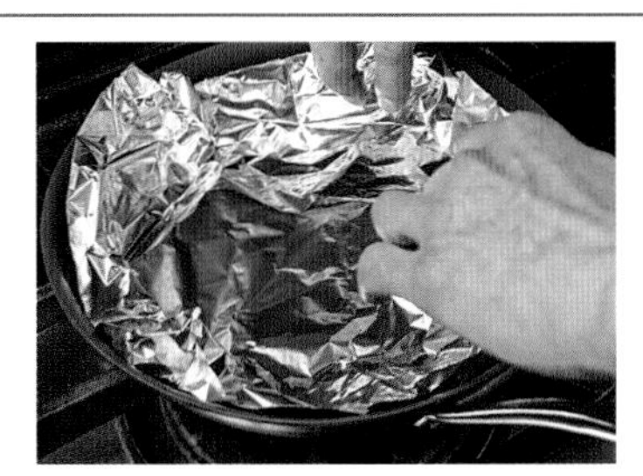

⑤ 弱火にし、アルミ箔で落とし蓋をし、10分煮る。

アルミ箔を落とし蓋にすると、フライパンによってサイズが調整できて便利ですよ！

⑥ しょうがの薄切りを加え、再び落とし蓋をして5分煮る。

しょうがは煮すぎると苦みが出るので、最初から加えず、ある程度魚が煮えたところで加えます。

⑦ 煮汁が沸いて煮詰まり、泡がぶくぶくと噴いてくる。

⑧ 全体に泡が大きくなり、煮汁がとろりとしたら煮上がり。器に盛り、針しょうが、木の芽を添える。

材料（25個分）

	鶏ひき肉	250g
	玉ねぎ	250g
A	とき卵	½個分
A	片栗粉	大さじ1
A	しょうゆ	大さじ½
A	砂糖	大さじ½
A	塩	ひとつまみ
B	水	1ℓ
B	昆布	5g
C	酒	大さじ2½
C	みりん	大さじ2½
C	しょうゆ	大さじ1
	サラダ油	大さじ1
	粉山椒	少量
	大根おろし	適量
	大葉	適量

ご飯のおかずにも酒のつまみにもぴったり

鶏つくね

こんがり焼けて甘辛いたれがからんだ、ふわふわのつくね。おいしさの決め手はふたつ。**まず玉ねぎをすりおろして水分を絞ること。**玉ねぎはすりおろすとたね全体に均一に行きわたり、風味と旨みをより感じるんです。絞った水分は苦みや辛みのおいしくない部分。使いようがありません。もうひとつは、**たねをゆでてから焼くこと。**焼きとり屋の仕込みと同じです。こうすると、さっと焼くだけなので早くでき、**焼きすぎないからふわふわに仕上がります。**

MESSAGE

和食 JAPANESE **笠原将弘**

ゆで汁には鶏のだしが出ています。うす口しょうゆとみりん、または塩、こしょう、酒で味をととのえてスープにして、捨てることなく、ぜひ召し上がってください。

① 玉ねぎはすりおろし、ふきんで包んでしっかり水分を絞る。

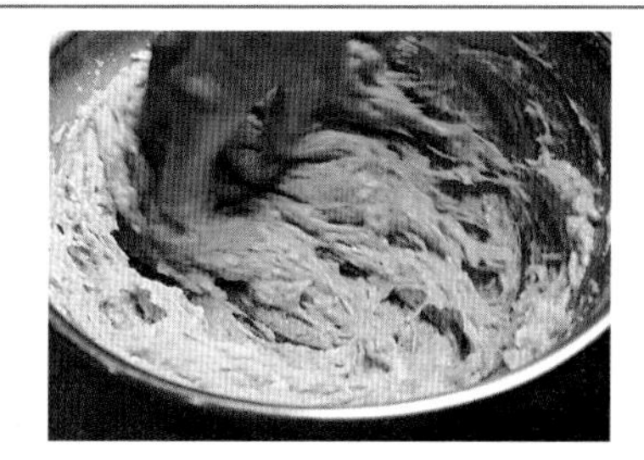

② ボウルに鶏ひき肉、①、Ⓐを入れる。大きくにぎって全体を混ぜ合わせたあと、混ぜる。粘りが出て白っぽくなったらOK。

指を泡立て器のような形に開き、ぐるぐると混ぜましょう。

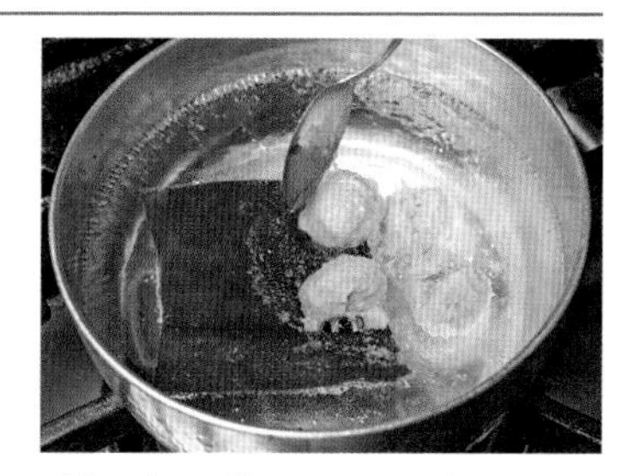

③ 鍋にⒷを入れて沸かし、火を弱める。②を親指と人差し指の間から丸く押し出し、スプーンですくって鍋に静かに入れる。

④ 静かに沸く火加減を保ち、アクが出たらすくう。つくねが浮いてきたら玉じゃくしですくい、ペーパータオルに上げる。

湯はボコボコと沸かさないよう注意。つくねの表面が荒れ、なめらかな舌ざわりになりません。

⑤ フライパンにサラダ油を熱し、④を中火で焼く。ときどき転がして焼き色をつける。

⑥ Ⓒを加え、強火で煮汁が沸き立つ状態で煮詰める。

たれを表面にからめていくイメージです。

⑦ とろみがついたらフライパンを動かして、全体に煮からめる。

⑧ 粉山椒をふって香りを立て、器に盛って大根おろし、大葉を添える。

材料（2人分）

鶏もも肉	1枚（300g）
ごぼう	80g
にんじん	80g
れんこん	100g
里いも	2個
Ⓐ だし汁	300㎖
Ⓐ しょうゆ	30㎖
Ⓐ みりん	30㎖
ごま油	大さじ2
木の芽	適量

フライパンで煮汁を一気にからませて！

筑前煮

これぞ“日本のおかず”、筑前煮。そのおいしさは、香ばしい鶏肉の旨みと滋味深い根菜の風味が一体となったところにあります。加熱に使うのは、**フッ素樹脂加工のフライパン**。これだけ。**最初に鶏肉の皮をこんがりと焼く**、**仕上げに煮汁をからめる**といった大事なポイントには、フライパンがとても便利なのです。

鶏肉を焼いたときに出る脂は旨みなので、根菜にしっかりとからませます。根菜独特の風味と鶏肉の旨みはお互いを引き立て合う間柄。よく炒め合わせてから、煮汁を加えて煮ていくことが大切です。

MESSAGE

和食 JAPANESE **笠原将弘**

煮ものにフライパンは便利ですが、必ず落とし蓋をして、煮汁を対流させましょう。木の落とし蓋がなくても、アルミ箔を使えば便利です。

① 野菜はすべてひと口大の乱切りにする。すべての野菜を水からさっとゆでてざるに上げ、水気をきる。

ごぼうは皮に風味があるので、皮はむかずによく洗って使います。

② 鶏もも肉の皮を引っ張ってのばし、表面をさわって、小さな骨があれば完全に取り除く。ひと口大に切る。

皮や脂肪は旨みが出るので取り除かず、全部に皮がつくようにします。

③ フライパンにごま油を引き、②の皮目を下にして並べ、火をつける。中火にし、身の厚みの半分ほど色が変わり、皮がパリッと焼けたら裏返す。

途中で無駄にさわらない！ ときどき焼き色を確かめる程度でOK。

④ すぐに①を加え、鶏肉から出た脂を全体にからませるようにして炒め合わせる。

鶏のおいしい脂を根菜にしっかりとからませることで、味の深みがまったく違ってきます。

⑤ 全体によく脂が回ったら、Ⓐを加えていったん煮立てる。

みりんのアルコール分と一緒に臭みがとび、風味がつきます。

⑥ 弱火にして、アルミ箔をかぶせて落とし蓋にし、10分煮る。煮汁が沸き立ち、つねに対流する状態をキープ。

アルミ箔でフライパンの大きさにぴったり合うように落とし蓋を作ります。

⑦ 落とし蓋を取り、強火で煮汁をとばしながら煮詰めていく。

材料が柔らかく煮えたら、仕上げは強火で勝負！

⑧ 煮詰まってきたらフライパンを回しながら煮汁を全体にからませ、きれいなつやを出す。器に盛り、木の芽を飾る。

きれいな照りが出ておいしそうな表情に変わり、食欲をそそりますよ。

家庭料理の定番中の定番を極める!

肉じゃが

肉じゃがは"スピード料理"。素材の味を生かすには、しっかり煮込むのではなく、素材を軽く下ゆでしておき、**煮汁で一気に煮詰める**のがコツなんです。このとき**煮汁には酒をたっぷり使う**ことで、蒸発が早まります。じゃがいもが煮くずれると失敗、と思うかたもいますが、少し煮くずれるぐらいがおいしいですよ。

MESSAGE

和食 JAPANESE **野崎洋光**

肉じゃがは、肉を煮すぎるからまずくなるんです。この方法は、湯通しした豚肉を仕上げにさっと煮るだけだから、肉の旨みがしっかり味わえますよ。

材料(2人分)

豚バラ薄切り肉	200g
じゃがいも	2個
にんじん	80g
しらたき	80g
絹さや	5~6枚
長ねぎ(青い部分)	適量
Ⓐ 水	300mℓ
Ⓐ 酒	100mℓ
Ⓐ 砂糖	大さじ4 1/2
しょうゆ	20mℓ

作り方

① 豚バラ薄切り肉としらたきは4cm長さに切り、じゃがいもとにんじんはひと口大に切る。絹さやは熱湯で色よくゆでてざるに上げ、水気をきる。

② 鍋に水(分量外)を入れ、①のしらたき、じゃがいも、にんじんをざるごと入れて中火にかける。沸騰してから2~3分ゆでたら引き上げて水気をきる。同じ鍋で、①の肉をさっと湯通しして霜降りにし、ざるに上げて水気をきる。

③ 鍋に肉以外の②とⒶと長ねぎを入れて落とし蓋をし、強火でひと煮立ちさせたら火を少し弱め、煮汁が半量くらいになったら②の肉を入れる。

④ 長ねぎを取り出してしょうゆを加え、鍋をゆすって味をからませながら、煮汁が1/3量になるまで煮詰める。

⑤ 器に盛り、①の絹さやを散らす。

柔らかい豚肉とべっこう色に煮込んだ大根は絶品！

豚バラ肉と大根の煮もの

しみじみおいしいこの煮ものは、時間に余裕があるときにぜひ作ってほしい料理。**豚肉はしっかり下ゆで**すると柔らかくなり、アクも取れるのでクリアな仕上がりになります。大根は**下ゆでのあと少し乾かす**のがポイント。水分が抜けた分、おいしい煮汁をよく含みます。

MESSAGE

和食
JAPANESE
笠原将弘

下ゆでした豚肉は脂身に透明感が出てきて、驚くほど甘くなります。落とし蓋をすることで、煮汁が減っても対流して均一に味を含ませることができます。

材料（2人分）

豚バラかたまり肉……400g
大根……$\frac{1}{2}$本
砂糖……大さじ$1\frac{1}{2}$
Ⓐ
- 水……600㎖
- 酒……50㎖
- みりん……50㎖
- しょうゆ……50㎖

昆布……3g
ごま油……大さじ1
貝割れ菜……$\frac{1}{3}$パック
一味唐辛子……適量

作り方

1. 豚バラかたまり肉は2㎝厚さに切り、水からゆでる。沸いたら弱火にして1時間半ほどゆでる。湯から肉が出るようなら途中で水を足す。

2. 大根は大きめの乱切りにし、水から約10分ゆでて熱いうちにざるに上げる。冷ましながら、表面の水分をとばす。

3. ①が柔らかくゆで上がったらざるに上げ、水気をきる。
4. 鍋にごま油を熱し、②を中火で炒める。油が回って透き通ったら砂糖を加え、炒めて溶かし、Ⓐを加える。
5. ③とだし昆布を加え、ひと煮立ちさせてアクをすくう。
6. アルミ箔で落とし蓋をし、弱火にして約1時間煮る。途中、煮汁が減っても足さない。器に盛って、貝割れ菜を添え、一味唐辛子をふる。

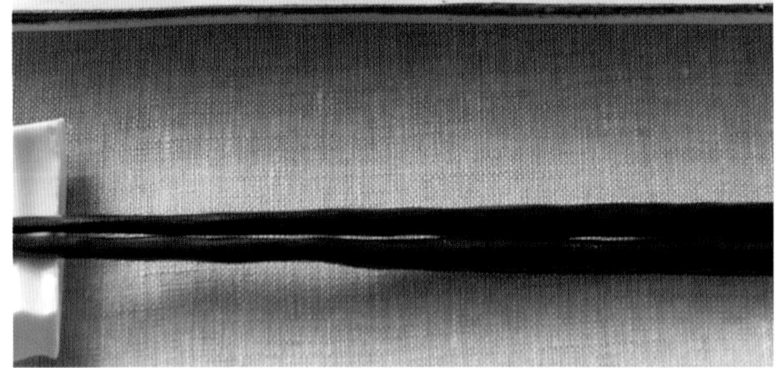

材料（2～3人分）

- 豚ロースとんかつ用肉……2枚

■ころも
- 薄力粉……適量
- 卵……1個
- 牛乳……大さじ1
- 生パン粉（粗めのもの）……適量

- 塩、こしょう……各適量
- 揚げ油……適量
- キャベツ（せん切り）……適量
- 練りがらし……適量
- レモン（1cm厚さの半月切り）……2切れ

■ソース
- ウスターソース……大さじ2
- トマトケチャップ……大さじ1
- しょうゆ……大さじ1
- 白すりごま……大さじ1

下準備

- □ 薄力粉、生パン粉はそれぞれバットに入れておく。
- □ ソースの材料を混ぜ、小さめの器に入れておく。

ころもと豚肉の食感のコントラストが大切
とんかつ

粗めのパン粉のザクザク感に続く豚肉のジューシーな柔らかさ。この異なる食感を味わえるのが揚げたての醍醐味です。サクサクに揚げるには、**ころもをていねいにつけることが**大切。とくに、とき卵はすべりやすいので、卵白のコシをよくきって牛乳を混ぜておくとムラなくなじみます。とんかつを作るときに誰もが困るのが、ころもづけで手が汚れること。1枚だけならよいですが、何枚も作るときに手にべったりついて困ります。そこで、**肉の端に金串を刺して作業**をすると、手が汚れず、スムーズですよ。とんかつ屋さんで見て“なるほど合理的だ”と感心し、それからこの方法です。

MESSAGE

和食 JAPANESE **笠原将弘**

パン粉は、柔らかくザクッと揚がる生パン粉を使いましょう。ふわっとやさしくつけて、油に入れたらあまりさわらずに揚げるのがコツです。

① 豚ロースとんかつ用肉は、脂身と赤身の境目に1cm間隔で切り目を入れる。両面に塩、こしょうをふって手でなじませる。

② ボウルに卵をときほぐし、牛乳を加えてよく混ぜる。①の端を金串で刺し、薄力粉を両面につける。金串で持ち上げて卵液にくぐらせる。

③ ②をパン粉にのせ、上からもパン粉をたっぷりかけて軽く押さえる。

パン粉を押しつぶすとサクサクとした食感になりません。軽く押さえて全体にまとわせるようにします。

④ 揚げ油を170℃に熱し、③を入れる。7～8分揚げる。最初の1分はさわらない。

油に入れてすぐにさわると、ころもがはがれやすいので注意。

⑤ 落ちたパン粉は網じゃくしでこまめにすくう。

パン粉は焦げやすいので、面倒でもすくってください。そのままにすると、とんかつにいやな香りがついたりします。

⑥ こんがり色がついたら裏返す。色よく揚がったら網に上げて油をきり、3分おく。1.5cm幅に切ってキャベツとともに器に盛り、練りがらしとレモン、ソースを添える。

もう一品ほしいときに

あじの酢のもの

青魚はあらかじめ合わせ酢に浸して、味をなじませます。さっぱりしたあと味の二杯酢でキリッと仕上げてどうぞ。

材料（2人分）

あじ（刺し身用）……1尾
トマト……1個
みょうが……2個
とろろ昆布……5g
しょうが（すりおろし）……小さじ1

■二杯酢（作りやすい分量）
だし汁……100mℓ
しょうゆ……60mℓ
酢……60mℓ

作り方

1 あじは三枚におろし、小骨と皮を取り除き、バットに並べて二杯酢を浸る程度にかける。

2 トマトは半分に切って薄切りにする。みょうがはせん切りにして水に浸してパリッとさせ、ざるに上げて水気をきる。

3 1をそぎ切りにし、2のトマトとともにそれぞれ器に盛り、二杯酢を大さじ2ずつかける。2のみょうが、とろろ昆布、しょうがを添える。

材料（2人分）

鶏もも肉 …… 1枚（300g）

Ⓐ
- しょうゆ …… 大さじ1 ½
- みりん …… 大さじ1 ½
- 黒こしょう …… 少量

とき卵 …… ½個分
薄力粉 …… 大さじ1
片栗粉 …… 適量
揚げ油 …… 適量
レタス …… 適量
レモン（1cm厚さの半月切り）…… 2切れ
マヨネーズ …… 適量

下準備

□ バットに片栗粉を入れておく。

粉の使い分けを覚えればジューシーなから揚げに

鶏のから揚げ

　みんなが大好きな、外がカリッ、中がジューシーなから揚げの仕上がりに僕なりに向き合ったら、こんな作り方になりました。鶏もも肉は火が通りにくいので、比較的ゆっくり揚げます。ただ、時間をかけると外側がベタッとしがち。そこで、一度揚げてから余熱で火を通し、鶏肉から出た水蒸気をとばすため、もう一度揚げます。二度揚げのときはちょっと油の温度を上げてください。そして“カリッ、ジューシー”のための秘策は、2種類の粉使い。下味をつけた鶏肉に、まず卵と薄力粉を混ぜ込んで水分を逃さず「ジューシー」に、次に片栗粉をまぶして揚げて「カリッ」とさせています。

MESSAGE

和食
JAPANESE　**笠原将弘**

この料理はとくに、ひとつひとつのプロセスに意味があって無駄はナシ！ていねいに作業して、おいしく作ってください。

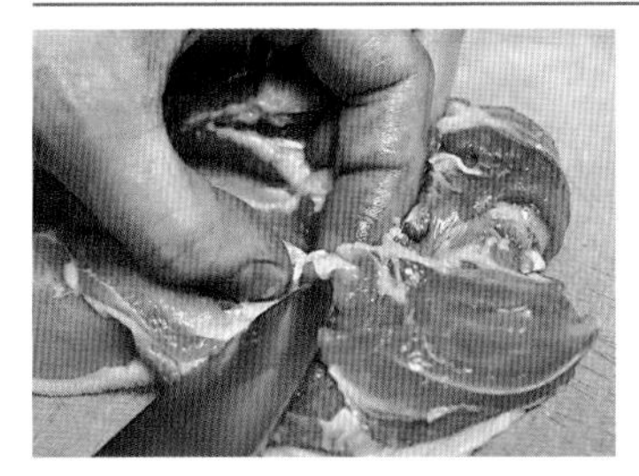

①鶏もも肉は皮をきれいにのばす。小さな骨があれば取り除く。

皮を引っ張って全体にのばすひと手間が大事。皮もとてもおいしいので、切り分けた全部のピースに皮がつくようにします。

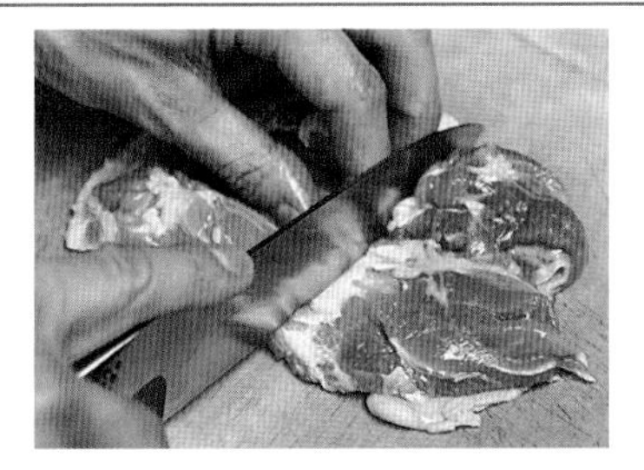

②皮を下にして置き、真ん中付近の薄い部分で切り離す。

③小さいほうは3等分、大きいほうは4等分に切り、7切れに分ける。

同じ形にそろえることで、揚げる時間が均一になり、ムラなく火が通ります。

④ボウルに③を入れ、Ⓐを加えて手でよくもみ、10分おく。

10分以上おいても、味のしみ込みはほとんど変わりません。

⑤④の鶏肉の汁気をきり、とき卵を加えて手でもみ込む。薄力粉をふり、均一にもみ込む。

薄力粉の膜を作ることで、鶏肉の水分を逃がしにくくなります。

⑥⑤に片栗粉を薄くつけ、手で軽くにぎって形作る。

にぎって厚みを出すことで、食べたときのジューシー感がアップ。表面には、カリッとした食感になる片栗粉を使います。

⑦揚げ油を170℃に熱し、⑥を3分揚げて網に上げ、3分やすませる。

網に上げてやすませることで、余熱で中までやさしく火が通り、ジューシーなから揚げに仕上がります。

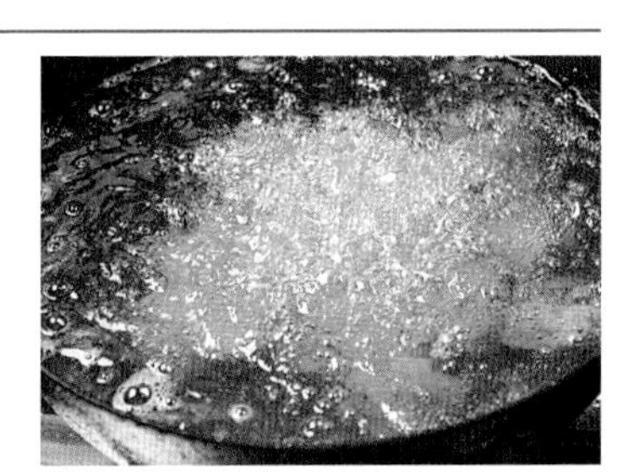

⑧揚げ油の温度をやや上げ、⑦を2～3分、菜箸で動かしながら揚げる。網に上げて油をきる。レタスとともに器に盛り、レモンとマヨネーズを添える。

2度目の揚げは、とにかく表面をカラリとさせるのが目的。

おうち天ぷらを極める

MESSAGE

和食 JAPANESE **近藤文夫**

「天ぷらはころもを食べる料理ではない」。これを大事にしてください。ころもは素材にちょうどよく火を入れるための膜なので、私のころもは薄め。素材の風味が生き、色がうっすらと透けて見える揚げ上がりです。まずは、基本をマスターしてください。

天ぷらは“蒸し料理”である

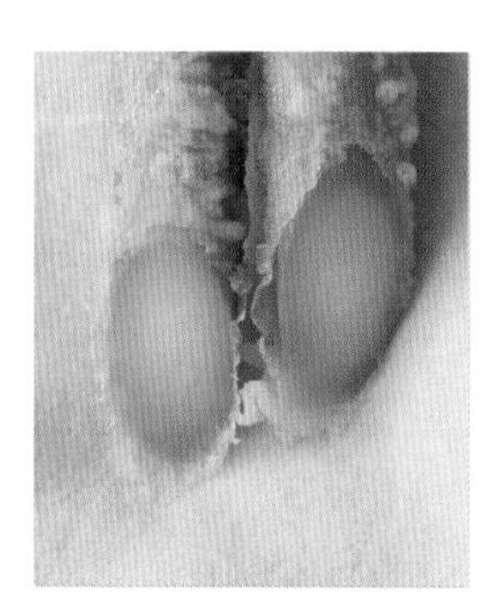

天ぷらは油で揚げて作ります。それは事実ですが、私の確固たる持論は「天ぷらは蒸し料理」。揚げものじゃないの？　と思われるでしょうが、ちょっとイメージしてみてください。天ぷらは素材をころもで包み、熱い油の中に入れます。このとき最初にころもが固まって膜となり、素材は自分の水分で蒸されるようにして火が入っていきますね。だから「蒸し料理」なんです。

さらに天ぷらは、油から上げたら完成ではありません。油をきる間にも余熱で火が入ります。その1～2分間の余熱調理が終わってはじめて、完成するのです。だから、油の中ではレアに火を入れ、余熱でミディアムレアに仕上げるイメージを持ってください。それだけで、揚げてなおみずみずしく、香り高い天ぷらになりますよ。

家庭ならフライパンがいい

ご家庭の天ぷらには、フライパンが絶対おすすめです。高さが足りないのでは？　と心配されるかもしれませんが、油の深さは3㎝あれば充分なので、問題ありません。理由のひとつは、底が平らなので、油全体の温度がほぼ同じになること。これはきれいに揚げるための絶対条件です。また面積が広いので一度にたくさん揚げられて便利です。ただし、温度変化の大きい薄手のアルミ製や、すり鉢状の中華鍋タイプは向きません。

油の深さは3㎝

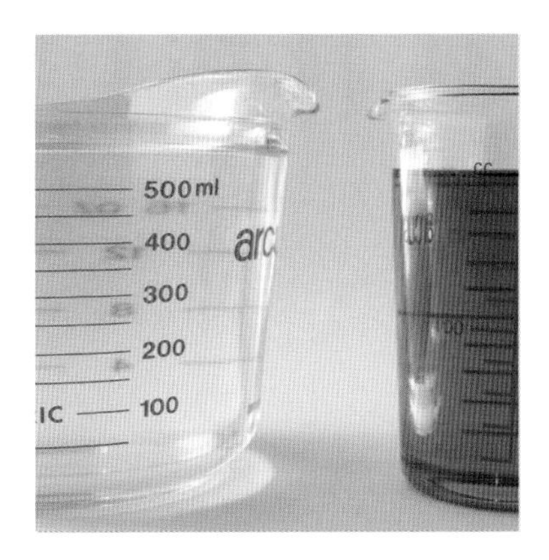

私の店では、2種類のごま油をブレンドして使っています。生搾りの「太白ごま油」3に対し、炒って香ばしくした「焙煎ごま油」を1の配合です。これが揚がり具合や香りの点でちょうどよいバランスだと思います。ただし、太白ごま油は少々高価なので、普段の食事ならサラダ油でかまいません。同じように3：1の割合で混ぜてください。

天ぷらはたっぷりの油を使うと思われがちですが、フライパンなら深さ3cmがベスト。大学との共同研究で証明された事実です。油が少ないと底に素材がくっついたり油から出てきれいに上がりません。逆に多すぎると素材を入れていったん下がった温度が元に戻るのに時間がかかり、適温で揚げられませんでした。「フライパンに3㎝の油」、これでＯＫです。

揚げる温度は3通り

天ぷらの揚げ油の温度は、おおよそ次のように覚えましょう。「野菜170℃、魚介一般180℃、穴子190℃」。

実際は油に素材を入れるとすぐに温度が下がります。とくに素材を3～4個同時に入れると10℃ぐらい下がるので、揚げはじめは油温を10℃高くすると、適温になります。あとは火加減を微妙に調整し、その適温をキープしながら揚げていきます。野菜を揚げるとき、最初から170℃にすると、実際には160℃で揚げていた、ということになりかねません。

170℃の油

- □ ころもはいったん鍋底に沈んでスッと浮く
- □ 油のはねる音はジュワジュワ
- □ 泡は中くらいの大きさ

180℃の油

- □ ころもは油の深さの途中まで沈み、素早く浮く
- □ 油のはねる音はジャッ
- □ 泡は中くらいの大きさで、量が多くさっと広がる

190℃の油

- □ ころもは沈まず、油の表面に素早く散る
- □ 油のはねる音はシャッ
- □ 泡は小さくたくさんの量が一気に出る

おうち天ぷらを極める

素材は違っても、基本の揚げ方は同じ

1 ころもを作る

ころもの材料は「薄力粉、水、卵」の3つ。薄くさらっとしたころもを作るには、材料を混ぜる順番がとても大事で、まず水の中に卵を入れます。逆ではありません。そうしてさらさらの卵水を作ってから粉を混ぜましょう。卵水と薄力粉は同量で混ぜ合わせます。卵水は揚げる途中でころもの濃さを調整するのに便利なので、多めに作っておきます。粉を混ぜるときは、泡立て器がおすすめ。一度に混ぜられる量が多く、混ぜる回数が少なくなるので粘りが出にくくなります。

材料（作りやすい分量）

水……800㎖
卵……2個
薄力粉（ふるったもの）……適量

作り方

① 高さのある容器に水を入れ、卵を割り入れる。水溶性の卵白が自然と水に溶け、ダマにならない。

② 太い箸を容器の底にあて、力強く小刻みに回して卵白をといていく。

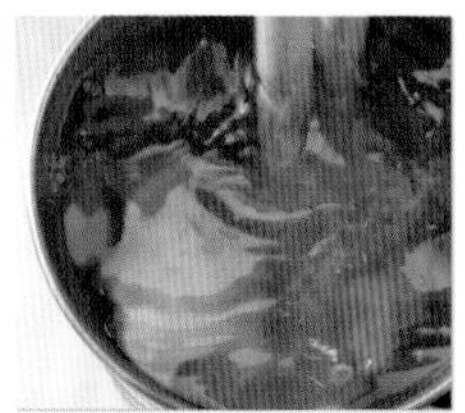

③ 少しずつ卵黄を混ぜながらとく。徐々に細かい泡が出てくる。

④ 充分に混ざったら表面に浮いた泡を捨てる。サラサラの卵水のでき上がり。

⑤ 卵水と薄力粉は同じ容量を用意。ボウルに卵水を入れ、薄力粉の1/3量を入れて泡立て器で8の字を6回ほど描く。

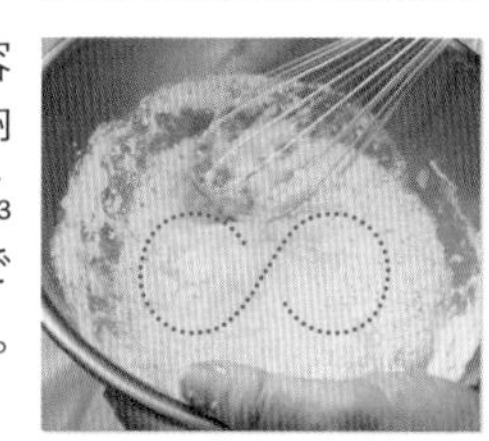

⑥ 泡立て器で生地をトントンと10回ほどたたいて薄力粉を沈める。残りの薄力粉を2回に分けて加え、同様に混ぜる。

⑦ ころもの完成！　すくうとタラーと流れるシャバシャバな状態だが、これがベスト。

⑧ 箸ですくったときにダマが残っていても大丈夫。むしろダマがないようなら混ぜすぎ。

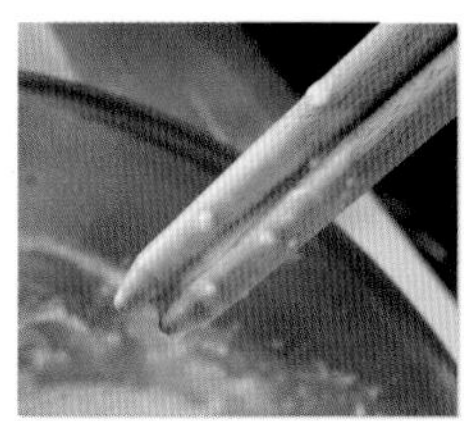

2

粉をまぶしてからころもづけ

一般には素材に直接天ぷらごろもをつけますが、私は薄力粉をまぶして粉の薄い膜を作ってからころもをつけます。こうすることで、粉が接着剤となって薄いころもが全体に均一につき、また素材からにじみ出る水分を粉が吸ってくれます。その結果、ころもがカラッと揚がり、素材がみずみずしく、風味豊かに揚がります。

ただし気をつけたいのは、粉をつけたらトントンとたたいて余分な粉を落とすこと。

揚げていくにつれ、この粉によってころもが濃くなるので、そのつど先ほどの卵水で薄めて調整してください。

↓

3

揚げる

ころもをつける前に、油の温度を適温から10℃高くなるように温めておきます。そしてころもをつけたらすぐ油に入れましょう。

揚げ上がりは3つのサインで見極めます。❶たくさん出ていた泡が大きく少なくなる、❷水分がはねる音が高い音から低い音になる、❸沈んでいた素材が浮いてくる。こうした変化が起きてきたら、油から引き上げます。

揚げる手順（170℃でしいたけ3～4個を揚げる場合）

❶ 180℃の油に入れる

しいたけに薄力粉ところもをつけて、適温より10℃高い180℃の油へ。油に入れるところまでは太い粉箸、油に入れてからは細い盛り箸（ステンレス製）を使うとたねを持ちやすい。

❷ 170℃をキープして揚げる

揚げている間はできるだけたねをさわらない。形がくずれたり、ころもがはげたりしやすい。裏に返すときも、大きくて重いもの以外は、箸ではさまず、箸先でポンとすくって返す。

❸ 油から取り出す

油から引き上げたら、すぐにペーパータオルにのせて油をきる。平らにねかせるより、縦長に立てるように置いたほうが油きれがよい。紙にしみる油の量が少ないほど揚げ方がよい証し。

一本揚げで持ち味が生きる

アスパラガス

旬	揚げ油	揚げ時間
春	185℃でスタート 175℃をキープ	短い

アスパラガスは太くて柔らかな身質のものを選び、**1本丸ごとで揚げます**。長すぎて揚げにくいように感じますが、半分に切って揚げると、油の中で切り口から水分が流れ出て、アスパラガスの持ち味のみずみずしさや独特の青い香りが損なわれるのでぜひ1本のままで。すぐに火が入るので、軽く揚げて裏に返し、裏面も短時間で揚げて引き上げます。

アスパラガスは表面がツルッとしてころもがはがれやすいので、油に入れている間は、**あまりさわらない**ようにしましょう。

作り方

① アスパラガスを手にのせ、根元に近い部分をしならせて自然に折る。揚げ油を火にかけ、185℃に温める。

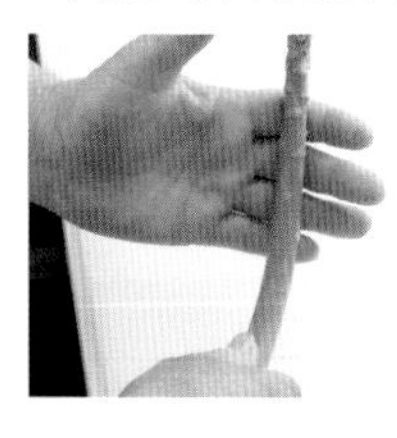

ポキッといい音がして折れれば、水分が豊富な証拠です。

② 薄力粉をまぶし、箸でトントンとはたいて余分な粉を落とす。

アスパラガスは表面がツルッとしてころもがつきにくいので、最初にまぶす薄力粉はとくに大事です。

③ ころもにくぐらせる。

④ 185℃に温めた揚げ油に入れる。あまりさわらないようにして1分ほど揚げる。

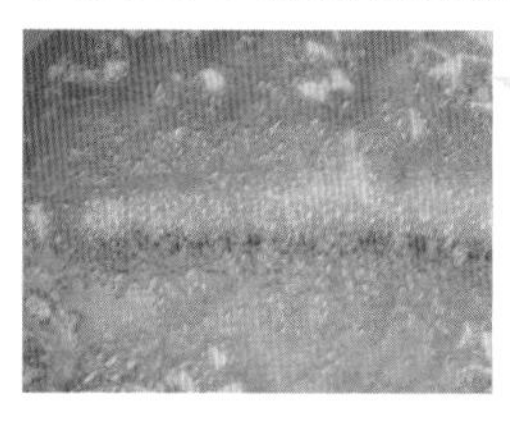

細かい泡がいっせいに立ち、パチパチと高い音で油がはねます。

⑤ 泡が落ち着いてきたら裏に返す。

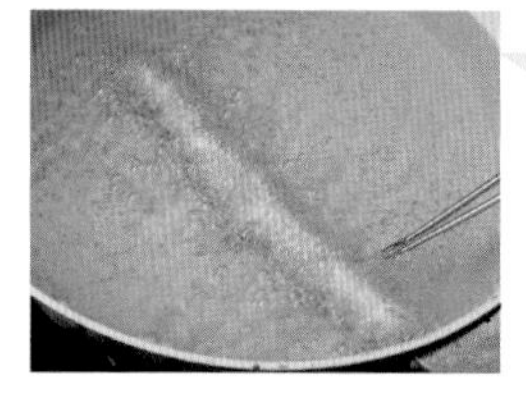

泡がやや少なくなり、油が静かになってきます。根元のほうが重いので沈みがちになりますが、気にせず揚げます。

⑥ 30秒ほどで、ころもから出る泡が少なくなり、はねる音が低くなれば揚げ上がり。取り出して紙にのせ、油をきる。

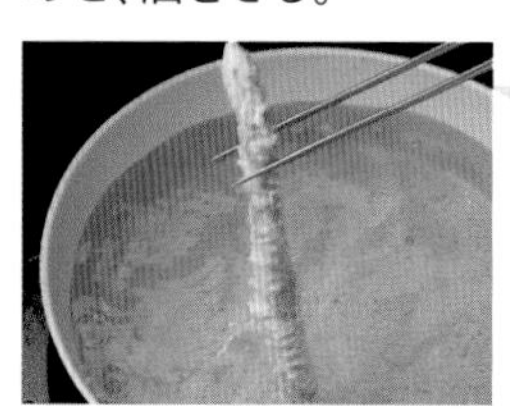

皮の緑色が鮮やかで、切り分けると切り口がみずみずしく水分がしたたり落ち、香りが立ってきます。

大きめに切って青い風味を楽しむ

ピーマン

旬	揚げ油	揚げ時間
夏	180℃でスタート 170℃をキープ	短い

スーパーなどで売られている通常のピーマンは、切り分けてヘタと種、ワタを除いて揚げるのがよいでしょう。その際も、小さく切りすぎるとピーマン独特の風味が感じにくくなりますから、半割りにします。できるだけ元の形を残した大きなサイズのほうが、風味が際立って、「ピーマンを食べている！」というインパクトがあります。果肉は薄いので２分ほどで揚がります。

作り方

① 縦半分に切り、上部のヘタをまっすぐに切り落とす。種と白いワタを手で取り除く。

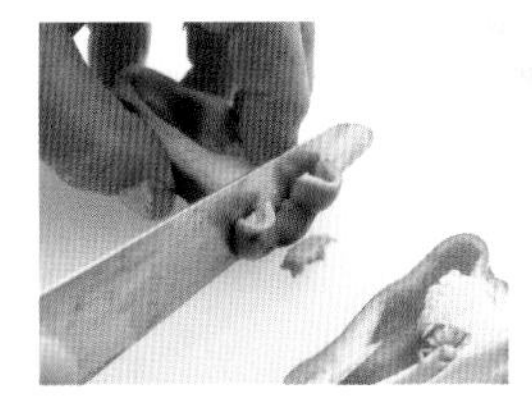

手でヘタを取るといびつな切り口になって美しくありません。包丁でまっすぐに切り落としましょう。

② 揚げ油を火にかけ、180℃に温める。薄力粉をまぶし、箸でトントンとはたいて余分な粉を落とす。

③ ころもにくぐらせる。

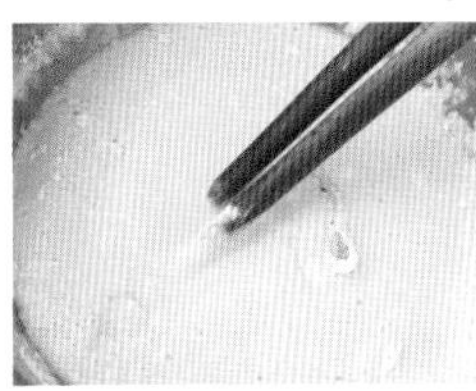

くぼみの中にころもがたまらないよう、余分なころもは、たらして落としてください。

④ 光沢のある皮面を下にして180℃に温めた油に入れ、1分ほど揚げる。

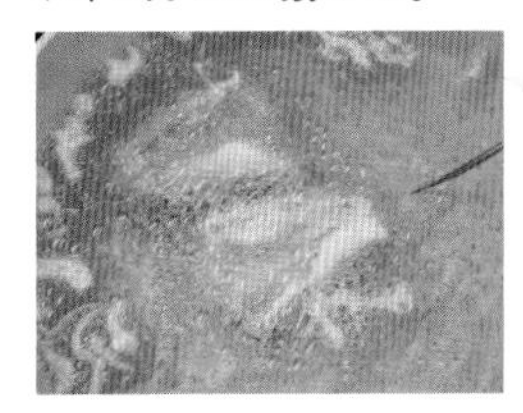

ピーマンは形が山形になっています。皮面を上にして揚げ始めると、ころもがすべり落ち、薄くなってしまいます。

⑤ 皮面のころもが固まったら裏に返して、30秒ほど揚げる。

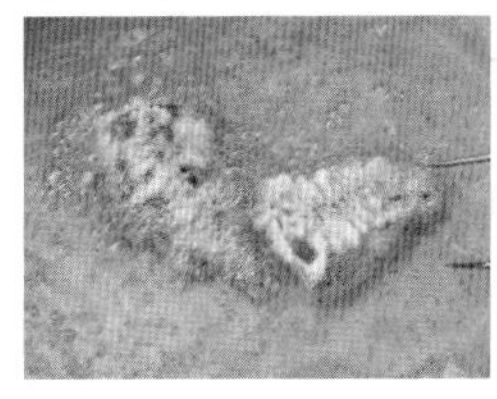

早く返しすぎると、皮面のころもが固まっていないこともあるので、落ち着くまで揚げます。

⑥ 再び両面を軽く15秒ほどずつ揚げる。ころもから出る泡が少なくなり、はねる音が低くなってきたら揚げ上がり。取り出して紙にのせ、油をきる。

揚げすぎるとクタッと柔らかくなるので、手早くカラッと揚げ、食感も生かします。

厚めに切ってじっくり揚げる

れんこん

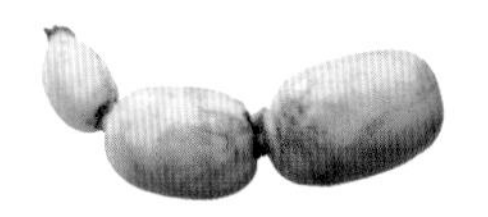

旬	揚げ油	揚げ時間
秋〜冬	175℃でスタート 165〜170℃をキープ	中くらい

れんこんはねっとり、かつシャキッとした食感が醍醐味。1cmほどの厚い輪切りにし、低めの温度から4〜5分かけてゆっくりと揚げれば、でんぷんに火が通っておいしさ満点です。

皮をむいて時間をおくと黒ずんでくるので水にさらしたくなりますが、旨みに変わるアクが抜けるので、水にさらさずにすぐに揚げましょう。

作り方

① 皮付きのまま、厚さ1cmの輪切りにする。3枚分をぴったりとくっつけて、一緒に皮をむく。

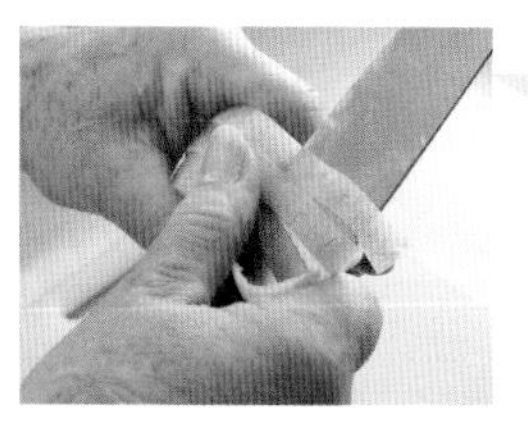

慣れなければ1個ずつでももちろんかまいません。皮は厚めにむいたほうが旨みを感じやすくなります。

② 揚げ油を火にかけ、175℃に温める。薄力粉をまぶし、箸でトントンとはたいて余分な粉を落とす。

穴の中に薄力粉がつきすぎないようにします。

③ ころもにくぐらせる。

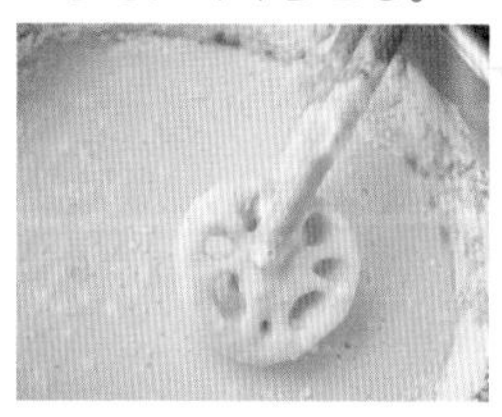

ころもも、穴の中にたまらないようにきちんと落とします。

④ 175℃に温めた油に入れ、2分ほど揚げる。

やや低い温度で、ゆっくり時間をかけて旨みを引き出します。最初は重みで沈みますが、火が入れば浮いてきます。

⑤ れんこんが浮いてきたら、少し火を強める。

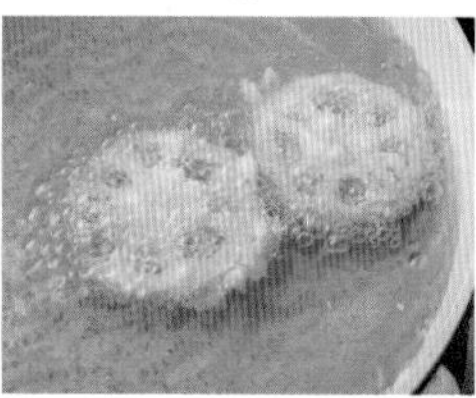

低温からゆっくりと温度を上げていくと、内側はきちんと火が入りながらも水分を保ってしっとり、外側はカリッと揚がります。

⑥

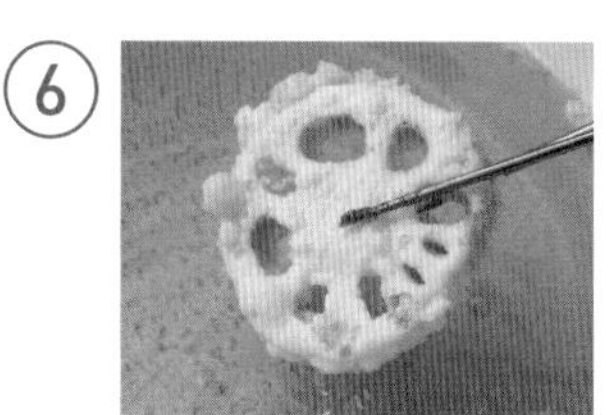

2回ほど裏に返しながら、さらに2分くらいかけて両面を均一に揚げる。泡が少なくなり、はねる音が低くなれば取り出し、紙にのせて油をきる。

旨みのジュースが口いっぱいに広がる

しいたけ

旬	揚げ油	揚げ時間
秋	180℃でスタート 170℃をキープ	長い

一般に多く出回る菌床栽培のものは、笠に厚みがあり、開きすぎていないものを選んでください。

コツは、1個丸ごとで揚げること。切ると香りが抜けやすく、旨みを含んだジュースも逃げてしまいます。十文字の飾り包丁も入れてはいけませんよ。ひだの中に香りの成分があり、水分も多いので、**ひだを下にして揚げる時間を長くし**、香りを開かせ、余分な水分をとばします。

作り方

① しいたけを持ち、ペティナイフの刃先を軸のつけ根にあてる。しいたけをぐるぐると回して軸を取り除く。

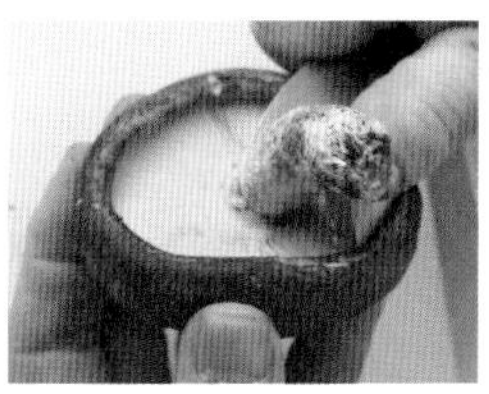

この方法ならひだを傷つけず、軸のつけ根ぎりぎりのところで切れます。

② 笠のひだを下にしてペーパータオルにのせ、包丁の腹でトントンとたたいてひだの中のゴミを落とす。揚げ油を火にかけ、180℃に温める。

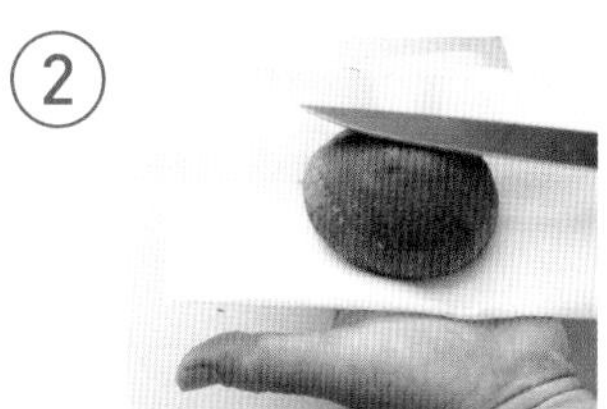

③ 笠の両面に薄力粉をまぶし、笠の上から箸でトントンとはたいてひだの中の余分な粉を落とす。

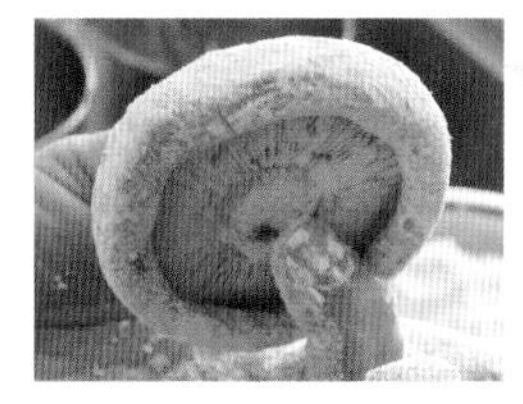

ひだの奥まで粉が入らないように。写真のように表面に薄くまぶします。

④ ひだを下にしたまま、ころもに沈めて引き上げ、そのまま180℃に温めた揚げ油に入れる。あまりさわらないようにして1分ほど揚げる。

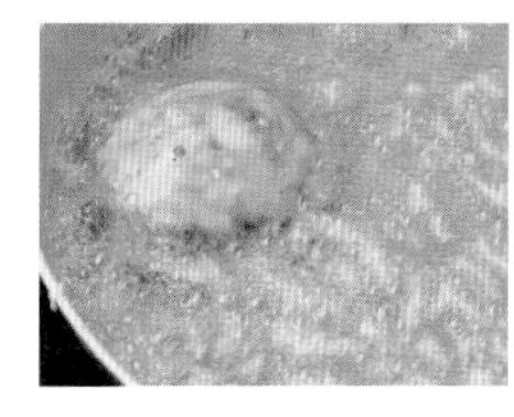

細かい泡がいっせいに立ち、パチパチと高い音で油がはねます。

⑤ 箸でポンとすくって裏に返す。30秒ほど揚げて、笠の表側のころもを固める。ひだを下にした状態を長めにしながら、数回裏に返し、4～5分揚げる。

裏に返すときは、箸でつかみません。下からすくい上げると、ころもがはがれません。

⑥ ころもから出る泡が少なくなり、はねる音が小さくなれば揚げ上がり。取り出して紙にのせ、油をきる。

切り分けると、切り口がみずみずしく潤い、閉じ込められていた香りが一気に開きます。

天ぷらの王道といえば、これ！

車海老

旬	揚げ油	揚げ時間
夏	190℃でスタート 180℃をキープ	短い

天ぷらの主役といえば、車海老。味の点では活けの車海老がいちばんですが、冷凍海老を解凍したものでも大丈夫です。活けの海老は、180℃の高温で裏に返さず、片面だけを１分弱で揚げます。**中心が生のうちに油から引き上げ**、食べるまでのわずかな時間の**余熱で半生に火を入れる**と甘みと旨みが生き、絶妙な柔らかさになります。活けの海老を使うなら、前脚のついた胸部も旨みが強く、香ばしく揚がるので、きれいにむいて素揚げにし、楽しみましょう。

作り方

① 海老の頭をはずし、次に前脚ごと胸部をつまみ取る。活け海老の場合は、胸部を取りおく。腹から出ている背ワタを引っ張って抜く。尾ビレと尾節（尖った殻）を寄せて、長さの半分を切り落とす。尾節を包丁でしごいて水分を抜く。

尾節に水を残しておくと、揚げたときに油の中ではねてしまいます。

② 腹の殻をむき、身の内側に４か所、浅く切り目を入れる。背側の身を両手の指で強くつまみ、身をプリッと押し出す。

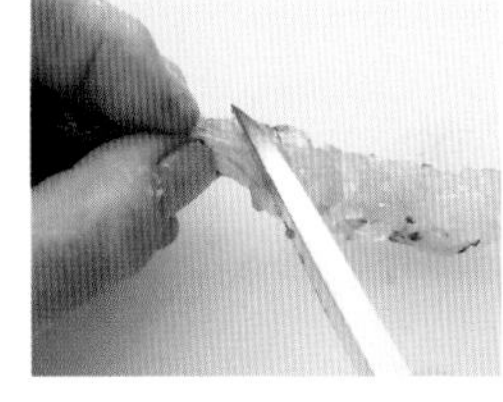

冷凍海老の場合は、ペーパータオルで水分を拭き取ります。

③ 

揚げ油を火にかけ、190℃に温める。尾ビレを持って薄力粉をまぶし、箸でトントンとはたいて余分な粉を落とす。尾にはつけない。

④ 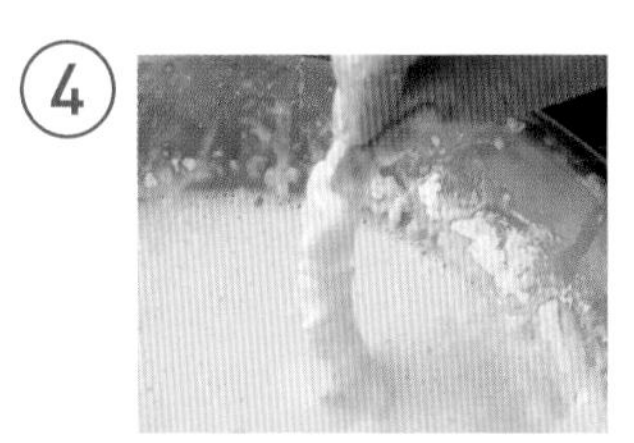

尾ビレを持ったまま、ころもにくぐらせる。尾にはつけない。

⑤ 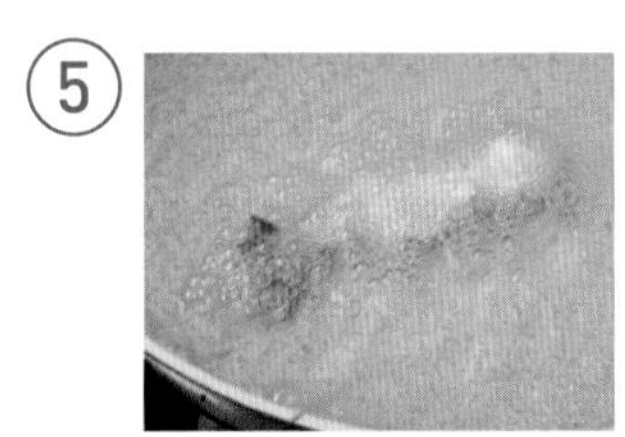

そのまま、190℃に温めた油に入れる。活け海老は裏に返さず、1分弱揚げ続ける。冷凍海老の場合は、数回裏に返しながら、中心まで火を入れる。

⑥ 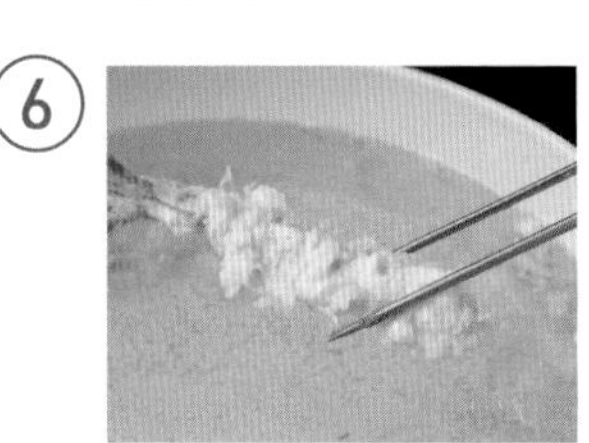

取り出して紙にのせ、油をきる。活け海老の場合は、取っておいた胸部に薄力粉をつけ、190℃の油で1分ほど揚げる。

揚げすぎず、半生がおいしい

するめいか

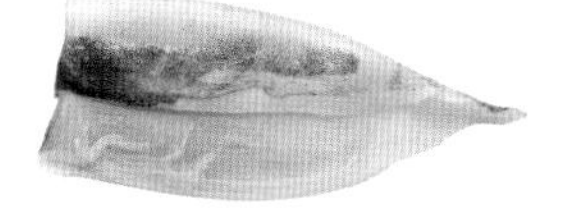

旬	揚げ油	揚げ時間
夏	190°Cでスタート 180°Cをキープ	短い

いかは火が入りすぎると締まって硬くなり、持ち味が損なわれます。皮をむき、**両面に細かく格子状の切り目を入れる**ことが柔らかさを保つポイント。皮は複数あり、すべてをむけないので、切り目を入れることで縮んで硬くなるのを防止。油がはねにくくもなります。身の厚いするめいかは切り目を深く多めに、薄く柔らかなやりいかは、浅く少なめに入れましょう。**揚げ時間は30秒あまりで充分。**中心を半生に仕上げ、柔らかく、甘みを最大限に生かします。

作り方

1. するめいかの胴は、左右2辺のどちらかの辺を薄く切り落とし、表側の頂点近くで皮のめくれたところをつまむ。勢いよく引っ張って皮をむく。

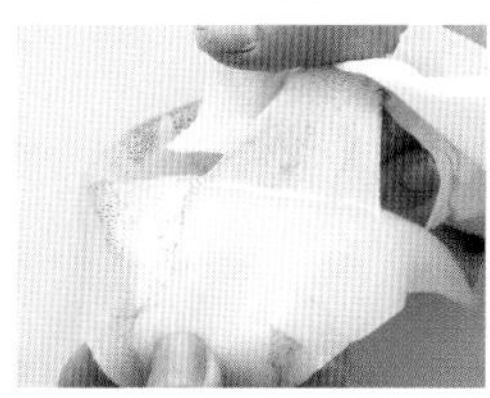

ペーパータオルでつまむと、すべりにくくうまく取れます。

2. 胴の下の縁は硬いので、皮とともに包丁で薄く切り落とす。身のもう一方の辺も、皮が完全に取れていなければ包丁で薄く切り落とす。裏面はほつれたようになった薄皮をつまみ取る。

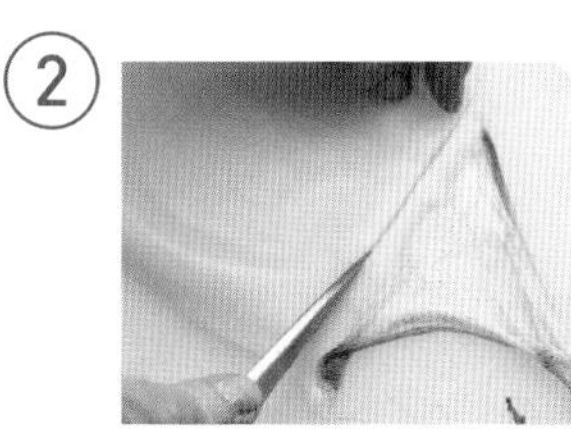

3. 両面の水分をペーパータオルなどでよく拭き取り、横方向に数枚分に切り分ける。両面に2㎜間隔で格子状に切り目を入れる。揚げ油を火にかけ、190℃に温める。

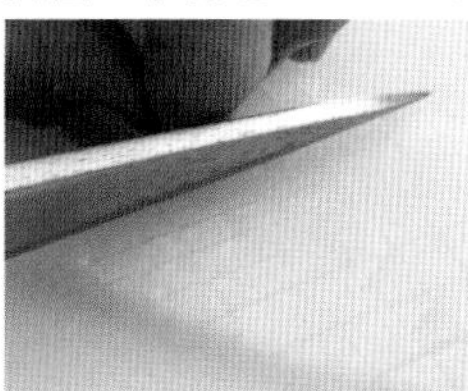

4. 薄力粉をまぶし、箸でトントンとはたいて余分な粉を落とす。ころもにくぐらせる。

箸で持つとすべりやすいので、手で直接持って粉ところもをつけ、油に入れましょう。

5. 190℃に温めた揚げ油に入れる。30秒で裏に返す。

水分が多いので、細かい泡が大量に立ち、パチパチと高い音で油がはねます。

6. さらに10秒ほどで揚げ上がり。取り出して紙にのせ、油をきる。

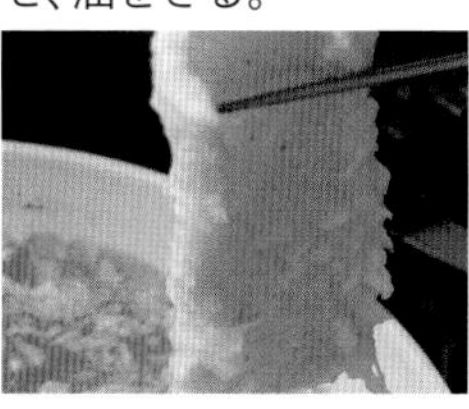

目ざす揚げ上がりは、身が縮まずにふっくらとし、中心は半生でねっとりした舌ざわりに。

冬に甘みが増す根菜の定番

にんじんのかき揚げ

旬	揚げ油	揚げ時間
冬	185℃でスタート 175℃をキープ	短い

にんじんのかき揚げは、にんじんを厚さ5mmほどの拍子木切りにして、噛みごたえがあり、香りと旨みが際立ったにんじんらしさの強い天ぷらにします。**皮の内側にある旨みを生かしたいので、かき揚げでは皮をむかずに揚げます。**切り方が厚い分、揚げる時間も長いので、硬い中心部でも柔らかくおいしく食べられます。形に厚みを出すため、時間差をつけて2段に重ね、形よく揚げてください。

作り方

1. 
にんじんを長さ6cm、厚さ5mmの薄切りにする。皮面は幅1cm強、内側は幅7mm〜1cmに切って拍子木切りにする。これがかき揚げ1個分。

2. 揚げ油を火にかけ、185℃に温める。ボウルに個数分のにんじんを入れ、薄力粉をまぶす。

にんじんの1枚1枚に均一に粉をまぶします。

3. ②のボウルにころもをたっぷりと加え、穴じゃくしですくいながらからめる。
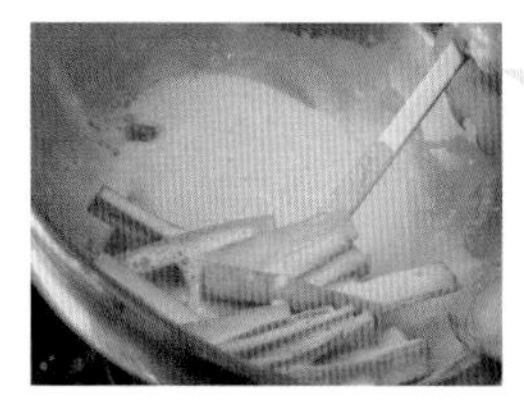
ころもの濃度は、にんじんに薄い皮膜がつく程度の薄さ。このぐらいの濃度だと、軽い食感に揚がります。

4. 穴じゃくし1杯分のにんじんをすくい、185℃に温めた揚げ油に入れる。

フライパンの側面にあててから静かに油にのせると、ばらけることなく、きれいな形にまとまります。

5. 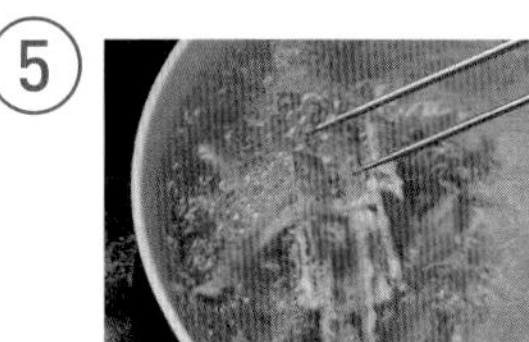
続けて、2杯目のたねをやや少なめにすくい、にんじんの上にのせる。1分近く揚げて、上にのせたころもが完全に固まらないうちに裏に返す。

6. さらに3〜4回裏に返しながら、2分ほど揚げる。にんじんが浮いてくれば揚げ上がり。取り出して紙にのせ、油をきる。
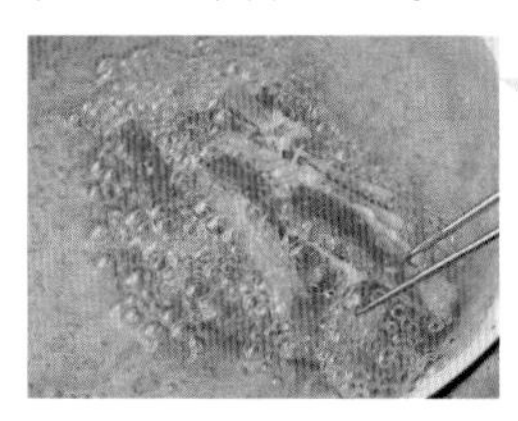
泡はだんだん大きく、少なくなってきます。

甘くてジューシー

とうもろこしのかき揚げ

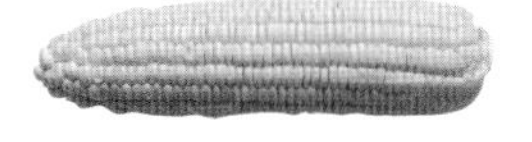

旬	揚げ油	揚げ時間
夏	180℃でスタート 170℃をキープ	中くらい

とうもろこしは、油で揚げると甘みが一気に増し、ジューシーに。穴杓子ですくって静かに油に入れれば、ばらけずに丸くまとまります。数粒散った程度なら、かたまりに戻してころもを数滴たらせばきれいに整います。ただ、油の温度が少しでも高いと、あっという間にばらけます。たねを入れる際はいったん火を消したほうが失敗は少ないです。高温は粒が破裂する原因にもなるので、注意しましょう。

作り方

① とうもろこしの両端を切り落として長さを半分に切る。縦の溝に包丁を入れ、かつらむきのように粒をむく。ひと粒ずつにばらしてボウルに入れる。とうもろこし1本でかき揚げ2個分。

② 揚げ油を火にかけ、180℃に温める。①のとうもろこしに薄力粉をまぶす。

ボウルの中で和えるようにして、とうもろこしのひと粒ひと粒に均一に粉をまぶします。

③ ②のボウルにころもをたっぷりと加え、穴じゃくしですくいながら混ぜる。

ころもは、とうもろこしに薄い皮膜がつく程度の薄さです。思っているより、ずっと薄いですよ。

④ 180℃に温めた油の火を止める。穴じゃくし1杯分のたねを入れ、火をつける。1分ほど静かに揚げる。

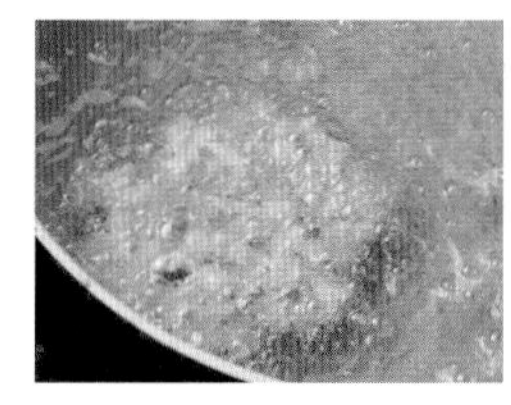

最初はとうもろこしが底に沈んで細かい泡が全体を覆っています。ころもがある程度固まるまで揚げます。

⑤ 1回目の分量の8割ほどのとうもろこしを穴じゃくしですくい、④に静かにのせ1分近く揚げる。箸ですくって裏に返す。さらに1分ほど揚げる。

1回目のとうもろこしが浮いて、粒が少し見え始めるころが2回目を入れるタイミング。

⑥ 裏返し、周りに散っているとうもろこしをすくってかたまりにのせ、ころもを5滴ほどたらす。さらに1分ほど揚げる。たねを持ち上げたときに軽さを感じれば揚げ上がり。紙にのせて油をきる。

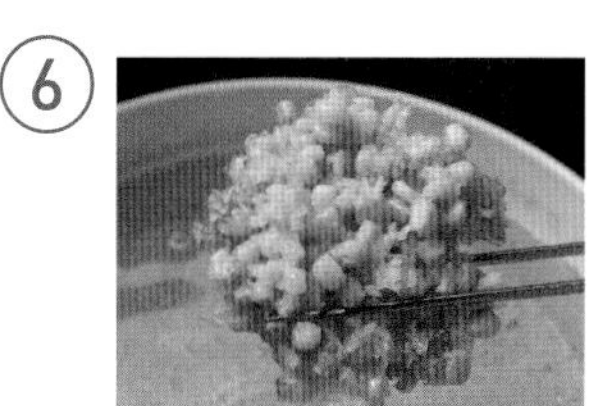

「てんぷら近藤」名物をご家庭でチャレンジ！

さつまいも

旬	揚げ油	揚げ時間
冬	180℃でスタート 170℃をキープ	長い

焼きいものようにホクホクで、甘く柔らかなさつまいものおいしさを天ぷらで表現したい――そんな思いから作ったのが、筒形のさつまいも天ぷら。今では「てんぷら近藤」の看板料理です。

揚げる時間は約30分と長いですが、この段階では外側は香ばしく揚がっても、中心にはまだ完全に火が入っていません。これを紙で包み、10分、余熱でじっくり蒸らすことで柔らかさと風味を引き出します。切り口の黄金色も美しいです。

作り方

① さつまいもを厚さ5㎝に切る。

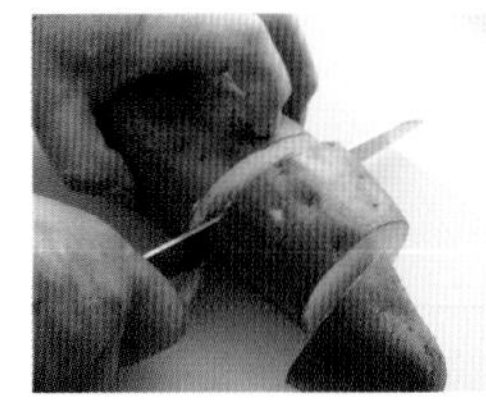

店でお出ししているのは7㎝ですが、家庭ではより揚げやすい5㎝がおすすめ。太さは直径7～8㎝のものが手頃です。

② 皮を1周分むき取り、太いひげ根は芯をえぐって取る。

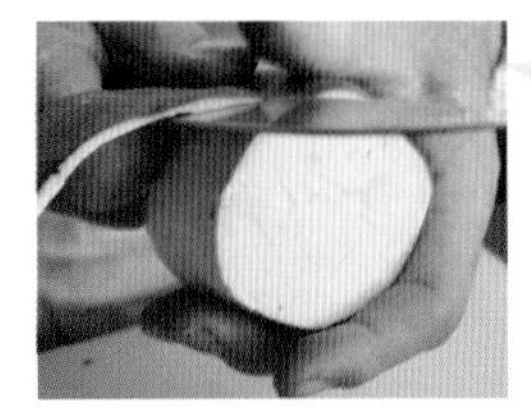

均一に火が入るように、太い部分の皮を厚めにむいて円柱形に整えます。皮の厚さに気をとられず、形をそろえることに注意を向けましょう。皮を取れば時間短縮にも。

③ 下ごしらえしたさつまいも。揚げ油を火にかけ、180℃に温める。

皮をむくと、黒ずんでくることがありますが、その場合は部分的に切り取ります。空気に長く触れると黒ずみが増すので、揚げる直前にむきましょう。

④ 全体に薄力粉をまぶし、箸でトントンとはたいて余分な粉を落とす。

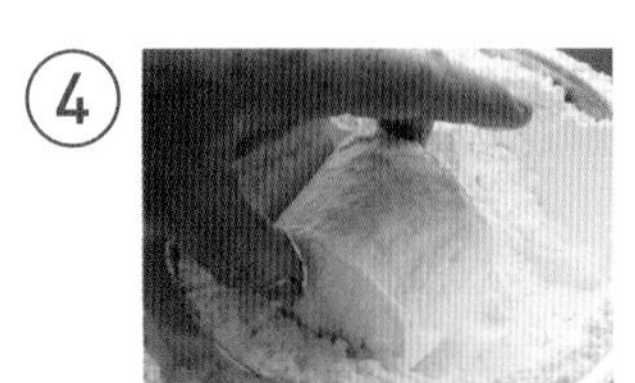

⑤ ころもにくぐらせる。

ころもがはがれやすいので、しっかりとつけます。薄力粉ところもがさつまいもの皮代わりになり、身をガードして余熱調理がうまく進みます。

⑥ 180℃に温めた油に入れ、20秒ほどですぐに裏に返す。

大きくて重いので、手でしっかり持って油の中へ入れます。温度が下がらないうちに、裏に返して全体のころもを固めます。

⑦ 1分たたないうちに、裏に返したり横に倒したりをくり返して、まんべんなく火を入れていく。

さつまいもは重く、常時フライパンの底についているので、焦げつかないように頻繁に面を変えます。

⑧ 合計で30分ほどかけて、表面に香ばしい揚げ色がつくまで揚げる。

油の温度が下がってきたら、火力を上げ下げして170℃をキープしましょう。火が入ってくるとさつまいもの皮のような色がつき、甘い香りがしてきます。

⑨ 油から取り出し、1個ずつペーパータオルで包んで10分ほど余熱で火を入れる。

天ぷらをペーパーで包むの？ ころもは？ と驚かれるかもしれませんが、ころもの役割は火を間接的に入れるための膜。かなりカリッとした状態なので、心配はいりませんよ。

天つゆの作り方

天ぷらをよりおいしくしてくれる天つゆ。水、みりん、しょうゆを4：1：1で合わせ、かつお節を煮出して作ります。日持ちは冷蔵で2日間ですが、めんつゆとしても使え、砂糖やしょうゆを足せば煮ものの煮汁として利用できるので、多めに作っておくと重宝します。

材料（作りやすい分量）

水 …… 400mℓ
みりん …… 100mℓ
しょうゆ …… 100mℓ
削り節* …… 10g

＊店では削りたてのかつお節を使用。わずかな量でも削りたては香りと旨みがグレードアップする。

作り方

1 水とみりんを鍋に入れ、強火にかける。

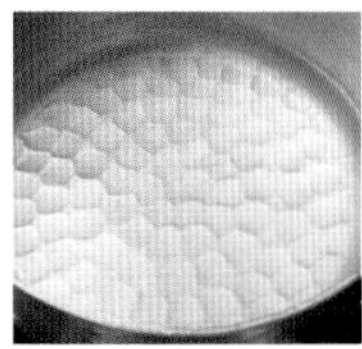

2 すぐに削り節を加える。

液体が冷たいうちに削り節を入れたほうが、だしがよく出ます。

3 沸騰してから、弱火のまま1分ほど煮立ててアルコール分をとばす。

4 しょうゆを加えて再沸騰させる。火を止めて5分おき、ペーパータオルでこし、常温におく。

天ぷらの盛り合わせを作る

MESSAGE

和食
JAPANESE **近藤文夫**

ご家庭では、何種類もの材料を揚げて、盛り合わせて食卓に出すことも多いものです。そのとき、いちばんおいしい状態で食べられるように出すには、揚げる順番が大切です。ご家庭でよく使う食材でご紹介しますから、ぜひ試してみてください。

野菜と魚介の盛り合わせの場合、〈野菜（&きのこ）→魚介〉の順に揚げるのが基本です。今回はかき揚げを入れていませんが、入れるなら〈野菜→かき揚げ（野菜→魚介）→魚介〉の順。

一般に野菜天ぷらのほうが、適温が低く油が傷みにくいので前半に。魚介は高温が適しているほか、水分が多く出たり、においの強いものは油に移ったりすることなどから、後半で揚げるほうがよいのです。野菜の中では、**揚げ時間の長くかかるものから始めます**。揚げる数が少なければ、１種類ごとに区切らず、時間差をつけて同時に揚げていきましょう。余熱で蒸す時間を長くとる厚切りのさつまいもやかぼちゃの場合も、いちばん最初に油に入れ、あいている空間で他の素材を揚げていきます。今回の例では、〈**しいたけ→なす→れんこん→ししとう**〉の順ですが、はじめの３種は使う品種や大きさにもよるので、順番が入れ変わっても大丈夫です。

ここでは魚介は海老だけなので、最後に揚げて締めくくります。もし、魚介が複数ある場合は、身が柔らかく早く火が入るものや、適温が低いものから。次の６種類の魚介なら、〈きす→海老→いか→帆立→穴子→かき〉が順当でしょう。穴子がもっとも高温ですが、かきは水分が多く油が汚れやすいので、この中では最後が向いています。

① ここでは、野菜3種（なす、れんこん、ししとう）、きのこ1種（しいたけ）、魚介1種（海老）の計5種を2人分で盛り合わせに。揚げ油は180℃に温める。

② 丸ごとのしいたけに薄力粉ところもをつけ、180℃の油に入れる。今回の野菜&きのこの中では、いちばん時間のかかる素材。170℃をキープする。

③ 続けてなす（縦に2等分し、先端に切り目を入れたもの）を入れる。しいたけもなすも、ころもに火が入ってきたら裏返しにする。散ったころもは随時、取り除いて油をきれいに保つ。

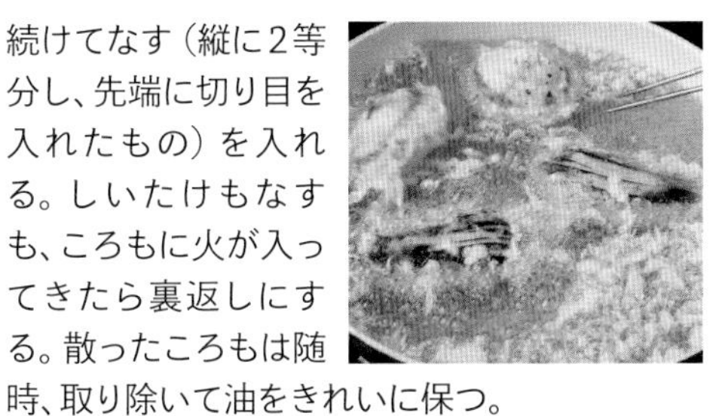

④ 輪切りのれんこんを入れ、3種類を同時に揚げる。

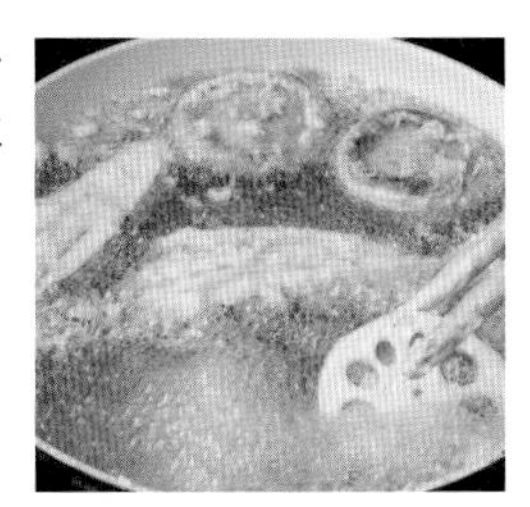

⑤ それぞれを適宜、裏に返しながら火を入れていく。

⑥ なす、れんこんを引き上げる。

⑦ しいたけを残したまま、ししとう（2本ずつ楊枝で刺したもの）を入れる。しいたけもししとうも裏に返しながら揚げ、ほぼ同時に油から引き上げる。

⑧ 揚げ油を190℃に上げて、海老を入れる。180℃をキープして揚げる。

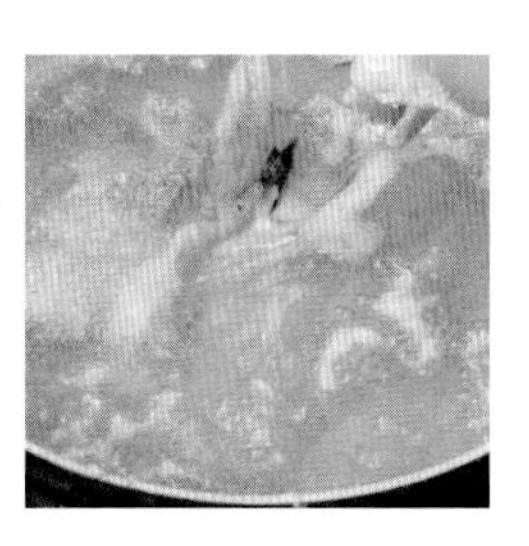

⑨ 海老が揚がったら引き上げる。計5種を器に盛り合わせる。

お造りに挑戦！

自分で魚を釣ったり、さくでいただいたりしたときの基本的な刺し身の切り方や仕立て方を教わります。

材料（4人分）

まぐろ（さく）……100g
ひらめ（さく）……100g
鯛（皮付きのさく）……100g

■つま野菜（→p.143）
きゅうりのせん切り、くりぬきのきゅうり、白髪大根、くりぬきの長いも、ラディッシュの薄切り……各適量

おろしわさび、しょうゆ……各適量

特に用意するもの

ガーゼ……30㎝×15㎝1枚

下準備

□ つま野菜は、それぞれ冷水にさらして水気をきっておく。

おもてなしやごちそうの食卓にお出ししたい

お造り三種盛り

刺し身を2種類以上盛り合わせるときは、赤身の魚、白身の魚、いかや貝など、**色や味わいの違う魚介を用意しましょう。**味の違い、食感の違いを楽しむことができ、新鮮な魚がより生きてきます。ここではまぐろのとろりとした味わい、ひらめの歯ごたえ、皮まで味わいたい鯛。それぞれの魚の特徴を生かして組み合わせています。

盛り合わせには、けんやつまの使い方、センスも大切です。彩りや形などを見ながら、さまざまにチャレンジしてみてください。

MESSAGE

和食 JAPANESE **奥田 透**

鯛は、「松皮造り」という手法でご紹介しました。鯛は皮と身の間のゼラチン質もとてもおいしいのですが、難点は皮が硬いこと。そこで、皮目に湯をかけて食べやすくしています。その姿が松の皮のように見えることから、この名がつきました。

① まぐろのさくをまな板の手前側に置く。柳刃包丁（または出刃包丁）を右端から7～8㎜幅に垂直に切り下ろし、刃渡り全体を使って手前へ引き切る。

繊維に直角に切ることになります。

② 刺し身は刃先で右のほうに送る。切るたびに行い、刺し身を重ねていく。

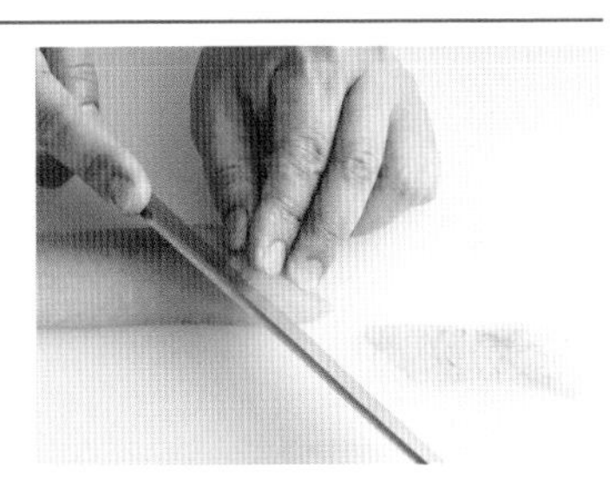

③ ひらめのさくをまな板に頭側を左に、厚い（高い）側を奥にして置く。包丁を右側に寝かせぎみにし、左端から3㎜厚さのそぎ切りにする。

切り離すほうの身を左手で軽く押さえながら行うとよいでしょう。

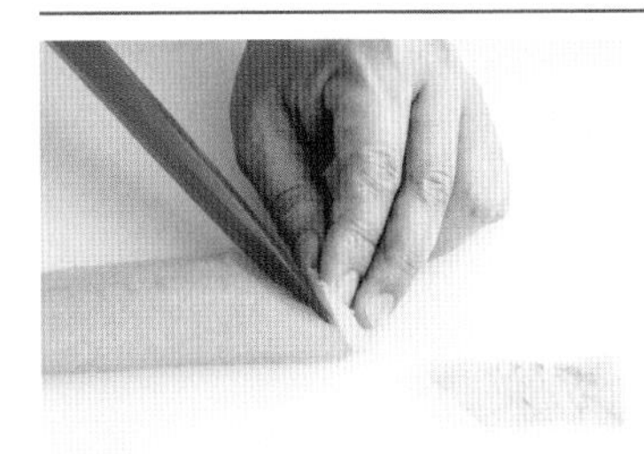

④ 切り終わりは、包丁を垂直に立てて切っ先で切り離す。

さくの厚みが部分によって違う場合、そぎ造りでは身の薄いところは包丁を寝かせ、身の厚いところは包丁を立てると大きさがそろいますよ。

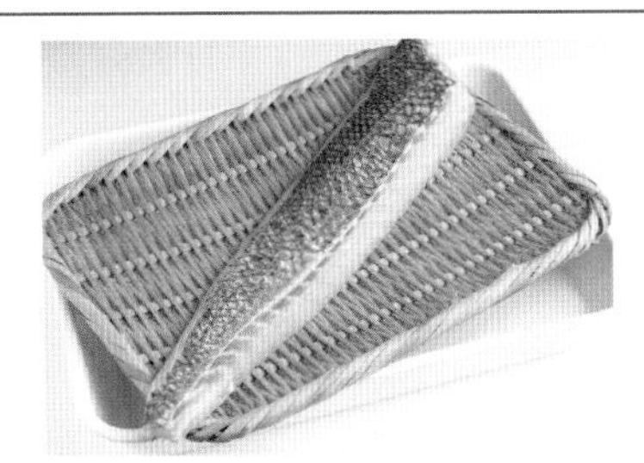

⑤ 鯛にのさくを、皮目を上にしてざるにのせる。

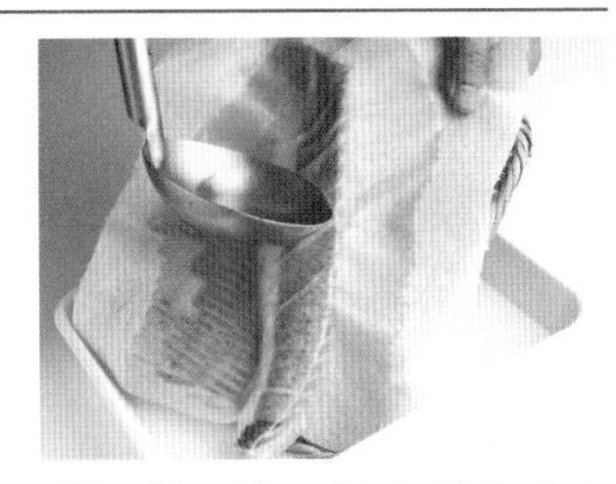

⑥ 鯛にガーゼをかぶせ、上から熱湯をまんべんなく注ぐ。鯛の表面が白くなる（湯霜）。

ガーゼは湯を均一にかけながら、鯛に熱が入りすぎるのを防いでくれます。湯霜によって皮が柔らかくなり、色も美しくなります。

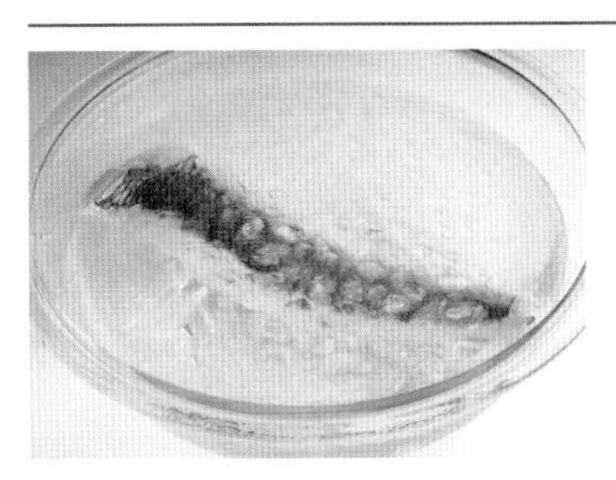

⑦ すぐに氷水にとり、余熱を止める。水気をしっかり拭く。

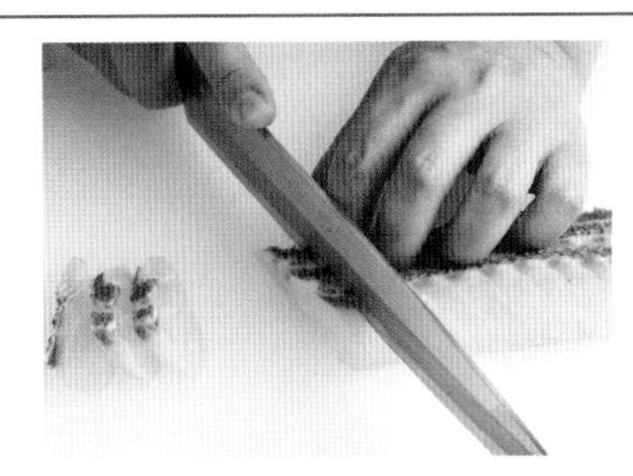

⑧ 鯛の皮目を上にしてまな板に置く。右端から皮に縦に3本の切り目を入れながら、7～8㎜幅に垂直に切り下ろし、刃渡り全体を使って手前へ引き切る。

⑨ 皿の奥にまぐろを、右にひらめを盛ってつま野菜を配する。鯛も盛る。くりぬきの長いもやきゅうりを散らし、わさびを右手前に添える。

材料（2人分）

ひらめ（さく）……1本（¼身分）
塩……少量
昆布……30㎝長さ1枚
酒……少量
しょうゆ……適量

■つま野菜（→p.143）
白髪大根、菊花、大根おろし、
穂じそ、紫芽……各適量

おろしわさび……適量

下準備

□ 菊花は花びらをむしり、酢（材料表外）入りの湯でゆでてざるに上げて冷まし、絞る。穂じそ、紫芽は冷水にさらし、水気をきっておく。

代用食材

□ 鯛など上品な白身魚なら、なんでもおいしく作れる。

白身魚独特の手法で味わい深くいただきます

ひらめの昆布締め

昆布締めは、その名の通り、昆布で魚をはさんでしばらくおくテクニックで、白身魚だけの独特な手法です。上品で淡泊な**白身に昆布の旨み、風味をつけて**複雑なおいしさを生み出します。また、適度に水分が抜けるため、**日持ちもよくなる**のが特徴です。ここではひらめを使いましたが、他の白身魚でもおいしく作れます。

さくどりした魚を使うのが一般的ですが、手に入りやすい切り身で作ってもよいでしょう。切り身は身が薄いので、昆布で締める時間は1時間で充分！　この昆布は2～3回使えますよ。

MESSAGE

和食
JAPANESE　奥田 透

ここでは、昆布締めを3つの切り方にして盛り合わせました。薄くそいで表面積を広くとった「そぎ造り」、細く切った「細造り」、ひと口大に切った「角造り」、それぞれの旨みを味わってみてください。

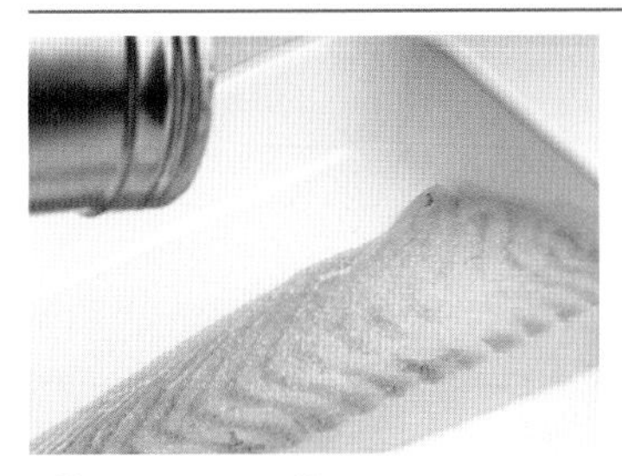

① バットに塩をふり、ひらめを置いて上からも塩をふり、20分おく。

バットはひらめの頭側を高くして傾け、水気を流れやすくする。

② 酒を含ませたペーパータオルで、だし昆布の片面を拭く。

昆布の汚れを拭き取るとともに、酒の香りもつける。

③ ひらめからにじみ出た水気を拭き、だし昆布の酒拭きした面ではさんで、冷蔵庫でひと晩おく。

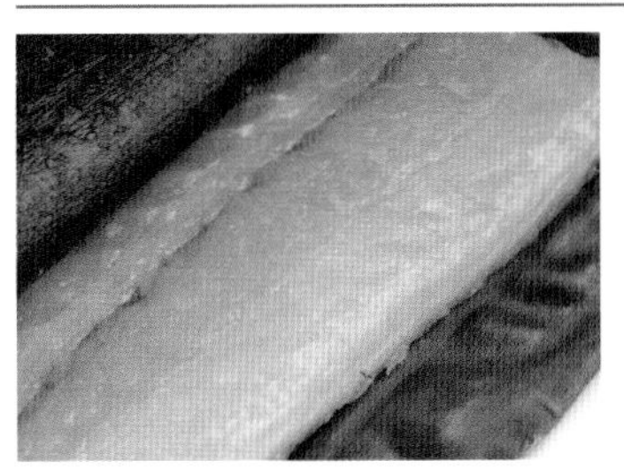

④ ひと晩おいた状態。

昆布に水分が吸収されてひらめはねっとりとした食感になり、旨みが凝縮する。

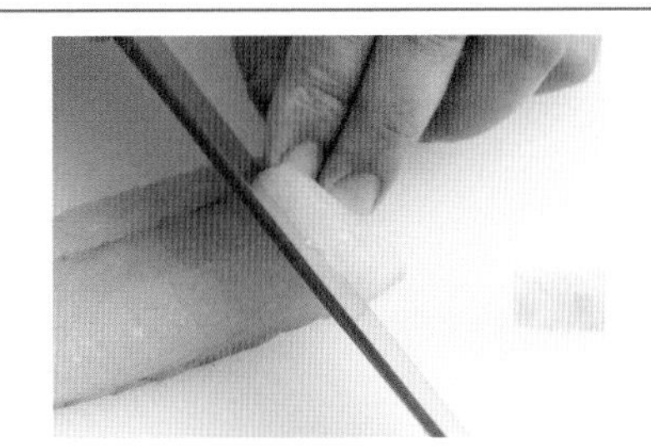

⑤ 【そぎ造り】昆布締めにしたひらめの頭側を左、尾側を右、皮目を下にしてまな板の手前側に置く。包丁を寝かせぎみにし、左端から薄くそぎ切りにする。

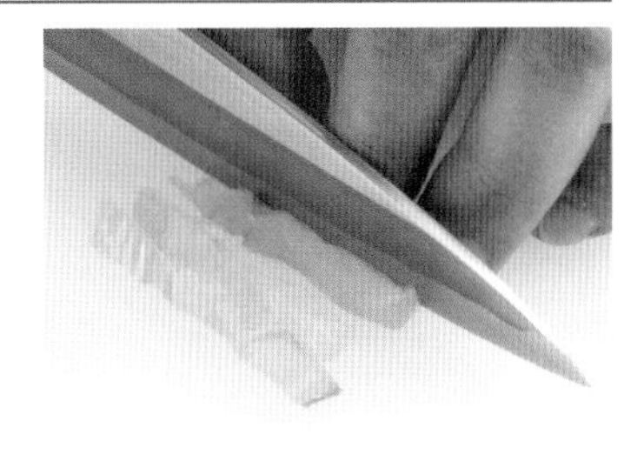

⑥ 【細造り】そぎ造りにした⑤の切り身の半分を、縦に細く3等分する。

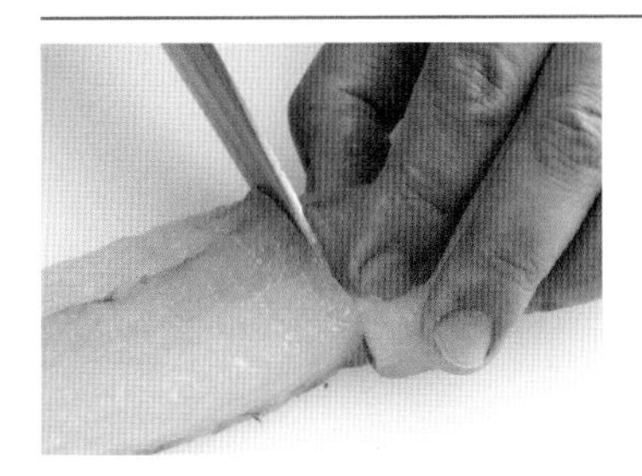

⑦ 【角造り】昆布締めにしたひらめの頭側を左に、尾側を右に、皮目を下にしてまな板の手前に置く。さくの左側から、包丁の刃渡り全体を使い、まっすぐに引いて切る。

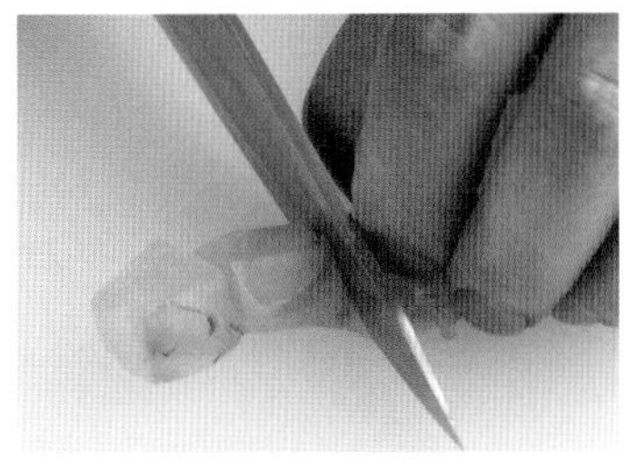

⑧ ⑦の断面を上にして縦3等分に切る。皿に⑤、⑥、⑧を盛り合わせ、つま野菜とわさびを添える。

材料（5～6人分）

さば（三枚におろしたもの）*
…… 1枚（160g）
粗塩 …… 適量
酢 …… 適量

■つま野菜（→p.143）
［菊花、紫芽 …… 各適量

おろしわさび、しょうゆ …… 各適量

*「まさば」がよい。「ごまさば」はしめさばには向かない。

下準備

□ 菊花は花びらをむしり、酢入りの湯でゆでてざるに上げ、冷まして水気を絞る。紫芽は冷水にさらし、水気をきっておく。

生のさばとまったく別ものに変身！

締めさば

締めさばは、まずさばに塩をふって脱水させたあと、酢で締めるという2段階を経ることで、**ほのかな酸味と旨み、なめらかな口当たり**になります。

一般に締める時間は「塩3時間、酢30分」などといわれますが、サイズによってその時間は変わります。ここではさばが小さめだったので、塩締めは2時間を目安にしています。**酢締め加減はお好み**がありますから、どのぐらいおくとよいのか、いろいろと試してお好きな加減を見つけてみてください。

MESSAGE

和食 JAPANESE **奥田 透**

ここでは、ひと切れの真ん中に切り目を入れた「八重造り」にしています。これは皮が硬くて身が柔らかい、さばやかつおに向く切り方です。

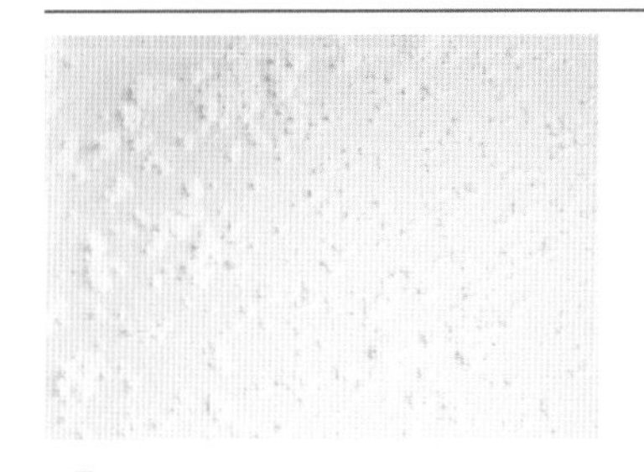

① バットに塩をふる。

ここで使うのは細かい精製塩ではなく、結晶が大きくて粗い塩。魚にゆっくりとなじんで適度に脱水することができます。

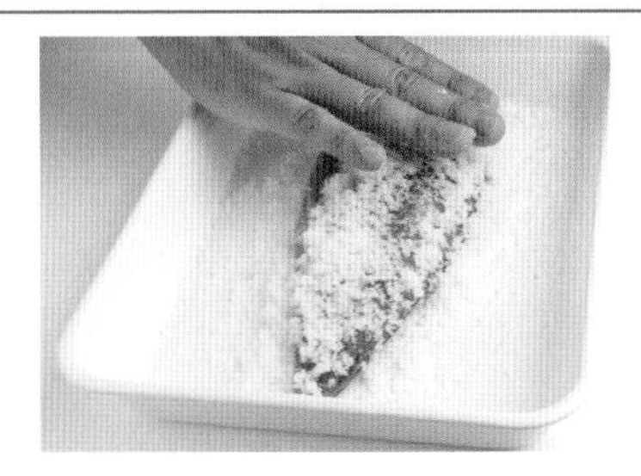

② さばの皮目を下に、身側を上にしてバットに置き、さばが見えなくなるくらいの多めの塩をふる。手で塩を押さえてなじませる。

たっぷりの塩をふることを、調理用語で強塩（ごうじお）、またはべた塩といいます。

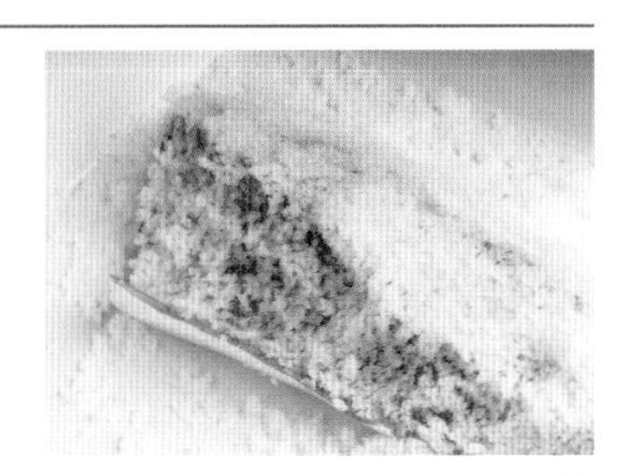

③ 身側に塩をふり終わった状態。身が薄い腹の部分は少なめにふる。バットの片端に箸などを入れ、少し斜めにし、このまま室温で2時間おき、脱水させる。

④ 写真は2時間後。さばはあめ色に変化している。

⑤ 塩を落とし、細い流水を12～13分かけて塩抜きし、水気をしっかり拭く。身の中央に残っている小骨を、骨抜きで頭側から順につまんで抜く。

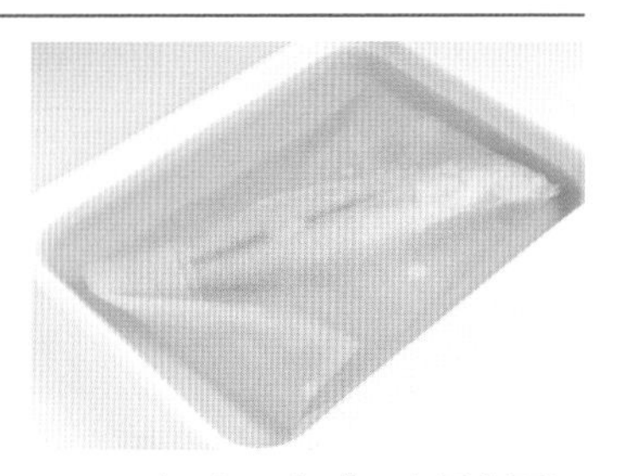

⑥ バットにさばの皮目を下にして置き、かぶるくらいの酢をかけ、ペーパータオルをかぶせて20～30分おく。

ペーパータオルをかぶせることで、全体にまんべんなく、均一に酢が回ります。

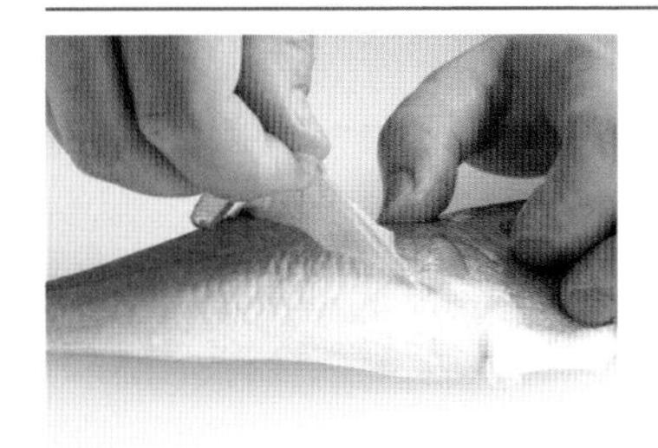

⑦ さばを引き上げて汁気を拭き、皮目を上にしてまな板に置く。頭側の端から皮をつまんで、尾側に向けて引っ張ってむく。

表面の皮は一気にむかないように。左手で身を押さえ、ゆっくりとむいて、身に美しい銀色の皮を残します。

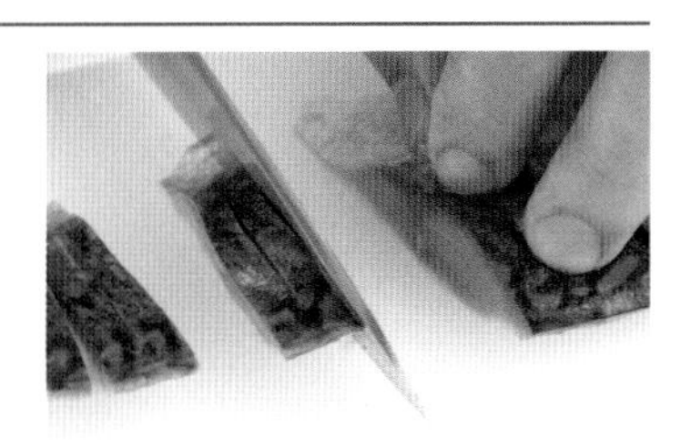

⑧ 頭側を左に、皮目を上にしてまな板に置く。包丁で尾のほうから約3㎜のところに切り離さない程度に深い切り目を入れ、さらに約3㎜左側で切る（八重造り）。これをくり返す。器に盛り、つま野菜とわさびを添える。

あじの旨みと歯ごたえを堪能

あじのたたき

プリッとした弾力と青魚らしい旨みを、たっぷりの薬味で際立たせる料理です。この薬味は数種類を取り合わせたものですが、あじが旬を迎える初夏に同じく出盛りになるしょうががポイントで、さわやかな香りで、青魚の臭みを消してくれます。しょうがは細かく刻んであられしょうがにしても、おろして汁を絞って使ってもよいでしょう。

MESSAGE

和食 JAPANESE **奥田 透**

家庭的なあじのたたきは、あじと薬味野菜を一緒に細かく包丁で切りたたきますが、ここでは食べやすく切って、あじの歯ごたえを生かしています。

材料（2人分）

あじ（三枚におろしたもの）……1枚

■薬味
- 大葉（せん切り）……1枚分
- 細ねぎ（小口切り）……1本分
- しょうが……適量

しょうゆ……少量

下準備

□ 大葉、細ねぎはそれぞれ冷水にさらして水気をきり、しょうがはすりおろしておく。

作り方

① 三枚おろしにしたあじを、包丁で縦に2等分し、さくどりする。中骨のついていた部分は、腹側につけて切る。

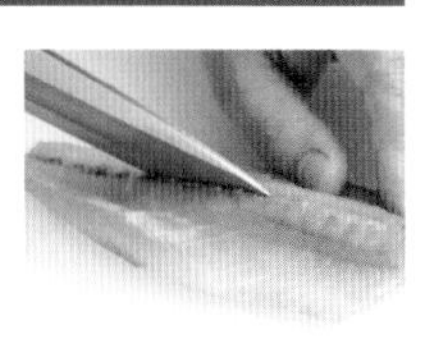

② 腹側のさくから、中骨がついていた部分を切り落とす。

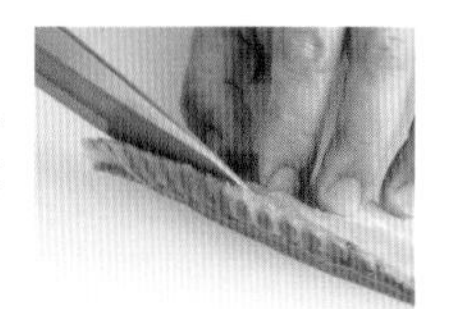

③ 皮を下にしてまな板に置き、左手で皮をつまみ、包丁の刃を上に向けてしごきながら皮を引っ張ってむく。背側のさくも同様に皮をむく。

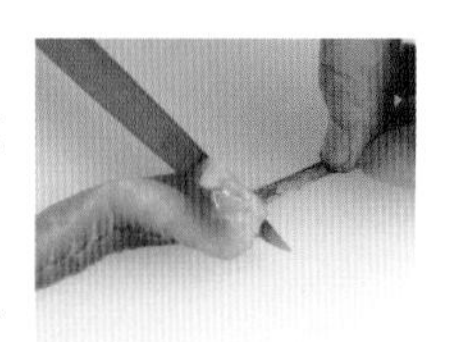

④ 皮目を上に置き、包丁を引きながら右端から5㎜幅に切る。

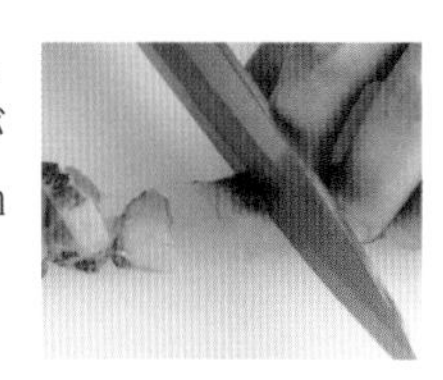

⑤ ④をボウルに入れて大葉、細ねぎを混ぜる。ボウルの中で山高に形を作り、そのまま器に盛る。しょうがを天盛りにし、しょうゆをたらす。

奥田料理長の基本
Lesson
1

けんとつま、薬味

刺し身に添えるけんやつま、薬味。盛りつけが美しくなるだけでなく、食感や香りなど、刺し身がおいしくいただける名脇役なのです。

「けん」とは、別名「敷きづま」。刺し身の後ろや下に敷き、魚介の旨みや色を引き立てる野菜や海藻です。野菜はせん切りや、らせん状に切るのが一般的ですが、私は球状にくりぬいたものも使います。どれも冷水に放してパリッとさせると効果的です。けんには、大根、にんじん、きゅうり、みょうが、ラディッシュ、海藻ミックス、わかめなどがよく使われます。

「つま」は「飾りづま」とも呼ばれ、刺し身の前や上にのせて、刺し身を見た目でも引き立てる役割。香気があって口直しにもなる大葉、穂じそ、貝割れ菜などのスプラウト、レモン、菊花などです。

「薬味」は、わさび、しょうが、からし、にんにくなど、辛み成分や強い香りのあるもの。魚臭さを消して味を引き立て、生魚に当たらないよう毒消しの役目まで担います。わさびはどんな刺し身にも使い、しょうがは青魚に、にんにくやからしはかつおに使います。

せん切りのきゅうり　くりぬきのきゅうりと長いも　穂じそ　貝割れ菜　白髪大根

薄切りのラディッシュ　紫芽　白髪ねぎ　菊花　せん切りの大葉

くりぬきのきゅうり

1 きゅうりを皮付きのまま、くりぬき器で側面を丸くくりぬく。冷水にさらして水気をきる。

くりぬきの長いも

1 長いもは、くりぬき器で断面を丸くくりぬく。冷水にさらして水気をきる。

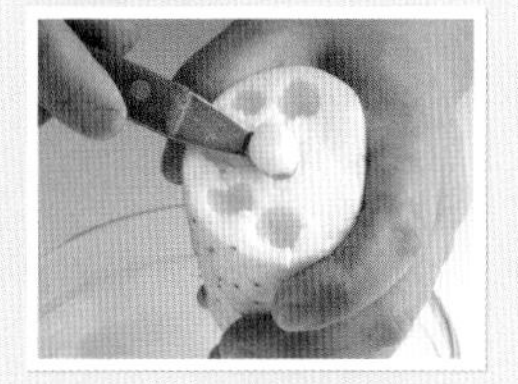

白髪大根

1 大根は5〜6cm長さに切り、皮を厚めにむく。左手の親指で刃の近くを押さえながら、ごく薄くむいていく（かつらむき）。

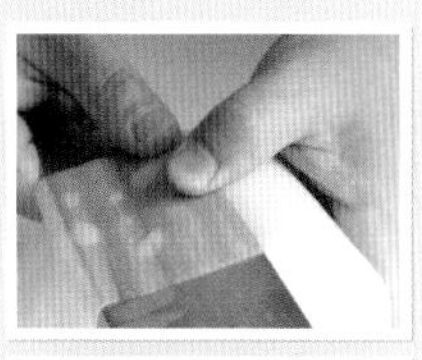

2 重ねて縦にせん切りにし、冷水にさらして水気をきる。

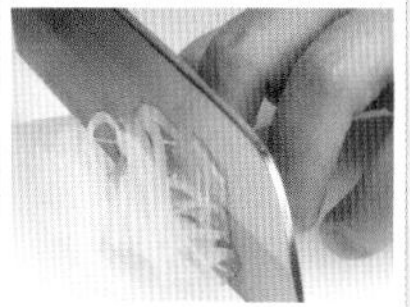

ご飯ものと汁もの

ここでは炊き込みご飯や丼ものと、具だくさんで、おかずにもなる汁ものをご紹介します。

炒り大豆ご飯

材料（2～3人分）

米……2合（360mℓ）

■炊き地
- 水……300mℓ
- うす口しょうゆ、酒……各30mℓ

大豆……100g
あさつき（小口切り）……30g

下準備

□ 大豆はフライパンに入れて弱めの中火にかけ、転がして軽く焼き目がつくまでから炒りする。

鯛めし

材料（2～3人分）

米……2合（360mℓ）

■炊き地
- 水……300mℓ
- うす口しょうゆ、酒……各30mℓ

鯛の切り身（80g）……7切れ
塩……少量
三つ葉（3cm長さに切る）……5本分

じゃこご飯

材料（2～3人分）

米……2合（360mℓ）

■炊き地
- 水……300mℓ
- うす口しょうゆ、酒……各30mℓ

ちりめんじゃこ……40g
大葉（せん切り）……6枚分

具を入れるタイミングを変えるとぐんとおいしい！

炊き込みご飯三種

炊き込みご飯は、汁と簡単な副菜があるだけで献立になる便利な一品。炊き込みご飯というと、最初からお米と具を一緒に炊き始めると思いがちですが、じつは**具によって加えるタイミングを変える**と、驚くほどおいしさが違ってきます。

タイミングは大きく3つ。長く加熱することでおいしくなる具は最初から、火を通しすぎたくないけど加熱したい具は途中で、火を入れなくてもよい具やフレッシュ感を残したい具は炊き上がりに加えます。

MESSAGE

和食 JAPANESE **野崎洋光**

鯛は鮮度があまりよくないようなら、塩をして焼いてから同じタイミングで入れるといいですよ。塩鮭なら焼いて炊き上がりのタイミングで加えて、よく混ぜほぐしてください。

炒り大豆ご飯 最初から炊く

① 米を洗い、水に浸け、ざるに上げる（➜p.17）。土鍋に米、炊き地の材料、あらかじめフライパンで炒った大豆を入れる。

お米の味を純粋に楽しむため、炊き地にはだし汁を使いません。水で充分です！

② 蓋をして強めの中火にかけ、沸いたら火を弱めて沸き立つ状態でだいたい7分炊く。火を弱めて米肌が見えるまで7分、ごく弱火にして5分炊く。火を止めて5分蒸らす。

③ 蓋を開けて全体を混ぜほぐし、あさつきも混ぜ合わせて茶碗に盛る。

鯛めし 途中で加える

① 米を洗い、水に浸け、ざるに上げる（➜p.17）。バットに塩をふり、鯛の切り身をのせて上からも塩をふり、15分おく。さっと水洗いをして水気を拭き取る。土鍋に米、炊き地の材料を入れて蓋をし、強めの中火にかける。

② 沸いたら火を弱めて沸き立つ状態でだいたい7分、火を弱めて7分、米肌が見える状態まで炊く。鯛を全体に広げて、蓋をしてごく弱火にし、5分炊く。

③ 火を止めて、そのまま5分蒸らす。途中、三つ葉を全体に散らす。蒸らし終わったら飾り用に鯛を人数分取り出し、全体をほぐし、茶碗に盛る。鯛をのせる。

炊き上がっても蓋は取らずに蒸らしてください。

じゃこご飯 炊き上がりに加える

① 米を洗い、水に浸け、ざるに上げる（➜p.17）。土鍋に米、炊き地の材料を入れて強めの中火にかけ、沸いたら火を弱めて沸き立つ状態でだいたい7分炊く。火を弱めて米肌が見えるまで7分、ごく弱火にして5分炊く。

② 火を止めて蓋を開けてちりめんじゃこを全体に広げ、蓋をして5分蒸らす。

乾いていたちりめんじゃこが、蒸らすことでふっくらしますよ。

③ 仕上げに大葉をのせる。しゃもじで底から混ぜ、全体にふんわりと空気を入れて具を行きわたらせる。

栄養バランスがよく素材の持ち味も生きる一品

かやくご飯

鶏肉や野菜、きのこを一緒に炊き込んだご飯もの。具材はあまり大きく切るとバランスがとれないため、適度な大きさに。根菜、きのこ、鶏肉からもおいしいだしが出るので、一緒に炊き込んで旨みをたっぷりご飯に移しましょう。慣れないと、土鍋でご飯を炊くのがむずかしく感じるかもしれません。時間を計り、火加減をきちんとすれば大丈夫。一度作れば自信がつきますよ。

MESSAGE

和食 JAPANESE　笠原将弘

蒸らし終わってねぎを散らしたら、鍋底から大きく混ぜて全体に具をまんべんなく行きわたらせましょう。

材料（2～3人分）

材料	分量
米	2合
鶏もも肉	60g
ごぼう	50g
にんじん	40g
しめじ	½パック
こんにゃく	40g
Ⓐ水	300㎖
Ⓐ昆布	3g
Ⓐうす口しょうゆ	30㎖
Ⓐ酒	30㎖
青ねぎ（小口切り）	適量

作り方

1. 米はといで30分浸水させ、ざるに上げてしっかり水きりする。

2. ごぼうはささがきにし、さっと洗う。にんじんは1㎝角に切る。しめじは小房に分ける。こんにゃくは細切りにし、さっとゆでる。鶏もも肉はにんじんより少し大きめに切る。

3. 土鍋に①を入れ、Ⓐを合わせて加え、②を散らす。

4. 蓋をして強火にかけ、沸いたら中火で5分、弱火で15分、火を止めて5分蒸らす。青ねぎを散らす。

写真は中火で5分炊いているところです。蓋の縁から泡が立つぐらいの火加減で、グツグツという音が聞こえます。

噛むごとに春の味わいが口内に広がります

グリーンピースご飯

グリーンピースご飯は、最初からご飯と一緒に炊くと色が褪せてしまうし、ご飯の炊き上がりにゆでたグリーンピースを混ぜると、色は鮮やかでもご飯との一体感が弱い。そこで、**炊飯の途中で生のグリーンピースをのせて一緒に加熱する**と、ご飯が青い香りをまとい、豆もホクッとして格別の味わいになります！　香りとおいしさを大切にした、春を代表するご飯です。

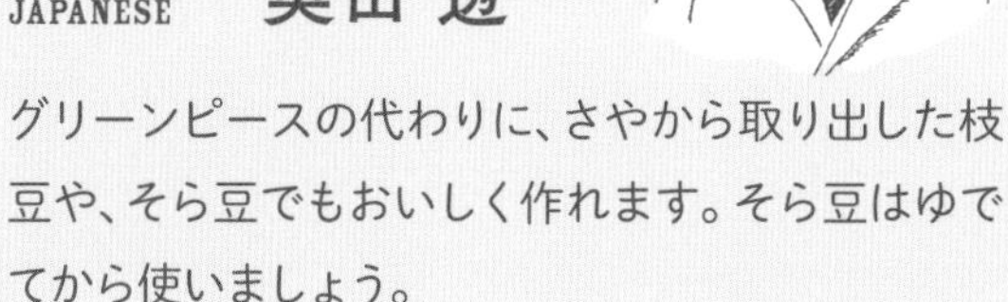

MESSAGE

和食
JAPANESE　**奥田 透**

グリーンピースの代わりに、さやから取り出した枝豆や、そら豆でもおいしく作れます。そら豆はゆでてから使いましょう。

材料（3〜4人分）

米	2 ½合
水	440㎖
酒	40㎖
塩	小さじ1強
昆布	5㎝角1枚
グリーンピース	正味170g

作り方

① 米は水が澄むまで5〜6回水を替えて洗い、ざるに上げて水気をきる。土鍋に米と分量の水を入れて、10〜15分吸水させる。

② ①に酒、塩、昆布を混ぜる。蓋をして強火にかけ沸騰するまで8〜10分、泡が噴いてきたら火を少し弱めて3分、最後はごく弱火で2分加熱する。噴きこぼれそうになったら蓋を開けて熱を逃がす。

③ 火にかけてから13〜15分で炊き上がる。途中、米肌が見えたらグリーンピースをのせて広げて炊く。火を止めて10分蒸らし、しゃもじで上下をさっくり混ぜて盛る。

松茸を2通りに使い分けて魅力を堪能

贅沢松茸ご飯

ご飯にしみた松茸の旨み、蓋を取ったときの香り、食べたときのシャキッとした食感。松茸を贅沢に使って、魅力を存分に味わう料理です。松茸は最初から炊き込むと旨みはよく出ますが、食感が損なわれてしまいます。そこで考えたのが、**笠と軸を別々に加える**方法。ひと手間はかかりますが、それに見合うだけの、**最高級の松茸ご飯**ができますよ。

MESSAGE

和食 JAPANESE **奥田 透**

秋の味覚の中でも贅沢な松茸を、思い切り贅沢に使って、香り、旨み、食感を味わってもらう料理です。引き出した香りができるだけ残るよう、煮たら急冷します。氷水の用意も忘れずに。

材料（4人分）

米……2 1/2合
松茸（約60gのもの）……4本

■炊き地
- だし……600mℓ
- 塩……小さじ1/2弱
- うす口しょうゆ……小さじ1/2
- しょうゆ……大さじ1/2

作り方

① 米は水が澄むまで5～6回水を替えて洗い、ざるに上げて水気をきる。

② 松茸の根元を鉛筆のように削り、ペーパータオルでやさしく払って土や汚れを落とす。笠と軸に分け、軸は細めの拍子木切りにし、笠は切り目を入れてひと口大に裂く。

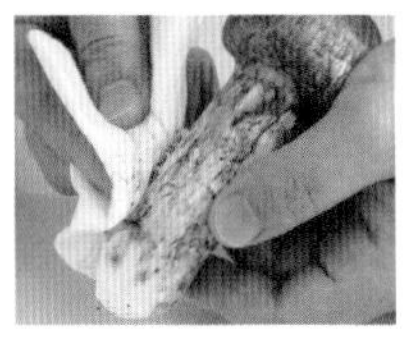

③ 炊き地に松茸の軸を入れ、火にかける。沸いたらアクを取って弱火で3～5分煮る。汁ごとこして松茸と煮汁に分け、煮汁は氷水にあてて急冷する。

④ ①の米を土鍋に入れ、③の煮汁480mℓを加えて10～15分おき、吸水させる。③の松茸をのせて火にかける。

⑤ 沸騰するまで強火で8～10分、噴いてきたら火を少し弱めて3分、途中、米肌が見えたら松茸の笠をのせる。最後はごく弱火で2分加熱する。5～10分蒸らす。

秋の恵み、栗の香りと味、食感を楽しんで

栗ご飯

ほんのり塩味のご飯に、コロンとのっている栗。これも最初からご飯と一緒に炊くのではなく、**米が沸騰したあとに生の栗を加えます**。火が通りにくいと思われがちの栗ですが、大丈夫。きちんと火が通って**ホックホクの食感に**なります。また最初から炊くよりも香りが高く、栗の持ち味が楽しめます。

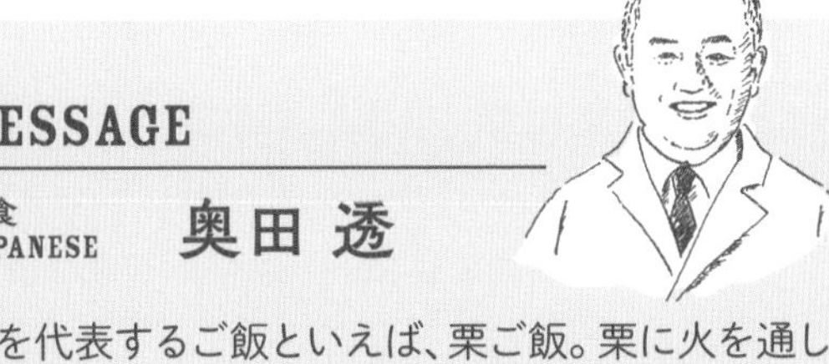

MESSAGE

和食 JAPANESE **奥田 透**

秋を代表するご飯といえば、栗ご飯。栗に火を通しすぎないので、上質な香りと食感が楽しめます。秋を満喫できる一品ですよ。

材料（4〜5人分）

米	2 ½合
水	440㎖
酒	40㎖
塩	小さじ1
昆布	5㎝角1枚
栗	10個

作り方

① 栗の鬼皮の底を切り落とし、側面は、底から上へ引っ張るようにして皮をむく。米は水が澄むまで5〜6回水を替えて洗い、水気をきる。土鍋に入れ、分量の水を加えて、10〜15分吸水させる。

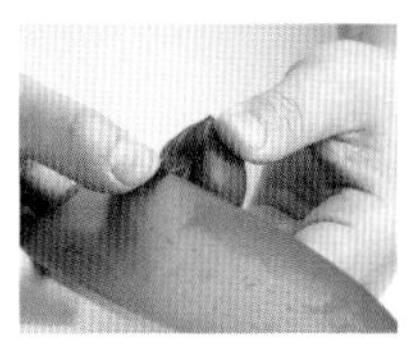

② ①の米に酒、塩、昆布を加えて混ぜる。蓋をして、沸騰するまで強火で8〜10分、泡が噴いてきたら火を少し弱めて3分、最後はごく弱火で2分加熱する。噴きこぼれそうになったら蓋を開けて熱を逃がす。

③ 火にかけてから13〜15分で炊き上がる。途中、米肌が見えたら生の栗をのせて広げて炊く。火を止めて10分蒸らし、栗を取り出してしゃもじで上下をさっくり混ぜる。茶碗に盛り、栗をのせる。

材料（作りやすい分量）

もち米 …… 3合（540㎖）

■煮汁

水	100㎖
酒	100㎖
昆布	2g
うす口しょうゆ	50㎖

鶏もも肉	150g
しいたけ	30g
ごぼう	30g
にんじん	30g
ゆでたけのこ	50g
長ねぎ（青い部分）	適量
三つ葉の軸（ゆでてざく切り）	適量
黒こしょう	適量

もち米を蒸して作る基本の「おこわ」をご紹介

五目おこわ

同じお米でも、普通のお米（うるち米）は炊いて、もち米は蒸す。これが基本です。蒸したもち米は強飯（こわめし）、つまりおこわと呼びます。もち米のでんぷんは、うるち米のでんぷんと違って水分を含みやすいため、炊くとべちゃべちゃになり、全体に固まるため、**蒸して蒸気で加熱する**のです。もち米は蒸す前に充分に水を含ませる必要があるため、**3時間以上浸水させます**。蒸す途中にも、塩水で打ち水をします。これが、味がのり、適度に柔らかくなり、しかも冷めても硬くならない秘訣です。

MESSAGE

和食 JAPANESE **野崎洋光**

具の組み合わせを、鶏肉と根菜にしておかず風にしたり、プレーンなおこわに作りおきのきんぴらごぼうを混ぜたりしてもおいしいですよ。混ぜご飯、と考えて、さまざまなバリエーションを考えるのも楽しいものですよ。

① もち米は洗って、たっぷりの水（分量外）に3時間以上浸水させる。

② ①のもち米をざるに上げ、しっかり水気をきる。蒸し器に水を張って、蒸気が出る状態にする。鶏肉をひと口大に切る。にんじんとゆでたけのこは細切りにする。しいたけは軸を切って薄切りにする。ごぼうはささがきにして水で洗い、水気をきる。

③ 鍋に湯を沸かし、にんじん、ゆでたけのこ、しいたけ、鶏肉をざるに入れ、菜箸でほぐしながら10秒ほど湯にくぐらせる。水気をきる。

ごぼうは香りを逃がしたくないので、湯通ししません。

④ 鍋に③と②のごぼう、煮汁の材料、香りづけの長ねぎも入れて強火にかけ、沸いたら火を弱めて5分ほど煮る。長ねぎを取り除き、黒こしょうをふり、火を止めてそのまま冷ます。

煮すぎない。肉が硬くなります。

⑤ 穴あきバットまたはざるにガーゼを敷き、②のもち米を全体に広げ、手で溝を作る。蒸気のよく立った蒸し器に入れる。

溝を作ることで、蒸気が通りやすくなります。

⑥ 強火で20〜30分蒸し、完全に蒸し上がる手前、八割がた火が通ったらいったん取り出す。途中、蒸し器の水がなくなってきたら、熱湯を足す。

⑦ ⑥のもち米をボウルに移す。④の具材を煮汁ごと加える。

五目おこわなどの味つきおこわでは、打ち水の代わりに、ある程度蒸したところで具と煮汁を混ぜ、再度蒸して仕上げます。

⑧ しゃもじでよく混ぜ合わせる。この時点では、ベチャッとした状態でよい。

煮汁が少し塩辛いかな、と思うかもしれませんが、蒸しおこわの場合はそのぐらいでちょうどよい味つけになります。薄いとぼんやりした味になりますよ。

⑨ 穴あきバットまたはざるにガーゼを敷き直し、⑧を汁ごと入れて全体に広げる。しゃもじで蒸気が通りやすいように溝を作り、蒸し器に入れ、再び強火で10分蒸す。ボウルか飯台に移し、全体を混ぜ合わせて茶碗に盛る。三つ葉の軸を散らし、お好みで黒こしょうをふる。

材料（2人分）

ご飯（温かいもの）	丼2杯分
鶏もも肉	150g
長ねぎ	1/2本
三つ葉（ざく切り）	3本分
卵	4個
Ⓐ だし汁	90mℓ
Ⓐ みりん	60mℓ
Ⓐ しょうゆ	30mℓ
焼きのり	少量

丼ものの代表選手。卵のとき具合もおいしく作る秘訣

親子丼

卵の煮え具合がおいしさを左右する親子丼は、**とにかくスピード勝負**。とろりと半熟状を目指しましょう。卵は黄身と白身を完全に混ぜきりません。白身にはおいしいだしを抱えさせ、黄身は濃いコクをもたらす、それぞれの役割分担をするためです。鍋を火にかける前にご飯を器に盛ったら、ここからは一気に調理。鶏肉に火が入ったら、一番火の当たりが弱い鍋の中心から渦を巻くように、卵をぐるりと流し入れます。この最初の卵はほぼ白身。すべるように先に落ちます。白身に火が入って白っぽくなったら、残りの卵を加えてすぐにご飯へ。くれぐれも、**火の入れすぎには注意！**

MESSAGE

和食 JAPANESE **笠原将弘**

鶏肉は皮と、皮と身の間の脂もおいしいので、ぜひつけたまま作ってください。まず皮をていねいに引っ張ってのばしてから切り分け、すべての肉に皮がつくようにしましょう。

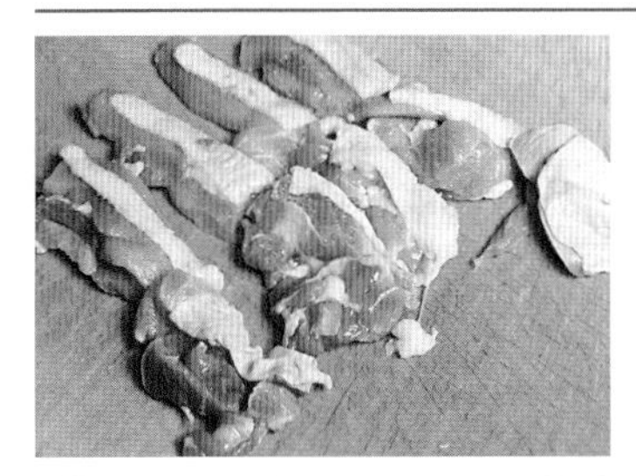

① 鶏もも肉は、すべてに皮がつくようにひと口大に切る。長ねぎは斜め切りにする。

② 卵2個をボウルに割り、まず菜箸で卵黄を半分に割る。

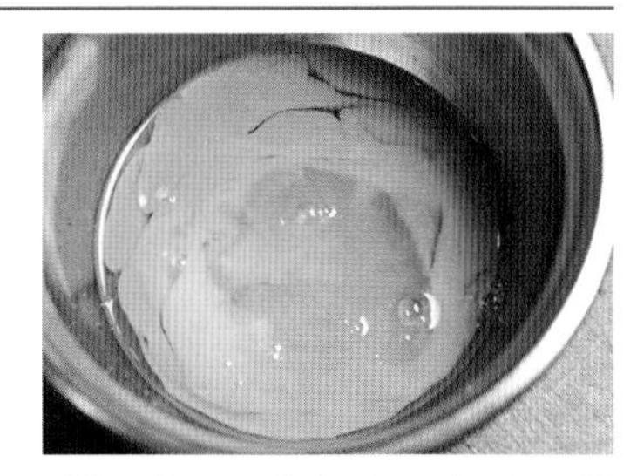

③ 白身と黄身が混ざらない程度に軽くほぐす。写真は混ぜ終わり。ご飯1人分を丼に盛る。

完全にとき混ぜないようにしましょう。食べるとき、卵白の部分と卵黄の部分がそれぞれあったほうがおいしいです。

④ 親子丼用の鍋があれば準備し、なければ小さいフライパンで1人分ずつ作る。鍋にⒶの半量、①の半量を入れて中火にかける。

一度に2人分を作ると卵に火が入りすぎたり、盛りつけのときにもたもたしてしまうので、1人分ずつで。

⑤ 沸いたら鶏肉を返し、2～3分煮る。③の卵の半量を、鍋の中心から入れる。

⑥ 中心から外側にかけて、渦を巻くように注ぎ入れる。ここまでは卵白が多く入る。

⑦ 1分ほどたって卵白が白く半熟状になったら、卵の残り半量を同様に加える。

卵白と卵黄で火の通る時間が違います。卵白は少し時間がかかるので、半熟になったところで卵黄中心のとき卵を投入します。

⑧ すぐに三つ葉の半量を散らして③のご飯にすべらせるようにのせ、焼きのりの半量をちぎってのせる。残りの材料で、同様にもう1人分を作る。

材料（2人分）

ご飯（温かいもの）……丼2杯分
牛バラ薄切り肉……150g
玉ねぎ……120g
しらたき……100g

Ⓐ
- 水……150mℓ
- しょうゆ……30mℓ
- 酒……30mℓ
- 昆布……5cm角1枚

粉山椒……小さじ½
水あめ……30g
紅しょうが……適量

牛肉を柔らかいまま、旨みを存分に味わう作り方

牛丼

本当においしい牛丼、ご存じですか。すっきりとした味つけで、牛肉の旨みが味わえて、もちろんご飯がおいしくいただけること。すき焼きのような甘辛い味つけですが、ここでは砂糖は使わず、**甘みは玉ねぎの力を借ります**。厚めに切り、煮汁でじっくりと煮て甘みを引き出すのがポイントです。主役の牛肉ですが、長時間煮ると硬く締まるので、玉ねぎとはタイミングをずらして煮始めます。あらかじめ湯に通して雑味を取り除いておき、玉ねぎが煮終わった段階で加え、**さっと味をからませる程度**にします。

MESSAGE

和食 JAPANESE **野崎洋光**

最後に加える水あめは、麦芽糖なので、甘みをつけるものではありません。つやを出す効果でいっそうおいしそうに見え、水分を抱え込む効果で柔らかい食感に仕上がります。

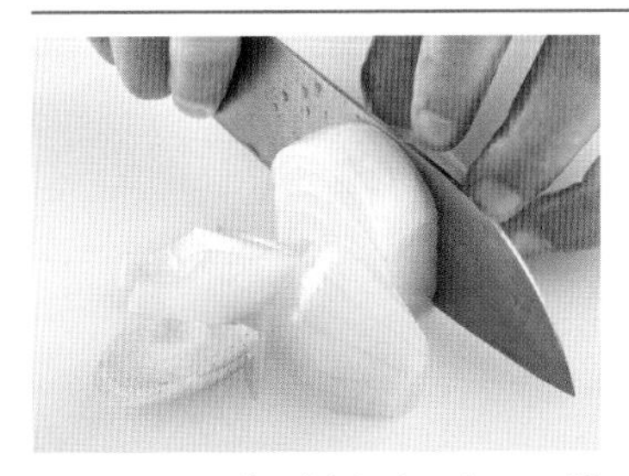

① 玉ねぎは縦半分に切り、繊維に沿って1.5㎝幅に切る。しらたきは5㎝長さに切って鍋に入れ、ひたひたの水を加えて火にかける。ひと煮立ちさせ、ざるに上げて水気をきる。

② 牛バラ薄切り肉は10㎝長さに切る。ざるに入れ、熱湯に浸してほぐし、うっすら白くなるまで湯通しし（霜降り）、水で軽く洗い、水気をきる。

きれいになるのでこれを「お風呂に入れる」と呼んでいます。

③ 鍋にⒶと①を入れて中火にかける。沸いたら弱火にする。

④ 玉ねぎが柔らかくなるまでゆっくり煮て、甘みを引き出す。

玉ねぎはしょうゆベースの煮汁にじっくりと甘みを移すため、繊維に沿ってやや厚めに切っています。玉ねぎが透明感を帯びるまで煮てください。

⑤ ②を加えてざっくりと混ぜ合わせ、牛肉に味をなじませる。粉山椒を加えて混ぜる。水あめを加えたら均一にからめて火を止める。

⑥ 器にご飯を盛り、具は余分な汁気をよくきってのせる。紅しょうがを散らす。

牛肉にも玉ねぎにも煮汁の味がしっかりとからまっているので、煮汁は全部かけなくてもおいしいです。量はお好みで加減を。

ご飯が進む一品

牛肉のしぐれ煮

柔らかくて牛肉の風味が味わえる作り方をご紹介。冷めてもおいしいのでお弁当にも。日持ちさせる時代ではないので、さっと火を入れます。

材料（作りやすい分量）

- 牛バラ薄切り肉 …… 500g
- しょうが …… 40g

■ 煮汁

- Ⓐ 酒 …… 250㎖
- Ⓐ 水 …… 250㎖
- Ⓐ みりん …… 100㎖
- Ⓐ しょうゆ …… 100㎖
- Ⓐ 砂糖 …… 大さじ5

- 水あめ …… 大さじ5

作り方

1 牛バラ薄切り肉は3㎝幅に切り、熱湯でさっと湯通しする（霜降り）。しょうがは細切りにし、水に浸してさっと洗って水気をきる。

2 鍋にⒶと1の牛肉を入れて中火にかけ、煮立ったら肉を取り出す。

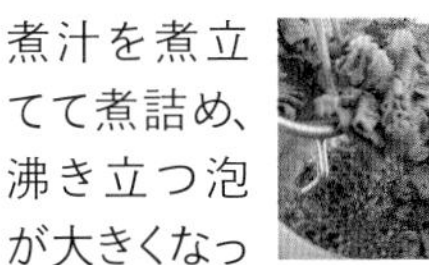

3 煮汁を煮立てて煮詰め、沸き立つ泡が大きくなったら牛肉を戻し入れ、1のしょうがを加えて混ぜ合わせる。

4 水あめを加えて混ぜ合わせ、煮汁を全体にからませる。

具だくさんのおかず汁ものの代表選手

豚汁

豚汁というからには、豚の旨みが際立つ汁でなくてはなりません。野菜からも豚肉からも旨みが出るので、**煮汁には水を使います**。旨みは昆布で少し補う程度でOKで、かつお節や煮干しのような余計なだしは加えません。豚肉はさっと湯に通して仕上げに加えます。**火を入れすぎないから**、持ち味が引き立ちます。

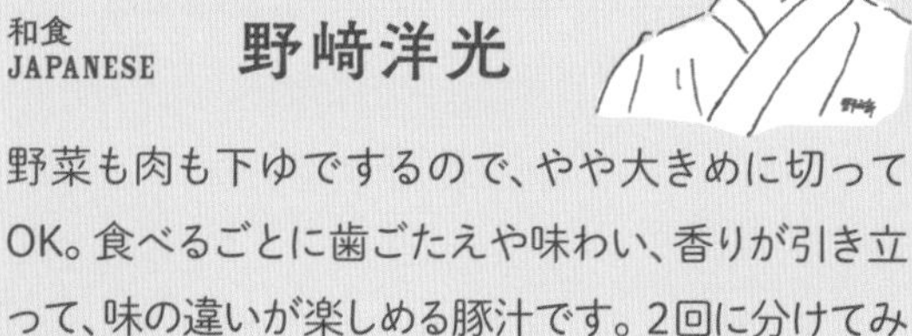

MESSAGE

和食 JAPANESE **野崎洋光**

野菜も肉も下ゆでするので、やや大きめに切ってOK。食べるごとに歯ごたえや味わい、香りが引き立って、味の違いが楽しめる豚汁です。2回に分けてみそを入れるのもポイント。香りの高さが抜群ですよ！

材料（2人分）

材料	分量
豚バラ薄切り肉	100g
ごぼう	40g（10cm）
長ねぎ	$\frac{1}{2}$本
大根	80g（3cm）
にんじん	60g（$\frac{1}{3}$本）
里いも	2個
こんにゃく	$\frac{1}{4}$枚
しいたけ	2個
A 水	2 $\frac{1}{2}$カップ
A 昆布	5cm角1枚
みそ	40g
七味唐辛子（好みで）	適量

作り方

1. ごぼうと長ねぎは1cm長さの小口切り、大根とにんじんはいちょう切り、里いもとこんにゃくはひと口大に切る。しいたけは石づきを取って4等分に切る。豚バラ薄切り肉は5cm長さに切る。
2. 鍋に湯を沸かし、①の大根、にんじん、里いも、こんにゃくをざるごと1分ほどゆでて引き上げる。同じ鍋で豚肉をさっと湯通しして霜降りにし、ざるに上げて水気をきる。
3. 鍋にⒶと①のごぼうとしいたけ、②の野菜を入れ、火にかける。野菜に八分通り火が通ったら、みその半量を溶かす。

4. 3分煮て②の豚肉と①の長ねぎ、残りのみそを加える。

5. 長ねぎに火が通ったら、器に盛る。好みで七味唐辛子をふる。

ボリュームたっぷり、これだけで大満足の魚の汁もの

いわしのつみれ汁

具だくさんのつみれ汁は、魚や野菜から出た旨みが豊富で味のバランスもよく、**これだけでもおかずになります**。臭みが気になるかたにおすすめしたいのが、つみれに香味野菜だけでなく、**みそを入れること**。そうすることによって生臭くならず、飲み干したあとも、魚のおいしい風味だけが残ります。

MESSAGE

和食 JAPANESE **笠原将弘**

つみれを煮るときは、沸かしすぎないように。表面がくずれてしまうのと、ぐらぐら煮ると口あたりが悪くなるからです。弱火から中火を心がけ、みそを入れたら煮立てず、温める程度でいただきましょう。

材料（4人分）

いわし（三枚におろして骨を除いたもの）……300g

Ⓐ
- 長ねぎ（みじん切り）……1/3本分
- 大葉（みじん切り）……5枚分
- しょうが（すりおろし）……小さじ1
- 卵……1個
- みそ……大さじ1
- 片栗粉……大さじ1
- 砂糖……小さじ1

こんにゃく……100g
ごぼう……80g
しいたけ……2個

Ⓑ
- 水……800mℓ
- 酒……50mℓ
- 昆布……5g

Ⓒ
- みそ……大さじ3
- しょうゆ……大さじ1
- みりん……大さじ2

青ねぎ（小口切り）……5本分
白すりごま……大さじ1
一味唐辛子……適量

作り方

1. こんにゃくは手でひと口大にちぎって、水からゆでる。ごぼうはささがきにし、さっと水で洗う。しいたけは石づきを取って薄切りにする。
2. いわしは1cm幅に切って1か所に集め、包丁で少し身が残る程度に細かくたたく。

3. ボウルに②、Ⓐを入れて全体をにぎるようにして合わせ、ぐるぐると混ぜる。
4. 鍋にⒷ、①のごぼうを入れて火にかけ、沸いたら弱火にする。③を親指と人差し指の間から直径3cmほどの球状に絞り出す。スプーンですくって入れる。軽く沸いた状態を保ちながらゆでる。
5. つみれが浮いてきたら、①のこんにゃくとしいたけを加えて約5分煮る。アクが出たらすくう。
6. Ⓒに⑤の煮汁を少量加えて溶き混ぜ、⑤の鍋に入れる。軽く沸いたら器に盛って青ねぎ、白すりごま、一味唐辛子を散らす。

はまぐりも、つゆもおいしい汁もの

はまぐりの潮汁

潮汁(うしおじる)とは、魚介を水で煮てだしをとりながら、それ自体も具にして味わう汁もののこと。はまぐりなどの貝類や、鯛などの淡泊な白身魚を使い、**上品な旨みを堪能します**。素材の旨みを第一に味わうため、**味つけは塩と酒だけ**。しょうゆの香りは必要ありません。

はまぐりは貝合わせにも使われることから、雛の節句に欠かせない料理。ぜひ作ってお祝いしてください。

MESSAGE

和食 JAPANESE **野崎洋光**

はまぐりの身は火が入りすぎると硬くなりやすく、旨みもつゆに出てしまうので、水に入れて火にかけ、低温から徐々に温度を上げていくのがポイント。

材料(3～4人分)

■吸い地

- 水……500mℓ
- 酒……10mℓ
- 塩……3g
- 昆布……5cm角1枚

- はまぐり……250g
- わかめ(もどしたもの)……20g
- 長ねぎ(白髪ねぎ用)……4cmを2本
- うど……5cm
- ぼうふう……2本
- 黒こしょう……適量

下準備

- □ わかめはざく切りにする。
- □ 長ねぎで白髪ねぎを作っておく。約4cm長さに切って縦に切り目を入れて開き、外側の白い部分をまな板に広げ、繊維に沿って縦にせん切りにし、水に放つ。
- □ うどは短冊切りにする。

作り方

① はまぐりは塩分濃度1.5～2%の塩水(分量外)に浸け、蓋をして暗くし、静かなところ(20℃が理想)に30分ほどおいて砂抜きする。水に5分浸け、塩抜きする。

② 鍋にはまぐり、吸い地の材料を入れ、中火にかけてひと煮立ちさせる。

③ はまぐりの口が開いたら、上に浮いたアクを取り除く。

④ ③にわかめを加え、温める。椀に盛り、香り野菜をのせ、黒こしょうをふる。

具だくさんの“沢”煮。背脂のコクが旨みです

沢煮椀

根菜ときのこ、豚の背脂を一緒に水で煮てふくよかな旨みを移し、しょうゆで味をつけるだけ。沢煮は沢山の具を煮た椀もの、ということからこの名がついているので、ぜひたっぷりと具を盛ってください。昭和初期に考えられてブームになった、少し西洋的な味わいの和食です。

MESSAGE

和食 JAPANESE **野崎洋光**

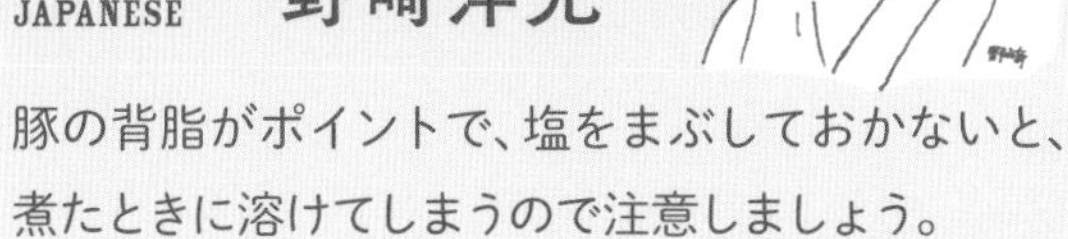

豚の背脂がポイントで、塩をまぶしておかないと、煮たときに溶けてしまうので注意しましょう。

材料（作りやすい分量）

■吸い地

- 水……400mℓ
- うす口しょうゆ……大さじ1強
- 昆布……5cm角1枚

- ごぼう……20g
- ゆでたけのこ……20g
- うど……20g
- にんじん……10g
- 長ねぎ……10g
- 三つ葉……10g
- しいたけ……10g
- 豚の背脂……20g
- 黒こしょう……適量

作り方

① ごぼう、ゆでたけのこ、にんじんは4cm長さのせん切りにする。うど、長ねぎは4cm長さの細切りにし、三つ葉はざく切りにする。しいたけは軸を取り、厚みを半分に切って、せん切りにする。

② 豚の背脂は4cm長さの細切りにし、塩（分量外）をまぶし、15分おく。

③ 鍋に湯を沸かし、ざるにごぼう、たけのこ、にんじん、しいたけを入れて、箸でほぐしながら20秒ほど湯に通して引き上げる。続いて背脂もざるに入れて湯に通し、塩気を抜いて水気をきる。

④ 別の鍋に③と分量の水、昆布を入れて中火にかけ、ごぼうが柔らかくなるまで煮る。うす口しょうゆで味をととのえ、うどと長ねぎを加えてひと煮立ちさせる。仕上げに三つ葉を加え、椀に盛る。お好みで黒こしょうをふる。

奥田料理長の基本 Lesson 2

ぬか漬けを手作りする

ご飯のお供がちょっとほしいとき、ぬか漬けがあればとても便利。
ぬか床を育てるのも楽しいから、ぜひ試してみてください。

ぬか漬けは、ぬか自身に含まれる酵素や乳酸菌などの微生物によって発酵し、酸味や風味が生まれます。新鮮な生ぬかにだし昆布やかつお節、干ししいたけなどを加えておいしいぬか床を作ると、その旨みが野菜にしみ込んで、漬けものがよりおいしくできます。

ぬか漬け作りは、農業のようなもの。室温や湿度などによってぬか床の状態は日々異なり、野菜の漬かり具合も違います。毎日、様子を見ながら水分が増えてきたらぬかを足し、早く食べたいなら小さく切って漬ける、少しおきたいなら丸のまま漬ける、といったことを楽しみながら作ってください。

材料（作りやすい分量）

■ぬか床
- 生ぬか……1kg
- 水……1130㎖
- 塩……85g
- 昆布……5㎝角1枚
- 干ししいたけ……30g（約10個）
- 赤唐辛子……3本
- 削りがつお……50g

■捨て漬け用野菜
- キャベツの外葉……2枚
- かぶの葉……1株分

■本漬け用野菜
- きゅうり……2本
- 大根……10㎝長さ1個
- かぶ……3個
- にんじん……5㎝長さ1個
- みょうが……2個

塩……適量

ぬか床を作る

1 赤唐辛子の種を抜いて4等分にする。鍋に水と塩、だし昆布、干ししいたけを入れて1分沸かし、塩を溶かす。昆布は取り出して細めに切り、塩湯は急冷する。

2 大きいボウルに生ぬかと**1**の塩水、切った昆布を混ぜ、全体が混ざってきたら赤唐辛子と削りがつおも加え混ぜる。

新鮮な生ぬかの床はおいしいので、少し食べて味を知り、香りもかいでおく。毎日床の味をみると変化に気がつきやすいです。

3 手でにぎって普通のみその柔らかさになれば混ぜ終わり。

捨て漬けする

4 捨て漬け用の野菜に塩をふって10分ほどおき、ぬか床に埋める。

この野菜はぬか床の肥料のようなもの。へたりにくいしっかりした野菜を使い、1日おきに替えるとよいでしょう。

5 表面をならし、容器の側面や縁についたぬかを清潔なふきんで拭き取る。毎日上下を返して混ぜ、春夏は1週間、秋冬は2週間で酸味が出て捨て漬け完了。本漬けへ。

本漬けする

6 きゅうりは手で塩ずりをし、ほかの野菜は塩をふって10分おく。脱水されて色が冴え、よく漬かる。

この作業によって漬けるたびにぬか床に塩が加わり、塩分が保て、雑菌も防げます。

7 ぬか床を掘って漬かりにくい大根やにんじんを埋め、床をかぶせ、漬かりやすいみょうがやきゅうり、かぶを上に埋める。

8 表面を手で押して空気を抜き、ならす。容器の側面や縁についたぬかを清潔なふきんで拭き取る。蓋をして冷蔵庫に入れる。ひと晩から丸1日で食べられる。

奥田料理長の基本 Lesson 2

みんなのお悩みを解決！
ぬか漬け Q&A

Q どんなぬかを使えばよいですか？

A ぬかはいりぬかではなく、新鮮な生ぬかを使うことが大切です。きな粉のように少し甘く風味が繊細で、いわゆる「ぬか臭さ」がないので上品に仕上がります。生ぬかはお米屋さんで手に入ります。

Q 漬けたらどこで保存すればよいですか？

A ぬか床を仕込んだら、微生物が活発になる25°C前後の、直射日光があたらない室温に置きましょう。そしてぬか床が完成して野菜を漬けたら、今の時代は冷蔵庫がおすすめです。温度が低すぎず、適度な湿度もある野菜室がベストです。

Q 旅行に行ったり忙しくてぬか床を混ぜられません。どうしたらよいでしょうか。

A ぬか床は、毎日上下を返して混ぜ、特定の菌が増えないようにします。1週間ほど混ぜられないときは、野菜を取り出してぬか床を冷蔵庫で保存します。1週間以上の場合は、表面に塩をたっぷりふって冷蔵庫に入れましょう。ぬか床を再開するときは、表面の塩を取り除きます。

Q ぬか床の上に水がたまってしまいました。どうすればよいでしょうか。

A 何度も漬けて上面に水がたまったら、清潔なペーパータオルで吸い取りましょう。ぬか床がゆるくなったり減ったら、捨て漬け終わりの状態に戻るまで生ぬかを足して混ぜ、塩適量も加えます。

Q ぬか床の表面にかびのようなものが見えます。捨てないといけませんか？

A 混ぜずにいると、表面に白いかびが生えたり酸化して黒っぽくなることがあります。体に害はありませんが、風味を損なうのでぬか床に混ぜ込みましょう。かびが厚く生えた場合は、削り取ります。ただし赤や青などのかびの場合は、ぬか床を処分して新しく作り直してください。

Q ぬか漬けに、季節感を出せたらよいのですが……。

A お好みや季節に合わせて、しょうがや木の芽、青柚子、すだち、黄柚子などを加えるとぬか床に風味が加わります。夏はとくに柑橘類を加えると酸味が加わって、さわやかにいただけます。

CHAPTER 3

人気の洋食・ビストロ・イタリアン

KATSUO OMIYA

KIYOTAKA SHICHIJO

TOSHIAKI YOSHIKAWA

DAISUKE NISHIGUCHI

子どもから大人まで大好きなホワイトソースやスパゲッティ、
リゾットや、ワインと一緒に楽しみたいビストロ料理。
４人のシェフがとっておきのレシピをご紹介します。

洋食の基本

洋食は日本独特の料理で、白いご飯に合うことが絶対条件。フランス料理でもイタリア料理でもない、どことなくなつかしくてやさしい味わいは、大人も子どもも大好きです。おうちの定番になる、人気の料理ばかりを厳選してご紹介します。

材料（でき上がり量約500g）

牛乳……2カップ
バター……50g
薄力粉……50g

洋食の定番、まずホワイトソースをマスター

ホワイトソースは、牛乳の甘みとコク、そしてさらりとなめらかな舌ざわりが身上です。使うのは牛乳、バター、薄力粉の3つだけ！　特別な材料は使わなくても極上の味になります。

ホワイトソースの失敗の多くが、ダマになったり粘りが出すぎること。ここでは“絶対に失敗しない”作り方をお教えします。使うのは「電子レンジ」。最初に粉に火を入れるだけで、このお悩みが解消できるのです。

ホワイトソースさえ作れば、さまざまな料理に簡単に展開することができます。ここではクリームコロッケ向きの硬さに作ります。料理によって、牛乳でのばして使いましょう。

MESSAGE

洋食 YOSHOKU **大宮勝雄**

粉をレンジにかけるときは、こまめに取り出して様子を見てください。油断すると色づいてしまいますよ！　加熱するときは厚手の鍋を使うと焦げにくいです。

① 薄力粉は耐熱ボウルに入れ、電子レンジ（600W）に30秒かけ、取り出して混ぜる。同様に数回くり返してそのつど混ぜ、サラサラの状態にする。

サラサラになったら、火が入った証拠。指で押すと、片栗粉のような乾いた音がします。

② ①を目の細かいざるでふるう。牛乳は人肌よりやや熱めに温める。

火を入れるだけでダマになりにくくなりますが、さらにざるでふるって、完璧な状態にします。

③ 厚手の鍋にバターを入れて中火にかけ、焦がさないように木べらで混ぜながらバターを溶かし、ふつふつと沸いたら②の薄力粉を一気に加える。

④ 混ぜながら、なめらかな状態にする。焦がさないようにいったん火を止めてから、粉を加えて混ぜてもよい。

粉はサラサラの状態なので、すぐに溶かしバターになじんでくれます。

⑤ ④に②の牛乳の半量を玉じゃくしで1杯分ずつ加え、そのつど混ぜ、全体をまとめる。

牛乳を温めておくことで、なじみやすくなります。あらかじめ粉に火が通っているので、混ぜることにこだわらなくても、まとまればOK。

⑥ 火を止め、空気に触れないようにラップを密着させて約15分おく。

粉とバターや牛乳をなじませて落ち着かせます。表面が乾いて膜ができないよう、ラップをかぶせましょう。

⑦ 弱火にかけ、⑥に残りの牛乳を少しずつ加えて混ぜる。

⑧ ある程度まとまった量になってくる。

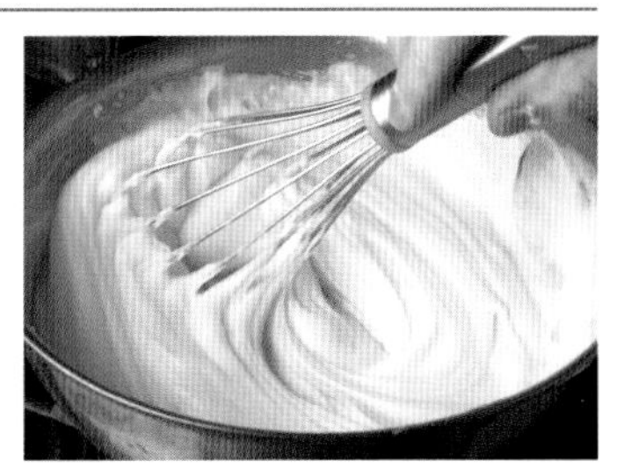

⑨ 泡立て器に持ち替えて沸騰するまで手早く混ぜ、鍋底が見えるようになったらでき上がり。

仕上げに泡立て器でなめらかさをアップさせます。

材料（2人分）

マカロニ（太め）	90g
玉ねぎ	1/2個（90g）
マッシュルーム	4個
ホワイトソース（➔p.164）	90g
牛乳	80～90㎖
シュレッドチーズ	140g
パン粉	適量
サラダ油	大さじ1
バター	適量
塩、こしょう	各適量

ホワイトソースを使ったレシピ

ホワイトソースを味わう洋食の王道

マカロニグラタン

グツグツと焼けたグラタン。その音と香りで気分が上がりますね。シンプルなマカロニグラタンは、ホワイトソースのおいしさをダイレクトに味わえる代表格。具材よりもソースを食べるといっても過言ではありません。ソースを味わうためにも、**マカロニは太めのものを使って、穴の中にたっぷりとソースが入るようにします。**

具もシンプルに、玉ねぎとマッシュルームだけ。具でありながら、軽く炒めて、ソースに甘みと香りを移す役割も持っています。基本のホワイトソースは少し硬めに作ってあるので、グラタンには牛乳でなめらかにのばしてから使いましょう。

MESSAGE

洋食 YOSHOKU **大宮勝雄**

マカロニはゆでてすぐに使わない場合は、水にさらしてから油をからませておけば、くっつきませんよ。あとからソースの中で煮るので、冷めていても大丈夫です。

① マカロニは表示通りにゆでる。玉ねぎは1㎝角に、マッシュルームは縦4等分に切る。

② 厚手の鍋にサラダ油を熱してバター大さじ$\frac{1}{2}$を溶かし、中火で①の玉ねぎを透き通るまで炒める。塩ひとつまみと、こしょうをふる。

③ ②にマッシュルームを加え、軽く炒めて塩ひとつまみ、こしょうをふる。

洋食では、具を入れるたびに軽く塩、こしょうをします。これをくり返すことで、素材の旨みが引き出され、全体に深い味わいになります。

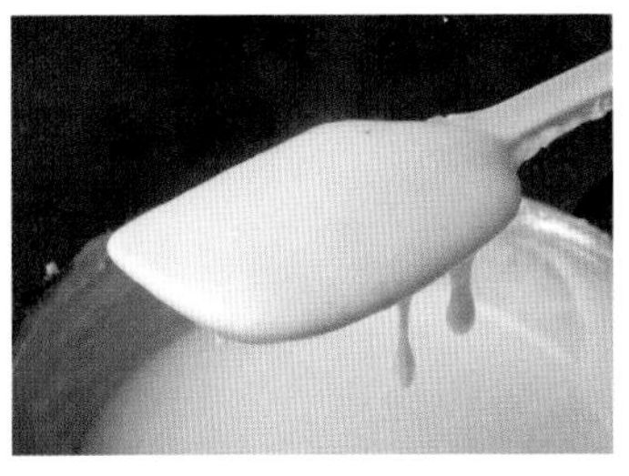

④ 別鍋にホワイトソースを入れ、牛乳を加えて火にかけ、混ぜながらなめらかにのばす。

とろっとろの状態で大丈夫。マカロニを煮たあと、チーズをからませてとろりとさせます。

⑤ ③の鍋に④を加え、混ざったらすぐに①のマカロニを加えて均一に混ぜる。

⑥ ⑤にシュレッドチーズ40gを加えて混ぜる。

溶けるタイプのチーズなら、何でもかまいません。お好みのものを使ってください。

⑦ 全体に混ざったら、塩、こしょうで味をととのえる。

⑧ 器にバターをムラなく塗り、⑦を流し込んでパン粉、チーズ1人分50g、バター少量を散らし、オーブントースターで焼き色がつくまで焼く。

材料（4人分）

かにの足（むき身）	200g（10本）
玉ねぎ	1/2個
マッシュルーム	6個
ホワイトソース（➔p.164）	170g
パン粉、薄力粉、とき卵	各適量
バター	適量
揚げ油	適量
塩、こしょう	各適量

■付け合わせ

コールスロー（➔p.195）	適量

ホワイトソースを使ったレシピ

作りおきもできる人気の贅沢洋食

かにクリームコロッケ

これも洋食を代表する料理ですね。揚げたてを割ったときに、中からあつあつのクリームがとろりと出てくるのが醍醐味。主役のかにをしっかりと味わうため、贅沢にたっぷりと入れて作りましょう。

クリームコロッケの失敗ナンバーワンは、揚げるときに割れてしまうこと。まず、揚げ油を菜箸などで混ぜて、均一に高温に温めたところにコロッケを入れ、表面をさっと揚げ固めます。薄くつけたころもが壁になるので、破裂しません。そのあと弱火にして揚げれば、焦げずにきれいに揚がりますよ。細かいパン粉が浮いていたら、焦げの原因になるので取り除きましょう。

MESSAGE

洋食 YOSHOKU **大宮勝雄**

多めに作ってころもをつける前の状態で冷凍保存しておくと便利です（写真）。凍ったままころもをつけて揚げれば、いつでもできたて！　このとき、180°Cの油に入れるといったん温度が下がって、中まで火が通ります。

①玉ねぎは1㎝角に切る。マッシュルームは5㎜厚さに切る。フライパンにバター大さじ1を熱し、玉ねぎとマッシュルームを中火で炒め、塩ひとつまみ、こしょうをふる。

②厚手の鍋にホワイトソースを温め、塩小さじ1弱、こしょうをふり、①とかにを加えてよく混ぜる。

③バットにバターをぬって②を平らに広げ、乾かないよう表面にもバターをぬって、粗熱がとれたら冷蔵庫でしっかり冷ます。

④直径10㎝のセルクル型にバターをぬり、オーブンシートにのせて③を空気が入らないように詰める。セルクル型がなければ、絞り袋に入れて円形に絞る。

⑤④を冷蔵庫で、30分ほど冷やし固める。型から抜き、薄力粉、とき卵、パン粉の順に手早くつける。余分なパン粉はそっとはらう。

⑥揚げ油を180℃に熱し、⑤を揚げる。色がついたら弱火にし、ぷつぷつと泡が細かくなったら裏返して、色よく揚げる。皿にコールスローを盛り、コロッケをのせる。

ホワイトソースがあれば、ドリアだって簡単！

ドリアはいわば"ご飯のグラタン"。お米好き日本人が大好きなメニューです。

2人分の作り方は、まずむき海老12尾に軽く塩、こしょうをふり、バター少量で軽く炒める。海老を取り出してサラダ油少量を入れ、1㎝角の玉ねぎ⅛個分、半月薄切りのマッシュルーム2個分を炒め、軽く塩、こしょうをする。厚手の鍋にホワイトソース100gと牛乳100㎖を入れて火にかけてのばし、玉ねぎとマッシュルームを混ぜ、塩、こしょうをする。耐熱皿にバターライス（→p.203）400gを入れ、ソースをかけ、海老を並べる。シュレッドチーズ60g、パン粉少量をふり、バター小さじ4を散らし、オーブントースターで焼く。

材料（4人分）

鶏もも肉	480g
ブロッコリー	$\frac{1}{4}$個
玉ねぎ	$\frac{1}{2}$個
にんじん	$\frac{1}{2}$本
じゃがいも	大1個
マッシュルーム	6個
ホワイトソース（➡p.164）	400g
牛乳	$1\frac{1}{4}$〜$1\frac{1}{2}$カップ
薄力粉、サラダ油、バター	各適量
塩、こしょう	各適量

代用食材

□ 鶏肉の代わりにいか、海老、帆立などでもおいしく作れる。これら魚介の場合は薄力粉をまぶさず、そのままさっと炒めて旨みをソースに移す。

具だくさん、食べるスープで心も胃も大満足！

クリームシチュー

シチューというと、コトコトと煮込んで作るイメージがありますが、このレシピはホワイトソースを使うので、**軽く煮るだけ**、あっという間にでき上がります。加熱時間が短いので、鶏肉に火が入りすぎず、驚くほど柔らか、ジューシーにいただけます。

またこのレシピでは、**ブイヨンは使いません**。それでも、野菜や肉からおいしい旨みが出るので、絶品の味わいになります。ホワイトソースの牛乳にも、旨みはたっぷりですよ。

洋食って実は、特別にだしを準備する必要がない料理なんです。素材の旨みを引き出して、“だし”として使うのが基本だからです。

MESSAGE

洋食 YOSHOKU **大宮勝雄**

野菜や鶏肉を炒めるとき、焼き色をつけないように注意しましょう。真っ白に仕上げるのがこの料理のポイントだからです。もっと短時間で作りたいなら、じゃがいもはあらかじめ硬めにゆでておくといいですよ。

①玉ねぎ、にんじんは1㎝角に切る。じゃがいもは皮をむいて2㎝角に切る。マッシュルームは縦4等分に切る。ブロッコリーは小房に分けて硬めにゆでる。

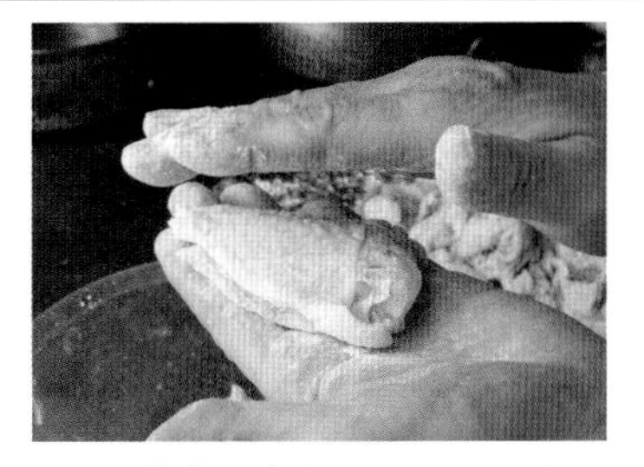

②鶏肉は大きめのひと口大に切り、塩小さじ$1\frac{1}{4}$、こしょうをふる。薄力粉を薄くつける。しっかりはたき、余分な粉を落とす。

粉は全体にまぶして、はたいて落とす。これが基本です。

③厚手のフライパンにサラダ油大さじ1、バター小さじ1を熱し、②の表面を強火で焼き色がつかないように焼き固める。

鶏肉の表面をパリッとさせるためにバターを使いますが、焼き色がつきやすいのが難点。注意しましょう。

④厚手の鍋にサラダ油大さじ1、バター小さじ1を熱し、①の玉ねぎを炒める。油が回ったらブロッコリー以外の野菜を加えて炒め、塩小さじ1、こしょうをする。

野菜を炒めたら塩、こしょう。これで素材の旨みが引き出されます。

⑤④の野菜全体に油が回ったら、③を肉汁ごと加え、全体に混ぜる。

肉から出た汁や脂も旨み。全部加えて“だし”にしましょう。

⑥別の厚手の鍋にホワイトソースを温め、牛乳でスープ状になるまでのばす。

⑦⑥を⑤に加え、全体を混ぜる。

⑧沸騰したら弱火にし、じゃがいもが柔らかくなるまで煮てブロッコリーを加え、塩、こしょうで味をととのえる。

MESSAGE

洋食
YOSHOKU

大宮勝雄

ポタージュは野菜の旨みが凝縮されたスープ。旬の野菜を使って、濃い味に仕上げましょう。コーンやにんじんなど、でんぷん質が少ない野菜のときはホワイトソースを多めに、反対にじゃがいもなどは少なめにします。甘みの少ない野菜には玉ねぎを加えます。

コーンと牛乳の甘みが絶妙！

コーンポタージュ

洋食店の基本の料理。ていねいにこして、なめらかな舌ざわりにすると、コーンの甘み、ホワイトソースの旨み、バターのコクが絶妙なバランスとなってグッとおいしくなります。

材料（2〜3人分）

クリームコーン（缶詰）……1缶（275g）
玉ねぎ（薄切り）……1/4個分

Ⓐ
- ホワイトソース（→p.164）……60g
- 牛乳……120mℓ
- 生クリーム……1/4カップ
- バター……50g

塩、こしょう……各適量

作り方

1. フライパンにバター大さじ1（分量外）を熱し、玉ねぎを透明になるまで炒め、塩ふたつまみをふる。
2. 厚手の鍋にⒶを入れ、温めながらブレンダーでなめらかにのばす。
3. ②に①とクリームコーンを加え、ブレンダーで混ぜ合わせる。

4. 目の細かいざるなどで、③を別鍋にていねいにこし入れ、火にかけて塩、こしょうで味をととのえる。

にんじんの甘みと鮮やかな色が魅力

にんじんのポタージュ

にんじんは、バターでじっくりと炒めることで甘みが引き出されます。それをホワイトソースや牛乳、生クリームなどと一緒に煮て、ブレンダーでなめらかにすればでき上がり。

材料（2〜3人分）

にんじん（薄切り）…1本分（180g）

Ⓐ
- ホワイトソース（→p.164）…15g
- 牛乳……1 3/4カップ
- 生クリーム……1/2カップ

バター……大さじ4
塩、こしょう……各適量

作り方

1. フライパンにバター大さじ2を溶かし、にんじんを炒め、塩ふたつまみをふる。
2. バターが回ったら、弱火でじっくり30分ほど、かさが約半量になるまで炒める。
3. ボウルに②とⒶを入れ、ブレンダーでなめらかに混ぜ合わせ、厚手の鍋にこし入れる。
4. ③を温め、塩、こしょうで味をととのえ、火を止めてバター大さじ2を加え混ぜる。

冷凍の豆でもおいしいから一年中楽しめる

グリーンピースのポタージュ

生のグリーンピースで作ると最高の味わいですが、冷凍でも充分に豆のコクや香りが堪能できます。玉ねぎの香りと甘みをプラスして、味わい深く。

材料（2～3人分）

- グリーンピース（冷凍。もどす）……175g
- 玉ねぎ（薄切り）……1/4個分
- Ⓐ ホワイトソース（→p.164）……20g
- Ⓐ 牛乳……1 1/4カップ
- Ⓐ 生クリーム……80mℓ
- バター……大さじ3
- 塩、こしょう……各適量

作り方

1. フライパンにバター大さじ1を熱し、玉ねぎを炒めて塩ふたつまみをふる。
2. ①の香りが立ったら、グリーンピースを加えて炒め、塩ひとつまみをふる。
3. ボウルに②とⒶを入れ、ブレンダーでなめらかに混ぜて厚手の鍋にこし入れる。
4. ③を温め、塩、こしょうで味をととのえ、火を止めてバター大さじ2を加え混ぜる。

電子レンジを活用して時短でおいしい

かぼちゃのポタージュ

ほくほくの甘いかぼちゃを、簡単に電子レンジで柔らかくなるまで加熱し、つぶせば、あとはソースや牛乳などと軽く煮て、ブレンダーでなめらかにするだけ！　忙しい朝にもぴったり。

材料（2～3人分）

- かぼちゃ……1/4個
- Ⓐ ホワイトソース（→p.164）……10g
- Ⓐ 牛乳……1 3/4カップ
- Ⓐ 生クリーム……1/2カップ
- バター……大さじ3
- 塩、こしょう……各適量

作り方

1. かぼちゃは皮をむいて角切りにし、塩小さじ1/2、バター大さじ1とともに大きめの耐熱容器に入れる。ラップをして電子レンジで柔らかくし、つぶしてピューレ状にする。
2. ボウルに①とⒶを合わせてブレンダーでなめらかにし、厚手の鍋にこし入れる。
3. ②を温め、塩、こしょうで味をととのえ、火を止めてバター大さじ2を加え混ぜる。

材料（2人分）

■8：2のハンバーグだね

- 牛ひき肉* …… 320g
- 豚ひき肉* …… 80g
- 玉ねぎ …… ½個
- Ⓐ パン粉 …… 20g
- Ⓐ 牛乳 …… 20㎖
- Ⓐ とき卵 …… ½個分
- Ⓐ ナッツメッグ …… 少量
- 塩、こしょう …… 各適量

- サラダ油 …… 適量
- デミグラスソース（市販）…… 大さじ4
- 塩、粗びき黒こしょう …… 各適量

■付け合わせ

- ポテト・リヨネーズ（→p.187）、クレソン …… 各適量

＊ひき肉は、手に入れば粗びきを使用する。

牛8：豚2はハンバーグの黄金比率です

ハンバーグステーキ

ハンバーグステーキの醍醐味は、口に入れたときのジュワッと広がる肉汁としっかりした噛みごたえ。そのために牛肉8：豚肉2で合わせ、牛肉の力強さを感じながらも、ソフトな豚肉で全体によくまとまったハンバーグだねにします。薄めに形作って、焼き時間を短くすることで、おいしい肉汁の流出も防ぎます。

ハンバーグだねを作るときのコツは、粘らないように肉と肉をつなぎ合わせること。手で練ると体温で脂肪が溶けて肉と分離し、粘りが出てしまうので、必ず氷水にあてながらゴムべらで混ぜましょう。成形も、まな板の上で包丁を使って、肉に直接手が触れないようにしましょう。

MESSAGE

洋食 YOSHOKU **大宮勝雄**

私のハンバーグは、つなぎは最低限しか使いません。“肉を肉でつなぐ”ため、ゴムべらを肉に押しつけて手前に引き、真ん中に寄せてはまた押しつけて引く。これをくり返すとしっかりつながるので、余分なつなぎは必要ないのです。

① 玉ねぎはみじん切りにする。フライパンにサラダ油大さじ1を熱し、軽く炒めて塩ひとつまみ、こしょうをふり、軽く色づくまで炒め、完全に冷ます。

② ボウルにひき肉、①、Ⓐ、塩小さじ½、こしょうを入れ、氷水にあてる。

ひき肉から脂肪が溶け出ると、一緒に旨みも溶け出してしまいます。少し面倒でも、肉は冷やしながら扱いましょう。

③ ゴムべらでしっかり合わせる。ゴムべらは肉に押しつけて、手前に引くように動かす。

この作業をくり返すと、しっかりと肉がつながります。

④ 脂肪が溶け出さず、よくつながった状態。これが理想のハンバーグだね。

⑤ まな板に半量を取り出し、包丁の腹で平らにならしながら空気を抜く。

⑥ 包丁で縁を整え、楕円形（20×12㎝、厚さ1㎝ほど）に形作る。

え、こんなに薄くするの？と思われるかもしれませんが、ステーキタイプはこのぐらい薄くして、焼き時間を短くするのがコツ。

⑦ 格子状に筋を入れ、均一に焼き縮むようにする。上面に塩、粗びき黒こしょうをする。⑤〜⑦と同様にして、残り半量も作る。

⑧ 厚手のフライパンにサラダ油大さじ1½を強火でしっかり熱し、⑦の筋を入れた面を下にして入れ、表面に塩、粗びき黒こしょうをする。

厚手のフライパンは肉を入れても温度が下がりにくいので、短時間で焼くことができます。

⑨ 固まり始めたら、フライ返しで少し持ち上げて油を下に回す。焼き固まったら裏返して、肉汁が透明になるまで焼く。付け合わせとともに皿に盛り、デミグラスソースを温めてかける。

材料（2人分）

■5：5のハンバーグだね

- 牛ひき肉……200g
- 豚ひき肉……200g

■ソフリット

- 玉ねぎ、にんじん、セロリ……各100g
- サラダ油……大さじ2

Ⓐ
- パン粉、牛乳……各大さじ1
- とき卵……$\frac{1}{2}$個分
- ミックススパイス（ソーセージ用）……2g

- 塩、こしょう……各適量

デミグラスソース（市販）……1カップ
サラダ油……大さじ1$\frac{1}{2}$

■付け合わせ

かぶ、にんじん、マッシュルーム、プチトマト……各適量

下準備

☐ かぶは葉を少し残して縦8等分に、にんじん、マッシュルームは1.5㎝角の大きさに切り、プチトマトとともにゆでる。

牛肉と豚肉は同量、食感の柔らかさが命！

煮込みハンバーグ

日本のご家庭で人気なのは、この煮込みハンバーグでしょう。表面はしっかりと焼き固まっていながら、お箸でもホロリと切れる柔らかさが煮込みハンバーグのおいしさ。そのため**牛肉と豚肉を同量ずつ混ぜ合わせ**、煮込んでも締まりすぎず、**口の中でくずれるような柔らかさ**にします。深い旨みとコクを持つデミグラスソースで煮込むと、白いご飯がどんどん進みますよ。なおこの肉だねは、他の料理に応用できて便利です。

煮込みハンバーグはハンバーグステーキよりも厚みがあるので、たねに多めに塩を混ぜ込みます。そして表面を焼き固め、旨みを閉じ込めてから煮込んでいきましょう。

MESSAGE

洋食 YOSHOKU **大宮勝雄**

煮込んで仕上げるハンバーグは、ステーキタイプよりも肉の臭みを感じやすいので、ソーセージにも使う市販のミックススパイスを使います。ジンジャーパウダー、パプリカパウダー、白こしょう、黒こしょう、タイム、ローリエ、クローブ、メースをミックスしたものです。

① ソフリットを作る。玉ねぎ、にんじん、セロリをみじん切りにする。フライパンにサラダ油を熱して炒め、塩小さじ½強、こしょうをふって色づくまで炒める。

② 粗熱がとれたら、ブレンダーでペースト状にして冷ます。

煮込みハンバーグは、なめらかで柔らかい舌ざわりもおいしさのひとつなので、ひと手間でもペースト状にしましょう。

③ ボウルにひき肉2種類、②、Ⓐ、塩小さじ1、こしょうを入れ、氷水にあてながらゴムべらで練ってハンバーグだねを作る。

肉の配合は違っても、混ぜ方はハンバーグステーキ（→p.174）と同じです。

④ ハンバーグステーキ（→p.174）の作り方⑤と同様に、半量を包丁の腹で平らにならしながら空気を抜き、左右から転がしてラグビーボール形（12×6㎝、厚さ2.5㎝）にする。残り半量も同様に形作る。

⑤ 厚手のフライパンにサラダ油を熱し、強火で表面をしっかり焼き固める。

⑥ ⑤を取り出してフライパンを拭く。ハンバーグを戻し入れ、デミグラスソースを加えてかけながら煮込む。器に盛ってソースをかけ、付け合わせを添える。

あつあつの煮汁をかけながら煮込むことで、最低限のソースの量で効率的に煮込めます。

洋食なつかしのマカロニサラダ

無性に食べたくなる不思議な魅力。熱いうちに調味料をなじませます。

材料（作りやすい分量）

- マカロニ（乾燥）……100g
- きゅうり（1㎝角）……1本分
- 玉ねぎ（薄切り）……½個分
- にんじん（1㎝角）……½本分
- ハム（細切り）……6～7枚分
- パセリ（みじん切り）……適量

■ドレッシング

- マヨネーズ……60～70g
- 牛乳……大さじ1
- 白ワインヴィネガー……小さじ1

- 塩、こしょう……各適量

作り方

1. ドレッシングの材料と塩、こしょうを混ぜ合わせる。
2. きゅうりと玉ねぎは塩もみし、少しおく。鍋に湯を沸かし、塩を加えてマカロニを表示通りにゆでる。途中でにんじんを加え、一緒にゆで上げてざるにとり、水気をしっかりきる。
3. マカロニとにんじんが熱いうちに1のドレッシングで和え、冷ます。きゅうり、玉ねぎは水気を絞り、ハムと一緒に混ぜ、器に盛る。パセリを散らし、こしょうをふる。

煮込みハンバーグの生地で

お弁当のおかずにもなる昔なつかしいおかず

スコッチエッグ

ゆで卵をハンバーグだねで包んで揚げたこの料理。揚げるときに肉だねが割れて、肉汁が出てしまうのが心配ですね。でもそれは、**ころもを二度づけして低温でゆっくり揚げることで、解決！** 割れにくく、カリカリと香ばしく仕上がります。ハンバーグだね、ゆで卵、カリッとしたころも、一度にいろいろな味が楽しめます。

材料（2～4人分）

5：5のハンバーグだね（→p.176）……$\frac{1}{2}$量
ゆで卵……2個
パン粉、薄力粉、とき卵……各適量
揚げ油……適量
塩、粗びき黒こしょう……各適量

■付け合わせ
グリーンカール、トレヴィスなど……各適量

作り方

① まな板にラップを敷いてハンバーグだねを半量のせる。包丁の腹で平らにしながら空気を抜き、塩、こしょうをふる。

② ゆで卵に薄く薄力粉をつけて①にのせ、ラップごと茶巾に絞るように丸くする。ラップをはずし、薄力粉、とき卵、パン粉の順につけ、もう一度くり返す。

③ 揚げ油を120～150℃に温め、②を入れて10分ほどゆっくり揚げる。途中、油をかけながら揚げる。

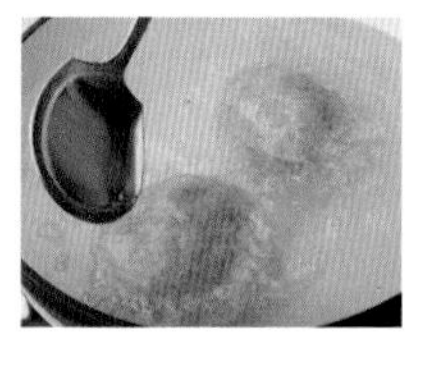

④ 油をきり、粗熱がとれたら半分に切る。付け合わせとともに皿に盛る。

MESSAGE

洋食 YOSHOKU **大宮勝雄**

生地が油から出ていると、そこから肉汁が出やすいので、あつあつの揚げ油をスプーンでかけながら揚げましょう。揚げたてはもちろんですが、冷めてもおいしいのでお弁当にもぴったりです。

おもてなしにもぴったりのオーブン料理

ミートローフ

煮込みハンバーグのたねだから、具がなじみやすく、またオーブンで焼くので表面はこんがりと焼き固まって、中は柔らかなままおいしくいただけます。焼き上がったら、少し冷ますと切りやすくなります。オーブンで一度に焼くので、人が集まるときにも重宝します。

MESSAGE

洋食 YOSHOKU **大宮勝雄**

野菜が表面に出ていると落ちやすいので、成形のときにきちんと埋めて、表面を平らにならしておきましょう。

材料（作りやすい分量）

5：5のハンバーグだね（➡p.176）	全量
Ⓐ さやいんげん（ゆでて1cm幅に切る）	30g
Ⓐ ブロッコリー（1cm角に切ってゆでる）	30g
Ⓐ にんじん（1cm角に切ってゆでる）	50g
Ⓐ 松の実（生）	20g
薄力粉、サラダ油	各適量
クレソン	適量
粒マスタード	適量

作り方

1. ハンバーグだねに冷ましたⒶを混ぜる。まな板の上に取り出し、ハンバーグステーキ（➡p.174）⑤と同様に包丁の腹で平らにならして空気を抜く。

2. 包丁で脇から何度も転がすようにし、円柱に形作る。包丁の腹で、飛び出した野菜を埋め込み、表面をならしてなめらかにする。

3. 天板にオーブンシートを敷き、②をのせ、サラダ油を全体にぬる。

4. 茶こしで、上面に薄力粉をたっぷりふる。220℃に温めたオーブンで10～15分、180℃に下げて25～30分焼く。

5. 粗熱がとれたら2cm厚さに切って器に盛り、クレソン、粒マスタードを添える。

材料（2～4人分）

豚ロース肉（60gのもの）	4枚
卵	1個
粉チーズ	20g
パセリ（みじん切り）	小さじ1
薄力粉	適量
サラダ油	大さじ2
バター	小さじ1
塩、こしょう	各適量

■ 付け合わせ
ミックスサラダ（→p.181）、
トマト（くし形切り）…… 各適量

代用食材

□ 手に入れば、仔牛で作ると食感が柔らかく、旨みが強くておいしい。牛肉でも代用可。

昔なつかしい洋食といえば、これ！

豚肉のピカタ

最近ではあまり見かけなくなった料理ですが、以前は「ピカタ」といえば、洋食の代表選手だったものです。

ピカタとは、豚肉に粉チーズでコクづけした卵液をたっぷりとつけて、バターで焼く料理。黄金色の焼き上がりは、いかにも食欲をそそります。また卵でコーティングした状態で間接的に火を入れるので肉は柔らかくジューシー。パセリの香りもよく、白いご飯ともよく合って、子どもも大人も大好きな味です。

MESSAGE

洋食 YOSHOKU **大宮勝雄**

粉チーズは、イタリアのパルミジャーノ・レッジャーノをおろして使うと、香りも旨みも全然違ってワンランク上の味になります。粉末も手に入るので、ぜひ試してみてください。

① 卵をとき、粉チーズとパセリを加えてよく混ぜ合わせる。

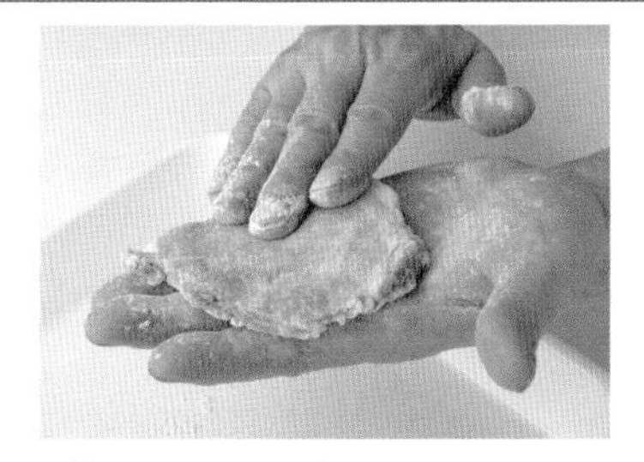

② 豚ロース肉に塩、こしょうをして薄力粉をつけ、余分な粉をはたいて落とす。

薄力粉は全体にしっかりつけて、しっかりはたく。これで全体に薄く、まんべんなくつきます。

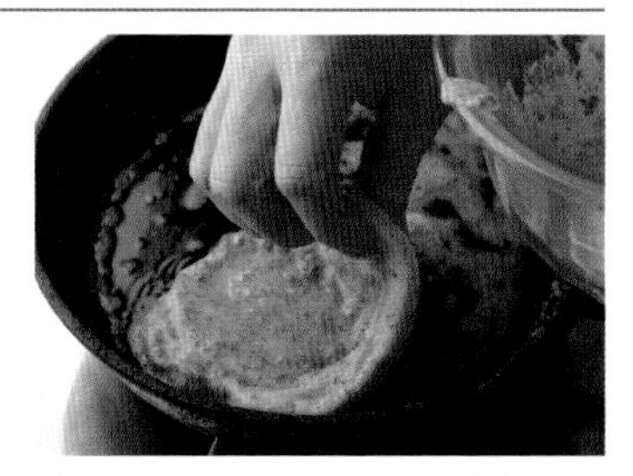

③ フライパンにサラダ油を入れ、弱めの中火で軽く熱し、バターを加える。②に①をたっぷりつけて入れる。

卵もチーズも、そしてバターも焦げやすいので、弱めの中火でじわじわと焼きましょう。

④ ころもの周りが軽くプツプツと泡立つ状態で、ゆっくり焼く。ときどき肉を持ち上げ、下に油を回し、均一に火を入れる。

素材の下に油があることで、一定の温度できれいに火が入ります。そのままにしておくとフライパンに肉が直接あたって、焦げにつながります。

⑤ ころもの周りが白くなり、黄金色に焼き色がついたら裏返す。

⑥ 同様にして裏面も焼く。ペーパータオルで表面の油を拭き取って皿に盛り、付け合わせを添える。

付け合わせにもなる ミックスサラダ

氷水に浸けてパリッと歯切れよくした葉野菜を、シンプルなドレッシングで和えると、これだけでいただいても付け合わせにしても美味！　葉野菜（サニーレタスやトレヴィスなど）50gを手でちぎって氷水に浸け、パリッとさせたら水気をよくきる。食べる直前に塩、黒こしょうで下味をつけ、フレンチドレッシング（➜p.195）やお好みのドレッシングを加え、両手で野菜をはずませるようにしてからませるとでき上がり。

基本の料理をマスターしましょう！

プレーンオムレツ

卵のおいしさをもっともシンプルに味わうならコレ。目ざすでき上がりは、表面が柔らかく固まり、中はとろりとした半熟の状態。卵に熱い油を含ませるイメージで、手早く混ぜましょう。フライパンの大きさも大事で、1人分卵3個なら、18cmのフライパンを使うと、ちょうどよい厚さに焼き上がりますよ。

MESSAGE

洋食 YOSHOKU **大宮勝雄**

1人分に卵3個も使うの!? と思われるかもしれませんが、これが一番失敗なく作りやすい分量です。2個だとすぐに固まるので、卵の甘みが強く感じられる半熟状になりにくく、4個では多すぎますから。

材料（2人分）

卵	6個
生クリーム	大さじ1 ⅓
サラダ油	大さじ2
バター	小さじ2
塩	約小さじ1
こしょう	こしょうひき6回し分

作り方

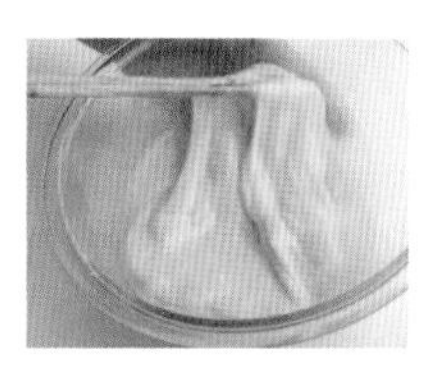

① 卵3個を割り、塩の半量を加える。生クリーム、こしょうもそれぞれ半量を加え、菜箸でコシをきるようにしてよく混ぜる。

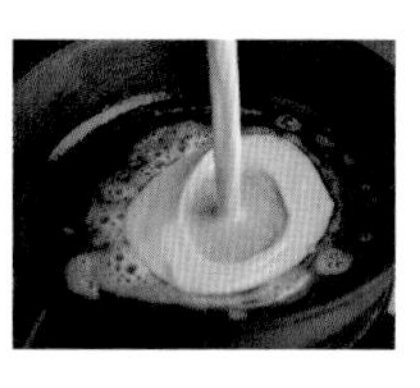

② フライパンをよく熱し、サラダ油、バターのそれぞれ半量を加え、すぐに①を流し入れる。

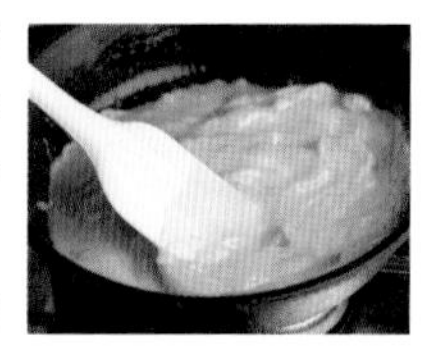

③ 左手でフライパンをゆすりながら、ゴムべらでぐるぐると手早く混ぜる。フライパンの縁から内側に卵を動かすように混ぜるとよい。

④ 卵の周りが少しはがれるようになったら、フライパンを向こう側に傾け、卵を寄せる。

⑤ 左手でフライパンを上げたときに右手で柄をたたき、トントントンと小刻みに形を整えていく。皿をかぶせてひっくり返し、盛る。同様にもう1人分を作る。

卵のなめらかでとろりとした舌ざわりを楽しんで

スクランブルエッグ

卵を湯せんでゆっくり、やさしく火を入れていくと、フライパンで焼いたときとはまったく違う味わいになります。なめらかでとろりと柔らかい舌ざわり、そしてちゃんと火が入っているのに、まるで生のような甘みは、この料理の醍醐味です。フライパンで弱火で混ぜながら作る方法もありますが、湯せんのほうが失敗せずおいしく作れます。

材料（2人分）

卵	6個
バター	大さじ2
生クリーム	大さじ2
塩、こしょう	各少量

作り方

1. 鍋に湯を沸かし、微沸騰状態を保つ。
2. 鍋とほぼ同サイズのボウルに卵、生クリーム、塩、こしょうを入れてとき混ぜ、バターを入れて①に重ねる。
3. ゴムべらで混ぜながら火を入れる。途中、ボウルの縁についた卵を落とし、ダマにならないように気をつける。

4. 全体に温まって軽くとろみがついたら鍋からはずし、さらに混ぜて余熱でとろとろに仕上げる。

MESSAGE

卵液は金属製のボウルに入れて湯せんにすると、早く作れておすすめです。ただし2つ注意点があります。泡立て器ではなくゴムべらを使うこと。金属同士があたってこすれると、色が悪くなることがあります。また卵は70℃前後で急に固まりやすいので、状態をよく見て、とろりとした状態に仕上げましょう。

材料（2人・6個分）

じゃがいも	2 ½個（400g）
玉ねぎ	½個（90g）
牛ひき肉	100g
バター	大さじ1
パン粉、薄力粉、とき卵	各適量
揚げ油	適量
塩、こしょう	各適量

■付け合わせ

ミックスサラダ（→p.181）	適量

じゃがいもは熱いうちに作業するべし！

ポテトコロッケ

揚げたてあつあつのポテトコロッケは、そのままほおばりたくなるおいしさ。カリッと揚がったころも、湯気が立ち上るホクホクじゃがいも。いもの甘みを存分に堪能できる瞬間です。冷めてもおいしいので、お弁当のおかずにしたり、パンにはさんでコロッケサンドにするのもおすすめです。

じゃがいも料理の鉄則は"熱いうちに行え"。じゃがいもとひき肉を混ぜるところから成形まで、手早く行いましょう。熱いと粘りが出にくく、まとまりやすいので、食べるといもがホロホロとくずれるような食感でおいしくいただけます。ただし、やけどには気をつけてください。

MESSAGE

洋食
YOSHOKU　大宮勝雄

あらかじめたねには火が通っているので、揚げ具合をあまり気にすることはありません。揚げ上がりはお好みの色で見極めてください。

① じゃがいもは1個を6等分にする。玉ねぎは1㎝角に切る。

② じゃがいもを水から強火にかけ、沸いたら塩を加えて微沸騰にする。芯まで柔らかくなったら湯を捨てる。

③ 再度火にかけて鍋をふり、じゃがいもを踊らせるようにして水分をとばし、粉ふきいもにする。塩小さじ1/2をふってよく混ぜる。

熱いうちに塩を混ぜることで、全体に下味がついておいしくなります。

④ フライパンにバターを熱し、玉ねぎを加えてからませ、塩、こしょうふる。ひき肉を加え、塩、こしょうをふり、パラパラにほぐしながら炒める。肉の色が変わったらボウルに取り出す。

⑤ 温かいうちに④のボウルに③を加え、ゴムべらで粗くつぶしたあと、スプーンの背で押しつぶすようにして混ぜる。かたまりとつぶした部分を半々程度にする。

全部をつぶすよりも、どころどころにかたまりが残っているほうが食べ飽きません。

⑥ ⑤を6等分にし、手に油（分量外）をつけ、力を入れてじゃがいも同士をつなげるイメージで小判形に整える。常温で冷まし、硬く、扱いやすくする。

⑦ 薄力粉、とき卵の順につける。たっぷりのパン粉に入れ、余分な粉をやさしくはたいて落とし、ごく薄くころもをつける。

パン粉にうずめるようにしてまずはたっぷりとつけ、軽くはたくようにすると、ムラなく全体につきます。

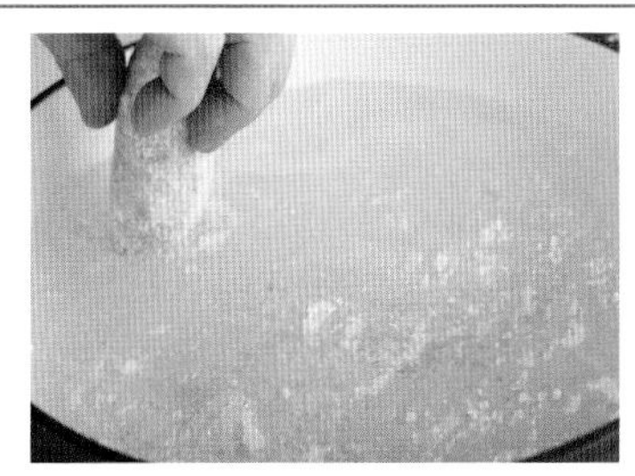

⑧ 揚げ油を180℃に熱し、⑦を手前から奥へスライドさせるようにやさしく入れる。

油はねを恐れて上から落とすと、確実にはねて、やけどの危険があります。油に近いところで、スライドさせてみてください。

⑨ ころもに色がついてきたら1回裏返し、きれいなきつね色に色づいたら網じゃくしですくう。網に上げて、油をきる。皿に盛って、付け合わせを添える。

材料（3人分・6個）	
豚ひき肉	250g
玉ねぎ	250g
砂糖	小さじ1
しょうがの絞り汁	大さじ1
パン粉、薄力粉、とき卵	各適量
揚げ油	適量
塩	小さじ1 ½
こしょう	適量
中濃ソース	適量
■付け合わせ	
キャベツ（せん切り）	適量

明治時代生まれの不動の人気料理

メンチカツ

メンチカツのおいしさは、何といっても食べたときにホロホロとくずれるひき肉と、口いっぱいにほとばしる肉汁の旨み。**肉汁がごちそうの料理**なのです。

二大材料は、豚ひき肉と玉ねぎ。じつは**豚肉と玉ねぎは1：1で使います。**「そんなに玉ねぎを使うの！」と思われるかもしれませんが、生の玉ねぎを使うので香り高く、甘みは控えめ。濃厚な旨みを持つ豚肉を生かすにはちょうどよいのです。玉ねぎの香りもおいしさなので、水にさらしてはいけません。

豚肉のおいしさをシンプルに堪能するため、合いびきではなく**豚100％を使ってください。**

MESSAGE

洋食 YOSHOKU **大宮勝雄**

せっかくの肉汁を逃がさないため、ころもは二度づけにして、揚げたときに割れ目ができないようにしっかりとガードします。これで万全。食べたときのジューシーなおいしさに、ついもう1個……もう1個……と手がのびますよ。

① 玉ねぎはみじん切りにする。ひき肉は冷蔵庫から出したての冷たい状態のものを使う。

② ひき肉と玉ねぎ、塩、こしょう、砂糖、しょうがの絞り汁をボウルに入れ、ゴムべらでしっかり混ぜる。

ひき肉と玉ねぎ、水分、調味料がつながった状態にします。

③ ②を6等分にし、手に油（分量外）をつけて、それぞれ円盤状に形作る。

手の温度が伝わらないよう、できるだけ手早く行います。

④ 薄力粉、とき卵、パン粉の順につける。もう一度くり返し、しっかりところもをつける。

⑤ 揚げ油を180℃に熱し、④を入れる。ころもが色づき始め、表面が固まったら温度を160℃程度に下げてじっくり揚げる。

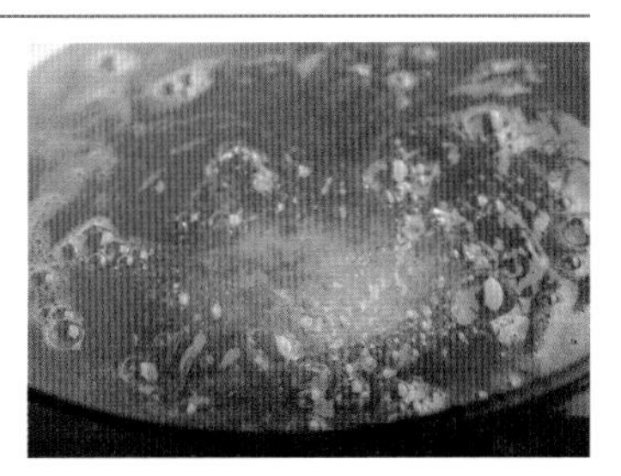

⑥ 泡が細かくなり、音が静かになって浮いてきたら揚げ上がり。網に上げて1～2分やすませ、余熱で芯まで火を通す。器に盛り、付け合わせを添えてソースをかける。

付け合わせにもなるじゃがいも料理

ポテト・リヨネーズ

ベーコンの旨みと玉ねぎの甘みを移した油をからませてオーブンへ入れる、リヨンの郷土料理。

ローストビーフやハンバーグなどにはポテト・リヨネーズ、というほど定番の組み合わせです。

材料（作りやすい分量）

じゃがいも（男爵）	2個
ベーコン（拍子木切り）	50g
玉ねぎ（薄切り）	$\frac{1}{3}$個分
シュレッドチーズ	50g
サラダ油	小さじ1
塩	小さじ$\frac{2}{3}$
こしょう	適量

作り方

1. じゃがいもは皮付きのまま硬めに塩ゆでし、皮をむいて1㎝幅に切る。
2. フライパンにサラダ油を熱し、玉ねぎとベーコンをさっと炒め、1を加えて油を全体に回す。
3. 耐熱皿に広げ、チーズを散らしてこしょうをし、薄く焼き色がつくまでオーブントースターで焼く。

材料（4人分）

鶏手羽元……12本

■スパイス調味料（作りやすい分量）
- クミン……大さじ1/4
- ジンジャーパウダー……大さじ1/4
- オニオンパウダー……大さじ1/2
- ガーリックパウダー……大さじ1/2
- パプリカ……大さじ1/2
- 白こしょう……大さじ1/2
- カイエンヌペッパー……少量
- コーンスターチ……大さじ5
- 塩……大さじ1

揚げ油……適量

スパイシーな大人味は、ビールのおつまみにも

フライドチキン

フライドチキンというと買ってくるもの、と思いますが、好みのスパイスを配合して手作りすると、また格別のおいしさです。手羽元を骨付きで揚げるので、表面はカリッと、中はジューシー、芯まで火が入っていて、骨からも旨みがしっかりと出ているのが理想のでき上がりです。

鶏肉は水分が多くて旨みも上品なので、**スパイスのころもでしっかりとマリネして**、持ち味を引き立たせます。ころもに使ったコーンスターチの働きで、**120℃の低温でじっくり時間をかけて揚げても水分が逃げません**。薄力粉を使ってもよいですが、少しもったりと重たい感じになります。

MESSAGE

洋食 YOSHOKU **大宮勝雄**

スパイスはレシピに書いたすべての種類がそろうのが理想ですが、そろわなくてもかまいません。ただし、香りのポイントとなるクミンだけは、必ず入れてほしいですね。

① スパイス調味料の材料をよく混ぜる。50g取り出す。

50gだけ使います。残りはガラス瓶などに入れて密閉しておけば保存できます。

② 別のボウルに鶏肉を入れ、①を大さじ2加え、鶏肉によくもみ込んで細かいところまでなじませる。鶏肉から水分が出てきたら、①を大さじ1加え、再度もみ込む。

③ ラップをかけて冷蔵庫で3時間〜ひと晩おき、塩味やスパイスの香りをしみ込ませる。

④ 揚げる直前に再び①の残りを薄くまぶす。

揚げる前にもう一度、スパイスのころもをつけてしっかりとコーティング。これがこの料理最大のポイントです。

⑤ 揚げ油を120〜130℃に熱し、④を入れる。

骨までしっかりと火を入れたいので、低温の油温をキープして揚げていきます。揚げ時間が長いので、火から離れないようにしてください。

⑥ ときどき油を混ぜながら20分ほどゆっくりと揚げる。網にとって油をきる。

付け合わせにもなるじゃがいも料理

マッシュポテト

じゃがいもがバターや生クリームの濃厚なコクを抱き込み、クリームのようになめらかに。

ビーフシチューのようにリッチなソースの料理に添えたり、グラタン風に焼いて肉料理に。

材料（作りやすい分量）

じゃがいも（男爵）……300g
バター……70g
Ⓐ
牛乳……1/2カップ
生クリーム（乳脂肪分35％）……1/4カップ
塩……小さじ2/3

作り方

1 じゃがいもは皮をむき、ひと口大よりやや大きめに切る。竹串がすんなり刺さるくらいの柔らかさに塩ゆでする。

2 湯を捨て、再び火にかけ、鍋をゆすりながら水分をとばす。裏ごしをし、鍋に戻してバターを加える。

3 別の鍋に、Ⓐを合わせて温める。

4 2を火にかけ、3を少しずつ加えながら混ぜる。ぽってりとしたらでき上がり。

材料（4人分）

キャベツ……1個

Ⓐ
- 牛ひき肉……200g
- 豚ひき肉……200g
- 玉ねぎ（みじん切り）……½個分
- 塩……小さじ1½
- 黒こしょう……適量

Ⓑ
- トマトジュース（食塩不使用）……2½〜3カップ
- 水……¼カップ
- 塩……小さじ1弱

塩、こしょう……各適量

ビギナーも失敗ナシで本格派の味わいに

ロールキャベツ

ロールキャベツといいながら、このレシピは「巻きません」。これは、キャベツで肉だねを巻き込む作業が面倒で作らないんです……という声を聞いて考えた方法です。キャベツと肉だねを重ねてミルフィーユのようにしますが、小さなキャベツのようなかわいい形で、切った姿も美しくなりました。
「素材の旨みがだし」という洋食の考え方にのっとって、ブイヨンを使わず、トマトジュースと水で煮て、キャベツの甘みと肉の旨みを引き出します。特別な材料はいっさいなし。初めて作るかたも失敗しない安心のレシピです。

MESSAGE

洋食 YOSHOKU 大宮勝雄

こんなふうにキャベツと肉を重ねる方法なら、キャベツが少々破れても大丈夫。一番外側になるキャベツは、緑色が濃いものを使うと、まるでミニキャベツのような見た目になります。

① ボウルにⒶを入れ、氷水にあてながら ゴムべらで押しつけ、そのまま引くようにしてしっかり混ぜる。ボウルの中で4等分にしておく。

ハンバーグステーキ（➔p.174）の肉だねと同じ混ぜ方です。

② キャベツの葉は破れないように、10枚ほどはがし取る。1％の濃度の塩水でゆで、透明感が出たら氷水にとる。

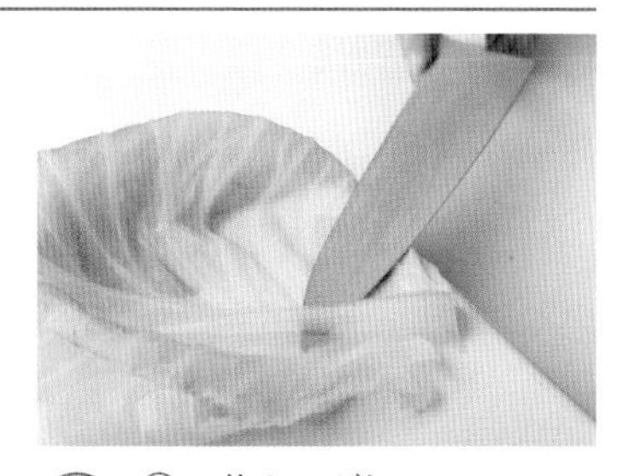

③ ②の芯をそぎ切りにし、そいだ部分を粗みじんに切る。

キャベツの芯は甘みの宝庫なので、捨てずに刻んで、包むときに入れちゃいましょう。

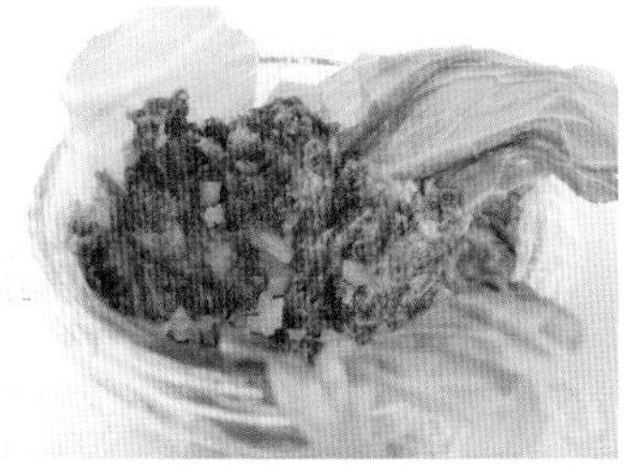

④ 口径10㎝のボウルに大きめにラップを敷き、ボウルよりふた回りほど大きめのキャベツを敷く。2枚重ねてもよい。①の4等分の1/3量をキャベツに薄く貼りつけるようにして敷き、③を散らす。

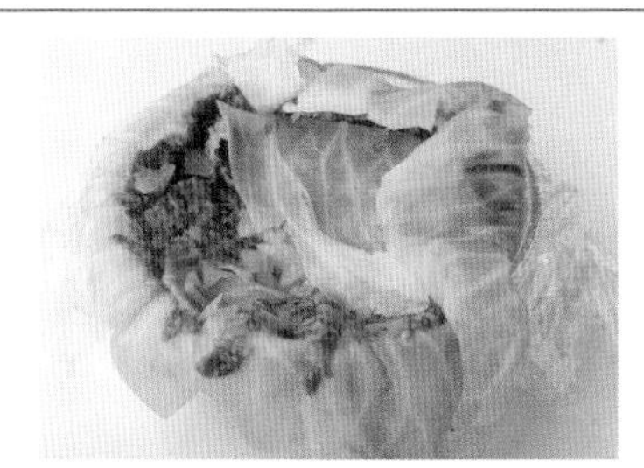

⑤ 同様にしてキャベツを重ね、たねを敷く。これをくり返して3段にし、上部にもキャベツの端をのせる。

⑥ ラップごと持ち上げ、いちばん下に敷いたキャベツで全体をおおう。

⑦ 口をきゅっと絞って茶巾形にし、形を整える。同様にあと3個作る。ラップをはがす。

ボウルの丸い形を利用すれば、こんなに簡単に包むことができますよ。

⑧ 厚手の鍋に⑦を並べ、Ⓑを加えて蓋をして火にかける。沸騰したら中火にし、ときどき煮汁をかけながら とろみがつくまで煮詰める。塩、こしょうで味をととのえる。

材料（4人分）

玉ねぎ*	2個
ブイヨン（市販）	2 1/2カップ
サラダ油	大さじ2
フランスパン（薄切り）	4枚
シュレッドチーズ	100g
パセリ（みじん切り）	適量
塩、こしょう	各適量

＊炒め玉ねぎはこのうち半量を使う。残りは冷凍可能。

玉ねぎの澄んだ甘みと旨みを堪能するスープ

オニオングラタンスープ

じっくりと炒めた玉ねぎは、甘い香りが漂い、きらきらと輝く黄金色になります。これをシンプルにブイヨンで煮たスープは、玉ねぎの澄んだ甘みと旨みにあふれ、まるで玉ねぎをそのまま食べているかのよう。仕上げにチーズをふって焼き上げて、香ばしさと旨みをプラスします。

玉ねぎを炒めるときは、**フライパンについた焼き色もしっかりとこそげて**、玉ねぎに戻しましょう。そのまま放っておくと焦げついて苦みに変わります。これではせっかくのオニオングラタンスープが苦く、雑味が出て、台無しになってしまいますよ。

MESSAGE

洋食 YOSHOKU **大宮勝雄**

これまで、洋食ではブイヨンを使わないのが基本、と言ってきましたが、それは動物性の旨みがある場合。玉ねぎの旨みだけではスープとしてのおいしさが出ないので、ここではブイヨンを使っています。市販のものは塩が入っていることが多いので、仕上げにお好みで塩味をととのえてください。

① 玉ねぎをごく薄いスライスにする。

② フライパンにサラダ油を熱し、①を入れて炒め、玉ねぎ全体に油をなじませる。

火加減は中火です。弱すぎるといつまでもあめ色にならないので、ある程度の火力にします。

③ 炒め続けると玉ねぎやフライパンに焼き色がついてくる。フライパンについた焼き色はゴムべらでこそげて玉ねぎに戻すようにしながら炒め続ける。

④ 途中、玉ねぎを広げて水分をとばすようにする。火からはずして混ぜ、また火にかけて混ぜることをくり返す。だんだん茶色が濃く、透明感を帯びてくる。約15分炒めた状態。

⑤ 炒め続けて30分以上であめ色の玉ねぎのでき上がり。

持ち上げて光に透かしたときに、透明感があって金色に輝くのが目ざす状態。

⑥ ⑤の半量を鍋に入れ、ブイヨンを加えて火にかけ、塩、こしょうで味をととのえる。器に盛ってパンとチーズをのせ、色づくまでオーブントースターで焼く。パセリをふる。

玉ねぎの炒め具合と使い方

玉ねぎは、フライパンの表面積の広さを利用して、全体に広げるようにして炒めます。料理によって炒め具合を変えて使うので、下を参考にしてください。

【生】

玉ねぎの香りと食感をしっかり感じたいときに。メンチカツ、ロールキャベツなどに。

【透明】

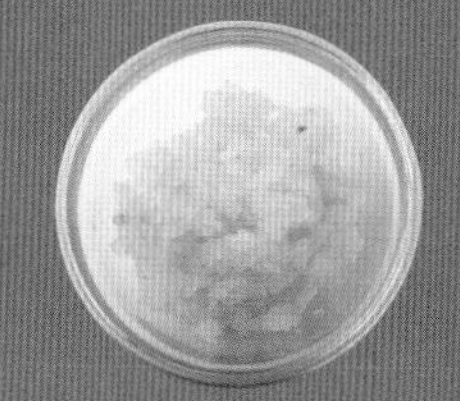

白く仕上げたい料理に。油が全体に回って、透き通った状態。焦がさないように注意。グラタンなどホワイトソース系に。

【うす茶】

仕上がりの色を左右せず、やや甘みを引き出して味をつけたいとき。ハンバーグなどに。

【あめ色】

30分以上、弱火でじっくり炒めて甘みを最大限に引き出す。オニオングラタンスープなど、甘みを味のポイントにしたいときに。

洋食ならではの人気のサラダ

ポテトサラダ

じゃがいものホクッとした甘みとマヨネーズのコクが絶妙なバランスの洋食サラダ。人気ゆえにさまざまなタイプがありますが、ここでは**じゃがいもを混ぜるときに軽くつぶして**、形が残る部分とマヨネーズと混ざってペースト状になる部分がほどよいバランスになるタイプをご紹介。お弁当のおかずにもどうぞ。

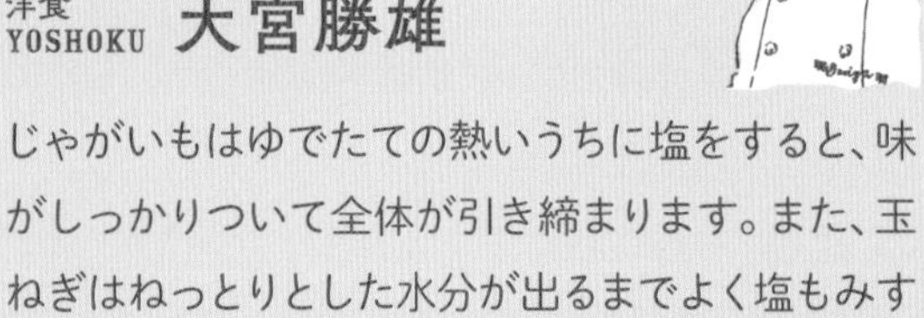

MESSAGE

洋食 YOSHOKU **大宮勝雄**

じゃがいもはゆでたての熱いうちに塩をすると、味がしっかりついて全体が引き締まります。また、玉ねぎはねっとりとした水分が出るまでよく塩もみすることで、辛みが抜けて甘みがグッと増しますよ。

材料（3～4人分）

じゃがいも（男爵）	大4個
玉ねぎ	1個
にんじん	½本
きゅうり	1本
マヨネーズ	100g
牛乳	大さじ1
白ワインヴィネガー	小さじ1～2
塩、こしょう	各適量

作り方

1. じゃがいもは皮をむいてひと口大に切る。玉ねぎは薄切りにする。にんじんときゅうりは薄い半月切りにする。
2. 玉ねぎは塩でもみ、粘りのある水分が出てきたら軽く水にさらす。にんじんは塩ゆでにし、きゅうりは塩もみする。
3. じゃがいもを塩ゆでし、湯を捨てる。再度火にかけて鍋をふり、水分をとばし、粉ふきいもにする。塩小さじ1弱をふってよく混ぜる。

4. ③を常温に冷ます。ボウルに入れ、②の玉ねぎとにんじん、マヨネーズ、牛乳、白ワインヴィネガーを加える。

5. ボウルの底から混ぜて、全体に調味料をからませる。ときどきへらでつぶすとよい。仕上げにきゅうりを加え、塩、こしょうで味をととのえる。

材料（2人分）

キャベツ（せん切り）……1/4個分
コーン（粒。缶詰）……正味大さじ3
フレンチドレッシング（下記）……大さじ4
塩……小さじ1
シェリーヴィネガー（あれば）……適量

作り方

1. キャベツを塩でもむ。少しおいて　しんなりしたら、軽く水気を絞る。
2. コーンを混ぜ、フレンチドレッシング、お好みの分量のシェリーヴィネガーで和える。

MESSAGE

洋食 YOSHOKU 大宮勝雄

このまま食べても、料理の付け合わせにしてもいい便利なサラダです。すっきりした味のシェリーヴィネガーをぜひ使ってみてください。

作りおきできる便利なサラダ

コールスロー

キャベツのサラダの代表が、このコールスロー。せん切りにしたキャベツを塩もみし、フレンチドレッシングで和えたら、仕上げにヴィネガーで和えると全体の味が引き締まって大人っぽい味になります。

フレンチドレッシング

酢の酸味がさわやかで、まろやかな味わいが特徴です。油と酢の割合は4：1。アクセントになるのは、香りと食感のよい生の玉ねぎ。1日おくと辛みが抜けて、味がよくなじみます。

材料（作りやすい分量）

サラダ油……500mℓ
白ワインヴィネガー……125mℓ
玉ねぎ（粗みじん切り）……1/2個分
マスタード……17g
塩……小さじ1強（6g）
こしょう……2g

＊半量で作ってもOK。

作り方

1. ボウルに玉ねぎ、マスタード、白ワインヴィネガー少量、塩、こしょうを入れ、ブレンダーでよく混ぜる。サラダ油を少量加え、白っぽく乳化するまで混ぜる。
2. ヴィネガー少量を加えて混ぜ、次に油、ヴィネガーとくり返し、加える量を増やしながら混ぜ続ける。とろりとしたら完成。

豚肉の旨みとスパイスの香りを味わって

本格ビーフカレー

ここではおうちカレーではなく、レストラン大宮風のビーフカレーをご紹介しましょう。**カレーはもともとスパイスの香りを味わう料理**で、複雑な甘みや旨み、酸味のあとに辛い余韻がスーッと鼻に抜けるのが醍醐味です。旨みの強い牛バラ肉や野菜を使うので、**ブイヨンを使わなくてもおいしくなります。**

スパイスを生かす味のベースは、驚くほどたくさんの炒め玉ねぎとりんご、マンゴーチャツネ。"凝縮、さわやか、コク"の3つの甘みが牛肉の旨みに深みを出し、スパイスとのつなぎ役となって味を一体化してくれます。私はアクを取りませんが､気になるようなら、でき上がりに浮いてくる分だけすくってください。

材料（作りやすい分量）

- ご飯（温かいもの）……適量
- 牛バラ肉（かたまり）*1……500g
- 玉ねぎ（ごく薄い薄切り）……5～6個分
- にんじん（みじん切り）……1本分
- りんご（皮ごと薄切り）……1個分
- にんにく（みじん切り）……2かけ分
- しょうが（みじん切り）……35g
- カレー粉……60g

■スパイス類*2
- カルダモン……1粒
- クローブ……1粒
- ローリエ……1枚
- ジュニパーベリー……15粒
- コリアンダーシード……6g

Ⓐ
- ヨーグルト（無糖）……½カップ
- トマトケチャップ……大さじ4～5
- マンゴーチャツネ……60g
- 片栗粉……大さじ3

- ガラムマサラ……4g
- サラダ油……130㎖
- バター……小さじ2
- 塩、こしょう……各適量

*1 牛バラ肉は、脂身の多めのものを選ぶ。

*2 右手前から時計回りにカルダモン、クローブ、ローリエ、ジュニパーベリー、コリアンダーシード。

MESSAGE

洋食 YOSHOKU **大宮勝雄**

圧力鍋をお持ちのかたは､ぜひ活用してください。加圧時間は30分で作れますよ。

① 厚手の鍋にサラダ油70㎖を軽く温め、スパイス類を加える。弱火でじっくりと香りを移す。

② ①に玉ねぎを加え、混ぜて全体に油をからませる。塩小さじ1を加え、全体に広げて水分をとばすようにしながら炒める。

③ 次第に玉ねぎの甘い香りが出てくるので、鍋についた焼き色をこそげながら1時間ほど炒め続ける。きれいなあめ色の炒め玉ねぎができる。

鍋についた焼き色は旨み。きれいにこそげて玉ねぎに戻します。

④ フライパンにサラダ油大さじ1を熱し、バターを入れてりんごを加え、じっくりと炒める。焼き色がついて、甘酸っぱい香りが立ってくる。

⑤ 小鍋でカレー粉をから煎りし、風味を立たせる。カレー粉はそのままでは香りが弱いので、必ず行う。

ひと手間でも必ず行いましょう。少し古くなったスパイスもこうすると香りが立ってきます。

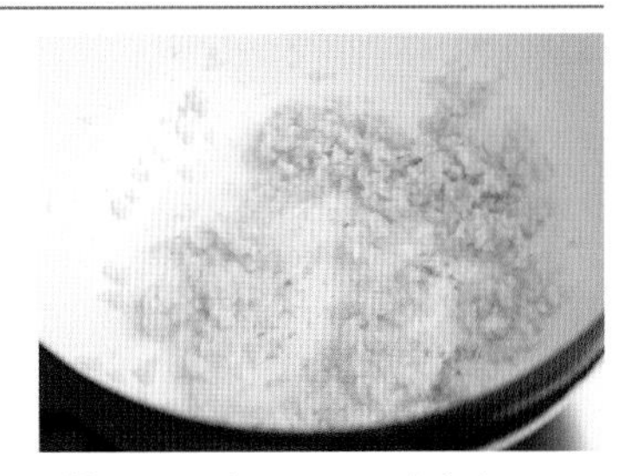

⑥ 別の鍋にサラダ油大さじ2を温め、にんにくとしょうがを炒めて香りを立たせる。にんじんも炒め、③、④、⑤と塩大さじ$1\frac{1}{2}$を加えて炒め、ひたひたの水を加えて強火にする。

⑦ Ⓐを泡立て器で混ぜる。⑥が沸いたら水分を少し取り出してⒶに加え混ぜ、⑥に入れて弱火にする。

⑧ 牛バラ肉をタコ糸で縛って形を整える。フライパンにサラダ油大さじ1を熱し、牛バラ肉の表面に焼き色がつくまで焼き固める。⑦の鍋に加えて微沸騰状態で3時間ほど煮込む。途中、水が減ったら加える。

⑨ 肉を取り出してタコ糸をはずし、ひと口大に切って鍋に戻し、ガラムマサラを混ぜる。塩、こしょうで味をととのえる。器にご飯180gを盛り、カレーを適量かける。

ひき肉のカレーはご飯とよく混ぜて食べて

キーマカレー

いわゆるひき肉カレーのこと。ひき肉は旨みが抜けすいので、煮込み時間はほんの数分です。短時間しか煮込まないので、炒める段階で、まずカレー粉の香りをしっかりと出してから水分を加えましょう。味の厚みが違ってきます。カレー粉は、スパイスがバランスよく配合されているので万能ですよ！

MESSAGE

洋食 YOSHOKU **大宮勝雄**

キーマカレーにはぜひバターライスを。バターがご飯とカレーのつなぎ役になって、よく混ぜると一体化したおいしさになります。

材料（2人分）

- バターライス（温かいもの →p.203） …… 360g
- 牛ひき肉 …… 240g
- 玉ねぎ（みじん切り） …… ½個分
- マッシュルーム（粗みじん切り） …… 6個分
- パプリカ（粗みじん切り） …… ½個分
- カレー粉 …… 大さじ1
- Ⓐトマトジュース（食塩不使用） …… ½カップ
- Ⓐ水 …… ½カップ
- サラダ油 …… 大さじ1 ½
- 水溶き片栗粉* …… 小さじ2
- 塩、こしょう …… 各適量

*片栗粉と水を1：1で合わせたもの。

作り方

1. フライパンにサラダ油を軽く熱し、玉ねぎを入れて炒め、塩ひとつまみをふって透き通るまで炒める。
2. マッシュルームとパプリカを加え、油が回ったらカレー粉を加え混ぜる。カレー粉の香りが立ってきたらひき肉を入れ、塩小さじ1をふる。
3. 肉を炒めて色が変わったらⒶを加えて混ぜながら軽く煮込む。水溶き片栗粉を加え、とろみをつける。塩、こしょうで味をととのえる。

4. 皿にバターライスを盛り、真ん中に③をのせる。

日本ならではの“炒めカレー”はなつかしの味

ドライカレー

日本人はカレーが好きですが、これもまた人気の洋食ならではのメニュー。パラパラに炒まったカレー味の“炒めご飯”に、ときどき甘いレーズンがアクセントになって、しみじみおいしいですね。**カレー粉は火を入れることで香りがふわっと立つので、加えたあとはしっかりと炒めましょう。**

MESSAGE

洋食 YOSHOKU **大宮勝雄**

トマトジュースやケチャップなどの水分は最後に加えて一気に水分をとばし、ご飯がベチャッとならないようにします。

材料（2人分）

- ご飯（温かいもの）……360g
- 鶏もも肉（2㎝角）……1/2枚分
- 玉ねぎ（1.5㎝角）……1/4個分
- 薄力粉……適量
- レーズン……10g
- カレー粉……大さじ1
- Ａ トマトジュース（食塩不使用）……大さじ2
- Ａ トマトケチャップ……大さじ1 1/2
- バター……大さじ1 1/3
- 塩、こしょう……各適量
- グリーンピース（塩ゆで）……適量

作り方

1. 鶏肉に塩、こしょうをして薄力粉を薄くつける。フライパンにバター大さじ1/3を軽く熱し、玉ねぎを入れて塩ひとつまみ加え、透明になるまで炒める。鶏肉を加えて炒める。
2. 鶏肉に軽く火が入ったらご飯とバター大さじ1を加え、ご飯を広げるようにしながらパラパラに炒める。
3. レーズンとカレー粉を加え、カレー粉をご飯にからませるように混ぜる。塩小さじ1弱とこしょうをふる。

4. Ａを加えて強火にし、ゴムべらで広げるようにして水分をとばす。器に盛り、グリーンピースを散らす。

材料（2人分）

スパゲッティ（1.6㎜）……160g

■ミートソース
（でき上がり量3カップ、
このうち1カップを使用）

- 牛ひき肉……600g
- 玉ねぎ……$\frac{3}{4}$個
- マッシュルーム……9個
- にんにく（みじん切り）……1かけ分
- トマトソース（市販）……$1\frac{1}{2}$カップ
- トマトジュース（食塩不使用）……$1\frac{1}{2}$カップ
- サラダ油……大さじ1
- 塩、黒こしょう……各適量

シュレッドチーズ……30g
パセリ（みじん切り）……少量
粉チーズ……適量

洋食の真打ち登場、イタリアンではない日本のパスタ

スパゲッティ・ミートソース

肉の旨みとほんのりトマト味がきいたミートソースは、**日本人好みのハイカラな味**。イタリア料理のように赤ワインを使った本格派ではなく、玉ねぎの甘みやチーズ、パセリが溶け込んだ“ちょっと旨みが薄め”で“ちょっと甘め”のどこかやさしい味は、和風イタリア料理の代表です。このミートソースはご飯と炒めてもおいしいですよ。

日本らしいミートソースの味を出すための**かくし味が、マッシュルーム**です。香りはまろやかで旨みが強く、全体のバランスをとりながら、もっとおいしくしてくれる——いわば陰の大黒柱なのです。

MESSAGE

洋食 YOSHOKU **大宮勝雄**

材料表でご紹介したミートソースの分量は6人分です。この分量で作ったほうがおいしく、また冷凍もできるのでおすすめです。ただし作り方のプロセス写真のように材料をすべて⅓量にして、2人分ぴったりの量を作ってもかまいません。

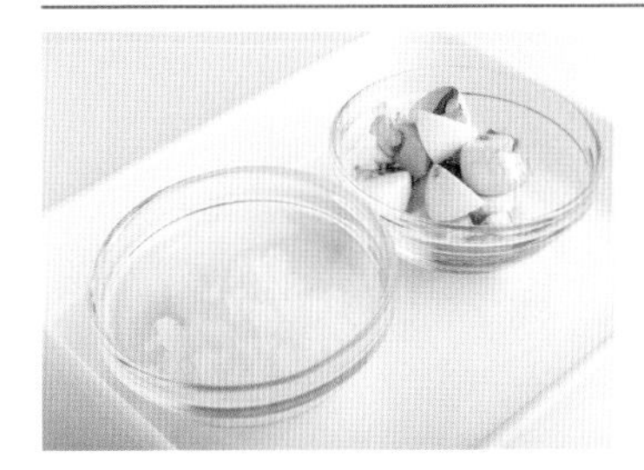

① マッシュルームを縦4等分に切り、玉ねぎをみじん切りにする。

② フライパンにサラダ油を軽く熱し、にんにく、玉ねぎを加えて炒める。塩をふって炒め、香りが出て透き通ってきたらマッシュルームを加え、炒めて香りを立たせる。

③ ひき肉を加え、塩小さじ1と黒こしょうをふり、木べらでほぐすようにしながら炒める。

材料を入れたらちょっと塩、材料を入れたらちょっと塩。こうやって下味をきちんとつけるのが洋食をおいしく作るコツです。

④ ひき肉に少し赤みが残るぐらいまで炒めたらトマトソース、トマトジュースを加え、塩ひとつまみと黒こしょうをふる。強火にして煮込む。

ひき肉は火が通るのが早く、また火を入れすぎると硬くなるので強火で短時間で煮込みます。

⑤ ソースからひき肉が見えてきたら火を止めて、肉に味をしみ込ませる。これでミートソースのでき上がり。

⑥ 鍋にたっぷりの湯を沸かし、湯の重量の1%の塩（分量外）を加え、スパゲッティをゆでる。⑤のソースを温め、ゆで上げたスパゲッティを加え、トングで軽く混ぜる。

⑦ シュレッドチーズを加え混ぜ、スパゲッティのゆで汁を大さじ2加えて手早くかき混ぜ、スパゲッティにソースをなじませる。器に盛り、粉チーズとパセリをふる。

ミートソースでもう一品

アッシェ・パルマンティエ

簡単オーブン料理はワインのおつまみにもぴったり。

材料（直径9×高さ5㎝のココット型1個分）

ミートソース（→p.200）	大さじ5
マッシュポテト（→p.189）	大さじ5
シュレッドチーズ	大さじ5
パセリ（みじん切り）	適量

作り方

1. ミートソースを温める。ココット型にミートソース、マッシュポテト、チーズの各1/3量を重ねる。これをもう2回くり返す。
2. オーブントースターで焼き色がつくまで焼き、パセリを散らす。

かにがたっぷり入った炒めバターライス

かにピラフ

ピラフの魅力は、バターライスに軽く焼き目がついて香ばしく炒まったところ。同じ炒めご飯でも、チャーハンとは決定的に違うおいしさです。ここではフライパンの中でご飯とバターを炒めて即席バターライスを作りました。かにたっぷりのごちそうピラフも、ほんの10分ほどででき上がりますよ。

MESSAGE

洋食 YOSHOKU **大宮勝雄**

あらかじめ作っておいたバターライスがあれば、もっと簡単に作れます。野菜の甘みもポイントで、深い味わいを生み出します。

材料（2人分）

- ご飯（温かいもの）……400g
- かにの足（むき身を粗くほぐす）……100g
- かにの足（むき身。トッピング用）……4本
- 玉ねぎ……1/6個
- セロリ……1/6本
- にんじん……1/6本
- マッシュルーム……6個
- パプリカ……小1個
- パセリ（みじん切り）……適量
- バター……大さじ2 1/4
- 薄力粉……適量
- 塩、こしょう……各適量

代用食材

□ かには、かに缶でもおいしく作れる。缶汁も一緒に使って、旨みに奥行きを出すとよい。

作り方

① 玉ねぎ、セロリ、にんじんはみじん切り、パプリカは細切り、マッシュルームは薄切りにする。トッピング用のかには薄く粉をふり、バター大さじ1/4で軽く焼く。

② フライパンにバター大さじ1を軽く熱し、①の玉ねぎ、セロリ、にんじんを入れ、弱火でじっくり炒め、香りを充分に出す。

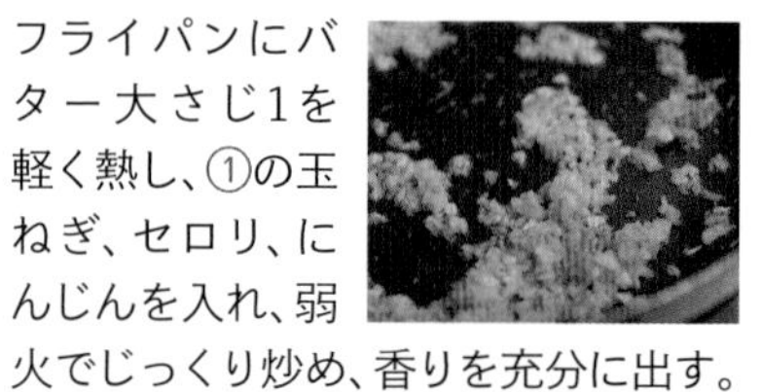

③ マッシュルームとご飯、バター大さじ1を加え、塩小さじ1/3とこしょうをして強火にする。フライパンをゆすりながら、ご飯ひと粒ひと粒にバターをからませる。

④ 途中で①のパプリカを加え、ご飯が軽く焦げて香ばしい香りが出てきたら、かに肉を加え、さっと混ぜて器に盛る。①のかにのむき身をのせ、パセリをふる。

大宮シェフの基本
Lesson
1

洋食のご飯、バターライスの作り方

洋食には、バターの香りをまとったバターライスがぴったり。
いちから炊かなくても、炊いた白いご飯で作る方法もご紹介します。

洋食が人気の理由のひとつは、ご飯に合うこと。ハンバーグやメンチカツなどは白いご飯が進みますが、なかにはバターライスと相性がいい料理もあります。コクのあるまろやかなバターを芯まで含み、コーティングされたお米は、ひと粒ひと粒がつややかで風味豊か。炊くときは、水の代わりにブイヨンがあればより本格的な味わいになりますよ。

材料（作りやすい分量）

米	500 g
玉ねぎ（みじん切り）	½個分
バター	50 g
塩	小さじ2
こしょう	適量
ローリエ	1枚

白いご飯で、即席バターライス

急ぎのときは、白いご飯から作るバターライスを。ご飯はバターと一緒に電子レンジでチン。混ぜてバターを全体にからませてからフライパンで炒め、塩、こしょうで味つけします。こうするとご飯にバターの膜ができ、炒めてもつぶれにくくパラパラの状態に仕上がります。

あらかじめバターでコーティングされているので、焦げにくく米粒がパラパラになりやすいですよ。

1 米は洗ってざるに上げ、パラパラになるまでおく。

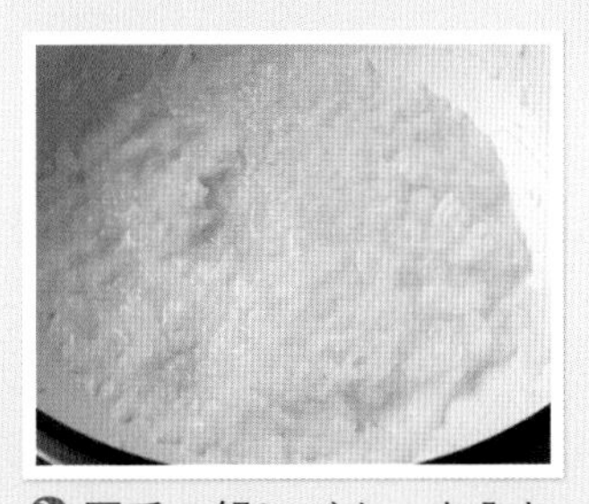

2 厚手の鍋にバターを入れて火にかけ、焦がさないように溶かす。玉ねぎを加え、透き通るまで炒めて塩、こしょうをする。

3 1を加え、バターが全体にからまるように、底からすくい上げながら混ぜる。米がつぶれないように注意。

4 水2 ½カップとローリエを加え、蓋をして強火にする。

5 沸いたら鍋底からさっくりと混ぜ、蓋をして弱火で水分がなくなるまで炊く。

6 炊き上がったら再びさっくり混ぜる。冷凍保存もできる。

ワインに合う ビストロ料理

おうちでワインを楽しむなら、シンプルに素材のおいしさを味わえるビストロ料理を！塩漬けした肉を使って旨み凝縮、日持ちもする料理をご紹介しましょう。

材料（2人分）

鶏もも骨付き肉……480g（2本）

Ⓐ
- 塩……小さじ1 ⅓
- こしょう……適量
- にんにく（みじん切り）……2かけ分

Ⓑ
- タイム（生）……1枚
- にんにく（つぶす）……1かけ分
- ローリエ……1枚
- サラダ油……約1 ℓ

赤ワインヴィネガー……小さじ½
タイム……1枚

■付け合わせ
しいたけ、エリンギ、新じゃがいも……各適量

低温の油でゆっくり煮るフランス伝統のビストロ料理

鶏もも肉のコンフィ

Confit de poulet
コンフィ ド プーレ

前日から塩漬けして余分な水分を出した肉を、低温の油の中でじっくりと煮ていくのが、コンフィという手法です。**もとは保存食として作られた料理**で、鶏肉を煮た油の中に漬けておけば空気に触れず、約1か月持つので、まとめて作るとよいでしょう。本来はコクと風味が豊かなラードで煮ますが、ご家庭で作りやすいようにサラダ油を使いました。少しラードを入れると、グッとおいしくなりますよ。大切なのは**油を低温に保つ**こと。温度が高いと旨みが抜け、肉がパサついてしまいます。

MESSAGE

洋食 YOSHOKU 七條清孝

コンフィは油の温度を80〜90℃に保つことが大事なので、温度計を使いましょう。最初に油を100℃まで熱し、火を止めて鶏肉を入れるとちょうど理想の温度に下がります。80℃より下がったら火をつけて、温度を調整してください。

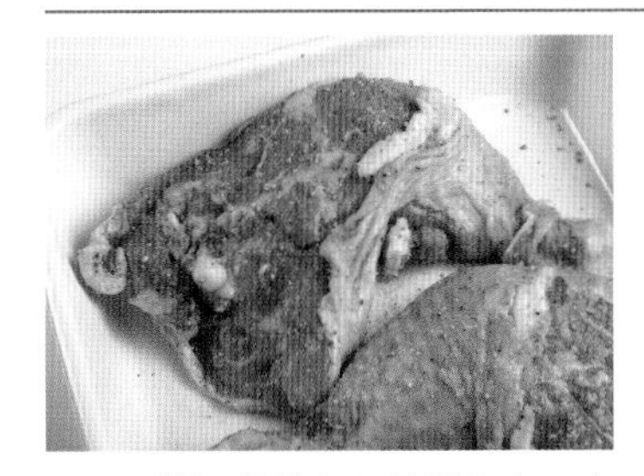

①【前日】鶏もも骨付き肉は身側からⒶを順にふり、なじませるようにもみ込んでひと晩おく。皮側は少なめに、厚い部分には多めにふる。

皮側は塩が落ちるので少なめ、厚い部分は多めにふります。

②【当日】厚手の鍋にⒷを入れて火にかけ、100℃になったら①を入れる。80～90℃を保ちながら40～50分煮る。温度が上昇しないよう注意。

温度が下がってもOK。90℃より高くならないようにだけ注意。

③肉に竹串がすっと入って抜けたら、取り出す。上部の澄んだ油をボウルに取り出す。

ここまで煮た状態で、保存ができます（➜下記）。保存性を高めるため、鶏もも肉、油ともに粗熱をとってから冷蔵しましょう。

④鍋底にたまった油は肉汁を含んでいるので、別のボウルにこし入れて氷水にあてて冷やす。さらに冷蔵庫で冷やして油と肉汁を分離させる。

肉汁があると日持ちが悪くなります。油と分けて使います。

⑤これが油と肉汁が完全に分離した状態。下の茶色い部分が肉汁で、ソースに使用する。上の白い部分が脂で、③で取り出した油と同様に使える。

⑥フライパンに③の油をレードル1杯分入れ、中火にかけて温め、③の鶏肉を皮側のみ焼く。縁に焼き色がついたら、火を止めて網に取り出し、油をきる。フライパンの油を捨ててきれいに拭く。

皮側をバリッとするまでよく焼くと、とてもおいしいです。

⑦フライパンが熱いうちに赤ワインヴィネガー、⑤の茶色の肉汁全量、新しいタイムを入れて香りをつけてソースにする。⑥を付け合わせとともに器に盛り、ソースをかける。

保存方法と油の処理

じっくりと芯まで加熱した鶏肉は、油に漬けて冷蔵庫に入れておけば約1か月もちます。1本ずつ食品用保存袋に入れて冷凍してもよいでしょう。作り方③で鶏肉と油の粗熱がとれたら、保存容器に鶏肉を入れ、油の上澄みを静かにすくって注ぎ、蓋をして冷蔵庫で保存します。この油には鶏肉の旨みが移っているので、野菜や肉のソテーや揚げものに使うとおいしくなります。また、次にコンフィを作るときにも使えるので、捨てないでください。

材料（作りやすい分量）

- 豚バラかたまり肉……500g
- 豚肩ロース肉……500g
- 玉ねぎ……2/3個
- にんじん……1/2本
- セロリ……1/2本
- にんにく……1 1/2かけ
- A ブーケガルニ（→p.41）……1束
- A 白ワイン……1カップ
- ラード……100g
- 塩……12g
- こしょう……適量

下準備

- □ 豚肉はバラ肉と、赤身の肩ロース肉を半々で使う。6cm角に切る。

- □ 野菜はあとでつぶしやすいよう、それぞれ薄切りにする。にんにくはそのままでよい。

保存方法

- □ 保存容器に入れ、冷蔵庫で保存。日持ちは約10日。

オードヴルや持ち寄りパーティにも

リエット

Rillettes

リエット

豚肉と香味野菜をラードでつぶれるぐらい柔らかく煮て、煮汁を混ぜるだけ。**豚肉と野菜の旨みがギュッと詰まったペースト**は、ワインのおつまみにぴったり。

豚肉は、脂身がたっぷりで旨みが強いバラ肉と、赤身特有の味わいや食感を持つ肩ロース肉を同量ずつ使ってバランスをとります。炒めるときは、本来は豚の背脂を使いますが、手に入りやすい市販のラードで作りましょう。植物性のサラダ油ではリエットが固まらないので、**動物性の脂を使うのがお約束**。フランスパンを1.5cmほどにスライスしてカリカリに焼き、リエットをたっぷりとのせていただきましょう。

MESSAGE

洋食 YOSHOKU **七條清孝**

ここでは直径22cm、容量3.3ℓの厚手の鍋を使いました。リエットには、食事のはじまりにふさわしいスパークリングワイン、果実味のある白ワイン、赤ワインがよく合います。

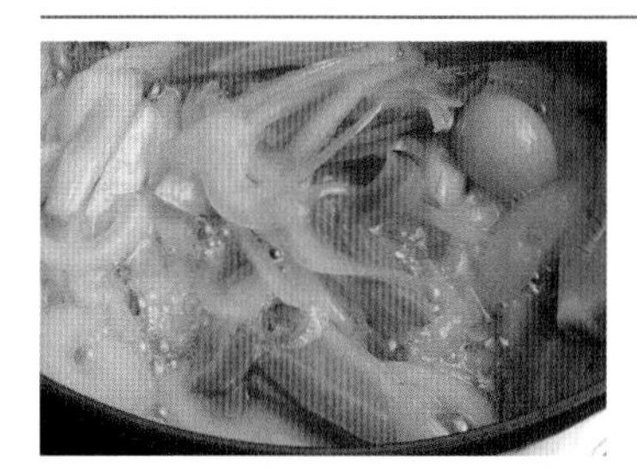

① 厚手の鍋にラードを入れ、中火にかけて溶かす。香味野菜とにんにくを加えてラードをからませるように混ぜ、弱火にして蓋をして約10分、蒸らしながら水分を出す。

② 豚バラかたまり肉、豚肩ロース肉と塩、こしょうを加え、全体に均一に炒め合わせる。しっかり炒める必要はなく、肉の色が変わる程度でよい。

③ Ⓐとひたひたの水を加え、強火にする。

アクが浮き出て固まるまで、沸いた状態を保ちます。

④ 沸騰したら火を弱めてアクを取る。蓋をずらしてのせ、弱火で2時間ほど煮る。

脂には旨みがあるので、アクだけを取り除きましょう。

⑤ 2時間煮た状態。肉を押すとつぶれるほどの柔らかさになる。

⑥ ざるでこしてスープを鍋に戻し、弱火にかけて、300～350mℓになるまで煮詰める。

この煮汁は旨みの宝庫。煮詰めて、さらに旨みを凝縮していきます。

⑦ ブーケガルニを取り除き、肉と野菜はボウルに移して熱いうちにゴムべらで粗くつぶす。

細かくつぶしすぎるよりも、肉の食感を適度に残したほうがおいしいとおもいます。

⑧ ⑦に⑥を少しずつ加え、そのつどよく混ぜる。

肉全体に、旨みたっぷりの煮汁を混ぜ込んでいきます。

⑨ 常温になるのを待ち、氷水にあてながら混ぜて、均一に冷やす。一気に冷やすと分離するので注意。保存容器に入れてひと晩おく。

フランスのお惣菜屋さんにある田舎風パテ

パテ・ド・カンパーニュ

Pâté de campagne
パテ　ド　カンパーニュ

フランスのごく家庭的な料理で、どの街のお惣菜屋さん（トレトゥール）でも売られているポピュラーな料理。日本でもビストロの前菜メニューでよく見かけますね。

豚ひき肉は、できればバラ肉を粗びきにして使うと、肉の存在感がアップしておいしくなりますよ。オーブンで焼くレシピが一般的ですが、ここでは70～80℃の湯せんでゆっくり火を入れる方法をご紹介。焼かないので肉が縮まず、肉汁をたっぷりと含んでしっとりと仕上がります。蓄熱性のよい厚手の型で湯せんすることで、温度を保ちやすくなります。濃厚な白ワインや軽やかな赤ワインと召し上がれ。

材料（26×13×8cmの型1台分・1.4ℓ）

豚ひき肉	500g
豚肩ロース肉	500g
鶏レバー	200g
玉ねぎ（みじん切り）	1個分
にんにく（すりおろす）	½かけ分
卵	2個
塩	大さじ1強
Ⓐ キャトルエピス*	小さじ½
Ⓐ こしょう	小さじ1
Ⓐ 白ワイン	大さじ1
Ⓐ コニャック	大さじ1
サラダ油	適量

＊カトルエピスともいう。フランス語で「4つのスパイス」の意味。辛みのスパイス（こしょうなど）と香りのスパイス（ナッツメッグ、クローブなど）をミックスしたもの。配合はものによって異なる。

下準備

□ 豚肩ロース肉は1cm角に切る。それより小さすぎると肉の存在感が弱くなる。豚ひき肉と一緒に、使う直前まで冷蔵庫で冷やしておく。

保存方法

□ 粗熱がとれたら冷蔵庫で保存する。翌日からおいしく食べられるが、食べごろは冷蔵庫で1週間保存してから。より本格的な味になります。切り分けたら、3日ぐらいで食べきるとおいしい。1切れ分ずつカットして、冷凍保存してもよい。

① フライパンにサラダ油適量を熱し、玉ねぎを入れ、弱火で炒める。玉ねぎから水分を出し、水分をとばすようにじっくり炒め、冷ます。鶏レバーはフードプロセッサーでペースト状にする。

② ボウルに豚ひき肉、豚肩ロース肉、塩を入れる。別のボウルに氷水を用意し、ふきんを敷いて肉のボウルをのせる。

ふきんを敷くとボウルが安定して、しっかりと肉を練ることができます。

③ 手で混ぜて肉と塩をなじませたら、①の玉ねぎとレバー、にんにく、卵を加えて手早く混ぜる。

肉の脂肪が溶けると粘りが出て、肉同士がつながりません。氷水にあて、できるだけ手早く混ぜます。

④ Ⓐを順に加えてそのつど手早く混ぜる。つぶしすぎないように肉と肉がしっかりつながった状態まで混ぜる。

⑤ 型に空気が入らないよう、④をしっかり詰めてラップをぴったりかける。

⑥ 鍋に型の8割まで浸かるほどの湯を沸かして火を止め、底にふきんを敷く。⑤を湯せん状態にし、70～80℃を保って2時間ほど蓋をしておく。途中で温度が下がってきたら火をつけて温度を保つ。湯から取り出し、そのまま粗熱をとる。

MESSAGE

洋食 YOSHOKU **七條清孝**

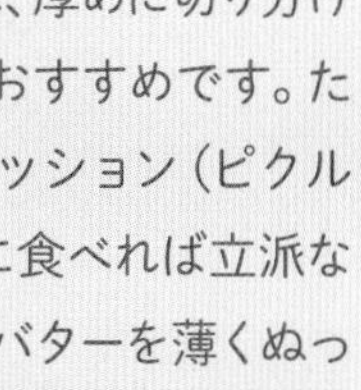

パテ・ド・カンパーニュは、厚めに切り分けて、贅沢にいただくのがおすすめです。たとえば、サラダやコルニッション（ピクルス）を添え、パンと一緒に食べれば立派なランチに。田舎風パンにバターを薄くぬって、レタスや紫玉ねぎなどと一緒にはさんでもおいしいです。

しみじみおいしい野菜たっぷりのポトフの一種

ポテ

Potée

ポテ

フランスでは塩漬けにした豚肉「プティ・サレ」をよく使います。塩によって余分な水分を出し、旨みを引き出すのが目的です。本来はあとで塩抜きするほど塩分濃度を高くしますが、ここでは使いやすく、ひと晩漬けて、翌日そのまま使える濃度にしています。**野菜と水でゆっくり煮るだけですが、とてもおいしい煮込みになりますよ。**

MESSAGE

洋食 YOSHOKU　七條清孝

ポテは、煮汁と具を別々に盛って、煮汁はスープとして、具はマスタードや粗塩などをつけて食べるのがフランス流。

材料（4人分）

■**塩豚**（プティ・サレ）

- 豚バラかたまり肉 …… 600g
- 塩 …… 12g（肉の重量の2％）

- **キャベツ**（縦4等分にする） …… 大1/3個分
- **にんじん**（太さを揃えて8cm長さに切る） …… 1本分
- **かぶ**（縦半割り） …… 2個分
- **セロリ**（長さを半分に切る） …… 2本分
- **ポワロー***（3cm長さに切る） …… 1本分
- **じゃがいも**（4等分に切る） …… 1個分
- **ブロッコリー** …… 4房
- **ブーケガルニ**（→p.41） …… 1束
- **塩、薬味**（コルニション、粗塩、粗びき黒こしょう、マスタード） …… 各適量

＊長ねぎ2本でもよい。

作り方

① 豚バラかたまり肉にまんべんなく塩をふり、手で押さえて全体になじませ、冷蔵庫でひと晩漬ける。

② 翌日、冷蔵庫から取り出し、肉ににじみ出た余分な水分をペーパータオルで軽く拭き取る。4等分に切り分ける。

③ 厚手の鍋（ここでは直径22cmを使用）に②の塩豚、キャベツ、にんじん、かぶ、セロリ、ポワローとブーケガルニを入れ、ひたひたの水を加えて強火にかける。沸騰したら弱火にし、蓋をして約2時間、野菜がくずれる一歩手前まで煮る。

④ じゃがいもとブロッコリーを塩ゆでし、③の具とともに器に盛る。カップに煮汁を入れ、薬味を添える。

七條シェフの基本

Lesson 1

おうちで作るコンソメスープ

レストランならではの料理と思われがちなコンソメスープですが
脂肪の少ない鶏むね肉で、ご家庭でも作れる方法をご紹介。

雑味のない澄んだコンソメスープは、洋風レストランの花形料理。すっきりしていながら強い旨みが魅力です。ご家庭向けに鶏むねひき肉を使い、野菜と一緒に旨みを引き出し、アクは卵白に吸着させる方法でレシピを考案しました。口に含むとさらっとしていながら、じんわり体にしみわたるやさしい味わいです。温度管理が大切なので、温度計を忘れずに！

材料（でき上がり3〜3 ½カップ分）

鶏むねひき肉	200g
玉ねぎ	50g
にんじん	50g
セロリ	50g
卵白	80g（L玉2個分）
ブイヨン	1ℓ

※スープの浮き身にはにんじん、さやいんげんなどの野菜を細切りにしてゆでたものや、鶏ささ身や鶏むね肉をゆでて細く裂いたものを用いる。

下準備

□ ブイヨンは市販のスープの素を、そのまま飲んでおいしいと感じる濃さになるよう湯で溶き、常温に冷ましておく。

1 ブイヨン以外の材料を鍋に入れて混ぜる。ブイヨンを加えて強火にかける。温度計で測りながら鍋底が焦げないように、ゆっくり混ぜる。

2 70〜75℃になったら弱火にし、スープがスムーズに対流できるように、浮き上がってきたひき肉の中央をへらでよけ、真ん中をあけておく。うまく対流していたら混ぜないこと。

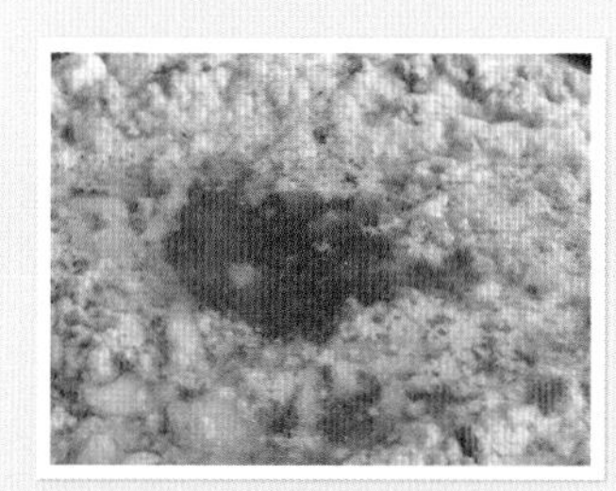

3 中央からスープが静かに沸き上がり、卵白とアクが一緒に固まってくる。

3 玉じゃくしですくっては周りにのせ、常に中央のアクをよけながら煮る。

4 スープの濁りが取れてだんだん澄んでくる。約1時間煮続ける。スープが完全に澄んだ状態になったら火を止め、対流が止まるまで5分ほどおく。

5 ざるにペーパータオルを2枚広げ、その上にもうひとつざるを重ねる。スープを鍋の中央からそっとすくってこす。味をみて足りないようなら塩（分量外）を加える。

おうちで食べたいイタリアン

気軽に作ってワインとともに楽しむイタリアンは、ホームパーティーでも大活躍!

材料（2～3人分）

パン（田舎パン、パリジャン、バタールなどの厚切り。約1.5㎝厚さ）……4枚
にんにく（薄皮をむいて半分に切ったもの）……小ひと切れ
エクストラ・ヴァージン・オリーブ油……大さじ4
塩、黒こしょう……各適量

パンはビニール袋に入れて冷蔵庫に1～2日おいたものがおすすめ。

しっかり焼いてオリーブ油をかけて

ブルスケッタ

Bruschetta
ブルスケッタ

ブルスケッタは、古代ローマ時代から食べられてきた一番古いアンティパスト（前菜）。基本は、にんにく、オリーブ油、塩、こしょうで味つけしたプレーンなトーストのこと。これを「ブルスケッタ・アッラ・ロマーナ（ローマ風ブルスケッタ）」といいます。ブルスケッタの語源は「焦がす」。だから、**しっかり香ばしく焼くことが大切**で、本場らしさがアップします。

MESSAGE

イタリア料理 ITALIAN　**吉川敏明**

にんにくは生のまま、片面にだけ2～3ぬりするのが基本。お好きであれば両面にぬってもいいですし、苦手ならひとぬり、あるいは本来のガーリックトーストではなくなりますが、無理してぬらなくても。

作り方

① パンをオーブントースターで香ばしく焼く。にんにくの切り口をパンにぬる。

② それぞれにエクストラ・ヴァージン・オリーブ油を大さじ1ずつかける。

③ 好みの量の塩と黒こしょうをふる。

トマトのブルスケッタ

材料（2個分）

パン（厚切り）……2枚
にんにく（薄皮をむいて半分に切ったもの）……小ひと切れ

■のせる具
- トマト（大玉）……½個
- エクストラ・ヴァージン・オリーブ油……大さじ2
- 塩、黒こしょう……各適量
- パセリ（みじん切り）……適量

作り方

① パンを焼き、にんにくをぬる。

② トマトを小角切りにしてボウルに入れ、エクストラ・ヴァージン・オリーブ油、塩、黒こしょう、パセリで和える。

③ ①に②をのせ、汁もかける。

カプレーゼ風ブルスケッタ

材料（2個分）

パン（厚切り）……2枚
にんにく（薄皮をむいて半分に切ったもの）……小ひと切れ

■のせる具
- モッツァレッラチーズ……60g
- トマト（小さめの大玉）……½個
- バジルの葉……数枚
- エクストラ・ヴァージン・オリーブ油……大さじ2
- 塩、黒こしょう……各適量

作り方

① パンを焼き、にんにくをぬる。

② モッツァレッラチーズとトマトを、それぞれ厚さ4等分に切る。

③ パンの上に②とバジルを交互に並べる。エクストラ・ヴァージン・オリーブ油と塩、黒こしょうをかける。

いんげん豆のブルスケッタ

材料（2個分）

パン（厚切り）……2枚
にんにく（薄皮をむいて半分に切ったもの）……小ひと切れ

■のせる具
- 白いんげん豆（水煮缶）……80g
- エクストラ・ヴァージン・オリーブ油……大さじ2
- 塩、黒こしょう……各適量
- パセリ（みじん切り）……適量

作り方

① パンを焼き、にんにくをぬり、エクストラ・ヴァージン・オリーブ油を大さじ½ずつかける。

② 白いんげん豆をエクストラ・ヴァージン・オリーブ油大さじ1と塩、黒こしょうで和え、半量をフォークなどでつぶす。

③ パンに②のつぶした豆をぬり、上に粒の豆をのせる。パセリをふる。

材料（作りやすい分量）

■野菜（お好みのものでよい）

かぼちゃ	$\frac{1}{8}$個
芽キャベツ	4個
ロマネスコ（小房に分ける）	小$\frac{1}{4}$個分
じゃがいも（メークイン。皮付き）	1個
パプリカ（赤、黄）	各$\frac{1}{3}$個
セロリ（柔らかい内側）	1〜2本
トレヴィス	適量
イタリアンパセリ	1枝

■ソース（作りやすい分量。適量使用）

にんにく（薄皮をむいたもの）	15g
アンチョヴィのフィレ	30g
エクストラ・ヴァージン・オリーブ油	130g（約160㎖）

アンチョヴィは製品により大きさ、厚み、色、塩分に違いがあります。身が厚く、赤みを帯び、しょっぱすぎないものがおすすめ。

にんにくソースで野菜をおいしく食べる！

バーニャ・カウダ

Bagna caoda
バーニャ　カウダ

近年、日本でグッと知名度が上がったのが、このバーニャ・カウダ。北イタリア・ピエモンテの冬の農家料理です。野菜をにんにく、アンチョヴィ、オリーブ油で作ったソースにつけて食べますが、**大原則はソースが温かいこと。**バーニャ・カウダとは、ピエモンテの方言で「温かいソース」の意味だからです。

日本では、にんにくをきかせすぎたソースが多いのですが、もっと控えめにしたほうがマイルドですっきりしたおいしさになります。**にんにくを使いすぎず、**薄く切って水にさらし、臭みや辛みを抜いてからオリーブ油で煮る。これが大切です。

MESSAGE

イタリア料理 ITALIAN　吉川敏明

ソースを煮るときの火加減は“超”弱火！　これでこそ、にんにくやアンチョヴィのやさしい風味が出てきますよ。ソースが余ったら生クリームにかくし味程度に入れて温め、パスタソースにするとよいでしょう。

① にんにくを縦半分に切って芽を取り除き、薄切りにする。長さを半分に切る。

にんにくは細かすぎるとかえってつぶしにくくなるので、大きめに切るのがコツ。

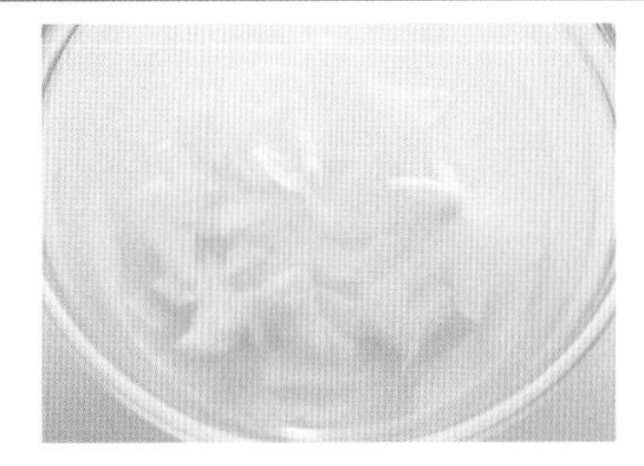

② ①のにんにくを水に3時間ほどさらす。途中で一度水を取り換え、煮る直前にもさっと水洗いして水分をきる。

前日の晩から浸けておいてもかまいません。この場合も、途中で2度ほど水を取り換えてください。

③ アンチョヴィを4等分くらいに刻む。にんにく、アンチョヴィ、エクストラ・ヴァージン・オリーブ油40g（50㎖）を小鍋に入れて、ごく弱火にかける。にんにくとアンチョヴィをフォークでつぶしながら火を入れていく。

④ 泡の量が多くなってきたらオリーブ油を大さじ1弱を足して温度を下げ、つぶしながらなじませる。この工程をくり返し行い、8～9回で分量の油を入れ終える。

油を加えるタイミングは、油が沸いてきたとき。およそ2分間隔です。

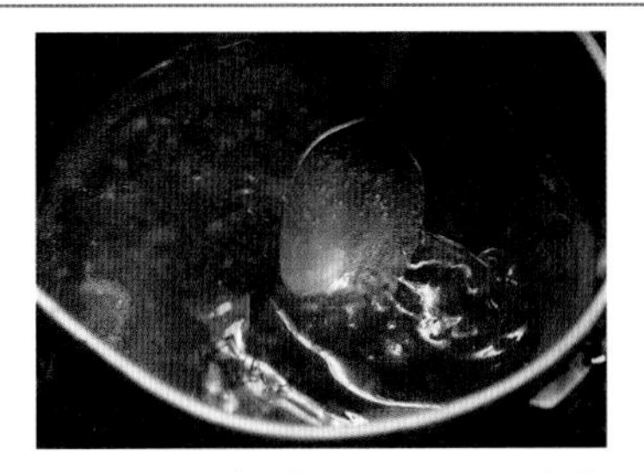

⑤ でき上がったソース。完全なピューレにはならなくても、にんにくとアンチョヴィがどろっとしていればよい。

後半はスプーンのほうが、ラクに混ぜたりつぶしたりできます。

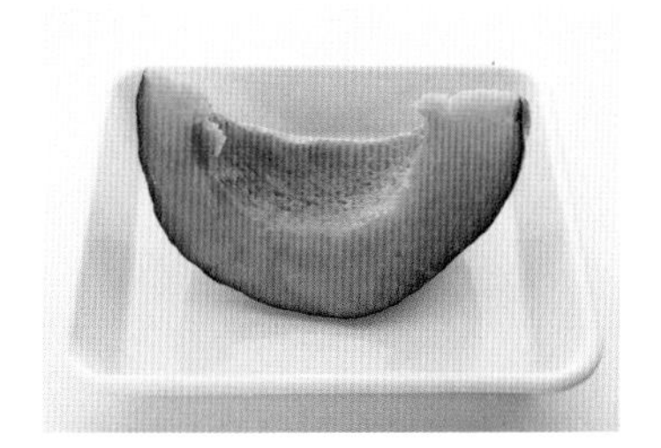

⑥ 生食できるセロリとトレヴィスは適当な大きさに切る。かぼちゃはラップで包み、600Wの電子レンジに4分ほどかける。じゃがいもは皮付きのまま水からゆで、皮をむく。ともにひと口大に切る。

⑦ 芽キャベツは底を薄く切り落とし、外葉を1枚はずす。底面に1㎝の深さで十文字の切り目を入れる。食塩濃度0.3％（塩は分量外）の湯で芽キャベツを約5分ゆで、そこにロマネスコを加えて2分半ほどゆで、一緒に引き上げる。

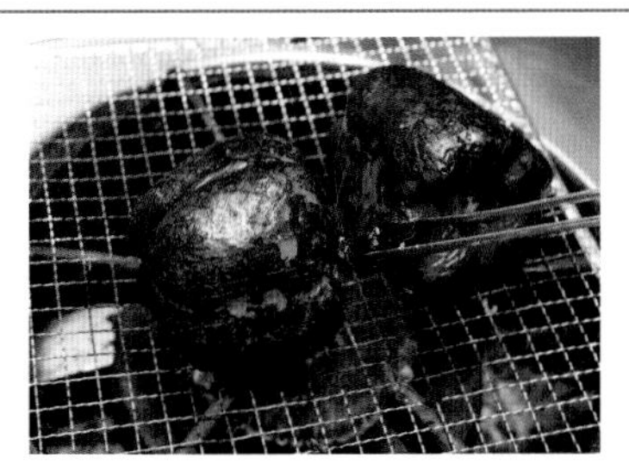

⑧ パプリカを焼き網にのせて強火にかけ、皮を真っ黒に焦がす。冷水を張ったボウルに入れ、こすりながら皮をむく。半分に切ってガク、種、ワタを除く。

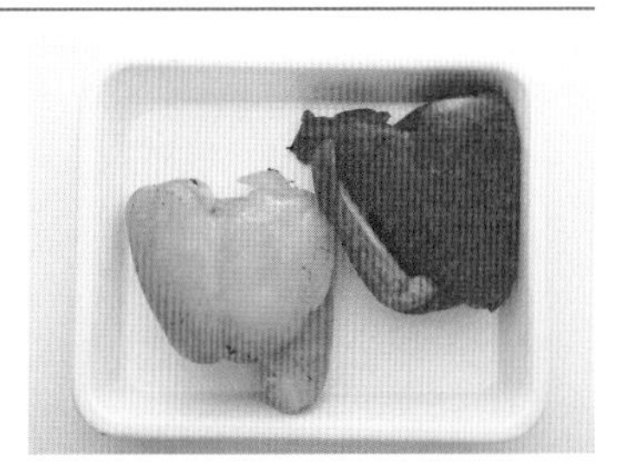

⑨ ⑧のパプリカ（写真）を適宜切り分ける。⑥～⑦の野菜、イタリアンパセリとともに器に盛り、温めた⑤をポットに入れて添える。

材料（2人分・6枚程度）

グラーナ・パダーノ（粉）*……30g

＊グラーナ・パダーノは、パルミジャーノ・レッジャーノでも代用可。

下準備

□ 麺棒または筒状のものを用意。アルミ箔やラップを巻いておくとよい。

作り方

1. フッ素樹脂加工のフライパンを中火で温め、グラーナ・パダーノを楕円形にふり入れる。チーズが溶け、裏面に軽く焼き色がついてきたら、ひっくり返す。

2. 裏面も焼き色がついたらフライパンから取り出す。熱いうちに最初に焼いた面を下にして麺棒にのせ、瓦（テーゴラ）のようなカーブをつける。

食事のはじまりにぴったりの簡単フィンガーフード

グラーナ・パダーノのテーゴレ

Tegole di grana padano
テーゴレ ディ グラナ パダーノ

粉末のチーズをフライパンで焼いただけ、すぐに作れるのに手がかかっているように見えて、シンプルにおいしいおつまみです。サクサクとした歯ざわりとチーズの旨みは、スパークリングワイン、とくにイタリアのプロセッコやスプマンテにぴったり。

MESSAGE

イタリア料理 ITALIAN 西口大輔

形をきれいに仕上げたいときは、直径10㎝ほどの小さいフライパンで1枚ずつ焼くのがベター。大きなフライパンで2枚ずつ焼いてもかまいませんが、焦げないように注意しましょう。

小さなグラスに入れて立食のパーティにも

まぐろのボッコンチーニ

Bocconcini di tonno fresco con pesto di verdure
ボッコンチーニ　ディ　トンノ　フレスコ　コン　ペスト　ディ　ヴェルドゥーレ

簡単に作れて華やかに見える、おもてなしにも向く前菜です。まぐろの風味を引き立たせるため、野菜は細かいみじん切りに。フードプロセッサーを使う場合は水分が出やすいので、よく水気をきりましょう。少しボリューム感のある白ワインや軽やかなロゼとどうぞ。

材料（2人分）

まぐろ（刺し身用赤身）……150g
にんじん……小1/8本（10g）
セロリ……小1/8本（10g）
ズッキーニ（皮の部分）……10g
白ワインヴィネガーのドレッシング*
……大さじ1/2
塩、飾り用タイム……各適量

＊白ワインヴィネガーとエクストラ・ヴァージン・オリーブ油を1：4で合わせ、塩少量を混ぜたもの。

作り方

1. まぐろは2cm角に切り、塩で下味をつける。
2. にんじん、セロリは皮をむいて、できるだけ細かいみじん切りにする。ズッキーニは皮の部分を細かいみじん切りにして、すべてボウルに入れる。

3. ②に白ワインヴィネガーのドレッシングと塩をふり、和える。

4. 小さいグラスにまぐろを盛りつけ、上に③をのせる。仕上げにタイムを飾る。

MESSAGE

イタリア料理 ITALIAN　**西口大輔**

ズッキーニは彩りが美しい皮の部分だけを使います。残りはみじん切りにしてオムレツの具などに使うとよいですよ。

簡単でヘルシーなワインのおつまみ

なすとブロッコリーのタルタル

Tartare di melanzane e broccoli
タルタル　ディ　メランザーネ　エ　ブロッコリ

おもてなしの前菜にぴったりの、**スパークリングワインと合う野菜のフィンガーフード**をご紹介しましょう。なすは丸ごとローストに、ブロッコリーは塩ゆでにして、それぞれの旨みを最大限に引き出します。野菜の凝縮した旨みを、ぜひ味わってください。

MESSAGE

イタリア料理
ITALIAN
西口大輔

焼いたなすは、しっかりきつく絞ると、水分とともにアクが流れ出て、なすのピュアな旨みが残ります。

材料（2人分）

■なすのタルタル
- なす……2本（240g）
- 白ワインヴィネガー……小さじ1/2
- エクストラ・ヴァージン・オリーブ油……大さじ1
- 塩……小さじ1/4

■ブロッコリーのタルタル
- ブロッコリー……1/2株（55g）
- アンチョヴィ（フィレ）……1枚
- 白ワインヴィネガー……小さじ1/4
- エクストラ・ヴァージン・オリーブ油……大さじ1/2
- 塩ゆで用の塩……湯の重量の0.5％（1ℓの水に対して塩5g）

- トレヴィス……2枚
- アンディーヴ……8枚
- イタリアンパセリ……適量

下準備

□ オーブンを180℃に予熱する。

作り方

① なすを180℃のオーブンで25分焼く。粗熱をとり、縦半分に切って皮をむく。

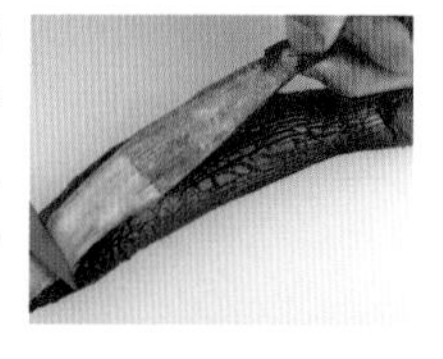

② ①を手できつめに絞って水分を絞る。包丁で細かく刻んでボウルに入れ、残りの材料で味つけする。

③ ブロッコリーは小房にし、0.5％塩分濃度の湯で柔らかくゆで、細かいみじん切りにする。アンチョヴィを加えて刻み、ヴィネガーとオリーブ油で味つけする。

④ ②と③を小さいスプーン2本でクネルにする。スプーンでペーストをすくい、もうひとつのスプーンで押さえるようにして形を整え、アンディーヴにのせる。トレヴィスとイタリアンパセリを添える。

材料（2人分）

海老*	4尾
いか（輪切り）*	1ぱい（90g）
帆立貝柱*	4個（100g）
セロリ	1/5本（20g）
ピクルス（きゅうり）	10g
パセリ（みじん切り）	1枝
レモンのドレッシング（➡下記）	大さじ2
エクストラ・ヴァージン・オリーブ油	9mℓ
塩	適量
塩ゆで用の塩	湯の重量の0.5%（1ℓの水に対して塩5g）

＊魚介は冷凍のものでも代用可。

下準備

□ セロリは筋をむき、ピクルスとともにマッチ棒大に切りそろえる。

□ 海老はひげと足を取り、殻をむく。背側に包丁を入れ、背ワタを取る。

さわやかな味わいのごちそうサラダ

魚介のサラダ

Insalata di mare

インサラータ　ディ　マーレ

ピクルスとレモンの酸味がアクセント。魚介は刺し身でも食べられる新鮮なものを使い"火を入れすぎない"のがおいしさのポイント。水分をキープしてしっとり仕上がり、旨みが際立ちます。冷凍ものを使う場合は、しっかり目に火を入れると安心です。

MESSAGE

イタリア料理 ITALIAN　**西口大輔**

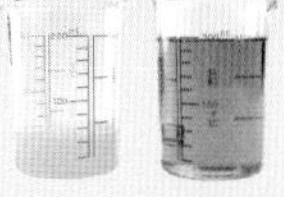

お店でも大活躍の「レモンのドレッシング」はエクストラ・ヴァージン・オリーブ油4：レモン汁1に、レモン汁の10％重量の塩を混ぜたさわやかな味わい。野菜サラダのドレッシングにも向きますよ！

作り方

① 帆立貝柱を0.5％塩分濃度の湯に入れ、表面が白くなったら海老を加え、赤くなってきたらいかを加える。

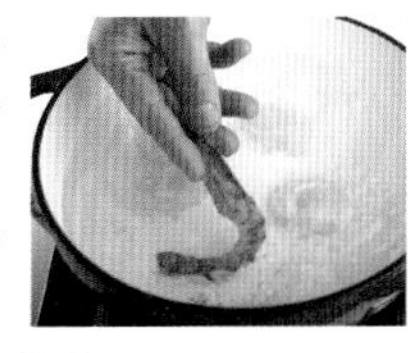

② いかを入れて2分ほどたったら、ざるにとって粗熱をとる。海老は頭と尾を取り、帆立貝柱は4等分する。

③ ボウルに②、セロリ、ピクルスを入れ、塩をふって混ぜる。パセリ、レモンのドレッシングで和え、仕上げにオリーブ油をかける。

食事の幕開けに、スパークリングと一緒に

ヴェネツィア風 揚げいわしのマリネ

Sardele in saor
サルデーレ イン サオール

いわゆる"南蛮漬け"。魚介をよく使うヴェネツィアの料理です。じっくり煮込んで玉ねぎの甘みを引き出し、ヴィネガーの酸味でバランスをとったマリネ液が味の決め手。2～3日漬けると食べ頃になるので、おもてなしのときには仕込んでおきましょう。

MESSAGE

イタリア料理 ITALIAN　**西口大輔**

写真では店で出している特製の粉生地にいわしのマリネをのせましたが、ご家庭では薄く切ったバゲットをトーストしてその上にのせるといいでしょう。

材料（2人分）

いわし（中。三枚におろしたもの）……5尾

■マリネ液（作りやすい量）
- 水……150㎖
- 玉ねぎ（薄切り）……大½個分（150g）
- レーズン……20g
- 松の実……17g
- 白ワインヴィネガー……大さじ2½
- ピュアオリーブ油……100㎖
- 塩……5g

中力粉……20g
塩……4g
揚げ油、バゲット、飾り用イタリアンパセリ……各適量

代用食材

□ ヴェネツィア風ではなくなるが、このマリネ液は鶏むね肉やささ身肉、舌平目、赤座海老とも相性よし。同じように作って、応用できる。

作り方

① マリネ液の材料を火にかけ、沸騰したら弱火にして蓋をする。20分程度煮る。

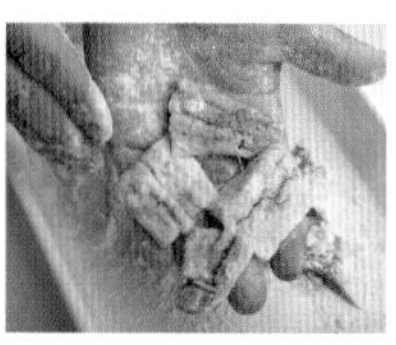

② いわしは腹骨が残っていたらピンセットで抜き、4等分に切る。中力粉をふり、しっかりとまぶし、余分な粉をはたく。

③ 揚げ油を180℃に熱し、②を揚げる。音が小さくなり、いわしの周りの泡が消えはじめたら、網じゃくしなどで上げてバットに並べ、塩をふる。

④ ①のマリネ液を温かい状態で、③の揚げたてのいわしにかけ、粗熱がとれたら冷蔵庫で1～3日マリネする。バゲットをトーストして皿にのせ、その上に盛ってイタリアンパセリを飾る。

ヴェネツィア名店の料理をアレンジ

牛ヒレ肉のカルパッチョ風

Carpaccio di filetto scottato
カルパッテォ　ディ　フィレット　スコッタート

イタリア・ヴェネツィアの「ハリーズ・バー」で生まれた名物料理、カルパッチョ。本家は薄切り牛肉を生のまま、マヨネーズを使ったソースをかけていただく前菜ですが、ここでは**軽く火を入れて**誰でも安心して食べられるようにアレンジしました。

MESSAGE

イタリア料理 ITALIAN　**西口大輔**

イタリアではよく肉をたたいてから調理します。厚みを均一にし、肉を柔らかくする目的も。ご家庭では麺棒にラップを巻いてたたくといいですね。

材料（2人分）

- 牛ヒレ肉（2〜3㎜厚さ）……4枚（180g）
- グラーナ・パダーノ……5g
- ルーコラ（薄い短冊切り）……20g
- レモンのドレッシング（➔p.219）…大さじ1 ½
- エクストラ・ヴァージン・オリーブ油、塩、黒こしょう、サラダ油……各適量

下準備

- □ グラーナ・パダーノはチーズ削りかナイフを使って薄く削る。
- □ 肉を焼く前にグリル板を強火にかけて熱し、サラダ油をぬる。

作り方

① 牛ヒレ肉は肉たたきで1㎜程度まで薄くのばす。塩、黒こしょうをふる。

② 熱したグリル板で焼き目をつける。粗熱をとって皿に盛り、ルーコラ、グラーナ・パダーノを散らす。塩、黒こしょう、レモンのドレッシング、オリーブ油をかける。

西口シェフの基本
Lesson
1

食前酒の提案

おもてなしの宴は、少しおしゃれに食前酒でスタートすると
気分が上がります！　果物を使った食前酒をご紹介しましょう。

これから始まる素敵な食事の前に、食欲も気分もアップさせる食前酒。イタリアでは「アペリティーヴォ」といいます。おすすめは、サクサクッと歯切れよいフィンガーフードに、泡の刺激が心地よいスパークリングワイン。泡立ちがやさしくて柔らかい味わいのプロセッコか、泡が強くてしっかりコクのある味わいのスプマンテが定番です。

さらにひと工夫した食前酒を４つご提案します。胃を活性化してくれる爽やかなスパークリングの泡には、さっぱり系のフルーツを組み合わせるとぴったりです。フルーツの軽い酸味と甘みが加わって飲みやすく、華やかな姿も、食事への期待を高めてくれます。ただし食前なので、アルコール度数は低めに、が原則です。

カンパリ風味のフレッシュオレンジ

アルコールが軽やかで、
泡立ちが強いので
お酒に弱いかたにもどうぞ

材料（1人分）

オレンジ100％果汁	50㎖
カンパリ*	20㎖
ソーダ水	20㎖
オレンジのスライス	1枚
氷	適量

＊イタリアの、ハーブやスパイスなどを原料にした苦みのあるリキュール。赤い色が特徴。

作り方

グラスに氷を入れ、オレンジ100％果汁を注ぎ、カンパリとソーダ水を加えて軽く混ぜ、オレンジのスライスを飾る。

ベリーのスプマンテ

果実とリキュール、
2つのベリーがほんのり甘く女性好みのグラスに

材料（1人分）

スプマンテ……100mℓ
クレーム・ド・カシス[*1]……少量
いちご[*2]……2個

＊1 カシス（黒すぐり）を原料にしたリキュール。

＊2 ブルーベリー、ブラックベリー、ラズベリーなどお好みのベリー類でもよい。ミックスしてもおいしい。

作り方

いちごを縦4等分に切り、クレーム・ド・カシスで和えて30分ほどマリネする。グラスに入れ、冷やしたスプマンテを注ぐ。

白桃のベリーニ

桃の甘み豊かな、
ヴェネツィア発祥のイタリアを代表するカクテル

材料（1人分）

白桃のジュース……30mℓ
プロセッコ……100mℓ

作り方

グラスに白桃のジュースを注ぎ、冷やしたプロセッコを静かに注ぎ、軽く混ぜる。

リモンチェッロのレモネード風

ガス入りミネラルウォーターはレモンとの相性よし！
さわやかさ抜群

材料（1人分）

リモンチェッロ*……30mℓ
シロップ……10mℓ
ガス入りミネラルウォーター……100mℓ
レモンの皮のスライス……1枚
ミントの葉……1枚
氷……適量

＊南イタリアの、レモンの皮で作るリキュール。

作り方

グラスに氷を入れ、リモンチェッロとシロップを注ぎ、ガス入りミネラルウォーターを加えて軽く混ぜる。レモンの皮を絞って香りをつけ、ミントを飾る。

材料（2人分）

スパゲッティ（直径1.9㎜）……160g
ゆで汁用の水……2ℓ
ゆで汁用の塩……16g（水の重量の0.8％）

■ソース
ホールトマト（缶詰）……270g
パンチェッタ（➜p.229）……60g
赤唐辛子……1本
白ワイン……90㎖
湯……100㎖を用意
ペコリーノチーズ（またはパルミジャーノ・レッジャーノ）……大さじ3ほど

■仕上げ用
ペコリーノチーズ……少量

下準備

- □ ソースを作る前に、スパゲッティのゆで汁用の水を沸かし始める。
- □ ホールトマトをボウルに入れ、泡立て器でつぶしておく。
- □ パンチェッタを7㎝四方、長さ2㎝の棒状に切る。棒状は食感があって旨みが出やすい。

週に3度食べても飽きない、クセになるおいしさ

スパゲッティ・アマトリチャーナ

Spaghetti all'amatriciana
スパゲッティ　アッラマトゥリチャーナ

イタリアでの修業時代以来、今に至るまで50年間、週に3回は必ず食べている、私のお気に入りのパスタ料理です。簡単にいうと、トマトソースにパンチェッタを加え、コクの強いペコリーノチーズをたっぷりとからめたもの。**味の要は、何といってもパンチェッタ。**しっかり炒めて、旨みのある脂と塩気をソースに引き出して、味の骨格を作ります。ですから、**オリーブ油も塩も入れません！**　ソースをゆるめるときも、お湯を使います。味がパワフルなので、シンプルなトマトソースのパスタよりもトマトの量を多めにしたほうが味のバランスがとれます。

MESSAGE

イタリア料理 ITALIAN　吉川敏明

アマトリチャーナに玉ねぎを入れるイタリア人は多いですね。パンチェッタの塩味が強いので、玉ねぎを入れると甘みとさわやかさが加わり、味のバランスがとてもよくなるから。玉ねぎを別に炒めておいて、パンチェッタの脂が出たタイミングで合わせるのが安全です。

① パンチェッタと赤唐辛子をフライパンに入れ、弱めの中火にかける。熱くなってきたら弱火にし、ときどき混ぜながら炒める。

油は必要ありません。パンチェッタの脂身が非常に少ない場合だけ、サラダ油をひとたらし。

② パンチェッタの脂が溶け、焼き色がついてカリッとしたら炒め終わり。赤唐辛子はここで取り出す。

脂身が半透明になり、香ばしさが出るまでよく炒めます。この炒め方で、味が決まりますよ。

③ 白ワインを全体に回しかける。強火にして沸かし、ワインのアルコール分をとばす。

沸かす時間は20秒ほど。フライパンについた肉の旨みも煮溶かします。

④ ホールトマトを全量入れる。トマトを広げ、かたまりが残っていればフォークでつぶす。

トマトを入れていたボウルにトマト汁が残るので、少量の水（分量外）で溶かし、これも残らずフライパンに加えます。

⑤ ソースがプツプツと泡立つくらいのごく弱火にし、5分ほど煮詰める。その間、焦げつかないように適宜混ぜる。ドロッとして濃度が出てきたら煮詰め終わり。火を止める。

⑥ ゆで汁用の湯を沸騰させ、分量の塩を入れてスパゲッティをゆでる（➜p.55）。

この料理の発祥地ローマでは、芯に細い穴のあいた太麺、ブカティーニを使うのが決まり。手に入ったらぜひ試してみてください。

⑦ スパゲッティのゆで上がりが近くなったら、⑤のソースに湯を50mℓほど入れ、中火で温める。

ソースは冷めて煮詰まっているので、湯でゆるめます。あとで加えるチーズが水分を吸うので、多めですが大丈夫。

⑧ スパゲッティがゆで上がったら水気をきり、⑦に入れ、強火にする。トングでスパゲッティをつかみながら混ぜ、ソースをからませる。

次の工程でチーズを入れて混ぜるので、ここでは半分ほどの混ぜ具合に。

⑨ 火を止めて、ペコリーノチーズを2回に分けてふり、そのつど混ぜる。全体にソースが行きわたったら混ぜ終わり。温めた器に盛り、仕上げ用のペコリーノチーズをふる。

チーズはパスタに混ぜてから盛ったほうが断然おいしい！

材料（2人分）

スパゲッティ（直径1.9㎜）……160g
ゆで汁用の水……2ℓ
ゆで汁用の塩……16g（水の重量の0.8％）
あさり（殻付き）……300g
白ワイン……大さじ2
にんにく（薄皮をむいてつぶしたもの）…3g
赤唐辛子……1/2本
エクストラ・ヴァージン・オリーブ油……大さじ1
パセリ（みじん切り）……大さじ1

■仕上げ用
エクストラ・ヴァージン・オリーブ油……大さじ2弱

下準備

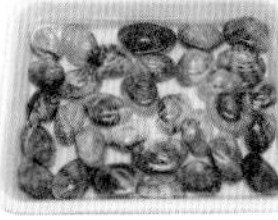

- □ あさりを水洗いして、塩水（塩分濃度3％、500㎖の水に15gの塩。分量外）に2〜3時間浸けて砂抜きをする。
- □ あさりの蒸し煮を作り始める前に、スパゲッティのゆで汁用の水を沸かし始める。

殻付きで作るヴォンゴレのおいしさは格別

スパゲッティ・ヴォンゴレ・ビアンコ

Spaghetti alle vongole in bianco
スパゲッティ　アッレ　ヴォンゴレ　イン　ビヤンコ

ヴォンゴレには2種類あることをご存じですか？日本ではビアンコ（白）が一般的ですが、イタリアではトマト味のロッソ（赤）が基本。トマトを入れないビアンコバージョンはいわばアレンジ版なのです。

ヴォンゴレのパスタがおいしいのは、具のあさり自体が旨み豊かな汁を持っているから。**ただし殻付きを蒸し煮にして使うのが絶対です。**むき身は便利ですが、味の深みが違います。あさりには塩分も含まれているので、塩味もこれだけで充分。むしろ塩辛くならないよう注意しなくてはなりません。パスタを入れる前にソースの味をみて、きっちりと決めるのがコツです。

MESSAGE

イタリア料理 ITALIAN　**吉川敏明**

トマト味の“赤”のヴォンゴレにするときは、⑦でトマトソース（➜p.59④の状態）を2人分で1/2カップ加えます。あさりを殻付きのまま盛ると、食べるときに殻を持つ手がトマトで赤く汚れるので、蒸し煮したらむき身にし、食べやすくするのがイタリア流。

① フライパンにあさりと白ワインを入れて中火にかける。蓋をして、蒸し煮にする。

② ときどきフライパンをゆすってあさりを動かし、殻がすべて開くまで加熱する。ざるでこし、蒸し汁は再度、茶こしでこす。

フライパンをゆするのは、火入れを均一にして、できるだけ同時に殻を開けるため。

③ ゆで汁用の水を沸騰させ、分量の塩を入れてスパゲッティをゆで始める（➔p.55）。

この料理はソースが短時間でできるので、ここでスパゲッティをゆで始めます。

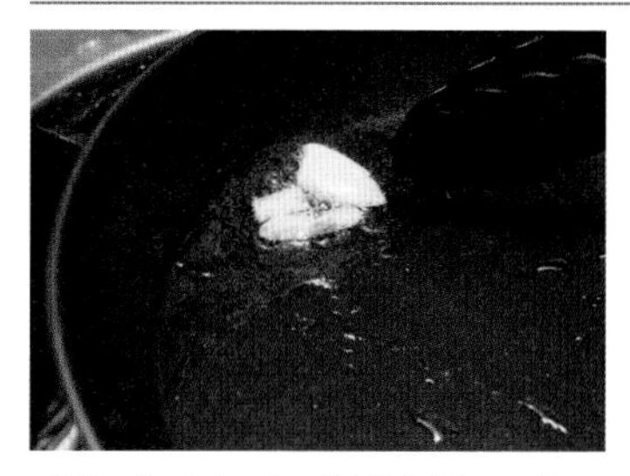

④ にんにく、赤唐辛子、エクストラ・ヴァージン・オリーブ油をフライパンに入れて、弱めの中火にかける。温まってきたら弱火にして炒める。にんにくがブロンド色に色づいたら、赤唐辛子とともに取り出す。

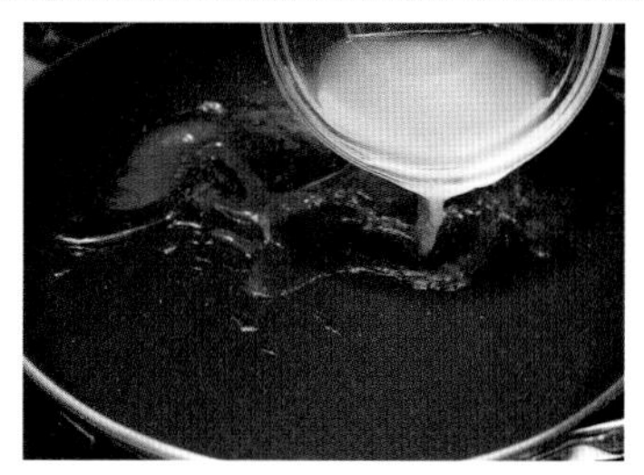

⑤ ④に②で分けたあさりの蒸し汁約大さじ3を加え、軽く煮詰める。

少し煮詰めたら、必ず蒸し汁の塩味を確認！　塩分がきつすぎる場合は、汁を少量取って、湯を加えます。煮詰めすぎも注意。

⑥ ⑤に②のあさりを殻ごと入れ、しばらく火にかけて温める。パセリをふって、すぐに火を止める。このまま、スパゲッティのゆで上がりを待つ。

写真のように水分が少し残っているのがよい状態。

⑦ スパゲッティのゆで上がりが近くなったら、⑥にスパゲッティのゆで汁約大さじ1を入れてのばす。スパゲッティがゆで上がったら水気をきって入れ、中火にかける。

⑧ トングでスパゲッティをつかみながら混ぜ、ソースをからませる。火を止める。

パスタをつかんでぐるりぐるりと混ぜればからまります。あわてずゆっくり、30秒くらい時間をかけて大丈夫です。

⑨ 仕上げ用のエクストラ・ヴァージン・オリーブ油を約大さじ$\frac{2}{3}$ずつ、3回に分けてかけ、そのつどよく混ぜる。スパゲッティがつやよく、とろみを帯びたらでき上がり。温めた器に盛る。

オリーブ油は火を止めてから混ぜ、風味を生かすのが決まり。

材料（2人分）

スパゲッティ（直径1.9㎜） …… 160g
ゆで汁用の水 …… 2ℓ
ゆで汁用の塩 …… 16g（水の重量の0.8％）
卵 …… 2個
ペコリーノチーズ（またはパルミジャーノ・レッジャーノ） …… 大さじ3
黒こしょう（粗びき） …… 適量
パンチェッタ（→p.229） …… 70g
白ワイン …… 大さじ2
湯 …… 100㎖を用意
ピュアオリーブ油 …… 小さじ2/3

下準備

□ 卵を常温にもどす。
□ パンチェッタを7㎝四方、長さ2㎝の棒状に切る。棒状は食感があって旨みが出やすい。ベーコンで代用可。

とろとろ卵のカルボナーラが失敗なく作れます！

スパゲッティ・カルボナーラ

Spaghetti alla carbonara
スパゲッティ　アッラ　カルボナーラ

卵をいかになめらかな状態にとどめるか。これがカルボナーラの最大のテーマです。失敗の多くは卵がスクランブルエッグのように固まってしまうこと。それを恐れて早めに火を止めると、"とろとろ"どころか、生煮えの"ドロドロ"になりかねません。卵は常温にもどし、**水っぽくなるぐらいよく混ぜてください**。私の修業時代は、「パスタをゆでている間はずっと卵を混ぜよ」と言われたものですよ。

カルボナーラは「炭焼き職人風」のこと。昔、自然に落ちたであろう炭の粉を黒こしょうで模しているので、仕上げにたっぷりとふりましょう。

MESSAGE

イタリア料理 ITALIAN　吉川敏明

全卵の代わりに卵黄のみで作ると卵のコクが強まり、旨みの濃いソースになります。ただし、全卵よりも早く固まるので、ボウルに卵黄3個と半量のチーズを混ぜ、ここにゆでたスパゲッティ、炒めたパンチェッタ、残りのチーズの順に入れ、そのつど混ぜて余熱で仕上げます。

① ゆで汁用の水を沸かし、分量の塩を入れてスパゲッティをゆで始める（→p.55）。

この料理のソースは短時間でできるので、まずスパゲッティをゆで始めます。

② ボウルに卵とペコリーノチーズを入れ、フォークで混ぜる。

卵白のコシをきり、卵黄と一体化させるには、フォークを使うと効率がよいですよ。

③ 途中で②に黒こしょうをたっぷり加える。すくったときに卵液がフォークにのらず、サラッと流れ落ちる状態になるまで、よく混ぜる。

カルボナーラに黒こしょうは不可欠！ 卵液にも入れておきます。

④ パンチェッタとピュアオリーブ油をフライパンに入れて弱めの中火にかけ、炒める。熱くなってきたら弱火にし、ときどき混ぜながら、薄く焼き色がつくまで炒める。

ソースがなめらかなので、カリカリに炒めないように。

⑤ ④に白ワインをふり、強火で煮詰めてアルコール分をとばす。続けて湯60㎖ほどを加え、沸いたら火を止める。

水分が少し多めに感じるかもしれませんが、これくらいのほうが卵液がゆっくりと固まります。

⑥ スパゲッティがゆで上がったら、水気をきって⑤に入れ、軽く混ぜ合わせる。

火は止めたまま、混ぜてからませます。

⑦ 卵液を入れて、ここで弱火にかける。フォーク2本に持ち替え、手早く混ぜ始める。混ぜ始めのフライパンの底には、卵液が固まらずにたまっている。

⑧ 30秒くらい混ぜたら火を止め、さらに1分ほど混ぜ続けて余熱で火を入れる。温めた器に盛り、黒こしょうを適量ふる。

卵液に完全に火を通そうと思うと、スクランブルエッグ状になりやすい。とろみが残っているうちに火を止めて、余熱調理を。

基本のイタリア食材

パンチェッタ

パンチェッタとは、豚バラ肉の塩漬け熟成品。燻製にしていないところが、ベーコンとの違いです。カルボナーラには「スパゲッティ・アマトリチャーナ」（→p.224）で使うパンチェッタほどの脂身は必要ありません。むしろ少なめのほうがベター。

材料（2人分）

リングイーネ……160g
ゆで汁用の水……2ℓ
ゆで汁用の塩……16g（水の重量の0.8％）

■ジェノヴァペースト
- バジル（葉のみ）……10g
- 松の実……8g
- にんにく（粗みじん切り）……1g
- エクストラ・ヴァージン・オリーブ油……40g
- パルミジャーノ・レッジャーノ……大さじ2
- 塩……ひとつまみ
- 黒こしょう……適量

■仕上げ用
バジル……2枚

下準備

□ ブレンダー（またはミキサー）の容器と刃を、冷蔵庫で冷やしておく。

バジルとブレンダーを冷やし、香りも色も鮮明に

リングイーネのジェノヴェーゼ

Linguine col pesto alla genovese
リングィーネ　コル　ペスト　アッラ　ジェノヴェーゼ

バジルソースはイタリア北部のジェノヴァ生まれ。温暖でバジルの産地から、「ジェノヴェーゼ（ジェノヴァ風）」と名づけられました。フレッシュで、すがすがしい香りと、鮮やかな緑色を生かすため、このソースはブレンダーにかけるだけで加熱しません。**ちょっとした熱が加わるだけで色がくすむので**、作るときも極力熱を与えないようにします。材料を段階的に加えていくことも大事です。松の実、にんにく、油をピューレにしてからバジルを入れれば、手早く、しかも効率よく攪拌できます。チーズは材料の水分を吸って回りにくくなるので、最後にボウルの中で混ぜます。

MESSAGE

イタリア料理 ITALIAN　**吉川敏明**

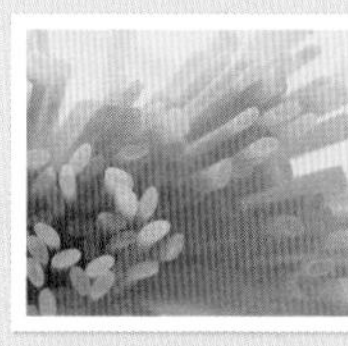

リングイーネはスパゲッティを平たく押しつぶした形状で、断面は楕円形。平たい分、丸いスパゲッティよりも麺にソースがたくさんのるので、ゆるいピューレ状のソースにも向いています。

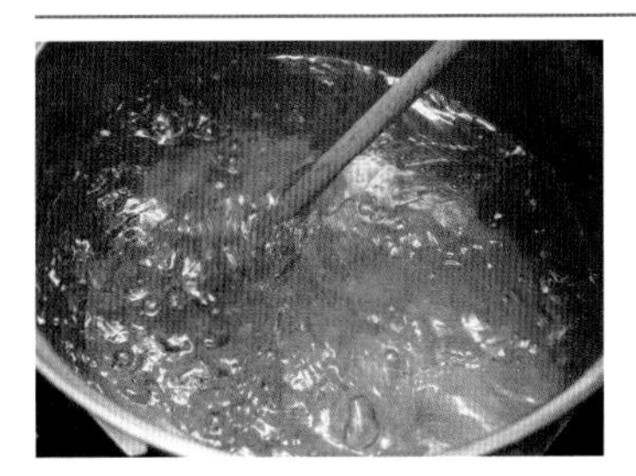

① ゆで汁用の水を沸かし、分量の塩を入れてリングイーネをゆで始める（➔p.55）。

この料理のソースは短時間でできるので、先にリングイーネをゆで始めます。ジェノヴェーゼにはリングイーネを使うのが決まりです。

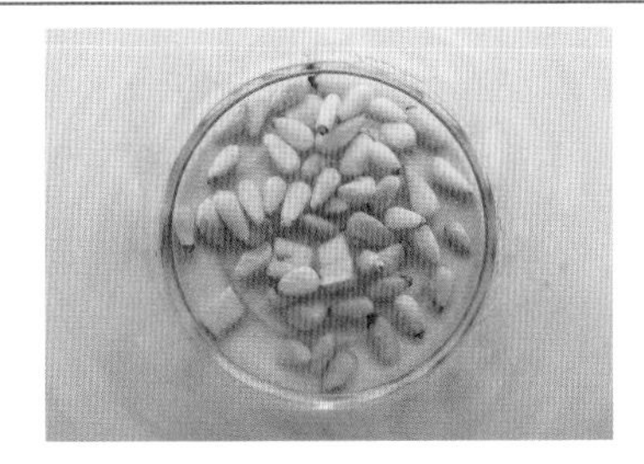

② ブレンダーの容器に松の実、にんにく、エクストラ・ヴァージン・オリーブ油、塩を入れる。

③ ②をブレンダーにかけて攪拌し、ピューレにする。

松の実を粉砕して、ドロッとした状態にします。

④ バジルを加えてゴムべらで底に押し込む。再びブレンダーで攪拌してピューレにする。

バジルの葉はぎゅっと寄せておいたほうが、刃が回りやすく短時間でピューレ状にできます。

⑤ なめらかな状態になったら、大きなボウルに移す。

このボウルでゆで上げたリングイーネを和えるので、大きいものを用意しましょう。

⑥ パルミジャーノ・レッジャーノと黒こしょうを加える。

⑦ ゴムべらで手早く混ぜ、均一にする。これでペースト（ソース）のでき上がり。

⑧ リングイーネがゆで上がる頃に、⑦にゆで汁大さじ1～2を入れる。手早く混ぜて、パスタがからみやすい濃度にする。

ゆで汁の量はペーストの状態を見て加減を。加熱して水分をとばすことができないので、入れすぎに注意です。

⑨ リングイーネがゆで上がったら水気をきり、⑧のボウルに入れ、スプーンとフォークで混ぜる。温めた器に盛り、仕上げ用のバジルを添える。

ペーストに熱が加わるとチーズが凝固してくるので、手早く混ぜるのがコツ。

材料（2人分）

ペンネ……140g
ゆで汁用の水……1.5ℓ
ゆで汁用の塩……12g（水の重量の0.8％）

■ソース
- ゴルゴンゾーラチーズ（→p.233。ピッカンテ）……60g
- 生クリーム（乳脂肪分35％）……120mℓ
- パセリ（みじん切り）……小さじ1
- 黒こしょう……適量
- ブランデー*……小さじ1

■仕上げ用
- パルミジャーノ・レッジャーノ……大さじ2
- パセリ（みじん切り）……小さじ1

＊ウイスキー、グラッパ、ウォッカなどの蒸留酒で代用しても。

下準備

☐ ソースを作る前に、ペンネのゆで汁用の水を沸かし、分量の塩を入れてペンネをゆで始める（→p.55）。

余熱調理のイメージでクリーミー&マイルドに

ゴルゴンゾーラのペンネ

Penne al gorgonzola
ペンネ アル ゴルゴンゾーラ

ゴルゴンゾーラチーズはクリーミーで味がマイルド。青かびのピリッとした刺激もアクセントになって甘さと辛さのバランスがよく、パスタソースにはうってつけです。チーズをソースにするときは**火を入れすぎない**、この一点に注意してください。生クリームを合わせたら半分ほど火が入ったところで止めて、**余熱で溶かす**くらいでないといけません。あとはペンネと和えたときに軽く火にかける程度です。「ペンネ・アラビアータ」（→p.58）ではソースとペンネを少し煮込んでなじませますが、チーズの場合は煮込まず、和えるだけ。ペンネ自体を少し柔らかめにゆでておきましょう。

MESSAGE

イタリア料理 ITALIAN **吉川敏明**

この料理でパセリを使うのは、チーズの臭み消しのほかに、青かびの色を補う意味も。みじん切りのパセリが青かびのように見えるからなんです。ゴルゴンゾーラのドルチェタイプを使うときはとくにかびの量が少ないので、パセリをたくさんふりましょう。

① ゴルゴンゾーラチーズを1㎝角に切り、生クリームとともにフライパンに入れる。

チーズは、熱いフライパンに入れると焦げやすいので、必ず常温のフライパンに入れてから火にかけます。

② ①を中火にかけ、半分くらい沸いて泡立ってきたら火を止める。

生クリーム全量が泡立つまで火を入れると、煮詰まって、味がくどくなります。余熱もあるので、半分沸けば充分。

③ 木べらでチーズをつぶしながら溶かす。

④ ③にパセリと黒こしょうをたっぷりふり、ブランデーを入れて混ぜ合わせる。このままペンネのゆで上がりを待つ。

生クリームを使う料理に、ブランデーなどの洋酒は必ず入れたいもの。乳臭さが消えます。

⑤ ペンネがゆで上がったら水気をきり、④のソースに入れる。

ゆで汁を完全にきってしまわず、少量をまとわせたままソースに入れます。

⑥ 弱火にかけて、手早く混ぜながらソースに火を入れ、ペンネにからませる。

煮詰まり始めると一気に固まってきます。若干ゆるさの残った状態まで火を入れ、次のパルミジャーノチーズを加えます。

⑦ 火を止め、仕上げ用のパルミジャーノ・レッジャーノを2回に分けてふり、そのつどよく混ぜる。温めた器に盛り、パセリをふる。

パルミジャーノ・レッジャーノを入れると、水分を吸ってソースの濃度が一気に増します。

ゴルゴンゾーラチーズ

ゴルゴンゾーラチーズには2タイプあって、ここでは、青かび量が多く辛い「ピッカンテ」を使っています。青かびの少ない「ドルチェ（甘口）」タイプを使うときは、味がマイルドなので80gに増量するといいでしょう。

材料（2人分）

■ニョッキの生地
（作りやすい分量。2人分強）

- じゃがいも（男爵。皮付き）……400g
- 塩……ゆで汁の重量の0.5％
- 薄力粉……100g
- とき卵……1/2個分
- パルミジャーノ・レッジャーノ……大さじ1
- ナッツメッグ……ひとつまみ

薄力粉（打ち粉用）……適量
ニョッキをゆでる塩（下ゆで用と本ゆで用）……各ゆで汁の重量の0.8％
氷水……適量

■セージバターソース

- バター（小角切り）……30g
- セージの葉……4枚

■仕上げ用

パルミジャーノ・レッジャーノ……大さじ3

じゃがいものゆで方で、ニョッキの出来が決まります！

じゃがいものニョッキ

Gnocchi di patate al burro e salvia
ニョッキ　ディ　パターテ　アル　ブッロ　エ　サルヴィア

じゃがいもで作るニョッキのおいしさは、ふわふわのソフトな口当たり。まずはホクホクの裏ごしじゃがいもを作ることが、成功のカギです。そのためにまず、じゃがいもは皮付きで、キズのないものを選び、ぴったり浸る量の湯でゆでること。水分を吸いすぎて水っぽくなったり、じゃがいもが湯に浮いて皮がこすれ、むけやすくなるのを防ぎます。熱いうちに裏ごすのも、垂直に押してこすのも、すべてはふわふわ食感のために欠かせない作業なのです。ここではセージバターソースをご紹介しましたが、イタリアでは木曜日に、サルサ・ポモドーロやボロニェーゼで食べることが多いんですよ。

MESSAGE

イタリア料理
ITALIAN
吉川敏明

ニョッキ生地は、冷凍保存ができるので多めに作っても大丈夫。ゆでる前の成形した生地（作り方⑥）を金属製のトレイに広げ、ラップをかけて冷凍し、固まったらポリ袋に入れて冷凍保存します。食べるときは冷凍のままゆでてください。

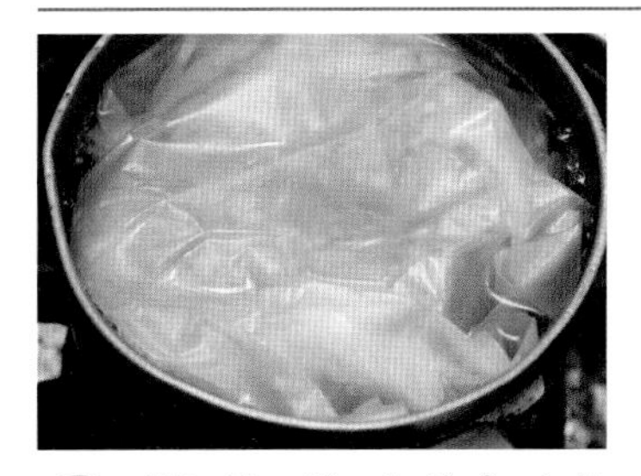

① 鍋にじゃがいもがぴったり浸る量の水と分量の塩を入れ、じゃがいもを入れる。オーブンペーパーを丸く切ってかぶせ、蓋をして強火にかける。沸騰したら弱火にして25〜30分ゆでる。

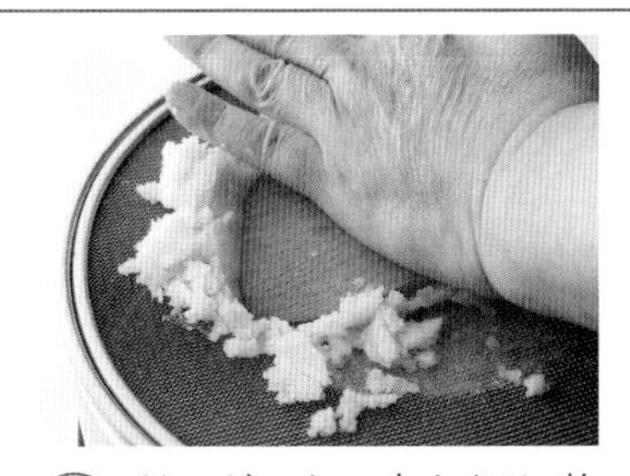

② じゃがいもの水をきり、乾いたふきんで持ち、熱いうちに皮をむく。横半分に切り、切り口を下に向け、真上から垂直に押して裏ごしする。フォークで広げ、蒸気をとばしながら粗熱をとる。

③ ②にパルミジャーノ・レッジャーノ、薄力粉、とき卵、ナッツメッグをのせる。スケッパーですくってじゃがいもを中央に寄せながら、均一に混ぜる。

生のじゃがいも4：薄力粉1の割合が、ちょうどよい柔らかさ。

④ 中心に集めた生地を、手でやさしくつかんでひとつのかたまりにまとめていく。生地を太い棒状にする。

ここでも軽く、軽くを心がけて。こねたり、力を入れて固めたりせず、ふんわりと棒状に整えます。

⑤ 5等分に切り分け、切り口に打ち粉をふって、1個ずつ手のひらで転がして直径1cm強の棒状にする。幅1cm強に切り分けて、全体に打ち粉をふってさっとからませる。

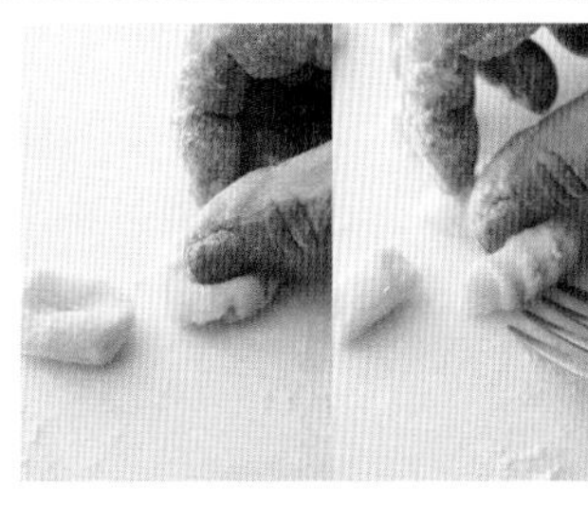

⑥ ⑤の切り口を上下にして置き、親指で押してくぼみをつける。または、切り口を左右にしてフォークの溝にのせ、指先で転がして筋をつける。

くぼみや筋をつけるとソースがからみやすくなります。

⑦ 下ゆで用に湯を沸かし、分量の塩を加えて⑥を入れる。木べらで軽く混ぜ、強火でゆで、すべて浮き上がったらざるですくって氷水に入れる。軽く混ぜてぬめりを取り、ざるに上げて水分をきる。

⑧ 本ゆで用に新しく湯を沸かし、分量の塩を加えて⑦の生地を入れる。一度かき混ぜて、強火のままゆでる。すべて浮き上がったらざるなどですくい、器に盛る。

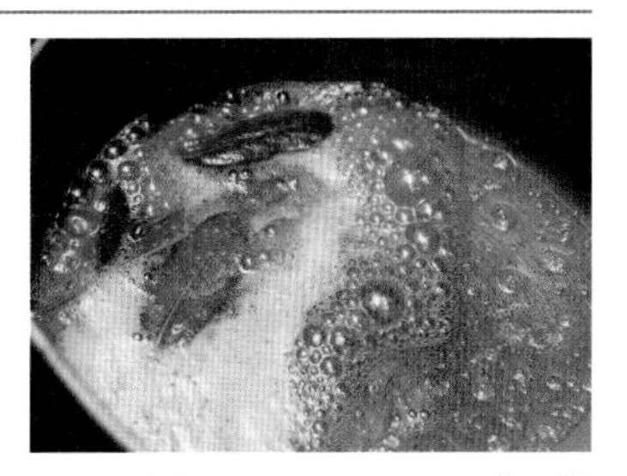

⑨ 小鍋にバターとセージの葉を入れ、弱火にかけてバターを溶かす。⑧のニョッキに仕上げ用のパルミジャーノ・レッジャーノをふり、あつあつのソースをセージごとかける。

日本米で本場さながらのリゾットを作る！

パルミジャーノのリゾット

Risotto al parmigiano
リゾット　アル　パルミジャーノ

リゾットで目ざすでき上がりは、米同士がつながって液体が残らず、フォークですくっても溝から落ちない状態。米粒はつぶれず、弾力のある柔らかさ。日本のお米で充分おいしく作れます。米の量は、１人分70g×人数＋10gで計算しましょう。この10gはイタリアでは“鍋の分”といって、鍋にこびりつく分を想定しているんですよ。作り方のポイントは、つねに水分が多めの状態で煮ること。早め早めに、少し多めにブイヨンや湯を注ぐことで、余裕をもって混ぜることができ、結果として粘りが出にくくなりますよ。鍋の大きさは２人分で直径20～22cmが最適です。

材料（2人分）

- 米（日本米。できれば古米）……150g
- サラダ油……大さじ1
- 白ワイン……大さじ2
- ブイヨン（熱いもの）……400mℓ
- 湯……約400mℓ
- 塩……ひとつまみ
- バター（小角切り）……30g
- パルミジャーノ・レッジャーノ……大さじ4

基本のイタリア食材

イタリア米と日本米

下写真左がイタリア米のなかでもっとも大きく、リゾットに最適なカルナローリ種。右が日本米。日本米は水分が多く粘りがあるので早く柔らかくなり、ベタつきやすいので、気持ち短めに煮上げます。古米が向きます。

MESSAGE

イタリア料理 ITALIAN　吉川敏明

リゾットを皿に盛ったら、すぐに皿の底をトントンとたたいて平らにするのがイタリア流。山形のままだと、余熱で米が柔らかくなってしまいます。

① 鍋にサラダ油と米を入れ、弱火にかけて炒める。米は洗わずにそのまま使う。

弱火を守りましょう。米を鍋底に広げながら煎る感覚です。イタリアではこの作業を「トスターレ（煎る、トーストする）」といいます。

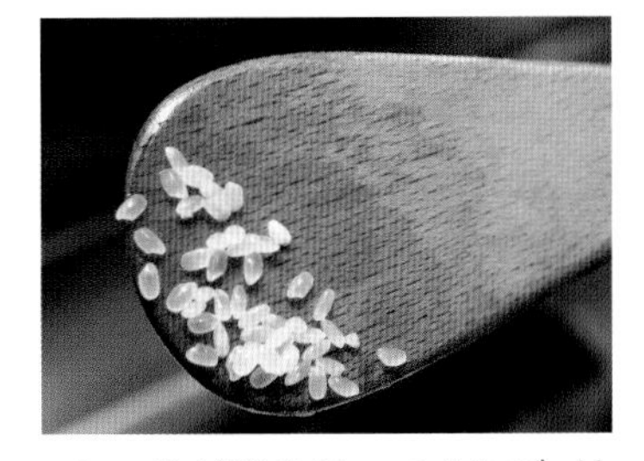

② 米が透き通ってくれば、炒め終わり。

米には焼き色をつけないように。リゾットに不要な香ばしさがついてしまいます。煮たときに煮くずれないよう、油の膜を作るのが目的です。

③ ②に白ワインを入れて火を強め、米になじませながらアルコール分をとばす。熱いブイヨンを入れて、火加減を弱火に戻す。

ブイヨンが冷たいと沸くまでに時間がかかり、米に必要以上に火が入るので、必ず熱くします。

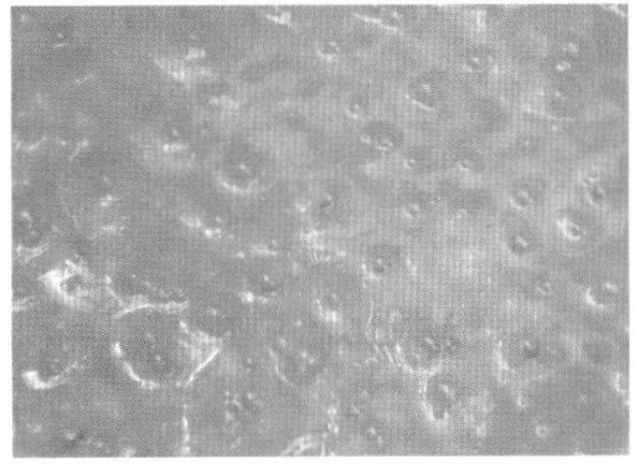

④ 鍋底についた米をはがす感覚で、ときどき木べらで混ぜる。火加減は、クツクツクツと軽い沸騰状態で、3分半くらい煮る。

ずーっと混ぜ続けると、必要以上に粘りが出ます。焦げつかせない程度に、"ときどき"で充分。

⑤ 浮いてくる気泡がはじけ、表面にポツポツと穴が開き始めたら、1回目の湯を加え、煮始める。最初は100㎖ほど、米がちょうど隠れるくらいに入れる。④と同じように、ときどき混ぜ返しながら煮る。

⑥ 水分が減って煮詰まった感じになったら、2回目の湯を加え、⑤のように煮る。2分間隔を目安に、5～6回くり返す。

ここからは、米が水面より少し顔を出すくらいに湯を入れます。徐々に加える量を少なめに。

⑦ ③でブイヨンを入れてから、15分ほどで煮上げる。硬めに煮上げるときは、用意した湯を全量使いきらなくてよい。

米粒は硬すぎず、粘りすぎず、そしてつぶれずに弾力があること。鍋の中では、米粒がねっとりまとまっています。

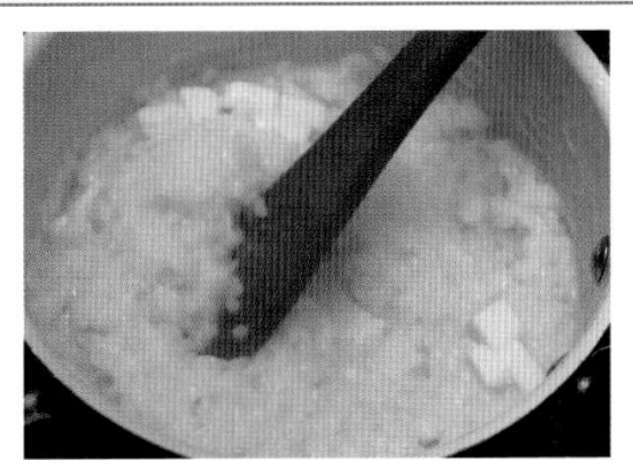

⑧ 塩をふり、ひと混ぜして火を止める。バターを入れて、素早く混ぜる。

バターは小さく切り分けておくと、早く均一に溶けます。

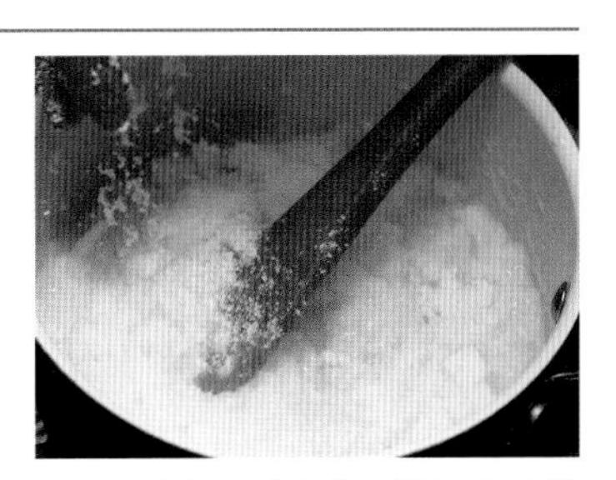

⑨ バターが完全に溶けきる前に、パルミジャーノ・レッジャーノの半量を全体にふり入れ、素早く混ぜる。残りのパルミジャーノ・レッジャーノを全体にふり入れ、混ぜる。

サフランで香りと色づけを

ミラノ風リゾット

Risotto alla milanese
リゾット　アッラ　ミラネーゼ

サフランで香りと色をつけたのがミラノ風。具は入りません。リゾット発祥の地ミラノでは、単にリゾットといえばサフラン入りを指すくらい、いちばんの基本です。サフランは最初から入れると色も香りもとびやすいので、煮る途中、だいたい半ばに加えます。鮮やかな黄色や香りが出るよう、分量をしっかり使いきってください。

材料（2人分）

- 米（日本米。できれば古米）……150g
- サフラン……0.25g
- ぬるま湯……1/3カップ
- サラダ油……大さじ1
- 白ワイン……大さじ2
- ブイヨン（熱いもの）……400mℓ
- 湯……約400mℓ
- 塩……ひとつまみ
- バター（小角切り）……30g
- パルミジャーノ・レッジャーノ……大さじ4

作り方

1. サフランをぬるま湯に10分ほど浸してもどす。もどし汁が濃いオレンジ色になるまでおく。

2. 「パルミジャーノのリゾット（→p.236）」と同様に煮始め、10分ほど煮た頃（→p.237⑥）に①のサフランをもどし汁ごと入れ、同様に煮上げる。
3. 仕上げに塩で味をととのえ、火を止めてバターを混ぜ、さらにパルミジャーノ・レッジャーノを半量ずつ混ぜる。
4. 皿に盛って平らにならす。

MESSAGE

イタリア料理 ITALIAN　**吉川敏明**

リゾットは、スプーンではなくフォークで食べる料理で、フォークの背で軽くならすように押し広げて、スッとすくい上げます。差し込むだけでたっぷりのって、量も調節でき、大口を開けずに食べられるので、見た目もエレガントですよ。

イタリアらしいキノコ、ポルチーニ風味で

ポルチーニのリゾット

Risotto ai funghi porcini
リゾット アイ フンギ ポルチーニ

ここで使うのはドライポルチーニ。もどし汁に旨みがあり、生のポルチーニもこの旨みにはかないません。リゾットを煮るときも、だしはこのもどし汁とお湯で充分！　ブイヨンは使わなくてもいいんです。しいたけ、しめじ、エリンギなどの生きのこを加えてもおいしく、このときは別に炒めてから加えましょう。

材料（2人分）

米（日本米。できれば古米）……150g
ポルチーニ（ドライ）……10g
ぬるま湯……½カップ
サラダ油……大さじ1
白ワイン……大さじ2
湯……約700㎖
塩……ひとつまみ
黒こしょう……適量
バター（小角切り）……30g
パルミジャーノ・レッジャーノ……大さじ3
パセリ（みじん切り）……適量

作り方

① ポルチーニをぬるま湯に15分ほど浸してもどす。水分を絞り、細かく刻む。もどし汁はこして取っておく。

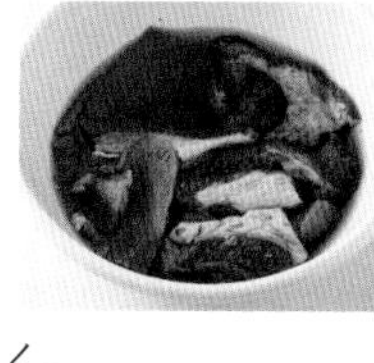

② 「パルミジャーノのリゾット（→p.236）」と同様に煮るが、最初から湯で煮始め、10分ほど煮た頃（→p.237⑥）に①のポルチーニともどし汁を入れ、同様に煮上げる。

③ 仕上げに塩、黒こしょうで味をととのえ、火を止める。バターを混ぜ、さらにパルミジャーノ・レッジャーノを半量ずつ混ぜる。

④ 皿に盛って平らにならし、パセリをふる。

MESSAGE

イタリア料理 ITALIAN　吉川敏明

リゾットは仕上げにバターとパルミジャーノを混ぜるのが伝統の手法ですが、最近はバターの代わりにオリーブ油を使うことが増えてきました。魚介や野菜のリゾットを作るときは、オリーブ油を大さじ1ほど使うといいでしょう。

材料（2～3人分）

玉ねぎ	1個（200g）
にんじん	½本（100g）
セロリ	1本（80g）
じゃがいも	小2個（200g）
グリーンピース	30g
ローリエ	1枚
サラダ油	大さじ1 ½
ブイヨン*	500㎖
塩	適量
エクストラ・ヴァージン・オリーブ油	適量
グラーナ・パダーノ（粉末）	適量

＊市販の固形ブイヨンを使う場合は、塩分が含まれているので、塩を加える必要はない。鶏ガラなどでとった場合は、作り方の通りに塩を少量加える。

野菜の滋味豊かな食べるスープ

野菜のミネストラ

Minestra di verdure

ミネストラ　ディ　ヴェルドゥーレ

イタリア料理では、スープはパスタと同じ「プリーモピアット」。この料理は、身近にある野菜とブイヨンだけで作りますが、簡単に、驚くほどおいしく作れます。コツは、**野菜をよく炒めること**。野菜の旨みがたっぷりと引き出され、**香りの生き生きとしたスープ**になります。

そして皆さんよくご存じの「ミネストローネ」は、このミネストラに小粒のパスタ、米、いんげん豆などを加えたもの。お好みで入れてもおいしいですよ。

滋味深い味わいなので、ワインを合わせるならシンプルな白ワインがおすすめです。

MESSAGE

イタリア料理 ITALIAN　**西口大輔**

でき上がったスープの具の一部を裏ごしして混ぜ、とろみをつけてみてください。また違うおいしさが生まれますよ。

① 玉ねぎ、にんじん、セロリは8㎜の角切りにする。じゃがいもは1㎝の角切りにして水にさらす。グリーンピースは柔らかく塩ゆでして水気をきっておく。

② 鍋にサラダ油と玉ねぎを入れて中火にかけ、炒める。玉ねぎに油が回ったらにんじん、セロリ、ローリエ、塩を入れて炒める。

③ 野菜の香りが出て、しんなりしてきたらじゃがいもの水気を拭いて加え、さらによく炒めて野菜の旨みを引き出す。

じゃがいもは最初から炒めると、でんぷんのとろみが出てスープが白濁します。澄んだスープに仕上げたいので、最後に入れてさっと炒めるだけにします。

④ 木べらで鍋底をこすりながら炒める。

鍋底をこすることで、じゃがいものでんぷん質が鍋底にこびりついて焦げつくのを防ぎます。

⑤ 鍋底全体が薄茶色に色づいてきたら、ブイヨンを100㎖加える。

⑥ すぐに木べらで鍋底のこびりつきを煮溶かす。

これがスープの旨みになります。

⑦ 再沸騰したら残りのブロードを一気に注ぎ入れ、軽く沸騰する火加減で10分煮る。

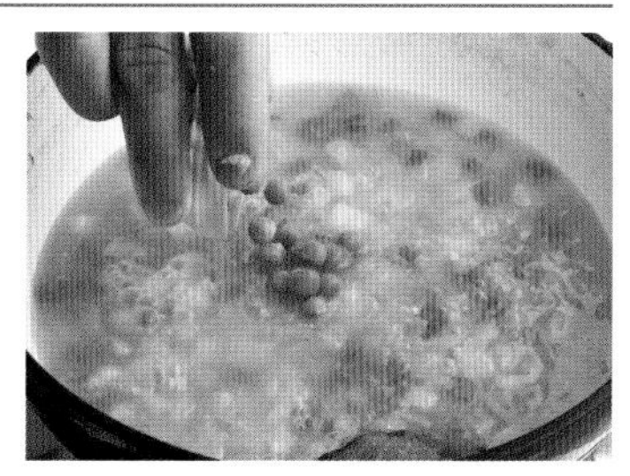

⑧ グリーンピースを入れて混ぜる。器に盛ってオリーブ油とグラーナ・パダーノをふる。

材料（2〜3人分）

豚ロース肉（脂身付きで140〜150g）……2枚

■卵液

- 卵……2個
- パルミジャーノ・レッジャーノ……大さじ1 1/2
- サラダ油……大さじ1

パン粉（生）……適量（約80g）
塩……適量
黒こしょう……適量
揚げ油（サラダ油）……大さじ3
バター（小角切り）……5g
レモン（くし形切り）、パセリ……各適量

チーズ入りのころもと肉が一体化したおいしさを味わって

ミラノ風カツレツ

Cotoletta alla milanese
コトレッタ　アッラ　ミラネーゼ

本来は仔牛肉で作る料理ですが、豚ロース肉でもおいしく作れます。カツレツといっても、日本のとんかつとは大きく違います。まずはころもをつける順番。とんかつは小麦粉→卵→パン粉ですが、ミラノ風カツレツは「パン粉→卵→パン粉」。最初にパン粉をまぶすことで、ころもと肉がぴったりとくっつきます。ころもにパルミジャーノ・レッジャーノを混ぜるのも特徴で、旨みが加わるだけでなく、おいしそうな黄金色に焼き上がります。揚げるときは、最初にサラダ油などの植物性できちんと火を入れ、焦げやすいバターは仕上げに加えて風味をつけます。

MESSAGE

イタリア料理 ITALIAN　**吉川敏明**

日本のパン粉は粗いので、ミキサーかブレンダーで、細かくします。生パン粉は湿り気があって刃が回りにくいので、少量ずつ回します。

① 豚ロース肉（写真右）の厚い脂身を取り除き、赤身だけにする（左。1枚が120～130gになる）。筋のある部分も脂身を除き、包丁の切っ先で筋に切り目を入れる。

写真右が脂身を取る前、左が脂身を取ったあとです。

② 卵をときほぐし、パルミジャーノ・レッジャーノとサラダ油を加えてよく混ぜる。バットに移す。

卵液にサラダ油を入れるのは、とろみをつけるため。パン粉がよくつき、口あたりも柔らかくなります。

③ 豚肉の両面に1回目の生パン粉をまぶす。肉たたきで片面3～4回ずつ、両面をたたいて平らにする。

たたくことで肉の繊維を柔らかくし、平らにします。パン粉が肉に密着して一体感が増しますよ。

④ 写真のように肉が均一な薄さで、生パン粉が薄く均等にまぶされた状態になれば、たたき終わり。両面に塩、黒こしょうをふり、手のひらで軽く押さえる。

⑤ ④の肉の両面にたっぷりと②の卵液をつける。生パン粉の上にのせ、上面にも生パン粉をたっぷりかける。

生パン粉は柔らかいので、静かにやさしく押さえます。

⑥ まな板に取り出し、包丁の腹で上面を軽くトントンとたたく。盛りつけたときに上になる面に、包丁の刃を上にして、峰で格子状の模様をつける。

模様は飾りのようなものですが、これでころもが一層密着します。

⑦ フライパンに揚げ油を入れて中火にかけ、熱くする。豚肉を格子模様の面を下にして入れ、弱めの中火で焼く。

動かしすぎるとパン粉が散るので、ときどき動かす程度に。火が強いとパン粉が焦げますから、火加減にも気を配って。

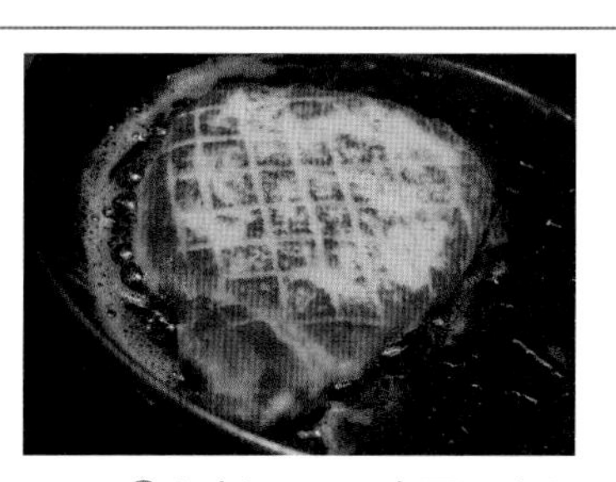

⑧ ⑦を裏返して、裏面も火を入れる。

写真のような香ばしい焼き色をつけてください。

⑨ 豚肉にほぼ火が通ったらバターを加え、風味をつける。かたまりが溶けたら、裏返してもう片面にも風味をつける。もう一度裏返し、そのまま器に盛る。レモンとパセリを添える。

バターに火を入れすぎないようにして、香りと旨みを生かします。

厚切りにできる魚は、肉と同じカツレツに！

かじきのカツレツ

Cotoletta di pesce spada
コトレッタ　ディ　ペッシェ　スパーダ

イタリア料理では、大型の魚を肉と同じ調理法にすることがよくあります。かじきは時間がたってもしっとり感を保ち、簡単においしく作れておすすめです。ミラノ風カツレツ（→p.242）と同様に、パルミジャーノ・レッジャーノ入りの卵液とパン粉のころもでカツにしますが、魚は湿り気が多い分、卵がよくつくので、じかに卵液をつけて大丈夫。パン粉はすぐに火が入るドライを使います。卵液には数分浸けて、よくなじませるのがポイントですね。パン粉がつきやすくなり、魚の生臭みも抑えてくれます。

材料（2人分）

まかじき（切り身。100g）……2切れ

■卵液
- 卵……1個
- パルミジャーノ・レッジャーノ……大さじ1強
- エクストラ・ヴァージン・オリーブ油……小さじ½

パン粉（ドライ）……適量
塩……適量
黒こしょう……適量
揚げ油（ピュアオリーブ油）……大さじ2弱

■ミニトマトのマリネ
- ミニトマト（大ぶりのもの）……8個
- エクストラ・ヴァージン・オリーブ油……大さじ2
- レモン汁……小さじ2
- 塩……1g
- 黒こしょう……適量

ルーコラ……8枚

下準備

□ パン粉は、ミキサーなどで粉砕してごく細かくしておく。

MESSAGE

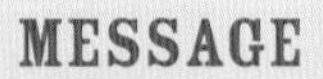

イタリア料理 ITALIAN　吉川敏明

盛りつけにトマトのマリネをのせるのは私のオリジナルですが、トマトのみずみずしさと甘酸っぱさで、カツレツがさっぱりといただけるので、相性は抜群だと思います。

① 卵をときほぐし、パルミジャーノ・レッジャーノを加えて混ぜる。さらにエクストラ・ヴァージン・オリーブ油を入れながら混ぜる。バットに移す。

② かじきの両面に塩、黒こしょうをふる。①に入れて卵液を両面にからませ、そのまま2～3分おいてなじませる。

卵液に浸けてしっかりとなじませます。魚の生臭みが消え、パン粉もつきやすくなります。

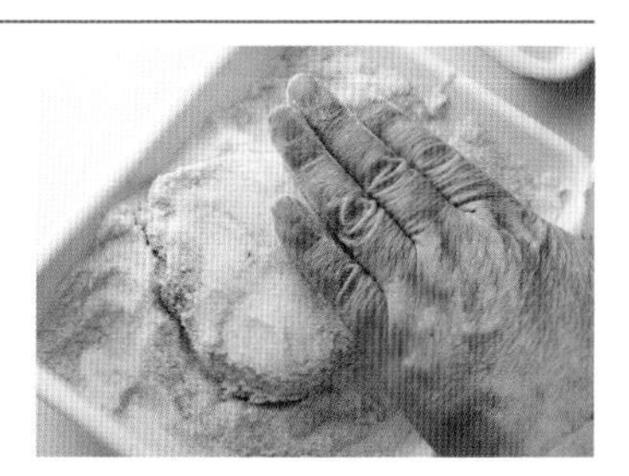

③ 別のバットにパン粉を入れ、②をのせる。上面にもたっぷりパン粉をかけ、手のひらで押さえてまぶす。

パン粉を厚めにかけると、パン粉がクッションになり、軽く押すだけで均一にまぶせますよ。

④ 盛りつけたときに表になる面を上にして、まな板に置く。包丁の腹で上面をトントンとたたき、余分なパン粉を払う。側面も中心に寄せるように押さえ、形を整える。

⑤ 包丁の峰で上面に格子模様をつける。

模様は自由に。店ではリーフ形につけたこともあります。

⑥ ミニトマトを4つ割りにし、塩、黒こしょう、エクストラ・ヴァージン・オリーブ油、レモン汁を加える。

ミニトマトは普通のトマトより甘みが濃厚で、レモンの酸味とバランスがよく、この料理向きです。

⑦ ⑥をよく混ぜて、5分ほどおく。ルーコラは幅1㎝のざく切りにする。

かじきを焼く直前にトマトのマリネを作ると、焼いている間にちょうどトマトの水分がしみ出し、調味料の味がなじんでおいしくなります。

⑧ フライパンに揚げ油を入れ、中火にかけて熱する。かじきを格子模様の面を下にして入れ、弱火にして焼く。

ミラノ風カツレツ（➜p.242）より、火入れは短時間で。ころもに香ばしい焼き色がつけば火が入っていますよ。

⑨ 香ばしい焼き色がついたら裏返して同様に焼く。器に盛る。⑦とルーコラをかじきの上に盛る。

焼くときの油の量が少ないので、油きりする必要はありません。

材料（2人分）

鶏むね肉……1枚
サラダ油……大さじ2
塩、黒こしょう、中力粉、
飾り用ローズマリー……各適量
マッシュポテト（→p.247）……適量

代用食材

□ 鶏もも肉、豚ロース肉などでも代用可能。

フライパンでしっとりと焼き上げるシンプルなチキンソテー

鶏むね肉のフライパン焼き

Petto di pollo in padella
ペット ディ ポッロ イン パデッラ

鶏むね肉をただシンプルに焼く料理ですが、しっとり、ふっくら焼き上がった肉はとてもおいしいです。パサつきやすいこの部位をジューシーに焼くポイントは3つ。まず皮を下にして、蓋をして蒸し焼きにすること。身には熱い油をかけながら、間接的に火を入れること。そして最後に火を止めてから身を下にして、フライパンの余熱でじんわりと火を入れること。この3つを徹底すれば、皮はおせんべいのようにパリパリと香ばしくなり、皮から溶け出した脂の香りも食欲をそそります。

MESSAGE

イタリア料理 ITALIAN　西口大輔

この焼き方を覚えると、生焼けになることも身がパサつくこともありませんよ。鶏むね肉が厚すぎるかな、と思ったら、ラップを巻いた麺棒で少したたいて薄くしてもよいでしょう。メインディッシュなので、コクのある白ワインや酸のしっかりしたスマートな赤ワインと楽しんでください。

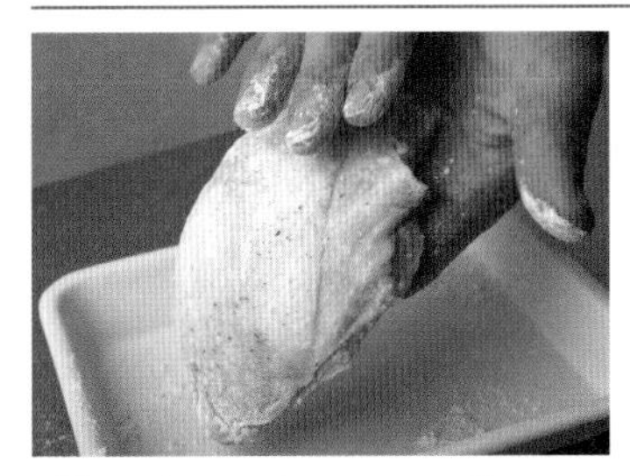

① 鶏むね肉の両面に塩、黒こしょうを強めにふり、中力粉を皮だけにまぶす。粉はたっぷりふって、しっかりはたいて落とす。

中力粉をつけるコツは、まずはたっぷりとつけ、しっかりはたいて落とすこと。これで全体にうっすらと均一に粉がつきます。

② フライパンにサラダ油を引いて強火にかけ、温まったら鶏肉の皮を下にして入れる。蓋をして弱火にする。

③ 7分ほどすると鶏肉の縁が白くなり、皮が香ばしく色づいてくる。

ときどきフライパンをゆする程度で、ほとんどさわらなくて大丈夫です。

④ ③の状態になったら蓋をはずし、スプーンであつあつの油を10回ほどかける。再び蓋をして1〜2分焼く。指で押して弾力が出てきたら裏返し、火を止める。

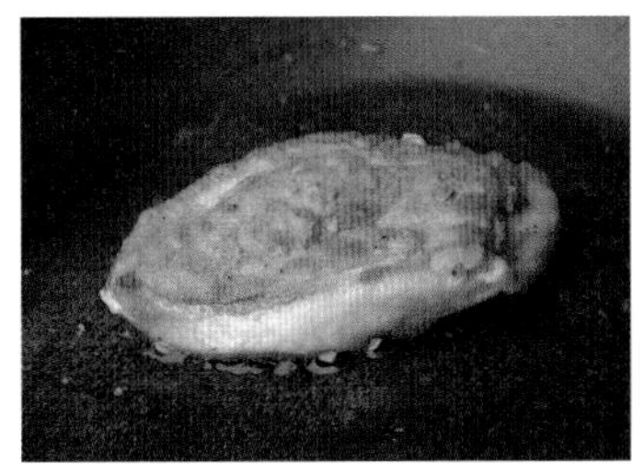

⑤ 蓋をせず、2〜3分おいて余熱で火を入れる。

ここまでに皮側から火がじわじわと入っているので、ひっくり返してからはフライパンの熱だけで火を入れていきます。

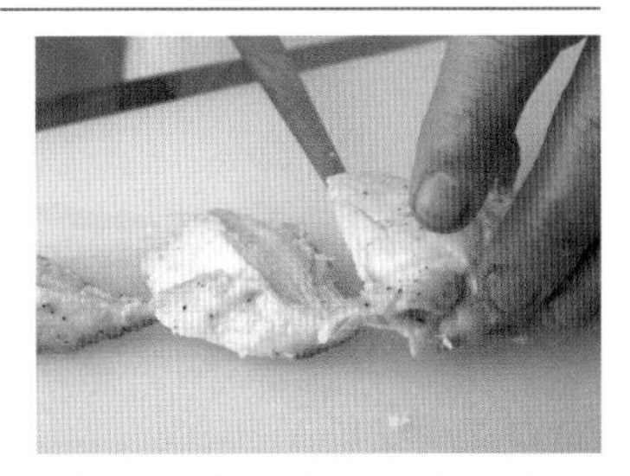

⑥ 肉を取り出して厚めに斜めに切る。皿に盛って塩、黒こしょうをふり、ローズマリーを飾る。付け合わせのマッシュポテトは絞り袋に入れて絞り出す。

付け合わせのマッシュポテト

材料（作りやすい分量）

じゃがいも（皮付き）	**中2個**（300g）
ナッツメッグ	**少量**
バター	**20g**
牛乳	**100㎖**
塩、黒こしょう	**各適量**
塩ゆで用の塩	**湯の重量の0.5％**

（1ℓの水に対して塩5g）

作り方

1 じゃがいもを皮ごと塩ゆでし、熱いうちに皮をむいてマッシャーでつぶす。

2 鍋にバター、ナッツメッグ、つぶしたじゃがいもを入れてゴムべらで混ぜ合わせる。

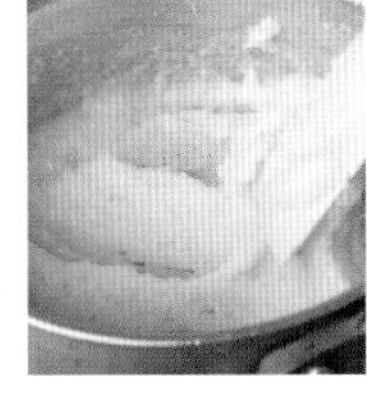

3 弱火にかけ、沸騰直前まで温めた牛乳を少しずつ加え、なめらかになるまで混ぜる。塩、黒こしょうをふる。

材料（4〜6人分）

豚ロースかたまり肉……1kg
にんにく（皮付きをつぶす）……1かけ
ローズマリー……2枝
サラダ油……大さじ3
白ワイン……110mℓ
塩、黒こしょう……各適量
ピケ用にんにく（6等分）……1かけ分
ピケ用ローズマリー（2㎝長さ）…3枚分
付け合わせ用じゃがいものロースト……適量

下準備

- □ 豚ロース肉は30分ほど前に冷蔵庫から出す。
- □ オーブンを180℃に予熱する。
- □ 付け合わせに、じゃがいものローストを作る。じゃがいもの皮をむいてひと口大に切り、下ゆでして七分通り火を通す。フライパンにサラダ油をにんにくを丸ごと入れて弱火で温め、香りを移し、じゃがいもとローズマリーを加えてこんがりと焼く。塩、こしょうをふる。

豚の旨みたっぷり、
柔らかローストポークの焼き方をご紹介

豚肉のロースト

Arista
アリスタ

イタリアでは豚ロース肉をかたまりでローストしたものを「アリスタ」といい、レストランでもポピュラーなメニューです。

豚ロースかたまり肉は、脂をつけたまま調理してください。この脂がガードして火の入りすぎを防ぎ、またじわじわと溶けて肉にしみ込んでおいしくなりますから。肩ロースを使う場合は、厚みがあって火が入りにくいものが多いので、焼き時間をロース肉より長めに。脂が多く、脂の旨みが加わったおいしさがありますよ。

MESSAGE

イタリア料理 ITALIAN **西口大輔**

この料理は焼きたての温かいものはもちろん、冷ましてもおいしくいただけます。冷めたらハムのように使うとよいでしょう。サラダに入れたら、グッとごちそう感がアップします。フルボディのしっかりした白ワインや口あたりのよいミディアムボディの赤ワインと一緒に楽しんでください。

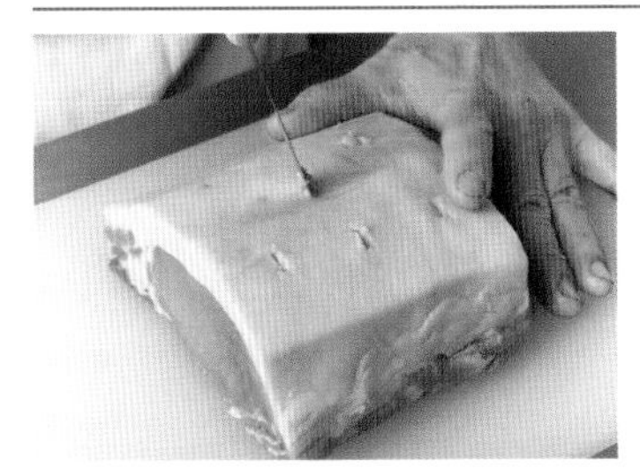

① 豚肉の脂の上から、包丁の切っ先で深さ1㎝ほどの穴をあける。等間隔で6〜8か所を目安に。

柔らかく、ジューシーに仕上げるには脂がポイントなので、つけたまま調理します。

② 穴に人差し指を入れて広げ、そこにピケ用のにんにくを埋め、ローズマリーを刺す。全体に塩、黒こしょうを強めにふる。

ハーブはローズマリーを使うのが決まりですが、タイムでもおいしく作れます。

③ 耐熱容器に②の豚肉を入れてにんにくとローズマリーを添える。サラダ油をかけ、温めたオーブンに入れて40分ローストする。

④ 脂の表面が薄いきつね色に色づき、容器の底に肉汁がこびりつきはじめるのを確認する。こびりついた肉汁は木べらでこそげ取って油に混ぜる。

こびりついた肉汁は旨みそのもの。油に混ぜて、おいしいソースにします。

⑤ ④の状態になったら白ワインをふりかけ、再びオーブンに入れて約20分ローストする。

⑥ 肉の中心に串を刺し、唇にあてて温度を確認する。温かくなっていれば焼き上がり。厚さ1㎝に切り分けて器に盛り、焼き汁をかけ、じゃがいものローストを添える。

便利な香りオイル

玉ねぎの香りオイル

玉ねぎの甘みをじっくり引き出し、オリーブ油に閉じ込めました。じゃがいものスライスに玉ねぎごとオイルをかけて、オーブンで焼いてもおいしいです。

材料（作りやすい分量）

玉ねぎ（薄切り）	300g
ピュアオリーブ油	100㎖
塩	4g
水	270㎖

作り方

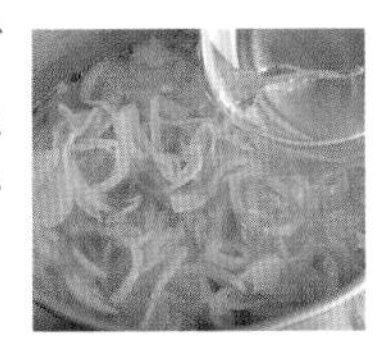

1. 鍋にピュアオリーブ油、塩、水100㎖、玉ねぎを入れて中火にかける。

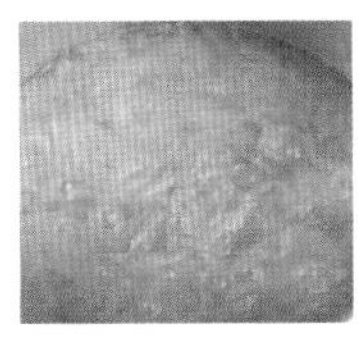

2. ふつふつと泡立つ程度の火加減で20分煮込む。途中水分が減り、鍋肌と玉ねぎにうっすら色がついたら、残りの水を徐々に加える。粗熱が取れたら玉ねぎごと保存瓶に入れる。

ワインの基礎知識

洋食やフレンチ、イタリアンを作ったら、ぜひワインを合わせて楽しみたいもの。
ここではワインを飲むなら知っておきたい基本的な知識と、料理との合わせ方をご紹介。
グラス片手に、豊かな時間を過ごしましょう。

LESSON 1

ワインの種類を知りましょう

日ごろ何気なく飲んでいるワインですが、造り方で大きく2種類に分けられます。ひとつは炭酸ガスの発泡がない「スティルワイン」、もうひとつは発泡性の「スパークリングワイン」。前者には使うぶどうの品種や色から白ワイン、赤ワイン、ロゼワインがあり、後者にはシャンパーニュなどがあります。以下にそれぞれの特徴を簡単にまとめました。

ワインの種類

白ワイン

主に淡い色のぶどうをつぶして発酵させたぶどう酒（一部に濃い色のぶどうから造るものも）。色みは淡い黄色から黄金がかったものまで多彩で、美しく透き通っています。

〈ぶどう品種〉
シャルドネやソーヴィニヨン・ブランなど

赤ワイン

主に色の濃いぶどうを発酵させて造るぶどう酒。果皮や種子ごとつぶして造るため、色は黒みがかっていたり、赤く色づいています。味わうと渋みが感じられます。

〈ぶどう品種〉
カベルネ・ソーヴィニヨンやピノ・ノワールなど

ロゼワイン

フランス語で「バラ色の」を意味する通り、華やかなピンク色をしたぶどう酒。色の濃いぶどうを使う場合と、淡い色と濃い色のぶどうを混ぜて造る場合があり、その色は赤に近いピンクからほのかな桜色まで多彩。イタリアではロザートと呼ばれます。

スパークリングワイン

液中に二酸化炭素（炭酸ガス）を含んだ発泡性ワイン。淡い色だけでなく、濃い色のぶどうでも造られるため、ロゼや赤ワインの色をしたスパークリングワインも存在します。フランスではシャンパーニュのほか、ヴァン・ムスーやクレマン、イタリアではスプマンテやプロセッコ、スペインではカバなどが有名です。

シャンパーニュ

フランス北東部のシャンパーニュ地方で造られるスパークリングワインのこと。原料となるぶどうはシャルドネ、ピノ・ムニエ、ピノ・ノワールの3種類。これらから造ったワインをボトルに詰めて糖と酵母を加えて発酵させたもので、製法や規定が細かく定められています。味わい別に、超辛口（エクストラ・ブリュット Extra Brut）、辛口（ブリュット Brut）、中辛口（エクストラ セック Extra Sec）、中甘口（セック Sec）、甘口（ドゥミ セック Demi Sec）、超甘口（ドゥー Doux）があります。

LESSON 2

ワインをおいしく飲むには温度が大切！

ワインの味わいでもっとも大切なポイントは“香り”です。ワインの中にひそむ、さまざまな香りを感じとる瞬間こそ、ワインの醍醐味。香りを上手に開かせるコツは、飲むときの温度にあります。温度が低いと香りを感じにくく、逆に温度が高すぎると香りがバラバラに開いた印象になります。よく「赤ワインは常温で、白ワインは冷やして」といわれますが、季節や室温、また料理によっても違ってきます。ワインごとの適温をご紹介しましょう。

おいしく味わう適温を決めるのは「ワインの種類」と「合わせる料理」

スパークリングワイン

冷蔵庫（3〜5℃）から出したては、はつらつとしたシャープさが楽しめます。辛口タイプの適温は約8℃、甘口タイプの適温は約4℃です。特にシャンパーニュなら、食事を通して飲むのにも向くので、さらに深い楽しみ方が可能です。食前酒なら8〜10℃。グッと香りが出てきます。メイン料理なら13〜14℃まで温度を上げ、シャルドネ用の幅広いグラスに変えて香りを開かせるとまた違った印象に。食後のチーズやデザートのときには、再び12℃に下げて味わうと相性がぴったり。温度によって味わいが変わる、その多彩な魅力が感じられるでしょう。

白ワイン、ロゼワイン

酸味のあるすっきりとした辛口タイプなら8℃、ナッツやトロピカルフルーツの香りがするふくよかで重めのタイプなら10〜13℃が適温です。ソーテルヌなどの甘口白ワインは温度が高いと甘みがベタつくので、キリッと冷やして4〜6℃で味わうのがよいでしょう。白のようなさわやかさと赤のような厚みを兼ね備えたロゼワインは、重めの白と同じ10〜13℃がおいしくいただけます。

赤ワイン

ボージョレや若いブルゴーニュといった軽めの赤ワインは、フレッシュな味わいを楽しむために温度を低めに10〜13℃にします。重厚な赤ワインは渋みが多いので、温度を高めにすることで印象が和らぎます。適温は16〜18℃。赤ワインは常温で飲むイメージがありますが、日本の気候や暖房のきいた部屋は一般に気温が20℃以上になるので、冷蔵庫で30分〜1時間冷やしてから楽しむのがおすすめです。

ワインをおいしく飲むための適温

20
19
18
重厚な赤ワイン
17
16
15
14
シャンパーニュ
（メイン料理と）
13
ふくよかで重めの白ワイン
ロゼワイン
軽めの赤ワイン
12
シャンパーニュ
（チーズやデザートと）
11
10
9
シャンパーニュ
（香りを楽しむ場合）
辛口白ワイン
8
辛口スパークリング
7
6
甘口白ワイン
5
スパークリング
（シャープさを 楽しむ場合）
4
甘口スパークリング
3
2
1
0
（℃）

LESSON 3

料理とワインのマリアージュ

マリアージュとはフランス語で「結婚」の意。人の相性と同じように、料理とワインも相性の良し悪しがあり、よい組み合わせは互いの長所を引き立て、幸せな気分にさせてくれます。ここでは、ワイン初心者でも簡単にわかる組み合わせのコツをご紹介しましょう。慣れていけば、そのうち自分のお気に入りのマリアージュを見つけられるかもしれません。

組み合わせのコツは「共通点を見つけること」

料理とワインの組み合わせでもっともわかりやすいのが、「味と色に共通する要素」を見つけること。

たとえば味なら、レモンを絞って食べる魚のグリルや酸味のあるドレッシングを使った料理には柑橘系の香りのすっきり系白ワインを。こしょうのきいたステーキや赤ワイン煮込みのような力強い料理には、同じくスパイシーでコクのある重めの赤ワインを合わせると失敗がありません。

色なら、バターソースやチーズを使った淡色のまろやかな料理には、やや黄金色がかった熟成したリッチな白ワインを。デミグラスソースやこってりとしたたれを使った色の濃い料理には、濃縮感のある重めの赤ワインが合うでしょう。海老やサーモンなどの淡い赤みがかった料理にはロゼワインもおすすめ。

白ワイン

軽めの白

グレープフルーツやレモンなど柑橘系の香りがする、酸味のすっきりしたさわやかな辛口の白ワイン。

〈ぶどう品種の一例〉

ミュスカデ、シャルドネの一部（ブルゴーニュ北部のシャブリなど）、ガルガーネガ（イタリアのソアーヴェなど）、日本の甲州など。

〈料理とのマリアージュ〉

魚介の刺し身、カルパッチョやマリネ、葉野菜のサラダ。生がき、白身魚のソテー、フライなどレモンを絞って食べたくなる料理。ハーブと塩だけでシンプルに焼いたあじやすずき、鶏肉など。チーズならモッツァレッラ、シェーヴル、クロミエなど。

やや重めの白

しっかりとした酸味の中にも、青りんごやあんずのようなふくよかな香りを持つミディアムボディの白ワイン。

〈ぶどう品種の一例〉

ソーヴィニヨン・ブラン、シャルドネの一部（ブルゴーニュ中南部のプイィ・フュイッセなど）、リースリング、シュナン・ブラン、ヴィオニエ、イタリアのピノ・グリージョなど。

〈料理とのマリアージュ〉

グラタン、チキンクリームシチュー、魚介のムニエルなどバターやクリーム系の料理。ごまだれやマスタードのソース、しょうが、クミンなどさわやか系のスパイスを使ったもの。天ぷら、野菜料理全般。肉は鶏肉、豚肉などの白身肉。チーズならブリーやミモレットなど。

ロゼワイン

白と赤の中間に位置するロゼワインを料理に合わせるなら、応用範囲の広い辛口タイプがおすすめ。特に餃子やカレーなど中国料理やエスニックとの相性がよく、魚や肉料理に幅広く寄り添います。またサラミや生ハム、ソーセージなどの加工肉とは相性抜群。すしや天ぷらなど和食に合わせられるのも便利です。チーズならカマンベールやコクのあるシェーヴルなど。

赤ワイン

軽め〜やや重めの赤

いちごやラズベリーといった赤い果実のニュアンスがあり、渋みは穏やか。軽快でフルーティな辛口赤ワイン。

〈ぶどう品種の一例〉

ピノ・ノワール、ガメイ、イタリアのサンジョヴェーゼ、グルナッシュ、日本のマスカット・ベーリーAなど。

〈料理とのマリアージュ〉

肉ならハンバーグなどのひき肉料理、トマト煮込み、魚介ならまぐろやぶり、かつおといった赤身の魚、鶏の照り焼き、肉じゃがなどみそやしょうゆ、だしを使った料理とも相性よし。きのこ、根菜全般。チーズならタレッジョ、モン=ドール、フルム・ダンベールなど。

重めの赤

豊かな果実味、酸味、渋みを持つリッチな赤ワイン。カシスやブラックベリーなど黒い果実の風味、黒こしょう、シナモンといったスパイシーな香りのもの。

〈ぶどう品種の一例〉

カベルネ・ソーヴィニヨン、メルロー、ネッビオーロ、ニューワールドのシラー、テンプラニーリョ、ジンファンデルなど。

〈料理とのマリアージュ〉

黒こしょうなどスパイスを多めに使った赤身肉（牛肉、羊肉、鴨肉）のグリルやステーキ。赤ワインソースを添えたジビエ、肉の赤ワイン煮込み。和食ならすき焼き、鰻の蒲焼き、もつ煮込みなど。チーズならロックフォールなどの青かびチーズ、エポワスなど。

スパークリングワイン

シャンパーニュ

どんな料理にも引けをとらない複雑味とコクがあるシャンパーニュは、野菜や魚介のオードヴルから肉料理（赤ワインやスパイスを使わない料理）まで幅広くカバーできるため、フランス料理ではコースをシャンパーニュ1本で通す人もいるほど。

スパークリングワインはさらに幅広い料理と相性のよさをみせます。特にワインに合いづらいとされる、たらこ、いくら、うにといった魚卵、すしもOK。鶏の水炊きなどポン酢で食べるシンプルな鍋料理、カリッと香ばしい揚げものにははじける泡が油を断ち切ってくれます。チーズはシャンパーニュならブリヤ=サヴァランやシャウルス、ラングルなど。スパークリングワインならコンテなどがおすすめです。

LESSON 4

ワインとチーズのマリアージュ

基本の組み合わせ方

軽いワインにはクセの少ないチーズや熟成させていないフレッシュタイプを、ワインが重めになるにつれチーズも風味やクセの強いものを。またチーズと同じ産地のワインを合わせると安心です。最近はワインに詳しいチーズ専門店も多いので、相談するのもよいでしょう。

辛口白ワイン	甘口白ワイン	赤ワイン
▼	▼	▼
マイルドな味わいのチーズ	塩味や個性の強いチーズ	脂肪分や塩気、旨みの濃いチーズ

ワンランクアップの組み合わせ方

まずワイン、チーズの試食時に、図のようなテイスティングのチャートを作って6つの風味で5段階評価しましょう。それぞれの点を結んだときに六角形の形が似ているほど好相性です。

ワイン

ミュスカデ（2年熟成）
マスカット種のぶどうで造った白ワイン

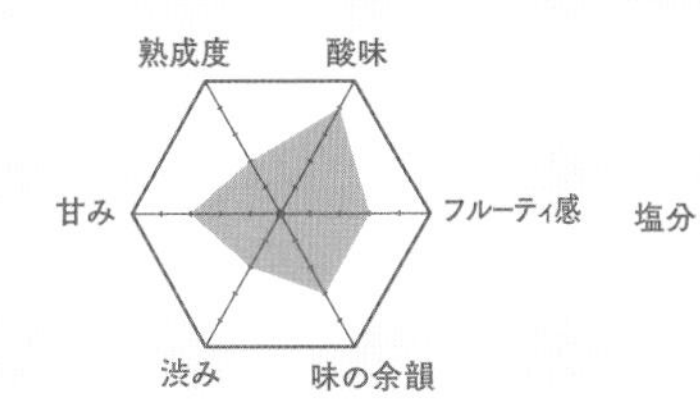

チーズ

サント=モール・ド・トゥーレーヌ（やや熟成が若め）
山羊乳で作った酸味の強いシェーヴル

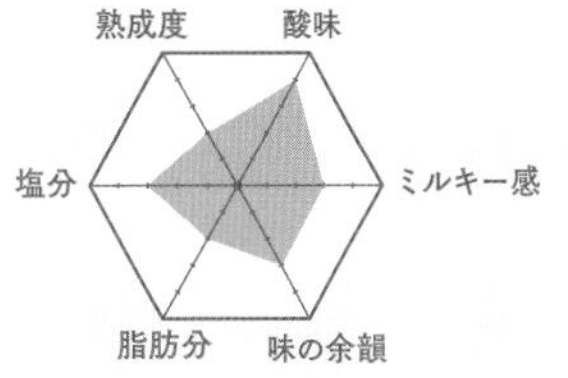

これだけは知っておきたい
チーズの基本

LESSON 1
チーズの基本7タイプ

チーズは国によってタイプに偏りがあるので分類は国ごとに異なりますが、製法や熟成期間、原料となる乳種などの違いで、ごく基本の7タイプに分類できます。これがわかれば味わいの傾向や合うワインなどの目安になりますよ。チーズの一例とともにご紹介しましょう。

フレッシュ

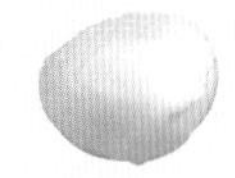

モッツァレッラ

熟成させないものや熟成させてもごく短期間で食べるタイプ。みずみずしくクセが少ない。新鮮なほどおいしいので食べる直前に購入し、早めに食べきる。

ウォッシュ

エポワス

ウォッシュという名の通り、チーズの表皮を塩水やワイン、蒸留酒などで洗いながら殺菌熟成させるタイプ。自然なかびをつけたり、作り方はさまざま。賞味期限は2週間ほど。

白かび

カマンベール

白かび菌を噴霧したりミルクに混ぜて熟成させたタイプ。熟成が進むと中心部までとろりとしてくるが、進みすぎると苦みが出ることも。賞味期限は2週間ほど。

シェーヴル

サント=モール・ド・トゥーレーヌ

山羊乳を原料にしたタイプ。熟成期間が比較的短く、ソフトに仕上げる（熟成の長い製法のものはセミハードに分類）。賞味期限は2週間ほど。

青かび

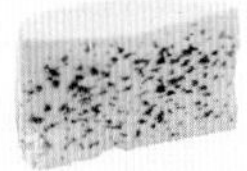

ロックフォール

青かびを生地の中で繁殖させて熟成させるタイプ。成形後、針で穴を開けて青かびの繁殖に必要な空気を入れる。賞味期限は2週間ほど。

セミハード

ミモレット

生地を型に詰めて圧搾し、長期熟成させてやや硬めに仕上げるタイプ。水分が少なく長期保存がきき、賞味期限は1ヵ月ほど。

ハード

パルミジャーノ・レッジャーノ

53℃以上に加熱した生地を型に詰めて圧搾し、長期熟成させて硬めに仕上げるタイプ。賞味期限は1ヵ月ほど。

LESSON 2
チーズには旬がある

ナチュラルチーズには、一年中作られるもの、一定の時季にしか手に入らないもの、季節によって原料のミルクの質や種類が変わって風味に違いの表れるものがあります。フレッシュタイプ以外は熟成後が食べ頃（旬）になるので、同時期に作られたチーズでも熟成期間が異なれば旬も違います。作られる季節や風味の個性を総合的にみて、以下に四季のおすすめタイプをご紹介します。

春～初夏

熟成の若いシェーヴルや穏やかな白かび、ウォッシュタイプ

例）カマンベール、クロタン・ド・シャヴィニョル、タレッジョ

夏～初秋

フレッシュタイプなど、さわやかな白ワインと相性のよいもの

例）モッツァレッラ、リコッタ、マスカルポーネ、ラングル、クロミエ

秋～冬

赤ワインと合うウォッシュタイプやマイルドな青かび、セミハード、ハードタイプ

例）モン=ドール、エポワス、コンテ、ゴルゴンゾーラ、エメンタール

LESSON 3

基本のチーズ図鑑

さまざまな種類のあるチーズのなかから、ご家庭で手に入りやすい代表的な種類をご紹介します。相性のよいワインも書き添えていますので、ぜひ合わせてみてください。

※各チーズの見出しは「チーズ名／旬／原料の乳種／生産国」。旬は主要な食べ頃です。作られた時季や熟成具合などによっても味わいが変わるので絶対的なものではありません。また生産国は基本的に撮影したチーズの国名です。

フレッシュタイプ

ブリヤ=サヴァラン

春～初夏／牛乳／フランス ※白かびタイプもある

熟成させないフレッシュ（写真）と、ソフトタイプの白かび熟成の2タイプがある。牛乳にクリームを加えて作るのでミルキーな風味が濃く、両タイプとも酸味がほどよくあり、シャンパーニュや白ワインに合わせやすい。フレッシュは硬めのヨーグルトとクリームチーズを合わせたような味わい。

クリームチーズ

春～初夏／牛乳／各国

風味がやさしいのでいろいろな素材と組み合わせやすく、使い勝手がよい。たとえばドライトマトのみじん切りを混ぜ、レモンなどの酸味で調整するなど、アレンジ次第で、シャンパーニュからコクのある赤ワインまで幅広く楽しめる。商品によっては、高温加熱処理したものもある。

モッツァレッラ

夏～初秋／水牛乳・牛乳／イタリア

ピッツァでおなじみのチーズ。名前の語源である「（カードを）引きちぎる」作業をするため独特の歯ごたえが生まれる。写真はナポリ近郊の湿地帯で飼育される水牛のミルクで作る本来のモッツァレッラで、一般的な牛乳製よりも甘みがあり、歯ごたえが強い。軽めの白ワインとどうぞ。

リコッタ

夏～初秋／牛乳・羊乳・山羊乳・水牛乳／イタリア

チーズ作りで残る液体分のホエーにミルクや生クリームを加え、再度加熱して固めたもので、名前は「二度加熱した」の意。各種ミルクで作られるが、北イタリアでは牛乳、南では羊乳が主流。写真は希少な水牛乳製。塩をふってスプマンテや軽い白ワインのおともに。

マスカルポーネ

夏～初秋／牛乳／イタリア

きめが細かくまったりとした舌ざわりで、ほどよい甘みがある。牛乳に生クリームを加えて作るため脂肪分は90％近い。ティラミスで有名になったように、デザートに使われることが多いが、カナッペのディップや、生クリームの代用として料理に利用するのもいい。甘口ワインと相性がよい。

ウォッシュタイプ

ラングル

春～初夏／牛乳／フランス

産地はシャンパーニュ地方。塩水や、ぶどうの搾りかすで造るお酒、マール・ド・シャンパーニュで表皮を洗いながら熟成させる。熟成が進むと中の生地はとろりとした食感に。上面にくぼみができるのが特徴で、くぼみにシャンパーニュや白ワインをたらし、混ぜて食べる方法も。

タレッジョ

夏～初秋／牛乳／イタリア

北イタリア産のやさしい風味のウォッシュタイプ。若いうちの表皮はきれいな淡いオレンジ色で、熟成とともにもとの色がわからないほどにグレーのかびでおおわれてくるが、風味はおいしいソースのよう。熟成の若いうちはフルーティで軽い赤ワインと。

モン=ドール

秋～初冬／牛乳／フランス

無殺菌乳で作られる秋から冬の季節限定チーズ。エピセア（樅の木）の樹皮で巻き、塩水で洗いながらエピセアの棚で熟成させる。中の生地がスプーンでかき回せる柔らかさになったら食べ頃。ミルキーな味にほのかな木の香りが浸透し、なめらかな舌ざわり。軽めの赤ワインとどうぞ。

エポワス

秋～初冬／牛乳／フランス

つやのある美しい表皮は、塩水と地元の酒、マール・ド・ブルゴーニュで洗いながら熟成させることででき上がる。生地はもともと柔らかいが、熟成が進むとさらに柔らかく、香りも増す。風味が強いときは表皮を除く。ブルゴーニュのふくよかな白ワインかコクのある赤ワインと。

リヴァロ

秋～初冬／牛乳／フランス

ノルマンディー地方のカルヴァドス一帯で作られる。直径7㎝から約20㎝まで4つのサイズ違いがあり、風味も微妙に異なる。熟成するとぬか漬けにも似た香りと味わいが。農家製は側面に写真のようなレーシュという水草が、工場製には紙のテープが巻かれる。軽めの赤ワインと合う。

基本のチーズ図鑑

白かびタイプ

カマンベール

春～初夏 ／ 牛乳 ／ フランス

世界中で作られているチーズの代表的な存在で、本家はフランス・ノルマンディー地方で作られる「カマンベール・ド・ノルマンディー」（写真）。これは無殺菌乳で作られるため味に深みがあり、熟成が進むにつれて表皮の白かびが赤茶けて香りが増す。白ワインでも赤ワインでも合う。

ブリー・ド・モー

春～初夏 ／ 牛乳 ／ フランス

白かびチーズのなかでは直径36㎝強と最大。熟成が若いうちは中心が硬くて酸味もあり、風味が弱いが、芯が消えるまで熟成を進めると味に深みが出てバランスがよくなる。若いものは白ワインと、熟成が進んだものはコクのある白ワインや赤ワインとよく合う。

クロミエ

夏～初秋 ／ 牛乳 ／ フランス

ブリー・ド・モー（上記）、ブリー・ド・ムランとともにブリー三兄弟と称され、大きさ、味わいともに末っ子的な存在。産地に隣接するシャンパーニュ、ブルゴーニュ、ロワール地方のワインとはどれも好相性。熟成品は表皮が硬く、えぐみもあるので除いてから食べる。

シャウルス

冬～初春 ／ 牛乳 ／ フランス

外皮はなめらかな白かび。牛乳特有のコクがあり、熟成が進むと中心は形を保っているが、皮の内側がとろりと流れてくる。塩気が強いときはパンやドライフルーツを添えて。生産地が同じシャンパーニュ、またはブルゴーニュワインと相性がよい。

シェーヴルタイプ

クロタン・ド・シャヴィニョル

春～初夏 ／ 山羊乳 ／ フランス

重さが約60gで、Lサイズの卵並み。クロタンは「馬や羊の糞」と辞書にあるが、名前とは裏腹に美味。どの熟成段階でもおいしいが、フレッシュのものは非常にさわやか。ほどよく乾燥して味に深みが増してくる頃がベスト。同郷のロワール、隣接するトゥーレーヌの白ワインと。

サント＝モール・ド・トゥーレーヌ

春～初夏 ／ 山羊乳 ／ フランス

薪のような筒形で、芯に藁かストローが1本。ライ麦の藁なら農家製、樹脂のストローなら工場製の印。作りたてはまぶした木炭粉が黒いが、熟成が進むと写真のような自然のかびにおおわれ、表皮の内側も薄いあめ色に。同産地のロワール産白ワインならはずれがない。

セル＝スュル＝シェル

夏～初秋 ／ 山羊乳 ／ フランス

木炭粉をまぶして熟成させるため表面は黒く、熟成につれてグレーに。山羊乳のチーズが多く作られるロワール川一帯が産地。シェーヴルのなかでは塩味がやや強めで、熟成度で見た目も味も大きく変わる。写真は45日間熟成させたもの。ワインは上質なサンセールと特に好相性。

セミハードタイプ

エダム

春～初夏 ／ 牛乳 ／ オランダ

オランダでゴーダの次に生産量が多いチーズ。表面は赤いワックスでおおわれているが、中の生地は淡いクリーム色で引き締まっている。マイルドな風味であと味に酸味を感じるのが特徴。削ったり粉末にして料理に使うと味わいがより発揮される。合わせるなら赤ワインを。

ゴーダ

秋～初冬 ／ 牛乳 ／ オランダ

ロッテルダム近郊の村の名前が由来で、オランダ産チーズの半数を占める。熟成期間が1ヵ月から48ヵ月とかなり開きがあり、色も味わいもさまざま。若いうちはしっとりとして軽く、熟成の長いものは生地が締まって旨みも増す。熟成に合わせて軽め～重めの赤ワインを。

ミモレット

冬～初春 ／ 牛乳 ／ フランス

天然色素で染めた鮮やかなオレンジ色で、風味は穏やか。熟成期間は2ヵ月から3年前後と幅があり、熟成の若いマイルドなものは厚めに、長熟の旨みの濃いものは薄めにカットを。18ヵ月以上熟成するとからすみのような色と味に。やや熟成感のある白ワインと相性がよい。

青かびタイプ

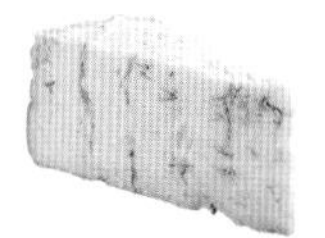

ゴルゴンゾーラ

秋～初冬 ／ 牛乳 ／ イタリア

ロンバルディア州の村の名前に由来するが、現在はピエモンテ州でも生産。かびの種類や量、生え方の異なるドルチェ（甘口）とピッカンテ（辛口）の2タイプがあり、現在はドルチェ（写真）が主流。生地は柔らかくクリーミーで、かびが少なくマイルドな風味。熟成とともに麹の味わいが。軽めの赤ワインと。

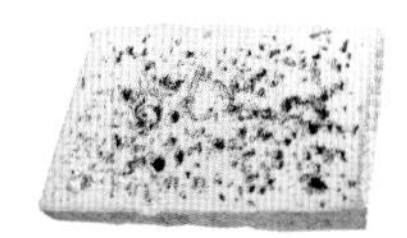

フルム・ダンベール

秋～初冬 ／ 牛乳 ／ フランス

同じオーヴェルニュ地方の青かびチーズと比べると穏やかな塩気とマイルドな味わいが特徴。かびの胞子がつぶれずに、はっきり見えるものがよりよい。無殺菌乳と殺菌乳の製品がある。熟成の若いものはブルゴーニュ、熟成が進んだものは軽めのボルドーと。

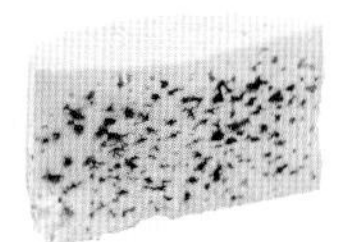

ロックフォール

冬～初春 ／ 羊乳 ／ フランス

ロックフォール＝スュル＝スルゾン村の自然の洞窟で熟成されることで有名な青かびチーズの王。コクのある羊乳の持ち味と強めにきかせた塩が、熟成という時間を経て見事な甘み、旨みを生み出す。ボディのある赤ワインやデザートワインは、安心できる組み合わせ。

スティルトン

冬～初春 ／ 牛乳 ／ イギリス

イギリスが誇る青かびチーズで、女王陛下のお好みといわれる。生地全体に青かびがマーブル状に入るのが特徴で、美しい模様ができれば食べ頃。生地がもろいので、刃先が薄く鋭いナイフでカットするとくずれにくくてよい。ボルドーのワインが欠かせない。

ハードタイプ

コンテ

秋～初冬 ／ 牛乳 ／ フランス

スイスとの国境沿いのフランシュ＝コンテ地方が名の由来で、フランスでもっとも生産量が多く親しまれている。熟成期間は約半年から3年近くまであり、風味も食感も変化に富む。夏のミルクで作った熟成品はしっとりとして甘みもあり、あらゆるワインを受け入れる。

エメンタール

秋～初冬 ／ 牛乳 ／ スイス

スイスを代表するチーズで、チーズアイと呼ばれるさくらんぼ大の穴が多く開いているのが特徴。炭酸ガスの発生によってできるこの穴が、風味も作り出している。生地に弾力があり、味は穏やかで、独特の甘みが飽きさせない。チーズフォンデュにも使われる。ワインは白、赤ともに受け入れてくれる。

グリュイエール

冬～初春 ／ 牛乳 ／ フランス、スイス

グリュイエールはスイス産が有名だが、フランスでもスイス寄りのサヴォワ地方などで作られ、2008年にAOCチーズに認定された（写真はフランス産）。味わいにコクと山のチーズらしい風格があり、赤ワインと合わせたい。切り口によっては小さなチーズ アイが見えることも。

パルミジャーノ・レッジャーノ

冬～初春 ／ 牛乳 ／ イタリア

イタリアチーズの王といわれるだけの歴史と風格を備えており、料理の味つけだけでなくテーブルチーズとしても楽しめる。熟成期間は1年から4年頃までと幅広く、長くなるにつれてアミノ酸が増え、シャリシャリとした食感と旨みが増していく。あらゆるワインを受け入れてくれる。

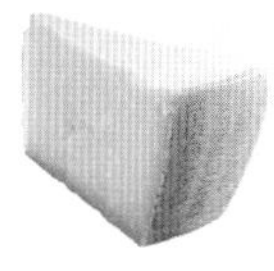

グラーナ・パダーノ

冬～初春 ／ 牛乳 ／ イタリア

パルミジャーノ・レッジャーノとほぼ同じように作られるハードタイプ。値段が手頃で風味がマイルドなことから、レストランではすりおろして料理の味つけに使うことが多いが、上質なものは特に甘みがあり、しっとりとしてテーブルチーズとしても美味。やや熟成感のある赤ワインがよく合う。

基本のハーブ図鑑

家庭菜園で育てやすく、スーパーでも普通に買えるようになったハーブ。
この本に登場する基本的な種類をご紹介します。
同じ香りづけのスパイスについては336ページをご覧ください。

バジル

仏 バジリック basilic　伊 バジリコ basilico

しそに似た清涼感と甘い芳香がある。アクが強く、湿った状態で保存すると黒く変色する。すぐに使わない場合は紙の箱に入れて固く絞った布巾をかぶせて冷蔵庫へ。葉のつけ根が黒くなっているものは古いので避けて。乾燥には向かないのでフレッシュで使い切るのがいちばん。

ローズマリー

仏 ロマラン romarin
伊 ロズマリーノ rosmarino

ややクセがあり青臭く、甘い香りが強く、肉、魚の臭み消しに効果を発揮する。じゃがいもとの組み合わせは定番。根元から黒く変色しているものは古いので避ける。木化した枝は苦みが出るので、はずして使って。大量に使ったり、加熱しすぎたりに注意。フレッシュは香りが強く、ドライのほうがマイルド。

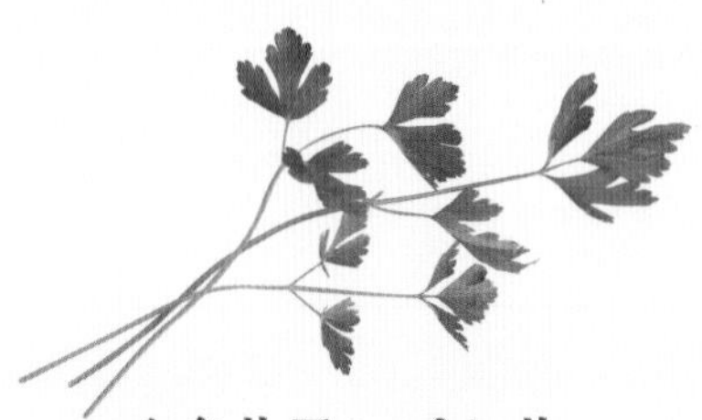

イタリアンパセリ

仏 ペルシー・プラ persil plat
伊 プレッツェーモロ prezzemolo

イタリア料理の仕上げにみじん切りをふって香りづけしたり、形を生かしてそのまま飾ったりする。色鮮やかなものをフレッシュで使いたいので、水で湿らせたペーパータオルで巻いて、保存容器に並べておくとよい。

タイム

仏 タン thym　伊 ティーモ timo

ほのかに甘く、すがすがしい香り。肉や魚とともに調理すると、臭みを消して素材の持ち味を引き立てる。一尾の魚の腹に詰めて使うことも。葉のみを使うときは、指で軸をつまんでそのままましごくと簡単にはずすことができる。

ローリエ

仏 ローリエ laurier　伊 アッローロ alloro

月桂樹の葉。ソースや肉を使った煮込み料理などでよく使う、ポピュラーなハーブ。香りのベースとして多くの料理に欠かせない。強く甘い芳香がし、1枚でも香りがすぐに立つので使いすぎないように。

セージ

仏 ソージュ sauge　伊 サルヴィア salvia

ほろ苦い味とちょっと青臭いさわやかな香りを持つ。肉や川魚などの臭み消しのほか、バターとの相性は抜群。香りを移したセージバターは、北イタリアの定番。本書ではじゃがいものニョッキ（➔p.234）で使われている。

ミント

仏 マント menthe　伊 メンタ menta

スーッと鼻に抜けるさわやかな香りが特徴。種類は多いが、料理にはさわやかなペパーミントが使いやすい。デザートの飾りなどにもよく使われる。小さな鉢やプランターでも簡単に栽培できるので、使うたびに摘むとフレッシュな香りが楽しめる。

CHAPTER 4

作りたくなる
チャイニーズ

家庭料理の中でも、ちょっとハードルが高い中国料理。
でもそんなことありません。2人のシェフが簡単に、
ていねいに教えてくれるから、
作ってみたい気分になる料理ばかりです。

材料（12個分）

豚ひき肉（赤身多め。できれば粗びき）……250g
キャベツ（みじん切り）……100g
餃子の皮……大12枚

Ⓐ
- オイスターソース……小さじ1
- こしょう……少量
- しょうゆ……小さじ1/3
- 砂糖……小さじ1/3
- 塩……小さじ1/3

紹興酒*（日本酒でも可）……大さじ1

Ⓑ
- チキンスープ（→p.278または水）……大さじ2
- しょうが（すりおろし）……小さじ1/2
- にんにく（すりおろし）……小さじ1/4

熱湯……160mℓ
サラダ油……小さじ1

＊　店では紹興酒と日本酒を1：2で合わせたものを使用。

代用食材

□　冬は白菜でも。その場合は下ゆでする。

火入れは、“蒸しが9割、焼きが1割”

焼き餃子

焼餃子
シャオヂャオズ

餃子は、あんがたっぷり入っていて、食べると肉の旨みが口いっぱいに広がるとおいしいですよね。そんな餃子を作るにはポイントが２つあります。

ひとつは、ジューシーなあんを作ること。もうひとつは皮をきっちり閉じること。ひとつめの「あん作り」では、**まずひき肉をしっかり練って粘りを出し**てから、スープを混ぜます。こうすると水分が粘りにうまくからみ、ジューシーなのにダレないあんになります。ふたつめの「皮の閉じ方」ですが、ご家庭では**半月の中央をきっちり留め**、両側からひだを１つずつ作って中央で留めれば大丈夫。肉汁を逃がしませんよ。

MESSAGE

中国料理
CHINESE
菰田欣也

焼き餃子って名前だけど、実は蒸し9割＋焼き1割。最初に蒸しながら中まで火を通し、最後にわずかな油で焼き上げます。ひき肉は赤身多めがおすすめ。意外とあっさりで、いくつでも食べられます。

① ボウルに豚ひき肉を入れ、Ⓐを加え、粘りが出てピンク色になるまでしっかり混ぜる。

指の間を軽く開け、手でぐるぐる回して混ぜましょう。ピンク色になれば混ぜ終わり！

② 紹興酒を加えて再びよく混ぜる。Ⓑを加えて①と同様によく混ぜる。水分を肉にしっかり含ませ、まとまりが出るまでよく混ぜる。

作り方①の粘りに水分をからませていきましょう。

③ キャベツを加えて①と同様に混ぜ、均一にする。

しっかり混ざると全体につながった状態になり、ダレません。

④ 手のひらに餃子の皮をのせ、へらなどであんをすくって中央にのせ、軽く押さえて空気を抜く。皮の半周分に水をつける。

ヘラで押さえると皮とあんの間にすき間がなくなり、みっちりとあんが入ります。

⑤ 半分にたたみ、中央を指でぎゅっと押して、しっかりとつける。

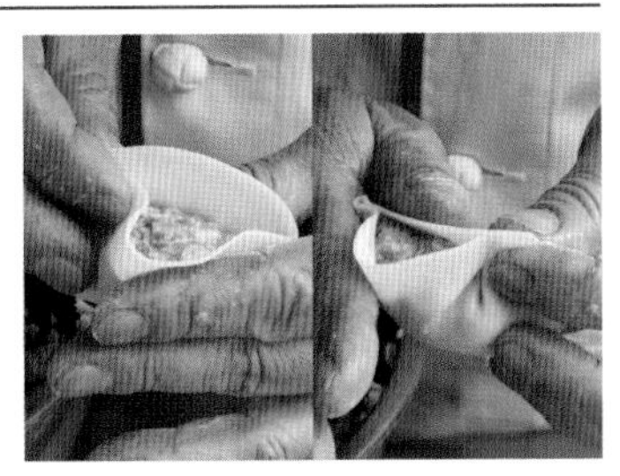

⑥ 中央を押さえた状態で、片端から中央に向かってひだをひとつ作りながら留める。

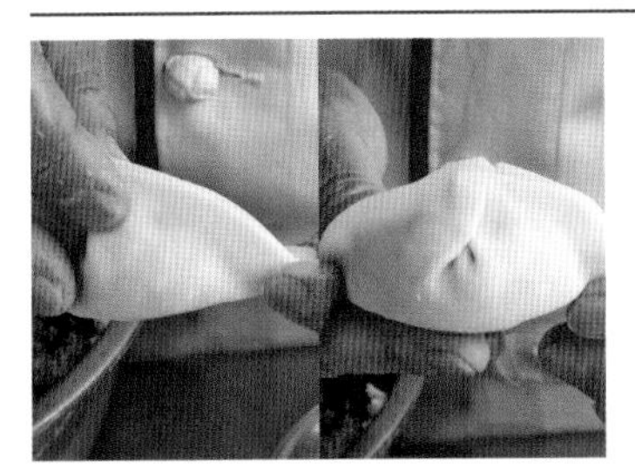

⑦ 反対側からも同様にひだを作りながら中央で留める。

この方法なら閉じ目が開かないので、あんをたっぷりと入れても大丈夫！

⑧ フライパンに⑦を放射状に並べ、強火にかける。熱湯を加えて蓋をし、沸いたら中火にして6分蒸し焼きにし、火を通す。

ここで時間をかけて中までしっかりと火を通したら、次はカリッと焼くだけです。

⑨ 水分がなくなったらサラダ油を回し入れる。焼きムラができないように、フライパンの位置を変えながらしっかりと焼き色をつける。皿をかぶせて返して盛る。

材料（20個分）

豚ひき肉	200g
玉ねぎ（粗みじん切り）	200g
シューマイの皮	約20枚
Ⓐ しょうが（すりおろし）	大さじ$\frac{2}{3}$
Ⓐ 砂糖	小さじ1$\frac{1}{2}$
Ⓐ しょうゆ	小さじ1
Ⓐ オイスターソース	小さじ1
Ⓐ 塩	小さじ$\frac{1}{3}$
Ⓐ こしょう	少量
とき卵	$\frac{1}{2}$個分
片栗粉	大さじ4

意外に作りやすい人気のチャイニーズ

シューマイ

焼売（シャオマイ）

餃子と並んで日本人になじみ深い中国料理のひとつがシューマイ。餃子よりも手作りすることが少ないかもしれませんが、ひき肉と玉ねぎのシンプルなあんを包んで蒸すだけ。むずかしいように思われますが、包んで閉じる必要がないから、**点心のなかでも手軽**なんですよ。おいしく作るポイントは餃子と同じく、**ひき肉をよーく練ること**。そして玉ねぎは水分が出ないように、片栗粉をムラなくまぶして**パラパラにしてから混ぜ**ましょう。包み方はあんをのせて逆さまにし、軽くにぎって上面を整えるだけ。やってみると意外と簡単です。

MESSAGE

中国料理 CHINESE **菰田欣也**

包んですぐに蒸してもおいしいのですが、ひと晩冷凍してそのまま蒸すと玉ねぎの甘みが増して、また違ったおいしさに出合えます。

① ボウルに豚ひき肉を入れ、Ⓐを加えて手でよく練る。

指の間を軽く開け、ぐるぐる回しながら混ぜるのが基本です。

② 写真のように粘りが出るまでよく混ぜる。とき卵を加えてさらに練る。

ひき肉が全体にピンク色になって、粘りが出てきます。

③ 別のボウルに玉ねぎを入れ、片栗粉をふり、手で全体にからませる。

④ ②に③を加えて全体に均一に混ぜる。

ここでは練りませんよ。混ぜるだけにしましょう。

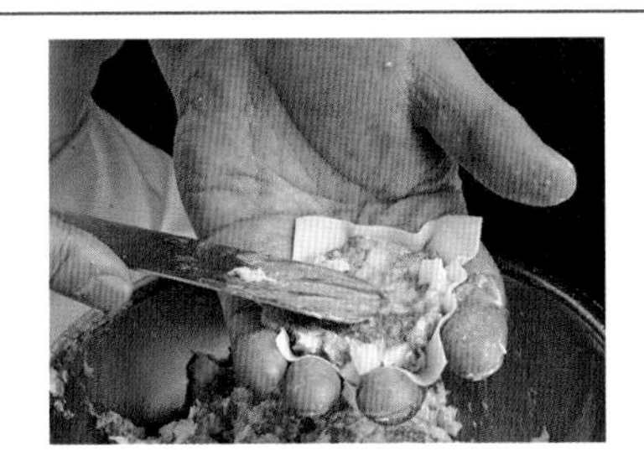

⑤ 手のひらにシューマイの皮をのせ、中央にへらで④をのせて軽く押さえる。

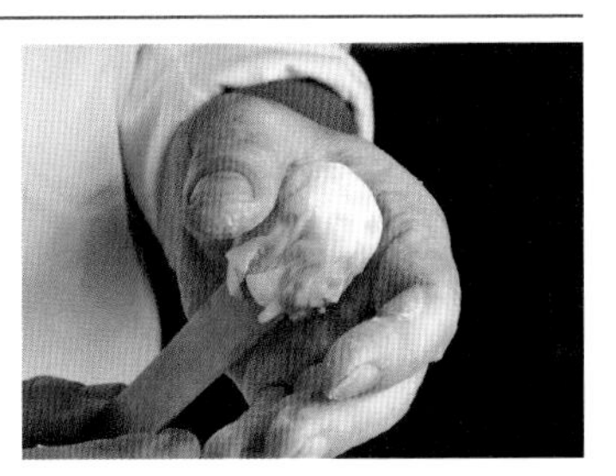

⑥ へらで中央を支えて上下を返し、軽くにぎる。

ヘラは深く刺すと穴があいてしまうので、あくまであんを支える程度にします。

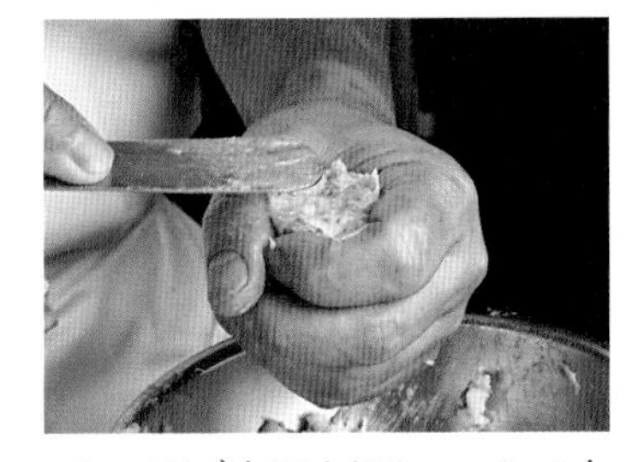

⑦ 再び上下を返し、へらで上から軽く押さえて皮の端を落ち着かせる。上面を平らにならしたらせいろに並べ、湯気の上がった蒸し器に入れて、中火で8〜10分蒸す。

箸休めのもう一品

きゅうりの豆板醤和え

から煎りした長ねぎと桜海老が香ばしい、
新感覚のきゅうりのピリ辛和えもの。

材料（2人分）

きゅうり	1本
長ねぎ（みじん切り）	$\frac{1}{4}$本分
桜海老（乾燥）	5g
Ⓐ ごま油	小さじ1
Ⓐ 豆板醤	小さじ$\frac{2}{3}$
Ⓑ 砂糖	小さじ$\frac{1}{5}$
Ⓑ 塩	少量

作り方

1. きゅうりは縦4等分に切り、麺棒などで軽くたたいて種の部分を取り除き、2㎝長さに切る。
2. フライパンに長ねぎと桜海老を入れ、中火でから煎りし、香りが立ったらⒶを加えて軽く炒める。
3. ボウルに1、2を入れて和え、Ⓑを加えて混ぜ、器に盛る。

材料（2～3人分）

鶏むね肉……1枚（250g）

Ⓐ
- 長ねぎ（青い部分）……2本分
- しょうが（薄切り）……1かけ分
- 紹興酒*（日本酒でも可）……大さじ1

Ⓑ
- 紹興酒*（日本酒でも可）……小さじ1
- 塩……少量
- こしょう……少量

■たれ
- しょうゆ……大さじ2 1/2
- 白練りごま……大さじ2 1/2
- 酢……大さじ2
- 砂糖……大さじ1 1/2
- ラー油……大さじ1/2
- 長ねぎ（みじん切り）……1/5本分
- しょうが（すりおろし）……小さじ1 1/2

■付け合わせ
- トマト（半分に切って薄切り）……1個分
- きゅうり（皮をむいて細切り）……1本分
- 大葉……2枚

＊店では紹興酒と日本酒を1：2で合わせたものを使用。

下準備

□ たれの材料を混ぜ合わせておく。

中国料理の定番料理は火の入れ方に極意あり！

バンバンジー

棒棒鶏（バンバンヂイ）

日本で人気の高い前菜の代表格。酒のつまみにもご飯のおかずにもなるから、おいしい作り方を教えましょう。鶏むね肉の一番気になるところは、パサつき感ですね。もともと脂が少ないからパサつきがちだけど、いくつか気をつけると、しっとりした仕上がりになります。まずは**厚みを均一にする**こと。一定の加熱時間で火が通らないと一部が硬くなってしまいます。次に**沸騰したら火を止めて余熱調理に**。ゆで続けて“中まで火が通ったら外側が硬くなった”という失敗を防ぎます。そして細く裂いたら、ゆで汁や酒などを含ませる。これでしっとり柔らかくでき上がります！

MESSAGE

中国料理 CHINESE　菰田欣也

作り方はシンプルですが、ひとつひとつのプロセスをていねいに行うことが成功の秘訣です。とくにむね肉は火を通しすぎないことが、柔らかく、また旨みを残すポイント。たっぷりのゆで汁の中で火を入れましょう。

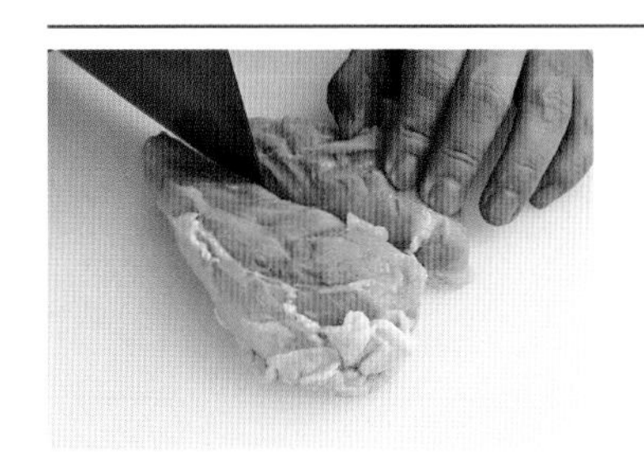

① 鶏むね肉は繊維の方向が異なる部分を切り分ける。

よく見ると、写真のように真ん中あたりで繊維の走る方向が違います。目安にして切り分けましょう。

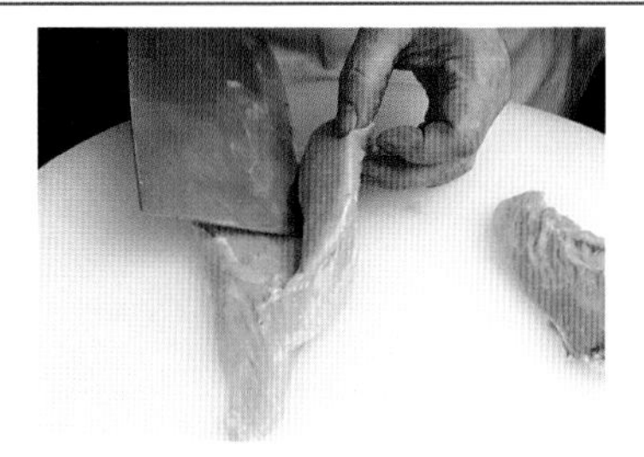

② 厚い部分を切り開いて厚みを均一にする。

厚みを均一にすることで、火の入り方が均一になります。

③ 鍋に湯1.5ℓを沸かし、②、Ⓐの紹興酒、しょうがを入れ、長ねぎをにぎりつぶして加える。

長ねぎの青い部分は、つぶすと香りがしっかり出ますよ。

④ 再沸騰したら火を止め、アルミ箔をぴったりかぶせて15分おく。

たっぷりのゆで汁をアルミ箔で密閉すると、80℃ぐらいをキープ。たんぱく質に火が入りつつ、ジューシーさを保つ温度です。

⑤ 鶏肉を取り出し、冷ます。手で繊維に沿って細く裂き、皮は包丁で細く切る。ゆで汁はとっておく。

⑥ ボウルに⑤の肉を入れ、⑤のゆで汁大さじ2、Ⓑを加えて手でもみ込んでしっとりさせる。付け合わせとともに器に盛り、たれをかける。

箸休めのもう一品

セロリのりんご酢和え

シャキシャキとした食感が美味！ りんごのまろやかなドレッシングがセロリの香りを和らげます。

材料（2人分）

- セロリ……50g
- Ⓐ
  - りんご酢……大さじ2 1/3
  - 砂糖……小さじ1/3
  - にんにく（すりおろし）……小さじ1/6
  - 塩……少量
  - こしょう……少量

作り方

1. セロリは筋をむき、5㎜幅の斜め切りにする。
2. ボウルにⒶを入れて混ぜ、1を加えて手で軽くもみ込み、器に盛る。

白菜とにんじんの甘酢漬け

砂糖を控えめにして酸味を立たせたさっぱり味。揚げものに添えて、口の中をさっぱりさせるのにもぴったり。

材料（2人分）

- 白菜（せん切り）……200g
- にんじん（せん切り）……25g
- 塩……適量
- Ⓐ
  - 酢……大さじ1 1/3
  - 砂糖……大さじ2/3
  - レモン汁……小さじ1
  - 水……小さじ1
  - 塩……少量

作り方

1. 白菜は塩5g、にんじんは塩1gでもみ、重しをしてひと晩おく。
2. 保存容器にⒶを混ぜる。1をそれぞれしっかり絞り、容器の中で離して入れ、15分漬ける。汁気を絞って器に盛る。

材料（2人分）

	絹ごし豆腐	200g
	牛ひき肉（粗びき）	40g
	ねぎ油（➔p.280）	大さじ1
	豆板醤（トウバンジャン）	20g
A	長ねぎ（みじん切り）	大さじ3
A	しょうが（みじん切り）	大さじ1
A	にんにく（みじん切り）	大さじ1
B	紹興酒	大さじ1
B	しょうゆ	大さじ1
B	鶏スープ（市販）	80mℓ
B	こしょう	少量
	水溶き片栗粉*	大さじ1
C	ごま油	大さじ1
C	ラー油（➔p.281または市販）	大さじ1
	わけぎ（斜め切り）	10g
	花椒粉（ホワジャオフェン）（中国山椒の粉末）	小さじ1/2

＊片栗粉と水を1：2で合わせたもの。

豆腐はやさしく、やさしく、扱いましょう

マーボー豆腐

麻婆豆腐（マァボォドウフゥ）

日本のご家庭でなじみ深い中国料理の代表格。ここでは、舌がしびれるような辛さの中国山椒（花椒）と、じわりと広がる辛さの豆板醤を使った、本格的な味わいの、大人のマーボー豆腐をご紹介しましょう。

主役の**豆腐には絹ごし豆腐を使います**。口の中でとろけるようにほぐれ、肉や辛いソースとからんで大豆の旨みが生きるからです。目指す仕上がりは、皿に盛ったときに形がくずれず、プリップリの弾力があること。そのため、**豆腐を温めてからソースで煮込み**ます。温かいもの同士は味がからみやすいので、フライパンをゆすれば大丈夫です。

MESSAGE

中国料理 CHINESE **脇屋友詞**

豆板醤はメーカーによって塩分に差があるので、塩を加える前に味みをして塩気を確認し、量を加減しましょう。ひき肉は、かたまり肉を粗めに刻んで使うと肉の存在感が増して、よりおいしくなります。マーボー豆腐は、ゆでたそうめんにかけて食べるのもおすすめです。

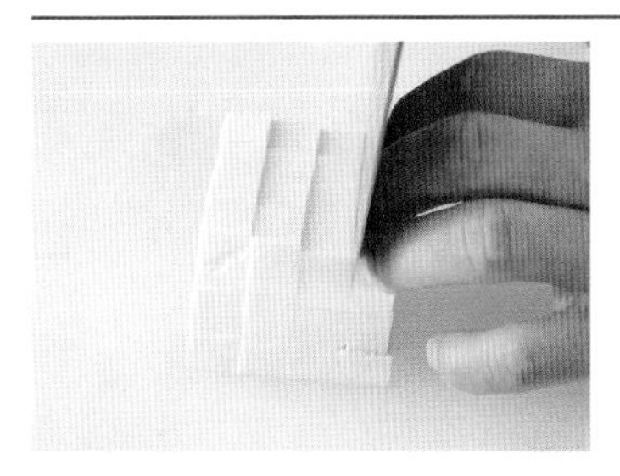

① 絹ごし豆腐をまず横から1～1.5㎝厚さに切る。続いて、豆腐を手で軽く押さえながら、1～1.5㎝角のさいの目になるように上から切り分ける。

② ボウルに70～80℃の湯をはり、①を入れてやさしくほぐし、温める。

この最初の温めが大切。ゆっくり温めることで、旨みを保ちながら全体の温度が均一になります。ていねいに扱うことが大切。

③ フライパンにねぎ油と牛ひき肉を入れて中火にかけ、玉じゃくしでほぐしながら軽く色が変わるまで炒める。豆板醤を加え、よく炒めて肉となじませながら香りを立たせる。Ⓐを加え、いい香りが立つまで炒め合わせる。

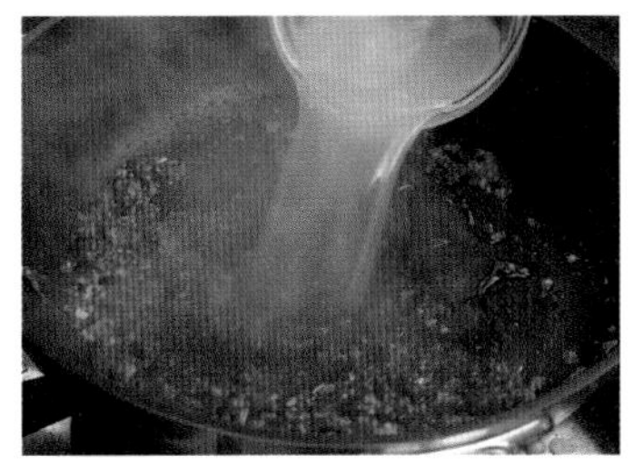

④ Ⓑの紹興酒を加えて混ぜ、しょうゆも加えて混ぜ、味をなじませる。Ⓑの鶏スープを一気に加え、こしょうをふる。玉じゃくしでよく混ぜ合わせる。しばらく煮詰めて、牛肉と香味野菜の味をしっかりとスープに移す。

⑤ ②の湯をきって、豆腐を加える。フライパンを前後にしっかりゆすって水分をとばす。豆腐の高さの半分ぐらいを目安に。

豆腐はあまり長時間火を入れたくないので、スープが煮詰まったところで加えます。

⑥ 水溶き片栗粉を半量ほど、全体に回しかける。玉じゃくしの背で、手前から奥へ混ぜながらとろみをつける。

豆腐がくずれないように、全体にふわーっとやさしく。お玉の丸い背をそのまま奥に押し出します。

⑦ とろみの様子を見ながら、残りの水溶き片栗粉を加え、同様に玉じゃくしの背で手前から奥へ混ぜる。混ぜたときに鍋底が見えて、その状態を少しキープするぐらいのとろみ加減でOK。

のり状にして、豆腐にまとわせます。

⑧ Ⓒのごま油を鍋肌から回し入れ、強火にする。玉じゃくしの背で手前から奥へ混ぜてよくなじませる。続いてラー油も同様に加えて混ぜ、いい香りとつやをつける。

⑨ わけぎを加え、花椒粉をふる。ひと煮立ちさせてなじませ、香りを立たせる。鍋からすべらせるようにして、器に盛る。

豆腐の形をくずしたくないので、できるだけ玉じゃくしを使わず、そのまま皿に盛るといいでしょう。

材料（2人分）

青梗菜	2株
Ⓐ 香油（シャンイウ）（➜p.281）	大さじ1
Ⓐ にんにく（みじん切り）	小さじ1
Ⓑ 紹興酒	小さじ1
Ⓑ 鶏スープ	100㎖
Ⓑ 塩	少量
Ⓒ こしょう	少量
Ⓒ 昆布パウダー	少量
レモン汁	大さじ1
Ⓓ 塩	少量
Ⓓ 花椒粉（ホワジャオフェン）（中国山椒の粉末）	少量
サラダ油	小さじ1

歯ざわりよく青菜を炒めるコツがいっぱい

青梗菜の香り炒め

清炒蔬菜（チン チャオ スゥ ツァイ）

中国野菜の定番で、日本にもすっかり定着した青梗菜（ちんげんさい）。捨てるところがなく全部食べられる野菜で、青菜炒めによく使われますね。シャキッとしてみずみずしい青菜炒めがあると、濃い味の料理の箸休めにもなるので、食卓にぜひ加えたい一品です。ただし青梗菜は**葉と芯とでは、身質も厚みも硬さもまったく違い**ます。それでも、炒め上げたときにシャキシャキ感を残しながら同じように火が入るようにするコツは、硬くて厚い**芯をあらかじめゆでて温めておくこと**。火が通りにくい芯も、素早く炒めることができるので、葉もくたくたにならずに仕上がります。

MESSAGE

中国料理 CHINESE　**脇屋友詞**

小松菜のような青菜のほか、もやしやアスパラガスなどよく炒めものにする野菜も、同じようにいったんさっとゆでてから炒めると、驚くほど鮮やかな色と歯切れのよさが生まれますよ。

①青梗菜はまず3㎝長さに切る。

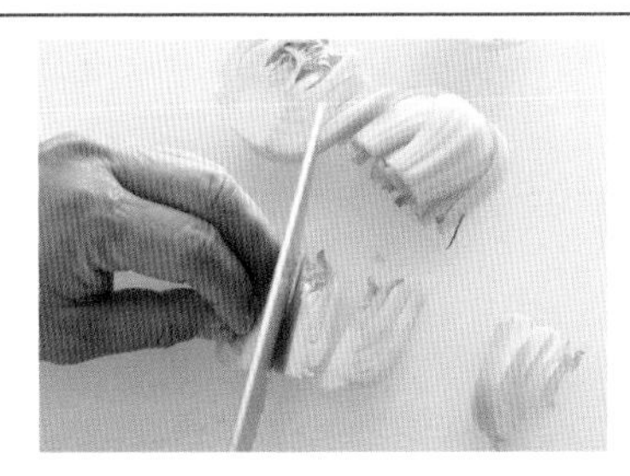

②さらに芯の部分をくし形に切り分ける。

③フライパンに熱湯を沸かし、サラダ油を入れ、②を入れてさっとゆで、ざるに上げて水気をよくきる。

油を入れると沸点が上がるので、青梗菜を入れても高温のままゆでることができます。

④③のフライパンの湯をあけ、Ⓐを入れて火にかけ、にんにくのいい香りが立ったら①の葉を加える。

⑤③の芯も加え、火加減を強火にし、油をからませるようにしながら炒める。

⑥すぐにⒷを順に加える。

⑦スープが沸き立ったら、火加減を中火にし、玉じゃくしで混ぜながら青梗菜になじませ、味を含ませる。

⑧Ⓒを加えて混ぜ、青梗菜がしんなりしたら、火加減を強火にし、レモン汁を加える。

レモン汁を加えると食べたあとのキレがよくなり、香りのアクセントにもなります。

⑨全体に大きく炒め混ぜる。Ⓓで味をととのえて器に盛る。

子どもから大人まで人気の中華おかず

肉団子の黒酢あん

糖醋丸子（タンツゥワンズ）

甘酸っぱいあんがしっかりとからんだ肉団子は迫力満点で、白いご飯が進みます。ここでは冷めても硬くならず、ふっくら柔らかく仕上げるコツをご紹介しましょう。まず**ひき肉に豆腐と卵を混ぜる**こと、そして揚げ固めたら、**たっぷりの煮汁でしっかりと煮る**ことも大切です。

甘酸っぱさのもととなる中国黒酢は、煮詰めると風味がとんでえぐみが出てしまいます。そこで肉団子を煮るときは普通の酢を使って、仕上げに中国黒酢入りの調味料をからませます。酢のダブル使いで、いい風味を生かしましょう。

材料（4人分）

材料	分量
豚ひき肉	250 g
塩	ひとつまみ
こしょう	少量
木綿豆腐	約65 g
卵	1個
Ⓐ しょうが（みじん切り）	小さじ1
Ⓐ しょうゆ	小さじ½
片栗粉	小さじ1
Ⓑ 水	1カップ
Ⓑ 酢	1カップ
Ⓑ 砂糖	大さじ5
Ⓑ 塩	小さじ1
Ⓒ 砂糖	大さじ4
Ⓒ トマトケチャップ	大さじ3
Ⓒ しょうゆ	小さじ2
Ⓒ 中国黒酢（香醋（シャンツゥ））	大さじ2
Ⓒ 酢	大さじ2
Ⓒ 水	大さじ1
水溶き片栗粉*	小さじ1
ねぎ油（➔p.280）	小さじ1
揚げ油	適量

*片栗粉と水を1：1で合わせたもの。

下準備

- □ 木綿豆腐はあらかじめよく水きりする。水きりした豆腐50 gを使う。
- □ Ⓑの材料、Ⓒの材料をそれぞれよく混ぜ溶かす。

MESSAGE

中国料理 CHINESE **脇屋友詞**

肉団子は、最初はたっぷりの甘酢で煮て、次に甘酢あんの中で煮ていきます。しっかりと味がついているので、お弁当にもぴったりですよ。

① ボウルに豚ひき肉を入れて塩、こしょうを加えて粘りが出るまで手で練る。豆腐をつぶしながら加え、卵とⒶを加えてしっかり練る。さらに片栗粉を加えて練る。

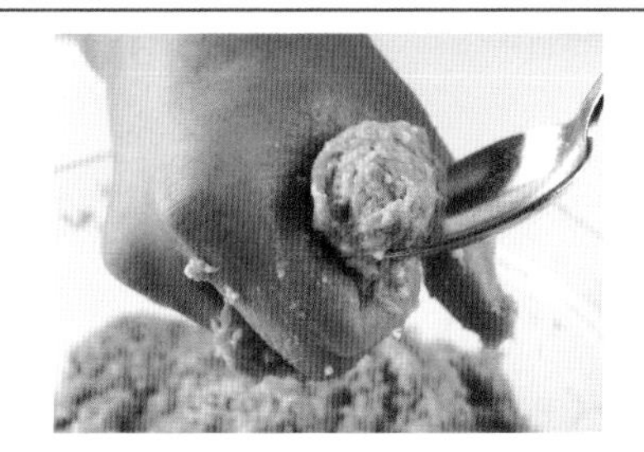

② 揚げ油を熱し始める。①を手にとり、親指と人差し指で輪を作る。そこから直径3cmほどの球状に絞り出し、スプーンでとる。

③ 低温（160℃）の揚げ油にスプーンからそっと入れ、ゆっくり2分半〜3分揚げる。

低めの温度で、中まで火を通します。

④ 浮いてきたら引き上げて油をきる。

⑤ フライパンにⒷを熱して沸騰したら④を加える。蓋をして煮汁が少なくなるまで強火で煮からめる。

フライパンをときどきゆすり、焦げないように注意しながら煮ていきます。

⑥ 煮汁がほとんどなくなったら、Ⓒを加えてからませる。水溶き片栗粉を加えてしっかり混ぜてとろみをつける。鍋肌からねぎ油を回し入れてひと混ぜし、器に盛る。

仕上げにねぎ油で香りづけすると、本格的な味わいになります。

黒酢を使ったもう一品

黒酢のチャーハン

黒酢があれば作りたい一品。黒酢は炒めると粘りが出て、深い味わいのチャーハンになります。

材料（2人分）

- ご飯（温かいもの）…… 300g
- とき卵 …… 1個分
- チャーシュー（市販。p.78「はちみつチャーシュー」でもよい。7㎜角に切る）…… 50g
- 玉ねぎ（みじん切り）…… 30g
- Ⓐ
  - 塩 …… ふたつまみ
  - こしょう …… ふたつまみ
  - 昆布パウダー …… 小さじ1/2
- 水 …… 大さじ1
- Ⓑ
  - 中国黒酢（香醋（シャンツウ））…… 大さじ2
  - しょうゆ …… 小さじ1/2
- サラダ油 …… 大さじ1

作り方

1. フライパンにサラダ油を熱し、中火にしてとき卵を一気に流し入れる。
2. 卵の上にご飯をのせ、すぐに返す。玉じゃくしの背でご飯をほぐしながら、ご飯に卵をコーティングするように炒める。
3. 均一にほぐれたら、チャーシュー、玉ねぎ、Ⓐを加えて大きく炒め混ぜる。
4. 水を回し入れ、炒めてなじませる。Ⓑを順に回し入れ、全体に大きく炒め、強火にしてパラパラに仕上げて器に盛る。

上海料理の醍醐味、“紅焼(ホンシャオ)”の極意

白身魚の醤油煮込み

紅焼鮮魚(ホンシャオシェンユイ)

これは、上海では家庭のおかずの定番で、白いご飯と本当によく合う、私も大好きな料理です。一尾丸ごと煮込んだ魚を皿に盛ったときのごちそう感は、格別ですね。何よりも、煮込む間に**骨の髄からじわじわと出る旨みやゼラチン質が魚の身にしみ込んで**、味わいがぐっと増すんです。切り身魚でも作れますが、そのときは**できるだけ骨付き**を使いましょう。

ご家庭でおいしく作れるよう、ここでは表面を焼き固める方法でご紹介します。焼き具合は、しょうゆの香ばしい香りがして、パリッとなるまで。ここでつけた香ばしさが煮汁に移ると、味の深みが全然違います！

材料（3～4人分）

かさご……1尾（600g）
厚揚げ（厚みを半分に切り、1cm幅に切る）……½枚分
豚バラ薄切り肉（1.5cm幅に切る）……50g
干ししいたけ（水でもどして3等分に切る）……2個分
たけのこ（水煮。切り目を入れて乱切り）……40g
にんにく……5かけ
しょうゆ……大さじ2
長ねぎ（5cm長さ、縦半分に切る）……10cm分
しょうが（3等分）……1かけ分

Ⓐ
紹興酒……75mℓ
しょうゆ……75mℓ
砂糖……84g
こしょう……少量

水……750mℓ
水溶き片栗粉*……大さじ½

Ⓑ
ねぎ油（➜p.280）……小さじ1
ごま油……大さじ1

長ねぎ（細切り）……適量
香菜(シャンツァイ)……適量
サラダ油……適量

*片栗粉と水を1：2で合わせたもの。

下準備

□ 長ねぎの細切りは水にさらし、水気をきる。

MESSAGE

中国料理 CHINESE **脇屋友詞**

すべての材料から旨みの出たおいしい煮汁は、仕上げに水溶き片栗粉でとろみをつけて脂と旨み、水分を一体化させます。そうすると、まるで乳化したように口あたりがなめらかになり、美しいつやも出て、ますます食欲が増すんです。

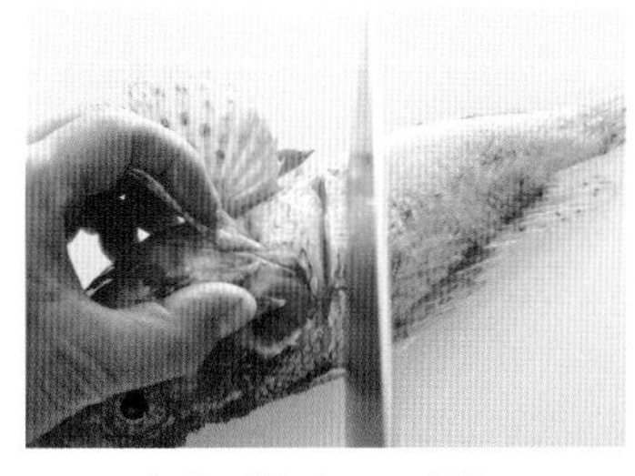

① かさごはウロコを取ってエラや内臓を取り除き、背を手前にしてまな板に置き、斜めに深めに切り目を入れる。

盛りつけたときに美しい姿になるよう、背を手前にして切り目を入れます。

② 3本ほど切り目を入れる。裏面は腹を手前にして、同様に切り目を入れる。

切り目を入れると味がしみ込みやすくなって、食べるときにも身がきれいにすっと取れます。

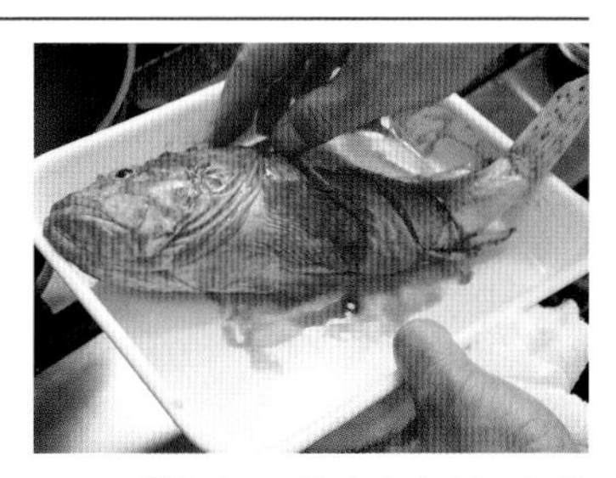

③ ②にしょうゆをかけ、全体にからませる。

焼いたときに香ばしいいい香りと色がつき、魚特有の臭みが消えます。また表面がコーティングされて少し硬くなり、煮込んでも表面にだけ味がのります。

④ フライパンにサラダ油適量を軽く熱し、にんにくを入れて低温で揚げ始める。フライパンを傾けて油に浸かるようにする。

にんにくの余分な水分が抜けて、表面は硬く、中は芯までホクホクに柔らかくなります。

⑤ にんにくが薄く色づいたらたけのこを入れ、混ぜながら、20秒ほど油に通す。しいたけも加え、全体を混ぜながらさっと油通しし、全部一緒にざるなどに上げて油をきる。

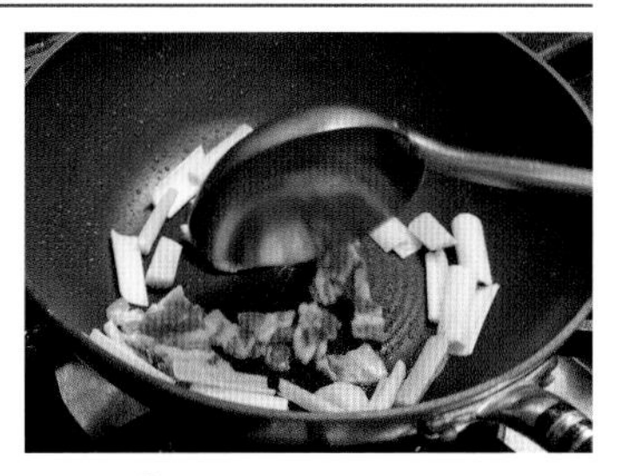

⑥ ⑤のフライパンの油をあけ、豚肉と長ねぎ、しょうがを入れ、中火で炒める。

煮込みでは、肉は味出しの役割。旨みやコクを煮汁に移して、主役の魚をもっとおいしくするかくし味として使います。

⑦ 豚肉の色がうっすら白く変わったら、⑤の具の上に取り出す。

⑧ ⑦のフライパンにサラダ油大さじ2～3を入れて煙が出るほど熱くする。

次の工程でかさごを入れた瞬間に焼き固めたいので、できるだけ熱くしておきましょう。

⑨ ⑧に③のかさごを入れ、強火で焼く。フライパンを傾けてかさごをフライパンに密着させながらきれいに焼き色をつける。

入れた瞬間、火が上がることがあるのでご注意を。フライパンを火からおろして、魚を入れても。

☞p.274に続く

⑩ ときどき返しながら状態を見て、フライパンを回したり傾けたりしながら、しっかり焼く。

フライパンを傾けると、身の厚い部分に油が集まるので、全体に均一に火が入ります。

⑪ 両面をしっかり焼いて、表面がパリッとしたら取り出す。

表面をしっかり焼いて硬くしておくと、このあと煮込んだときにも煮くずれせず、一尾の美しい姿のまま仕上がります。本来は揚げます。

⑫ 深さのあるフライパンに⑦を入れて中火にかけ、軽く炒め合わせる。

⑬ ⑫の上に⑪を、そっとのせる。このとき、盛りつけたときに上になる面を上にする。

⑭ Ⓐの紹興酒を回し入れ、アルコール分をとばす。

⑮ 残りのⒶを順に加え、フライパンを傾けて混ぜ、煮汁を作る。玉じゃくしですくって魚にかけながらなじませる。

⑯ フライパンを傾けて煮汁を鍋肌に当て、ブクブク沸き立つ状態でしっかりカラメル状になるまで煮詰める。

水を加える前にしっかり焦がして、香ばしさを出しておきます。この作業は、水を加えたあとに行ってもダメです。

⑰ 分量の水を加えて火加減を強火にし、厚揚げを加えて沸かす。

⑱ 沸騰したら火加減を中火にし、オーブンペーパーを丸く切った落とし蓋をして、煮汁が1/3量になるまで煮込む。

煮汁に魚の旨み、豚肉の旨み、野菜のエキスを出してから煮詰めて凝縮させて、おいしく、おいしくしていきます。

⑲ ときどき煮汁を魚に回しかけて、煮汁をまとわせる。

⑳ しっかり煮詰まったら、水溶き片栗粉を回し入れる。

㉑ フライパンをゆらしながら混ぜ、全体にとろみをつける。フライパンを回して煮汁をからませる。

この煮汁は、魚、豚肉、野菜すべての旨みが出ているソース。片栗粉でとろみと照りをしっかりとつけます。

㉒ Ⓑを順に鍋肌から回しかけ、フライパンを回しながら全体に香りをつけ、玉じゃくしで魚に煮汁をかける。

鍋肌から油を回し入れて、フライパンについた旨みをはがして、ソースに戻します。

㉓ 煮込み終わりのきれいな照りとつやが出た状態。器に盛って長ねぎ、香菜を添える。

表面にピカーッと美しい照りやしょうゆの深い色が出てこそ、しょうゆ煮込みです。

代用食材

- □ 旨み豊かなコクのあるたれで魚をおいしく食べるために、魚は淡泊な白身がよく合う。たとえばかさご、めばる、かれい、きんき、はたなどがおすすめ。
- □ ここではご家庭で作りやすいよう、小ぶりのかさごを使っている。白身魚であれば小さめのもの、大きめのもののいずれでもよい。

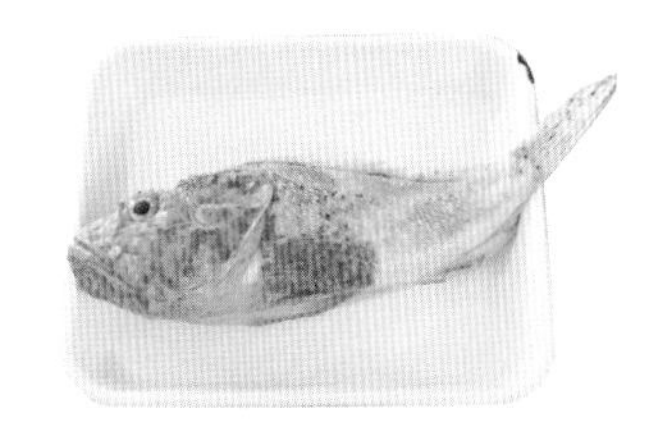

脇屋シェフ直伝！　魚の取り分け方

取り分けるときは、スプーンとフォークをそれぞれ切り目に入れ、身をはさんだまま持ち上げるとスマートです。きれいにほろりと取ることができます。

材料（2人分）

ご飯（温かいもの）…… 400g
豚バラ薄切り肉（1㎝幅に切る）…… 150g
ほうれん草（葉のみをみじん切り）…… 30g
卵 …… 2個
長ねぎ（みじん切り）…… 1/3本分

Ⓐ
紹興酒*（日本酒でも可）…… 大さじ1
オイスターソース …… 小さじ1
しょうゆ …… 小さじ1/3
こしょう …… 少量

Ⓑ
鶏がらスープの素（粉末）…… 小さじ1/2
しょうゆ …… 小さじ1/4
塩 …… 小さじ1/5
こしょう …… 少量

しょうゆ …… 小さじ1/4
サラダ油 …… 大さじ1/2

■付け合わせ
干し大根の紹興酒漬け（→p.277）…… 適量

＊店では紹興酒と日本酒を1：2で合わせたものを使用。

パラパラチャーハンのコツ、教えます

豚肉とほうれん草のチャーハン

炒飯（チャオファン）

ご飯がつぶれずふわっとしていながら、ひと粒ひと粒がパラパラに炒まったチャーハン。そんなお店のような仕上がり、家庭では無理！　と思っていませんか。ところが、ちょっと工夫すればできるんです。しかも中火で簡単に。まず**温かいご飯にとき卵を混ぜ**、ご飯ひと粒ひと粒を卵でコーティングします。そして、フライパンに**広げて箸でほぐすように炒める**と、卵が固まってあっという間にパラパラに。具材の豚肉は別に味つけして最後に合わせるので、卵の黄色、ほうれん草の緑が彩りよく仕上がりますよ。

MESSAGE

中国料理 CHINESE　**菰田欣也**

豚バラ肉は脂が多い部位なので、自分の脂だけで炒めます。ほうれん草は、柔らかい葉っぱの部分だけをちぎって、細かくみじん切りにしましょう。

① フライパンに油を引かずに豚バラ薄切り肉を入れ、中火にかけて炒める。

② 脂がしっかり出たらⒶを加え、からませていったん取り出す。

③ ボウルに卵を割りほぐし、Ⓑを加えて混ぜ、ご飯を加えて均一に混ぜる。

ご飯のひと粒ひと粒に卵と調味料をコーティングするイメージです。

④ ②のフライパンを洗ってサラダ油を入れて熱し、③を入れる。中火にし、フライパンに貼りつけるように広げ、菜箸でほぐしながら約1分炒める。

米粒の周りの卵に均一に火が通るように、広げてほぐします。

⑤ 火を止めて約30秒混ぜ続ける。

卵は火が入りすぎるとボソボソの食感になってしまいます。早めに火を止めて、余熱でパラパラにしていきます。

⑥ 再び火をつけ、中火にかけてほうれん草、②を加えて全体に混ぜ、長ねぎを加えて手早く均一に炒め合わせる。

⑦ フライパンの1か所をあけ、しょうゆを鍋肌にたらし入れて香りを立たせ、手早く全体を炒め合わせて器に盛る。

しょうゆの香りを全体にまとわせることで、食欲がぐんと増します。

箸休めのもう一品

干し大根の紹興酒漬け

水分が軽く抜けてカリッとした食感の大根で、中華風の簡単漬けものに。

材料（作りやすい分量）

大根（皮をむいたもの）……400g

Ⓐ
- 紹興酒*……45mℓ
- みりん……45mℓ
- しょうゆ……45mℓ
- 砂糖……15g
- オイスターソース……10mℓ
- レモン汁……10mℓ

*旨みや熟成香が凝縮された、かめ出し紹興酒がおすすめ。

作り方

1 大根は1.5㎝角に切り、ざるに並べて半日～1日陰干しする。

2 ボウルにⒶを入れて混ぜ、1を入れてひと晩漬ける。

3 汁気を軽くきって器に盛る。

菰田シェフの基本
Lesson
1

簡単チキンスープのとり方

**市販の鶏がらスープはとても便利ですが、自分でとると格別のおいしさです！
スープをとったあとの手羽先を使って、もう一品作りましょう。**

中国料理のだしは、チキンスープが基本。市販品は手軽に使えますが、時間があるときには手羽先を使って、ぜひ手作りしてみませんか？　骨からもおいしいだしが出て、少し白濁しながらもすっきりした、ナチュラルな味わいのスープがとれますよ。スープをとったあとの手羽先もおいしい一品になるので、余すところなく食べきることができます。

材料（約1ℓ分）

鶏手羽先……8本
水……1.5ℓ
長ねぎ（青い部分）……2本分
しょうが（薄切り）……1かけ分

作り方

1 鶏手羽先は関節部分で切り離し、フォークで数か所穴をあける。

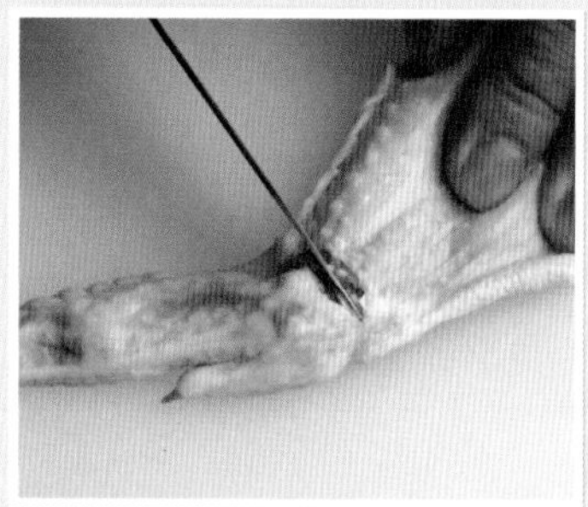

2 鍋に**1**、水を入れて強火にかけ、沸いたらアクをすくう。

3 長ねぎをにぎりつぶし、しょうがとともに加え、弱火で煮出す。

4 約45分じっくり煮出して、ざるでこす。

チキンスープで作る簡単中華スープ

トマトと卵のスープ

トマトの酸味と卵のやさしい味わいが
心地よく、すーっと体にしみわたります。

材料（2人分）

チキンスープ（→p.278）……200mℓ
トマト（くし形切り）……½個分
とき卵……1個分
きくらげ（もどす）……3枚
たけのこ（薄切り）……10g
Ⓐ紹興酒*……小さじ1
Ⓐ塩……ひとつまみ
Ⓐこしょう……少量

＊店では紹興酒と日本酒を1：2で合わせたものを使用。

作り方

1 鍋にスープを入れて沸かし、トマト、きくらげ、たけのこ、Ⓐを入れる。

2 再び沸いたら、とき卵を回し入れ、半分固まったら火を止めて器に盛る。

ザーサイスープ

すっきりとした味わいの奥に、ザーサイの
旨みと豆もやしのコクが生きています。

材料（2人分）

チキンスープ（→p.278）……200mℓ
ザーサイ（味付き。細切り）……10g
豆もやし……10g
青ねぎ（4cm長さに切る）……2本分
Ⓐ紹興酒*……小さじ2
Ⓐこしょう……少量
酢……小さじ1

＊店では紹興酒と日本酒を1：2で合わせたものを使用。

作り方

1 ザーサイは水で洗ってざるに上げる。

2 鍋にスープを沸かし、1を加えて弱火で30秒煮る。

3 豆もやし、Ⓐを加えて再び沸いたら青ねぎを加えて火を止め、酢を加えて軽く混ぜ、器に盛る。

＊ザーサイはものによって塩気が異なるので、最後に味をみて足りなければ塩で調整。

スープをとったあとのもう一品

手羽先の甘辛炒め

しっかり火が入った手羽先で作る、簡単おつまみ。冷めてもおいしいから、お弁当にもおすすめです。

材料（2人分）

鶏手羽先（スープをとったもの）……8本
Ⓐ砂糖……大さじ1
Ⓐ酒……大さじ1
Ⓐ酢、しょうゆ……各大さじ1
Ⓐチキンスープ（→p.278）……大さじ1
一味唐辛子……適量
白炒りごま……適量

作り方

1 手羽先は水分を拭き、フライパンに皮目を下にして並べ、中火で両面にこんがり焼き色をつける。

2 ボウルにⒶを合わせて1に加え、煮からめる。

3 汁気がなくなったら一味唐辛子、白炒りごまをふって全体に混ぜ、器に盛る。

脇屋シェフの基本
Lesson
2

便利な手作り調味料

中国料理には、簡単に作れたり、作りおきができる便利な調味料がたくさんあります。
炒めものや煮込みの仕上げに加えるいい香りの油は、
これを加えるだけでプロらしい味わいにぐっと近づく、本格味のポイントです。
手作りならではの極上の味をご紹介します。

ねぎ油

ねぎと玉ねぎの風味を、サラダ油とラードにじっくりと移した油で、中国語では葱油(ツォンイウ)といいます。私はしょうがとにんにくも使って、深みを出しています。ねぎ油を使うだけで料理にとてもいい香りがつくので、炒め油としても仕上げになじませる油としても、私のレシピによく登場する便利な存在です。ラードがなければ、コクは弱くなりますがサラダ油を計400mℓにして作ることもできます。

保存：冷蔵庫で約1か月

材料（作りやすい分量）

サラダ油	200mℓ
ラード	200g
長ねぎの青い部分（5cm長さに切る）	150g
玉ねぎ（1cm厚さに切る）	75g
しょうが（つぶす）	30g
にんにく（つぶす）	15g

作り方

1 ステンレス製の鍋にすべての材料を入れて火にかける。

2 フツフツと温まったら中火にし、色づいてきたら火加減を弱火にする。焦げないように気をつけながら20～25分じっくり油で煮る。

3 火を止め、粗熱がとれたら、ざるでこす。

香油（シャンイウ）

ねぎやしょうが、にんにくの香りに加え、唐辛子と中国山椒の２つの香りと辛み、オレンジの皮のさわやかな香りをプラスした油。文字通り、香りのよさが持ち味です。材料をいったんから煎りして余分な水分を飛ばしてから、油で煮出します。野菜炒めやさっぱりとした料理に向いています。

保存：冷蔵庫で約１か月

材料（作りやすい分量）

サラダ油……250㎖
長ねぎ（青い部分。5cm長さに切る）……30g
しょうが（薄切り）…30g
にんにく（薄切り）…15g
花椒（ホワジャオ）（中国山椒の粒）…8g
生赤唐辛子（3等分に切る）……1本分
オレンジの皮……5g

作り方

1 フライパンにサラダ油以外の材料を入れ、から煎りする。

2 香りが立ったらサラダ油を加え、弱火でゆっくり温める。

3 フツフツと沸いて油に香りが移ったら火を止め、粗熱がとれたらざるでこす。

ラー油

唐辛子の辛みを移した赤い油は、日本でもおなじみ。辣油という中国語の通り、辛い油です。香辛料は油に漬けたまま保存して、粉が入らないように上澄みをすくって使います。タンタン麺のように、料理によっては香辛料と油が１：１になるようにすくって使うとアクセントになります。

保存：冷蔵庫で約１か月

材料（作りやすい分量）

大豆油……240㎖
朝天（ちょうてん）唐辛子（粉末）……40g
十味唐辛子……小さじ½
水……大さじ2

朝天唐辛子は四川の唐辛子の一種。丸くふっくらした形で、辛いなかにも風味や旨みがあります。十味唐辛子は、日光の「玉福庵」のもので、いずれもインターネットで取り寄せることができます。

作り方

1 耐熱ボウルに2種類の唐辛子を入れ、水を注ぐ。

2 箸で混ぜて、水をなじませる。油を注いだときに水分がとんで香りが出やすくなる。

3 大豆油を160～170℃に熱し、2にゆっくり注ぐ。勢いよく注ぐとはねやすくなる。

4 すぐに箸で混ぜる。そのまま冷ます。

基本の中華調味料図鑑

中国料理を本格的な味にする、基本の調味料をご紹介。
聞きなれないものも、今は手に入りやすくなっていますので、ぜひ使ってみてください。

紹興酒（しょうこうしゅ）

もち米が主原料で、中国の浙江省紹興一帯で造られる中国の代表的な醸造酒。豊富なアミノ酸と独特の香りが料理に旨みとコクを与えるので、中国料理の調味料として必須。肉の臭みを抑え、柔らかくする効果も高い。

中国黒酢

中国にはいろいろなタイプの黒酢があるが、料理によく使われるのが「香醋（シャンツウ）」。なかでも有名なのが鎮江香醋。酢独特の刺激臭が少なくて口あたりがマイルド、香りがよいのが魅力。調理の仕上げに入れると風味が生きる。

オイスターソース

かきのむき身を煮込んでからこして、さらに煮詰めたものや、塩漬けにして発酵させてから煮て絞り、さらに煮詰めたものなど製法はさまざま。かきのエキスで濃厚な風味と旨みが特徴。少量でも料理に香りとコクをもたらす。かき油ともいう。

豆板醤（トウバンジャン）

そら豆を原料とする中国の塩辛いみそ。本場中国では唐辛子が入らないものをこう呼ぶが、日本では唐辛子入りのこと。製品によって塩分が違うので、確認を。加熱の際、最初によく炒めて香りを出してから、材料を入れるといい。

芝麻醤（ジーマージャン）

炒った白ごまをすり、サラダ油、ごま油でのばしてなめらかにしたペースト。日本の練りごまより深炒りで、粒子も粗め。瓶詰が市販されている。香ばしさは弱くなるが、練りごまを火にかけて、サラダ油とごま油を加える方法で、手作りすることもできる。

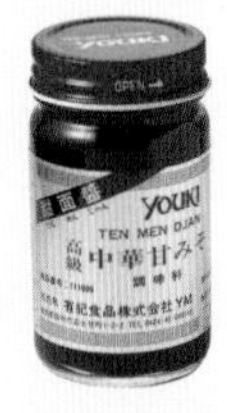

甜麺醤（テンメンジャン）

小麦粉を原料にし、麹を加えて造る中国の甘いみそのこと。深い褐色をし、まろやかな甘みが特徴。炒める際は味が均一に広がるように、しっかりと混ぜきることが大切。

花椒（ホワジャオ）・青花椒（チンホワジャオ）

中国の山椒「花椒」（写真左）は、日本産より香りも刺激も強いのが特徴。粉末も市販されている。注目は写真右の「青花椒」。四川省特産の「藤椒」と呼ばれる山椒の実を青いうちに収穫し乾燥したもの。花椒よりさわやかな辛みでライムのような香りがする。粉末はあまり市販されていないので、粒をすりつぶして使用を。

CHAPTER 5

韓国の家庭料理

人気の韓国料理ですが、ピリ辛おかずだけではありません！

野菜たっぷりの和えものや

マイルドな味わいのキムチなど味わいの幅は広く、

新しいおいしさに気づくことができますよ。

材料（直径20㎝のもの1枚分）

■生地

- 薄力粉……110g
- 塩……ひとつまみ
- 水……1カップ

- 青ねぎ……60g
- にら……30g
- にんじん……30g
- 玉ねぎ……30g
- とき卵……1個分
- サラダ油……適量
- つけだれ（→p.286）……適量

カリッとした食感がお店でも大人気

ねぎチヂミ

파전
パジョン

韓国では、ねぎチヂミ専門店があるほどポピュラーな料理。焼き上がりに整然と並んだ万能ねぎを、**よく切れる包丁でザクッと切ると美しく**、食欲をそそります。韓国では、切り分けずにねぎに沿って裂いて食べることもあります。

本来、チヂミはしっとりと焼き上げるものですが、日本人はカリッとした食感が好きですよね。お店でもねぎチヂミだけは**仕上げに両面をカリッと焼いています**。この食感はとても好評で、韓国人のお客さまも、「韓国で食べるよりもおいしい」と言うくらいです。

MESSAGE

韓国料理 KOREAN **柳香姫**

日本で「チヂミ」として知られるこの料理ですが、韓国では普通「ジョン」と呼びます。実はチヂミは方言で、大邱（テグ）や釜山（プサン）などがある、韓国南西部の慶尚道（キョンサンド）の言葉。焼いているときのヂヂヂヂヂヂという音からついたそうですよ。

① 青ねぎはフライパンの直径より少し短めに切る。にらは8㎝長さに、にんじんは3㎝長さの棒状に切り、玉ねぎは薄切りにする。

② ボウルに薄力粉と塩を入れ、分量の水を少しずつ加えてとく。①の青ねぎ以外の野菜を加えてよく混ぜる。フライパンにサラダ油大さじ1を熱し、生地を広げる。

あわてなくて大丈夫。具を全体に散らしましょう。

③ ②が焼き固まらないうちに青ねぎを均等に並べ、フライ返しで押して生地になじませる。

ねぎはまっすぐに、美しく並べましょう。フライ返しを押しつけて、生地をねぎとねぎの間に行きわたらせます。

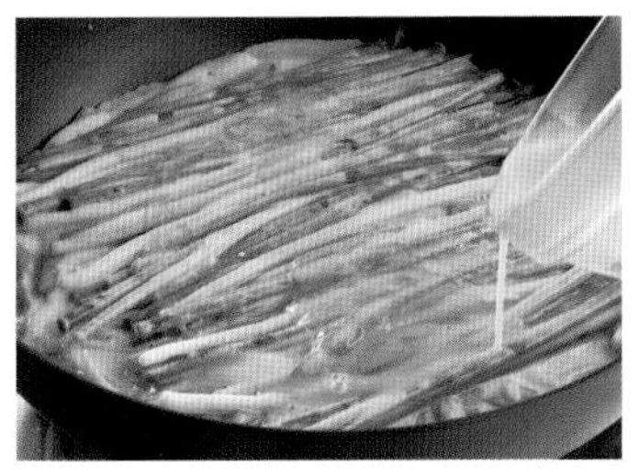

④ とき卵を全体に回しかける。

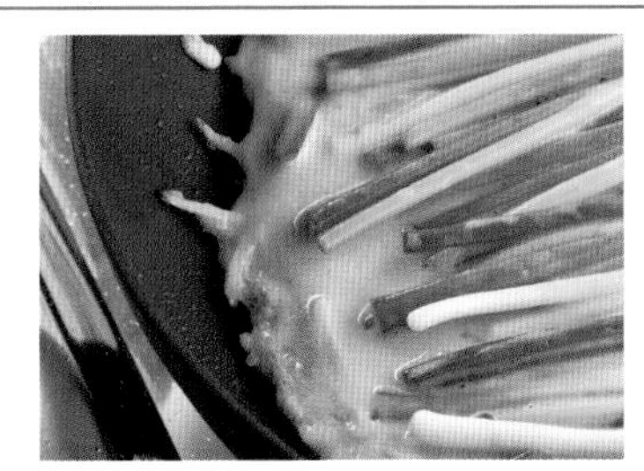

⑤ 縁が焼けて生地がフライパンからはがれてきたら裏返す。

⑥ サラダ油を鍋肌からたっぷり3周分ほど回し入れ、油が沸き立つ状態でパリッとさせる。再び返し、焼き上げる。切り分けて皿に盛り、つけだれを添える。

油がグツグツいうぐらいの状態で加熱すると、カリッと歯切れよく仕上がります。

チヂミの切り方と盛りつけ

コツをつかめば、まるで料理店のように美しくお皿に盛ることができます。おもてなしのときにも、ぜひやってみて！

1 包丁を横にしてチヂミの中央に置き、切っ先近くに左手を添えて、一気にザクッと切る。

2 上下も同様にして等分に切る。

3 包丁を縦にし、**1**、**2**の要領で中央、左右を切る。

4 端1列を包丁の腹にのせ、皿の左側に断面が見えるように置く。次の列を丸い縁が隠れるように重ねて盛る。

5 もう一方の端1列を重ね、最後の1列で丸い縁を隠すように重ねのせる。

材料（直径20㎝のもの1枚分）

■生地

薄力粉	110g
塩	ひとつまみ
水	1カップ

するめいか（さばいたもの）	1/4ぱい
あさり（むき身）	10個
海老（むき身）	50g
にら	50g
玉ねぎ	1/6個
にんじん	1/6個
ピーマン	1/4個
赤ピーマン	1/4個
とき卵	1個分
サラダ油	適量

■つけだれ（約½カップ分）

しょうゆ	大さじ3 1/3
酢	大さじ1
粗びき粉唐辛子	大さじ1
白炒りごま	小さじ2
砂糖	小さじ1
ごま油	小さじ1
にんにく（すりおろし）	小さじ1/2
長ねぎ（みじん切り）	大さじ1

日本で人気の韓国料理ナンバーワン！

海鮮チヂミ

해물전
ヘムルジョン

日本でもよく知られる韓国料理のひとつがチヂミ。韓国ではおかずというよりも、おやつや軽食として小腹がすいたときに食べるものなんですよ。生地に卵を混ぜて作るレシピもありますが、私は**上から回しかけて焼きます**。そのほうが彩りがよくておいしそうでしょ！「五味五色*」をバランスよく組み合わせることで健康が保たれる、というのが韓国料理の考え方。皆さまもぜひ、**食卓に並んだときの色合いも大切にしてください**。ここでは海鮮や野菜がたっぷり入ったお好み焼き風の海鮮チヂミをご紹介しましょう。

MESSAGE

韓国料理 KOREAN **柳香姫**

ここでは、私自慢のチヂミのつけだれもご紹介します。薬味がたっぷり入って、チヂミがいっそうおいしく味わえますよ。

＊ 五味とは辛み、甘み、酸味、塩味、苦みのこと、五色とは白、青、黄、黒、赤のことをいいます。

① 海老は背ワタを取り、大きければ横半分に切る。玉ねぎは薄切りにする。にらは5㎝長さに切り、にんじんは5㎝、ピーマン2種は3㎝長さ、するめいかは8㎝長さの細切りにする。

② ボウルに薄力粉と塩を入れ、分量の水を少しずつ加えてとく。つけだれの材料を合わせて混ぜる。

③ ②の生地に①のいか以外の材料とあさりを加え、素材ひとつひとつにころもがつくように混ぜる。

素材ひとつひとつにころもがきちんとつくように、ていねいに混ぜましょう。

④ フライパンにサラダ油大さじ1を入れて熱し、③を厚みが均等になるように広げて中火で焼く。

フライパンはフッ素樹脂加工の直径26㎝ぐらいが作りやすいです。

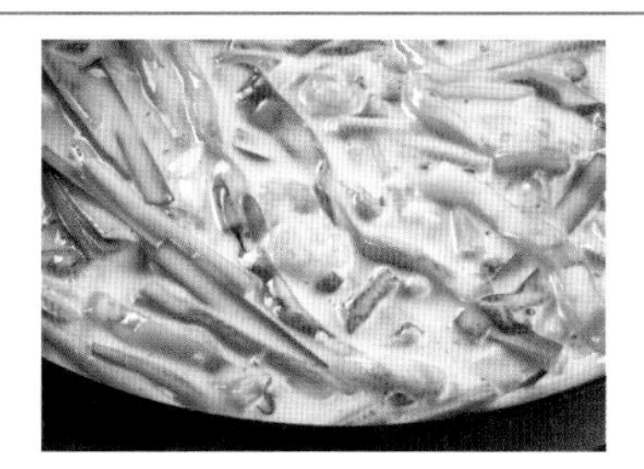

⑤ ①のいかを1本ずつ均等に並べ、生地に埋め込むようにフライ返しなどで押しつける。

⑥ とき卵を全体に細く流し入れ、周りが焼けてきたら裏返す。

⑦ 多めのサラダ油を鍋肌から回し入れる。

鍋肌から沿わせるように入れて、全体に行きわたらせます。

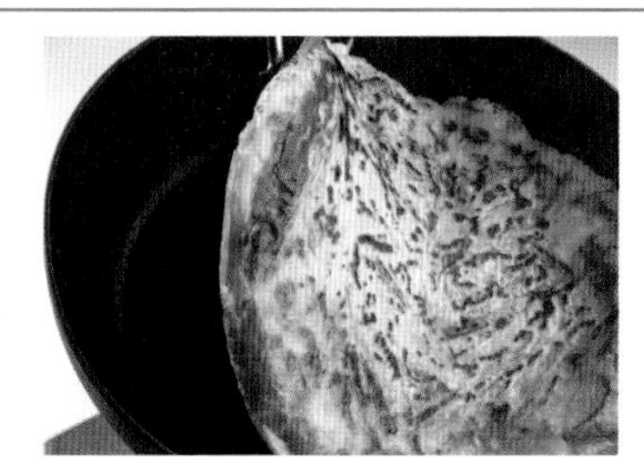

⑧ 焼き固まったら、フライ返しで持ち上げて生地の下に油を回す。

⑨ ときどき上から軽く押さえ、火が通るまで弱火で焼く。切って器に盛り、つけだれを添える。

弱火で中まで火を通しながら、しっとりと焼き上げましょう。

材料（4人分）

白菜キムチ	500g
豚バラ薄切り肉*1	200g
豆腐（木綿）	1/2丁
えのきたけ	1/2袋
長ねぎ（青い部分を含む）	1/2本
玉ねぎ	1/2個
トック*2（韓国もち）	100g
Ⓐ みりん	大さじ1
Ⓐ しょうゆ	大さじ1
Ⓐ にんにく（すりおろし）	大さじ1/2
Ⓑ 粗びき粉唐辛子	大さじ1
Ⓑ 黒こしょう	少量
牛だしの素	大さじ1/2
サラダ油	大さじ1

＊1 できればスーパーなどの薄切りよりやや厚い、5㎜厚さのものを使いたい。精肉店で注文するとよい。

＊2 チゲには、丸くて平たいタイプがよい。

奥深い旨みが具材にしみたピリ辛鍋

キムチチゲ

김치찌개
キムチチゲ

「チゲ」とは韓国で鍋もののこと。キムチチゲには、**古漬けの白菜キムチ**をたっぷりと使うことがおいしくするポイント。白菜キムチは熟成と発酵によってビタミンや乳酸菌が増え、旨みの素になります。時間をかけてよく発酵した古漬けのキムチは、そのまま食べると酸っぱいと思うかもしれませんが、じつは旨みもたっぷり。これを調理の最初に**炒めることで酸味が抜けて、旨みがギュッと凝縮**します。そして忘れずに加えてほしいのが、キムチの絞り汁。旨みの宝庫で、スープがぐっとおいしくなります。

MESSAGE

韓国料理 KOREAN **柳香姫**

このピリ辛味の料理は、キムチの奥深い旨みたっぷりのスープと、一緒に煮る肉や野菜にも旨みがしみたところが醍醐味。寒い季節はもちろん、真夏でも汗をかきながら召し上がれ！

① トックは水に10分ほど浸けてもどす。

トックには上のような平たい楕円形のタイプと、細長い棒状のものがあります。鍋ものには平たいタイプを、炒めものには棒状を使います。

② えのきたけは根元を切り、長さを半分に切る。長ねぎは5㎜幅の斜め切りに、玉ねぎも5㎜幅に、豆腐は1㎝幅に切る。白菜キムチは水気を軽く絞って、5㎝長さに切る。絞り汁はとっておく。

③ 豚バラ薄切り肉は長さを3等分に切る。土鍋に入れ、サラダ油とⒶを加え、からめる。

④ 強火にかけて炒める。肉の色が変わったら、Ⓑをふり、②の白菜キムチを加え、しっかり炒める。

ここでしっかり炒めて、酸味をとばしましょう。そのぶん旨みが際立ってきます。

⑤ 牛だしの素と水3カップ、キムチの絞り汁を加える。①と②の野菜と豆腐を加え、蓋をして沸騰するまで煮る。

⑥ ときどき汁をかけながら、野菜がしんなりするまで煮る。

スープをかけて、旨みをしみ込ませましょう。

トックでもう一品

トッポッキ

キムチチゲにも使っているトック。棒状タイプを使った屋台の人気料理をご紹介。おやつや軽食にもどうぞ。

材料（2人分）

トック……10個
キャベツ……1枚
玉ねぎ……1/6個
長ねぎ……5㎝
さつま揚げ（またはちくわ）……50g

■ 調味料
- コチュジャン……大さじ2
- 韓国水あめ、トマトケチャップ……各大さじ1
- 砂糖、しょうゆ……各大さじ1/2
- にんにく（すりおろし）……小さじ1
- 牛だしの素……小さじ1/2
- 白炒りごま……少量

ごま油……大さじ1

作り方

1 トックは水90㎖に20分浸してもどす。キャベツはざく切り、玉ねぎは5㎜幅に、長ねぎは斜め切りに、さつま揚げは1㎝幅に切る。調味料は混ぜ合わせる。

2 フライパンにトックを水ごと入れて強火にかけ、柔らかくなったら合わせ調味料を加えて混ぜる。

3 水気が少なくなったら残りの具を入れて炒め、野菜がしんなりしたらごま油を混ぜる。

材料（4～5人分）	
牛もも薄切り肉	500g
■肉のもみだれ	
しょうゆ	大さじ4
酒	大さじ2
ごま油	大さじ2
オリゴ糖	大さじ2
砂糖	大さじ1
にんにく（すりおろし）	大さじ1
白炒りごま	小さじ1
こしょう	適量（多め）
玉ねぎ*	$\frac{1}{3}$個分
長ねぎ*	60g
サンチュ	適量
みそだれ（➡p.291）	適量

＊キャベツ、にんじん、赤ピーマンなどを一緒に焼いてもおいしい。

おもてなしにもぴったりの韓国焼き肉

プルコギ

불고기
プルコギ

プルコギは、日本でも人気の韓国焼き肉。牛肉にたれをもみ込んだら、あとは玉ねぎや長ねぎと一緒にさっと焼くだけ。葉もの野菜で包んで、ひと口でいただきます。

この料理で気をつけたいのは、**たれをもみ込んだら長時間そのままにしないこと**。水分が出て旨みが抜けたり、たれがしみ込みすぎて肉が硬くなります。**長くても1時間まで**。プルコギの鍋は中央が盛り上がっていて、肉汁が周りに流れ落ちます。旨みが詰まった肉汁に、硬めにもどした春雨を浸して柔らかくして食べるのもおすすめです。

MESSAGE

韓国料理
KOREAN　**柳香姫**

肉のもみだれは、牛肉以外に豚肉や鶏肉、肉そぼろの味つけにも使えて便利です。豚肉、鶏肉にはしょうがを加えると、脂っぽさや臭みが気になりません。

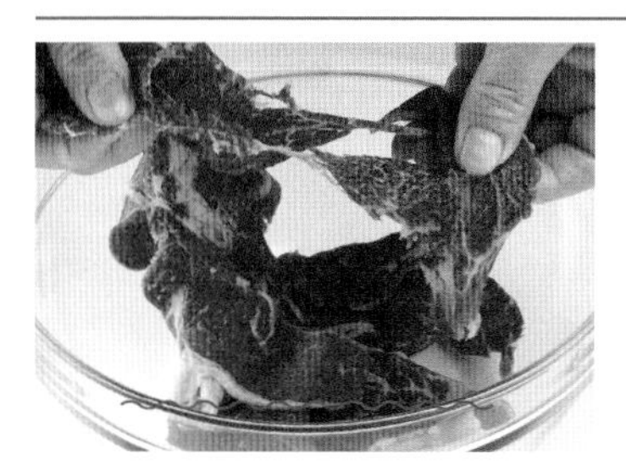

① 玉ねぎは3㎜厚さに切り、長ねぎは斜め薄切りにする。牛もも肉は、食べやすい大きさに手でちぎりながらボウルに入れる。もみだれの材料を合わせて加える。

② ①のボウルに玉ねぎと長ねぎを加えて手でもみ込む。

韓国料理は“手の味”。手ですみずみまでていねいにもみ込みましょう。ただ混ぜるのとでは、味が違いますよ。

③ 冷蔵庫に30分ほどおいて味をしみ込ませる。

漬ける時間は長くても1時間まで。漬けすぎると肉から水分が抜けて、硬くなります。

④ 焼き肉用の鍋かホットプレートに③を広げ、強火にかける。サンチュとみそだれを添え、焼きながらいただく。

おいしい食べ方

サンチュに、みそだれと肉をのせ、ひと口サイズにきゅっと包みます。少し大きくなっても必ずひと口で食べて、口の中で味をミックスさせるのが韓国式です。

肉料理定番のヤンニョン（合わせ調味料）

みそだれ

みその甘みにピリッと辛みが加わった複雑な味。肉やご飯をサンチュやえごまの葉で包んで食べるとき、味のつなぎ役として欠かせません。ゆで豚肉のサンチュ包み、サムギョプサルなどによく合います。

材料（作りやすい分量）

- 韓国みそ……大さじ3
- コチュジャン、ごま油……各大さじ1
- すりごま……大さじ½
- にんにく（すりおろし）……小さじ1
- 長ねぎ（みじん切り）……大さじ1
- 万能ねぎ（最後にふる）……適量

ナムルをマスターする！

「ナムル」とは、野菜に火を通してから和えたもののことをいい、
野菜本来の持ち味が生きる、韓国の食卓に欠かせないおかずです。
野菜それぞれの味が生きたおいしいナムルは、ていねいな手わざがあってこそ。
そのおいしさの秘訣を教えますよ。

ナムルはご飯にのせてビビンバに！

ご飯にナムルと目玉焼きをのせたら、ビビンバのでき上がり。ビビンバにのせるナムルに決まりはありませんが、数種類使うと、奥深い味になります。よく混ぜていただきましょう。

おいしいナムルを作る3つの手わざ

① 野菜の水分は手でしっかり絞る

ナムルの味を決めるポイントは、野菜の水分を手でしっかり絞ること。絞り方が足りないと、調味料をからめたあと、水分が出て水っぽくなり、味がぼんやりとします。野菜によってはぎゅっと絞るとつぶれるものもあるので、手で加減をしましょう。

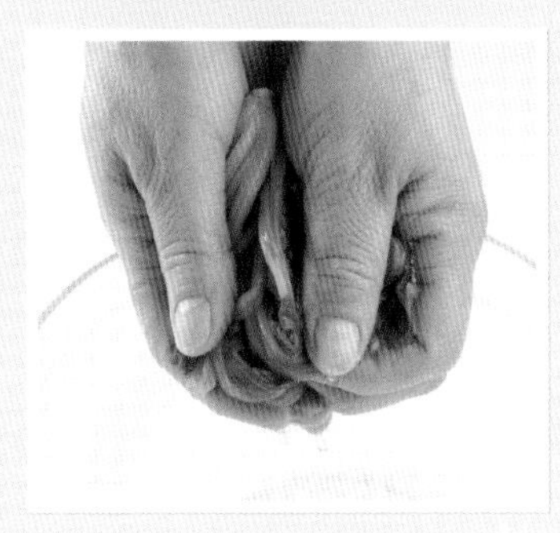

小松菜、春菊、ほうれん草など柔らかい葉野菜はゆっくり力を入れて絞り、つぶれないようにする。

② 絞ったあとはていねいに手でほぐす

しっかり絞った野菜はひとかたまりになり、そのまま調味料を加えると、1か所に固まってしまい、味つけにムラが出ます。調味料を加える前に、手でよくほぐして空気を含ませておきましょう。このとき、食べやすく切っておいても。

ぜんまいは1本1本をばらばらにするように、指先でほぐす。葉野菜などほぐれにくいものも、ていねいに空気を含ませる。

③ 調味料をきちんと手でからめる

調味料を加えたら、野菜1枚、1本を意識しながらていねいにからめます。菜箸ではきちんと混ざらないので、必ず手でやさしく混ぜ合わせましょう。野菜によっては、調味料をもみ込むように混ぜます。

白菜はつぶれにくいので、調味料を手でよくもみ込む。味がしっかり決まったナムルができる。

韓国料理は“手で和える”がポイント

サンチュ ムチム

ナムルだけでなく、サラダ（ムチム）も、韓国では手でドレッシングとよく和えます。ナムルが加熱した野菜を和えるのに対し、ムチムは生野菜を和えることを指します。

材料（2人分）

- サニーレタス……3枚
- きゅうり（縦半分を斜め薄切り）……1/4本分
- 玉ねぎ（薄切り）……15g
- 白髪ねぎ……長ねぎ8cm分
- 春菊の柔らかい葉……10枚
- チヂミのつけだれ（→p.286）……大さじ3
- 生唐辛子（赤。小口切り）…適量

作り方

1. 野菜の水気をしっかり拭き取る。サニーレタス、春菊は大きめにちぎる。すべての野菜をボウルに入れる。
2. チヂミのつけだれを加えて手で全体にほぐしながら野菜にしっかりとからませる。器に盛り、生唐辛子をのせる。

ナムルいろいろ

大根のナムル

무채나물
ムチェナムル

材料（約270g分）

大根……250g

Ⓐ
- にんにく（すりおろし）……小さじ1
- 塩……小さじ½
- 牛だしの素……小さじ½

サラダ油……大さじ1
白炒りごま……小さじ1

作り方

1. 大根はせん切りにする。
2. フライパンにサラダ油を熱し、①を加えて中火でざっと炒め、Ⓐを加えて混ぜる。大根の水分が少なければ、水少量を加えて蓋をし、ときどき混ぜながら弱火で煮詰める。
3. 大根が柔らかくなったら、炒りごまを加えてすぐに火を止めて混ぜる。

ぜんまいのナムル

고비나물
コビナムル

材料（約170g分）

ぜんまい（水煮）……135g

Ⓐ
- しょうゆ……大さじ1
- ごま油……大さじ½
- 砂糖……小さじ½
- 牛だしの素……小さじ½
- にんにく（すりおろし）……小さじ½

すりごま……小さじ½

作り方

1. ぜんまいはよく洗ってざるに上げ、長ければはさみで切る。ボウルに入れ、Ⓐを加えて1本ずつによくからませながら手で混ぜる。
2. フライパンを熱し、油を引かずに①を入れる。水分をとばすように広げながら強めの中火で炒め、仕上げにすりごまを加えて混ぜる。

ほうれん草のナムル

시금치나물
シグムチナムル

材料（約220g分）

ほうれん草……250g
塩……少量

Ⓐ
- しょうゆ、ごま油……各小さじ2
- 白炒りごま……小さじ1
- 牛だしの素……小さじ1

作り方

1. 鍋に熱湯を沸かし、塩を入れ、ほうれん草をゆでる。水にとり、水分をやさしくしっかり絞り、根元に切り目を入れて4等分に裂く。
2. ①にⒶを加えて手でよく和える。

豆もやしのナムル

콩나물
コンナムル

材料（約260g分）

豆もやし……1袋（250g）

Ⓐ
- ごま油……大さじ1
- 牛だしの素……小さじ1
- にんにく（すりおろし）……小さじ1
- すりごま……小さじ1
- 塩……小さじ$\frac{1}{2}$
- 青ねぎ（小口切り）……2本分

作り方

1. 豆もやしはひげ根を取り、熱湯でゆでて豆臭さを取る。さっと水で洗ってざるに上げ、しっかり水気を絞る。
2. ボウルに①を入れ、Ⓐを加えて手でよく和える。

大根のピリ辛和え

무생채
ムセンチェ

材料（約270g分）

大根……250g

Ⓐ
- 粗びき粉唐辛子……大さじ1$\frac{1}{3}$
- 酢……大さじ1
- 砂糖……小さじ1
- にんにく（すりおろし）……小さじ1
- ごま油……小さじ1
- すりごま……小さじ1
- 塩……小さじ$\frac{1}{2}$
- 青ねぎ（小口切り）……2本分

作り方

1. 大根は細切りにし、Ⓐを加えて手でよく和える。

ナムルとの相性よし！

肉そぼろ

ビビンバにプラスしたり、ナムルと一緒に韓国のり巻き（キムパプ）の具に入れたり、キムチでチャーハンを作るときの旨みづけにも重宝します。

材料（作りやすい分量）

牛ひき肉……250g

Ⓐ
- しょうゆ……大さじ2
- オリゴ糖……大さじ1
- 酒……大さじ1
- ごま油……大さじ1
- 砂糖……大さじ$\frac{1}{2}$
- にんにく（すりおろし）……大さじ$\frac{1}{2}$
- 黒こしょう……適量（やや多め）

作り方

1. 牛ひき肉にⒶをもみ込む。
2. 1を鍋に入れて弱火にかけ、汁気がなくなるまで炒める。

なすのナムル

가지나물
カジナムル

材料（約250g分）

なす……220g（約3本）

Ⓐ
- 万能しょうゆだれ*……大さじ1
- ごま油……大さじ1
- 白炒りごま……小さじ1
- 牛だしの素……小さじ½
- 長ねぎ（小口切り）……大さじ1

生唐辛子（赤、青）……各少量

*「チヂミのつけだれ」（➜p.286）の材料から酢を除いたもの。

作り方

1. なすはへたを切り落とし、縦半分に切る。生唐辛子は縦半分に切って、小口切りにする。
2. 蒸し器を火にかけ、蒸気がしっかり上がったら①のなすを並べて柔らかくなるまで約5分蒸す。
3. ざるに上げて広げて冷まし、4～5等分に裂いて軽く水分を絞る。
4. ボウルに入れてⒶを加え、手でよく混ぜる。①の生唐辛子を加えてさっと混ぜ、器に盛る。

春菊のナムル

쑥갓나물
スッカッナムル

材料（約100g分）

春菊……160g*1

Ⓐ
- 万能しょうゆだれ*2……大さじ½
- ごま油……小さじ1
- 白すりごま……小さじ½

塩……少量

*1　ゆでて絞った状態で90g。

*2　「チヂミのつけだれ」（➜p.286）の材料から酢を除いたもの。

作り方

1. 春菊は茎の硬い部分を切り落とし、太い茎は半分に裂く。
2. 湯を沸かして塩を入れ、①を茎のほうから入れてさっとゆでる。水にとってざるに上げる。
3. つぶさないようにゆっくりしっかりと水気を絞り、ボウルに入れて手でよくほぐす。
4. Ⓐを加えてまんべんなく手で混ぜ、器に盛る。

白菜のナムル

배추나물
ペチュナムル

材料（約290g分）

白菜……約350g*

Ⓐ
- 韓国みそ……大さじ1
- にんにく（すりおろし）……小さじ⅔
- コチュジャン……小さじ1
- ごま油……小さじ1
- 白すりごま……小さじ1
- 牛だしの素……小さじ½

塩……少量

白炒りごま……少量

*ゆでて絞った状態で260g。

作り方

1. 白菜は縦1㎝幅に切る。
2. 湯を沸かして塩を加え、①を軸のほうから入れて葉元の硬い部分がしんなりするまで、やや長めにゆでる。
3. ざるに上げて粗熱がとれたらしっかり水気を絞り、ボウルに入れて手でほぐす。
4. Ⓐを加えて、手でしっかりもみ込むように混ぜる。器に盛って炒りごまをふる。

小松菜のナムル

고마쯔나나물
コマツナナムル

材料（約210g分）

- 小松菜……270g*
- Ⓐ
  - しょうゆ……大さじ2
  - ごま油……大さじ2
  - すりごま……小さじ1
  - にんにく（すりおろし）……小さじ1
  - 牛だしの素……小さじ1
  - 長ねぎ（小口切り）……大さじ2
- 生唐辛子（赤、青）……各少量
- 塩……少量

＊ゆでて絞った状態で180g。

作り方

1. 小松菜は株に十文字に切り目を入れて4等分に裂き、きれいに洗う。生唐辛子は縦半分に切って、小口切りにする。
2. 湯を沸かして塩を加え、①の小松菜を茎のほうから入れてしんなりする程度にさっとゆでる。すぐに水にとって、ざるに上げる。
3. 葉がつぶれないように、ゆっくり力をかけて水気を絞り、ボウルに入れてよくほぐす。
4. Ⓐを加え、手でまんべんなく混ぜる。①の生唐辛子を加えてさっと混ぜ、器に盛る。

水菜のナムル

아삭채나물
アサクチェナムル

材料（約210g分）

- 水菜……260g*
- Ⓐ
  - いわしエキス……大さじ$1/2$
  - ごま油……大さじ$1/2$
  - にんにく（すりおろし）……小さじ$2/3$
  - コチュジャン……小さじ1
  - すりごま……小さじ1
  - 牛だしの素……小さじ$1/2$
- 生唐辛子（赤、青）……各少量
- 塩……少量

＊ゆでて絞った状態で180g。

作り方

1. 水菜は洗う。生唐辛子は縦半分に切って、小口切りにする。
2. 湯を沸かして塩を加え、水菜の茎の部分からゆで始める。しんなりしたらすぐに水にとってざるに上げ、しっかり絞る。食べやすい長さに切ってボウルに入れてよくほぐす。
3. Ⓐを加えてまんべんなくからまるように手でよく混ぜ、①の生唐辛子を加えてさっと混ぜ、器に盛る。

ズッキーニのナムル

호박나물
ホバクナムル

材料（約130g分）

- ズッキーニ……$1/2$本（約130g）
- 塩……ひとつまみ
- にんにく（すりおろし）……小さじ$1/2$
- 白炒りごま……少量
- ごま油……大さじ1

■ 飾り用

- 生唐辛子（赤、青）……各少量

作り方

1. ズッキーニは縦半分に切り、種を取り除き、5㎜厚さに切る。塩をしてもんで10分おき、軽く水気を拭く。生唐辛子は縦半分に切って、小口から切る。
2. フライパンにごま油を熱し、①のズッキーニを強火で炒める。全体に油が回ったらにんにくを加えてざっと炒め、火を止めて炒りごまを加えて混ぜる。器に盛って生唐辛子を飾る。

いつかは作ってみたい憧れ！　本場の絶品キムチ作り

本格白菜キムチに挑戦！

배추김치
ペチュキムチ

韓国料理好きなら、いつかは作ってみたいのが本格白菜キムチ。時間はかかりますが、ていねいに作った自家製キムチは絶品です。**辛さの中にも素材本来の甘みがあり、**やみつきになるおいしさです。**深い味わいとコクが楽しめます。**ほかにも、きゅうりや大根のキムチ、そして水キムチにも挑戦してみましょう。白菜キムチを使った、いまどきの料理もたくさん紹介しています。意外な組み合わせに新しいおいしさを発見できますよ。

材料（作りやすい分量）

Step1☞ ■白菜の塩漬け

- 白菜……1株（3kg）
- 粗塩……200g

Step2☞ ■ヤンニョン（合わせ調味料）

- 長ねぎ……1本（110g）
- 大根……470 g
- にら……100 g
- 玉ねぎ（大）……½個（190g）
- いか……70 g
- 梨……¼個（150g）
- 粗びき粉唐辛子……120g
- あみの塩辛……80g
- しょうが……20g
- にんにく……50g
- 砂糖……大さじ1
- 白炒りごま……大さじ1
- いわしエキス……大さじ2

特別に用意する道具

- □ 白菜1個分が入る大きさのボウルとざる
- □ すり鉢とすりこぎ
- □ 保存容器（容量約3.5ℓ）

Step 1 白菜の塩漬け

おいしい白菜キムチ作りのポイントは塩漬けといっていいほど。余計な水分を抜くと、ヤンニョンがしっかりしみ込んで、上手に仕上がります。全体をしんなりさせるために、葉元の硬い部分には、漬けている途中でもう一度葉と葉の間にしっかり塩をしましょう。

1 白菜は外側の硬い葉を取り除き、根元に包丁を入れて、裂くように縦半分に切る。

2 大きめのボウルに水1ℓと粗塩1/3量を入れて溶かす。白菜を入れ、小さなボウルで塩水をかけながら、まんべんなくからめる。

3 塩水が入りにくい葉と葉の間も、開いて塩水を入れる。

4 断面を上にして、皿をのせ、重しをして1時間ほどおく。

5 ④の葉を1枚ずつ持ち上げながら、根元の部分に粗塩の残り半量をまぶす。断面に塩水をかける。

6 塩水が流れないよう、断面を上にして、皿をのせ、重しをしてさらに3時間漬ける。

7 途中でしんなりしていないところがあれば再び根元のほうまで残りの塩をふる。断面を下にして、重しをしてさらに3時間漬ける。

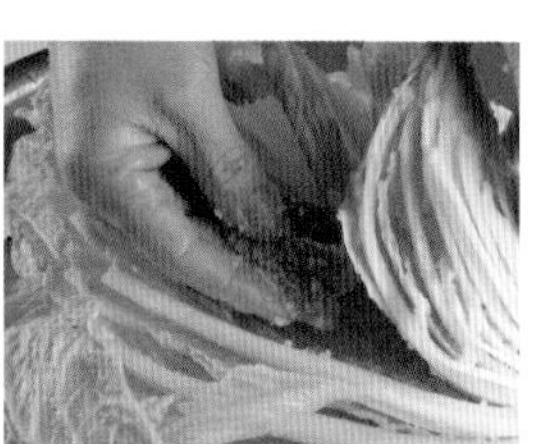

8 しんなりしたら流水でしっかり洗い、断面を下にしてざるに上げ、1時間ほどおいて自然に水気をきる。

MESSAGE

韓国料理 KOREAN **柳香姫**

塩漬けはきちんとできましたか？ 重しをしておくと、こんなに水が！ まだまだ出るので途中で捨てましょう。白菜キムチは塩加減で決まるといわれています。ヤンニョンで本漬けする前に、塩漬けした白菜の味をみて、しょっぱいようなら流水でよく洗います。

塩漬けをしている間にヤンニョン作りをして、いよいよ本漬け。

ヤンニョン作り

ポイントはにんにくとしょうがをすり鉢などでつぶすこと。水分が出にくく、べちゃべちゃになりません。

① 長ねぎは斜め薄切り、にらは4cm長さに切り、いか、大根、梨はせん切りにする。玉ねぎは薄切りにする。

② すり鉢にしょうがとにんにくを入れ、すりこぎでつぶす。

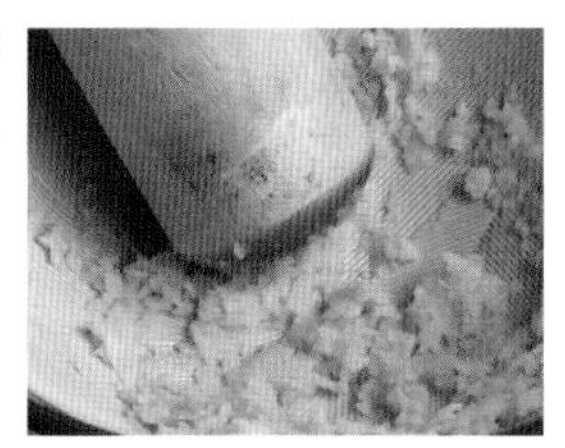

③ 大きめのボウルに①の大根と梨、粗びき粉唐辛子を入れ、まんべんなく混ぜ合わせ、20分ほどおく。

④ ②のにんにくとしょうが、あみの塩辛、いわしエキス、いか、砂糖を加えてよくもみながら混ぜ合わせる。

⑤ ①の長ねぎ、玉ねぎ、にらを加え、全体をもまないように軽く混ぜてから、炒りごまを入れて混ぜる。

⑥ 水分が出るまで20〜30分おく。

ヤンニョンで本漬け

根元の部分にもしっかりヤンニョンをはさみましょう。保存容器にすき間なくぎゅっと入れると、全体によく味がしみます。

① Step1の白菜の塩漬けの外葉を2〜3枚はがしてとっておく。外側の葉を開き、Step2のヤンニョンを葉先からぬり、根元にはさむ。

② すべての葉の間にヤンニョンをはさみ、外側にもぬり、軽くもみ込んでまとめる。①ではがした外葉にもヤンニョンをからめる。

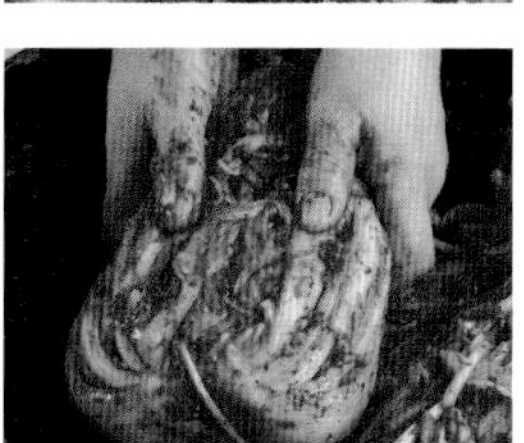

③ 白菜の根元から包丁を入れ、縦半分に切る。

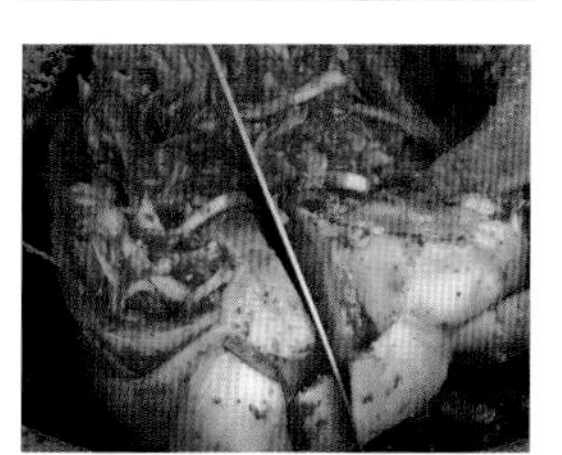

④ ヤンニョンが出てこないように外側の葉をずらしてくるりと包む。

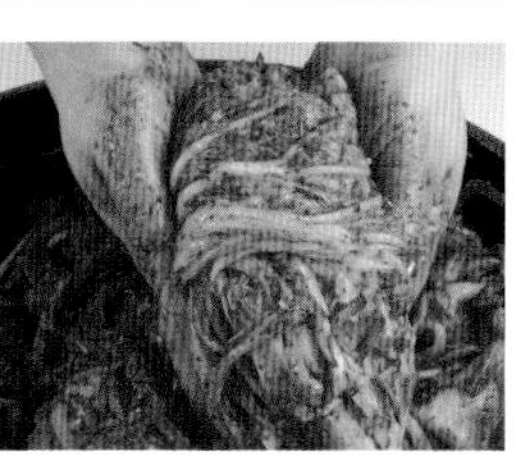

⑤ 保存容器にすき間なく詰め、残りのヤンニョンの半量をのせ、②の外葉を覆いかぶせ、残りのヤンニョンをのせる。

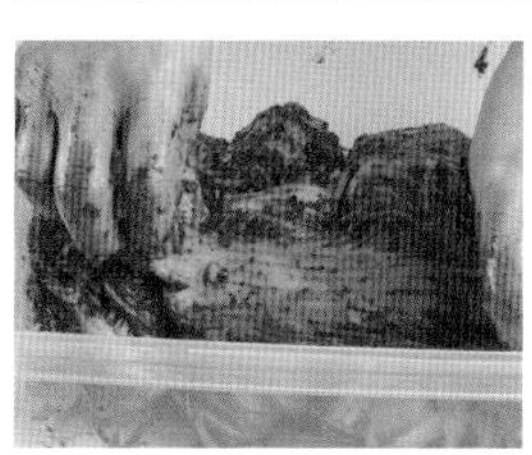

⑥ 保存容器に蓋をして、一定期間（10月〜3月は2日、18℃程度なら1日が目安）涼しい場所で発酵、熟成させたあと冷蔵庫に保存する。夏場は冷蔵庫で発酵。

みずみずしくさっぱり。おつまみにもぴったり！

きゅうりキムチ

오이김치
オイキムチ

「オイキムチ」の名で知っているかたも多いでしょう。「オイ」はきゅうりの意味です。おつまみにもいいですが、きゅうりのみずみずしさがこってりした肉料理の付け合わせにもよく合います。きゅうりは、中に具を詰めるので、**太くてまっすぐなものを選びましょう**。食べきれる分だけ作るのがおすすめです。

MESSAGE

韓国料理 KOREAN **柳香姫**

即席で作るなら、きゅうりを食べやすい大きさに切り分けて、材料Ⓐとあみの塩辛を混ぜたもので和えるだけ。作ってすぐに食べられ、冷蔵庫で1週間保存できます。

材料（作りやすい分量）

きゅうり（太いもの）	4本
にんじん	1/3本
にら	1/2束
塩	大さじ2
あみの塩辛	50g
Ⓐ 粗びき粉唐辛子	30g
Ⓐ にんにく（つぶす）	大さじ1
Ⓐ しょうが（つぶす）	大さじ1/2
Ⓐ 砂糖	大さじ1/2
Ⓐ オリゴ糖	大さじ1
Ⓐ 白炒りごま	大さじ1/2

作り方

① きゅうりは両端を切り落として長さを3等分にし、端から1㎝ほどを残して、縦に十文字に切り目を入れる。塩をふって表面を軽くもみ、水大さじ1を加え、ときどき返しながら、2時間ほどおく。

② にんじん、にらはみじん切りにする。あみの塩辛は細かく刻む。

③ ボウルにⒶと②のあみの塩辛を合わせてよく混ぜ、②のにんじん、にらを加えて軽く混ぜる。

④ ③にきゅうりを加えてよくすり込み、切り目に具をしっかり詰める。作ってすぐにおいしく食べられる。

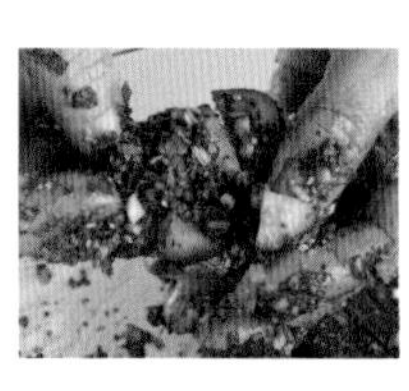

大根の水気と甘みを生かしたさっぱり味

大根キムチ

깍두기
カクトゥギ

韓国では「カクトゥギ」（カクテキ）と呼ばれます。カクは角、トゥギは切り落とすという意味で、四角く切り落としたもののことをいいます。大根の水分を生かして作るこのキムチは、**辛さの中にも大根の甘みがしっかり味わえ**、さっぱりといただけます。塩漬けしてから作るこの方法なら、2～3か月もちますよ。

MESSAGE

韓国料理 KOREAN **柳香姫**

漬けたてもおいしいですが、2週間ほど発酵させて酸味が出たものがおすすめ。大根は甘みの強いものを選びましょう。甘みが足りないようなら、砂糖を少し多めに入れてください。

材料（作りやすい分量）

- 大根……1本（1kg）
- せり（茎のみ）……30g
- 青ねぎ……7本（40g）
- 塩……13 g
- 粗びき粉唐辛子……大さじ4
- あみの塩辛……40g
- Ⓐ
  - にんにく（つぶす）……大さじ1 ½
  - しょうが（つぶす）……大さじ½
  - 砂糖……大さじ½
  - オリゴ糖……大さじ2
  - 白炒りごま……小さじ1

作り方

1. 大根は皮をむき、1.5㎝角に切る。塩をふり、途中返しながら1時間ほどおく。
2. せり、青ねぎは2㎝長さに切り、あみの塩辛は汁気をきって刻む。
3. ①の水気をきり、粗びき粉唐辛子をまぶして色をつける。
4. ボウルにⒶと②のあみの塩辛を合わせて混ぜ、③を加えて混ぜ、②のせりと青ねぎを加えて混ぜる。できれば涼しい場所か冷蔵庫で2週間ほど発酵させる。

材料（作りやすい分量）

白菜（中の黄色い部分）	1/3株
大根	1/3本
青ねぎ	1/2束
せり（茎のみ）	1/2束分
生唐辛子（赤）	2本
粗びき粉唐辛子	大さじ3
にんにく	1株
しょうが	30g
ミネラルウォーター	6カップ
粗塩	大さじ2 1/2
砂糖	大さじ1
塩	少量

野菜の彩り美しい華やかなキムチ

水キムチ

물김치
ムルキムチ

水キムチは、汁ごと味わうキムチです。韓国ではスープ代わりに料理と一緒に食べたり、冷麺のスープとしても使うことがあります。甘みが強いほうがおいしいので、**白菜は中心に近い黄色い部分を使い**ましょう。スープが濁らないよう、**にんにくとしょうがはせん切り**にします。

水キムチは、漬けるタイプのキムチほど辛くありません。ほどよい酸味があって、白菜や大根、ねぎやせりなどの心地よい食感もあいまって、さっぱりといただけます。食べ頃は、作って5日目から。2週間以内に食べきりましょう。

MESSAGE

韓国料理 KOREAN 柳香姫

赤の生唐辛子は辛みがマイルドなので、彩りとしても使うことができます。そのまま食べると甘酸っぱいような味です。

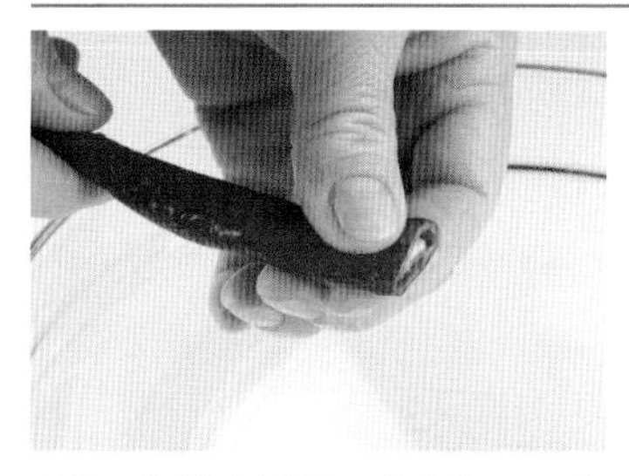

① 生唐辛子はヘタを取ってもみほぐし、中の種を取り除いて小口切りにする。

もむと種が簡単にはずれるので、それから切ると効率がとてもよいです。

② 大根は5㎜厚さの色紙切りに、白菜は大根と同じ大きさに切る。青ねぎ、せりは2㎝長さに切る。にんにく、しょうがはせん切りにする。

③ ②の大根と白菜をボウルに入れ、粗塩大さじ1をふって混ぜ、30分ほどおく。

④ ボウルにミネラルウォーターと粗びき粉唐辛子を入れて混ぜる。ペーパータオルを敷いたざるでこす。

⑤ ④に②のにんにくとしょうが、粗塩大さじ1½、砂糖を加えてよく混ぜて塩を溶かす。①と②の青ねぎ、せりを加える。

⑥ ③をさっと洗って絞り、⑤に加えて混ぜ、塩で味をととのえる。冷蔵庫で5日ほどよく冷やして器に盛る。

本格白菜キムチの切り分け方

キムチ専用冷蔵庫のある韓国では、陶器製の甕に入れて保存するのが一般的ですが、日本ではにおいが気になるかたも多いでしょう。ステンレス製の蓋が密閉できるタイプのものが便利です。キムチは保存容器の底のほうから取り出し、洗わずに食べやすい大きさに切り分けてください。

1 白菜キムチをまな板の上に取り出し、縦半分に切る。

2 芯の硬い部分は切り落として、等間隔に切り分ける。

3 切り分けたかたまりごと、切り口をそろえて器に盛りつける。

材料（4本分）

■韓国のり巻きの基本のご飯

ご飯（温かいもの）	茶碗5杯分
Ⓐ ごま油	大さじ1
Ⓐ 塩	小さじ$\frac{1}{2}$
Ⓐ 白炒りごま	大さじ2

卵	4個
きゅうり（5㎜角の棒状に切る）	4切れ
たくあん（5㎜角の棒状に切る）	4切れ
にんじん（5㎜角の棒状に切る）	$\frac{1}{2}$本分
ベーコン（薄切り）	4枚
かに風味かまぼこ（半分に裂く）	6本分
焼きのり	4枚
塩	適量
サラダ油	適量
ごま油、白炒りごま	各適量

ごま油と塩の味つけご飯で具を巻くご飯もの

韓国のり巻き

김밥
キムパプ

日本でもよく見かけるようになった韓国ののり巻き。「キムパプ（キンパ）」の名前でもよく知られています。**日本ののり巻きよりも小ぶりで**、ひと口サイズ。使うのりの大きさは同じですが、ご飯をのりにぎゅっと押しつけるようにし、巻くときもギュギュッと締めて作ります。具はお好みでかまいませんが、汁気が残っているとご飯がベチャッとするので、**しっかりと拭き取って**ください。

キムパフは時間がたってもおいしく、食べやすいので、韓国では遠足や運動会の定番メニュー。彩り美しく、味と栄養のバランスも抜群です。

MESSAGE

韓国料理 KOREAN **柳香姫**

韓国のり巻きは具のバリエーションが豊かです。ここでご紹介したのは五色のバランスを考え、卵、野菜、ベーコン、かにかまを組み合わせた基本形です。

①ボウルに卵と塩小さじ½を入れ、よくときほぐす。フライパンにサラダ油を熱して、卵液を¼量流す。周りが固まってきたら端から¼を残して3つに折りたたむ。

②たたんだ部分をフライパンの縁に寄せ、卵液を適量流し入れる。①と同様にして、卵液がなくなるまでくり返す。縦4等分に切る。

③きゅうりは種を取り除き、塩をふり、まんべんなくからめ20分ほどおく。ペーパータオルで水気をよく拭き取る。

きゅうりの周りに水分が残っているとご飯がくずれやすくなるので、よく拭き取りましょう。

④フライパンにサラダ油を熱し、にんじんを中火で炒める。塩小さじ⅓をふり、広げて柔らかくなるまで均一に炒める。ベーコンは両面をさっと焼く。

⑤温かいご飯にⒶを加え、切るように混ぜる。巻きすにのりを置き、のりの上部を1㎝ほど残して、ご飯¼量を均等に広げて全体に軽く押しつける。

韓国のり巻きでは酢は使わず、ごま油とごまを混ぜ込みます。

⑥手前⅓の部分にベーコン、玉子焼き、にんじん、かに風味かまぼこ、きゅうり、たくあんの各¼量を並べる。ひと巻きしてきつく締める。最後まできつく締めながら巻く。

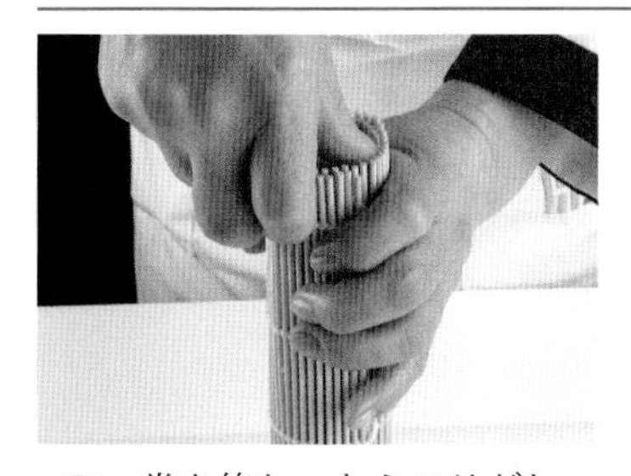

⑦巻き終わったらのりがしっかりつくようにぎゅっと締める。両端のご飯や具を中にしっかり入れる。同様にして、残り3本も巻く。

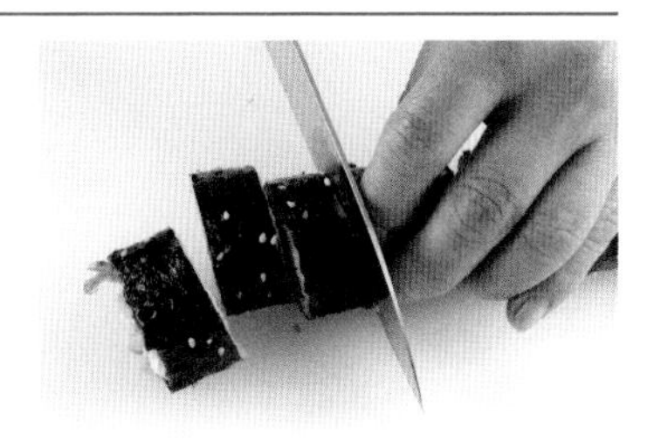

⑧手にごま油をつけ、まんべんなくのりにぬり、炒りごまをまぶしつけて1.5㎝幅に切る。断面を上にして器に盛る。

のりにごま油をぬるのが韓国流。さらにごまもまぶし、香りよく仕上げましょう。

韓国のり巻きのバリエーション

ツナキムチのり巻き

참치김치김밥
チャムチキムチキムパプ

キムチの酸味と辛みはマイルドなマヨネーズと好相性。子どもから大人まで大好きな味です。

材料（2本分）

- 韓国のり巻きの基本のご飯（→p.306）……半量
- ツナ（オイル不使用）……2缶（160g）
- マヨネーズ……大さじ3
- 白菜キムチ……50 g
- サンチュ……4枚
- えごまの葉……4枚
- 焼きのり……2枚

作り方

1. ツナは汁気をしっかりきってほぐし、ボウルに入れてマヨネーズを混ぜる。
2. キムチは汁気を絞ってみじん切りにし、①に加えて混ぜる。
3. 韓国のり巻きの基本のご飯は306ページ作り方⑤を参照し、のりに広げて軽く押しつける。
4. 作り方⑥〜⑦を参照してサンチュとえごまの葉、②の各半量を均一に並べ、巻いて切る。

プルコギのり巻き

불고기김밥
プルゴギキムパプ

えごまの葉の爽やかな苦みで、あと味すっきり。前日のプルコギの残りがあれば、あっという間にできます。

材料（2本分）

- 韓国のり巻きの基本のご飯（→p.306）……半量
- プルコギ（→p.290）……100 g
- えごまの葉……4枚
- 焼きのり……2枚

作り方

1. 韓国のり巻きの基本のご飯は306ページ作り方⑤を参照し、のりの上に広げて軽く押しつける。
2. 作り方⑥〜⑦を参照してそれぞれにえごまの葉2枚とプルコギ半量を均一に並べ、巻いて切る。

ナムル入りのり巻き

나물김밥
ナムルキムパプ

ナムルとご飯の組み合わせは、まさにビビンバ。野菜たっぷりのヘルシーのり巻きです。

材料（2本分）

- 韓国のり巻きの基本のご飯（→p.306）……半量
- ぜんまいのナムル（→p.294）……60g
- 豆もやしのナムル（→p.295）……50g
- ほうれん草のナムル（→p.294）……60g
- 大根のナムル（→p.294）……60g
- 肉そぼろ（→p.295）……大さじ2
- 焼きのり……2枚

■仕上げ用
- ごま油・いりごま……各適量

作り方

1. 韓国のり巻きの基本のご飯は306ページ作り方⑤を参照し、のりの上に広げて軽く押しつける。
2. 作り方⑥〜⑦を参照し、ナムルと肉そぼろのそれぞれ半量を均一に並べて巻き、ごま油といりごまをつけて切る。

柳香姫さんの基本
Lesson
2

韓国ごはんを楽しもう

**日本の食卓でも、韓国風のおかずが並ぶことが増えてきました。
韓国料理がもっとおいしくなる、食べ方やマナーもご紹介します。**

おかず

主菜、副菜という考え方はなく、肉や魚を中心としたおかずや、ナムルなどの和えもの、サラダ、常備菜などから数種をそろえる。材料や調理法、味つけが偏らないように、バランスよく組み合わせる。韓国では品数は多ければ多いほどよいとされているが、まずは日本流に主菜、副菜それぞれ１品ずつでも。

スッカラとチョッカラ

スプーンをスッカラ、箸をチョッカラと呼び、合わせて「スジョ」という。ステンレス、銅、真鍮などでできたものが多く、重量感がある。並べ方に決まりはなく、どちらを右に置いてもよいが、縦に配置することが多い。日本と大きく違って、ご飯とスープにはスッカラを、おかずにはチョッカラを使う。

ご飯

ご飯の器は蓋つきのものが多い。もともと汁ものの器以外は蓋つきが正式だったが、その名残がご飯にだけある。最近はおもてなしや格式ばった席以外、蓋なしが多い。こんもりと盛るのが韓国流。器は置いたまま、スプーンで食べる。

キムチ

白菜キムチのほか、大根、きゅうり、ねぎなど数えきれないほど種類が豊富。韓国ごはんの日には必ず添えたい。

スープ

韓国の食事に欠かせないものといえば、キムチと並んでスープ。汁ものがなければ食事が始まらないといわれている。器を手に持たず、スプーンで食べるのがマナー。これは昔、鉄製の器が主流で、料理を入れると熱くて持つことができなかったからだとか。

基本の韓国調味料図鑑

本場韓国の味を再現するには、まず味の決め手となる調味料をぜひ手に入れましょう。スーパーや輸入食材店、インターネットで手軽に買えるようになっています。きっと満足するおいしさになりますよ。

生唐辛子　생고추（センコチュ）

韓国では、風味と辛みづけにしたり、彩りとしても使う。赤唐辛子は辛みが控えめで、甘酸っぱさがあり、青唐辛子は辛みが強い。

粉唐辛子　고추가루（コチュカル）

乾燥赤唐辛子を粉にひいたもので、数種をミックスしたものが出回る。甘酸っぱい香りで、甘み、深みがある。主に種子ごとひいた粗びき（右）を使い、種子を除いてパウダー状にひいた細びき（左）は辛みが穏やかで赤く色づけたいときに効果的。

にんにく　마늘（マヌル）

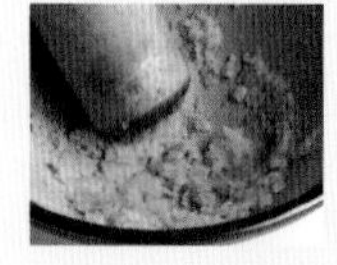

つけだれやかけだれに欠かせないにんにく。韓国ではすり鉢に入れてすりこぎでつぶすのが主流。すりおろしでもよいが、より本格味を目ざすならやってみて。水分が出にくく、風味がしっかり残る。

ごま油　참기름（チャムギルム）

韓国料理の風味づけには欠かせない油。日本のものより焙煎が深く、濃厚なコクと香りがある。仕上げに加えると、風味を損なわない。

牛だしの素　멸치엑기스（ミョルチエッキス）

牛肉のだしの素。ぬるま湯で溶くだけで簡単にスープができるので、時間のないときに重宝する。少量で旨みが増すので万能調味料としても使う。韓国語では単に「ダシダ」とも呼ぶ。

あみの塩辛　새우젓（セウジョッ）

体長1〜2㎝の海老に似たあみを塩漬けにして発酵させたもの。キムチ作りには不可欠。旨みと塩気を利用して、たれとしても使える。そのままあつあつのご飯にのせたり、おにぎりにしてもおいしい。

いわしエキス　멸치엑기스（ミョルチエッキス）

いわしを塩辛にし、熟成させてそのエキスだけを取り出したもの。魚醤の仲間。旨みが強く、本格白菜キムチ（➜p. 298）を漬けるときに使う。

コチュジャン　고추장（コチュジャン）

もち米、麹、粉唐辛子、塩、水あめなどを混ぜて発酵させたやや甘い韓国のみそ。韓国を代表する調味料で、料理の味つけに使ったり、そのまま野菜などにつけて食べたりする。

韓国みそ　된장（テンジャン）

大豆から造られる豆みそ。日本のみそと比べ、甘みがなく、旨みと塩味が勝ったみそ。煮込むほどに風味が増しておいしくなるので、スープや鍋料理に適している。

CHAPTER 6

スパイスをきわめる！インド料理

インドは広く、北と南では文化が違います。
その比較をしながら、本格的なスパイスカレーをご紹介。
自分で作るとスパイスの香りも刺激も新鮮で、
あまりのおいしさに驚きます！

インド料理の２大原則でスパイスを攻略！

多彩なスパイスで、さまざまな味わいを作り出すインド料理ですが
セオリーは実にシンプル。この２つをぜひ覚えてください。

インド料理の調味料は、塩だけ

使う調味料は塩だけで、だしもスープも使わない。それが正真正銘、インド料理です。

だからといって、どれも同じような味になるわけではありません。さまざまなスパイスを組み合わせ、食材から旨みを引き出し、油脂などでコクをつけて味に変化をつけます。たとえば玉ねぎやトマトをしっかり炒めて香ばしさや甘みを立たせる、生クリームやココナッツミルク、カシューナッツなどで旨みとコクをつける、ヨーグルトで酸味と旨みをつけるなど、料理によって使い分けます。

そして大切なのは、しっかりと塩をきかせること。塩しか使わないから、塩味が弱いとぼんやりとしてスパイスも生きません。必ず最後に味をみて塩で調整すること。これに尽きます。

このように、食材がもたらす旨み要素だけで料理を作るということは、インドに多い宗教上の食事制限がある人々にとって非常に大切です。たとえばベジタリアンに魚で作るナンプラーで味つけすることも、ヒンドゥー教徒に牛のだしで旨みづけすることも防ぐことができるのですから。

②

味わいや南北の違いは、スパイスが決める

スパイスは形状によって、大きく2つに分けられます。そのままの形の「ホールスパイス」、ホールスパイスを粉状にした「パウダースパイス」で、それぞれ役割や効果が異なります。

特にホールスパイスは、インドの南北で使うタイミングと目的が大きく違うのがおもしろいところです。北インドでは最初から。炒める油に香りを移し、そこに他の材料を加えていきます。カルダモン、クローブ、シナモン、ベイリーフが基本4スパイスです。一方、南インドでは最後。小さなフライパンでホールスパイスを油で炒め、その香り油を最後にスパイスごと料理に加えて、刺激的な香りと辛みを移します。これを「テンパリング」といい、定番はマスタードシード、赤唐辛子、カレーリーフの3種です。

パウダースパイスは南北共通です。しっかりと炒め、眠っていた香りをよみがえらせる。これが第一。またパウダースパイスは料理のとろみ（グレイビー）にもなります。

スパイスの分類と使い方

スパイス

▼ パウダースパイス ▼ 南北共通

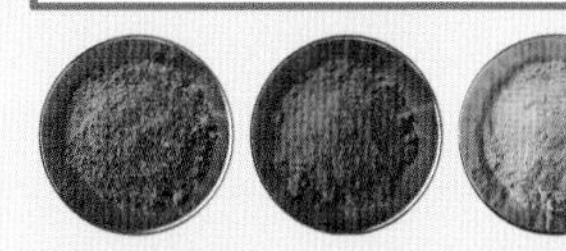

炒めて香りをよみがえらせる

香りを補い、とろみづけにもなる。料理によって数種のスパイスを加え、20～30秒ほど油で炒めることによって香りをよみがえらせる。このとき弱火が鉄則。焦げると苦みが出てしまうので注意。

▼ ホールスパイス ▼ 北

最初に油に香りを移す

肉の臭みを消し、料理全体に香りをつける。油を軽く温め、カルダモン、クローブ、シナモン、ベイリーフを香りが立つまで炒める。料理によって、このうち1～2種のみ使う場合もある。

▼ ホールスパイス ▼ 南

最後に油に香りを移す

辛みが立った刺激的な味わいになる。小さいフライパンに油を軽く温め、マスタードシードを加えて蓋をし、はねがおさまったら残りの材料を加え、軽く色づくまで炒め、料理の仕上げに加えてなじませる。

ナイル善己さんの基本 Lesson 2

スパイスカレー、基本の作り方

インドのスパイスカレーは炒めて炒めて炒めて、ちょっと煮る。これが基本です。
ほとんどのカレーは、同じ順序でスパイスや香味野菜を加え、
そのカレーに合った炒め具合になったところで、次のステップに進みます。
北インド、南インドそれぞれに特徴的なプロセスがあります。そこにもぜひご注目！

切る・計量する ▶▶▶

カレーは途中で火を止めることなくテンポよく作るのが大切。そのために最初に必ず行いたいことが、ふたつあります。まず食材はすべて切っておくこと。そしてスパイスの計量。計量したら白皿に並べると色の違いから種類がひと目でわかるので、量り忘れがありません。

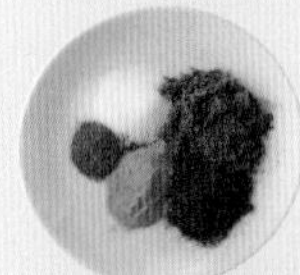

玉ねぎを炒める ▶

玉ねぎ、にんにく、しょうが、青唐辛子など香味野菜を強めの中火で炒めます。このとき、どのくらい香ばしく炒めるのかが、カレーの味わいや色につながります（→p. 315）。玉ねぎの切り方も仕上がりに影響します。北インドはみじん切りにし、とろみづけに。南インドは薄切りにし、さらさらの仕上がりが基本です。

トマトを炒める ▶

トマトは旨みのもと。ざく切りにして加え、つぶしながら炒めます。北インドは形が残らないほどしっかり炒めて水分をとばし、旨みを凝縮させます。南インドはやや形が残る程度に炒め、トマトの酸味も残します。

北インドはここで ホールスパイスの 香りを油に移す

鍋にサラダ油を入れて少し温めてからホールスパイスを加え、香りを油に移します。香りが移ったサインは、まずよい香りが立つこと。そして見た目にカルダモンがぷっくりふくらむ、クミンシードから細かい泡が出るなどが目安です。これは北インドの手法で、肉の臭み消しや全体の香りづけが狙いです。

カレーの味を左右するのは玉ねぎの炒め加減だった！

カレー作りは玉ねぎ炒めが命！「強気で、炒めろ！」これが合言葉です。インド料理では強めの中火で、短時間でしっかりと炒めます。「香ばしさを出す」、これが第一目的だからです。また長く炒めるほど、とろみがしっかりとつくので、目ざすとろみ具合によっても炒め加減を変化させます。微妙な違いですが、4レベルを炒め分けてください。

玉ねぎ炒めレベル4段階

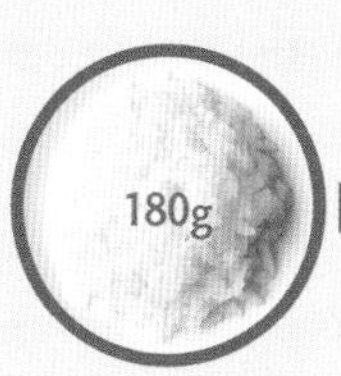

生の玉ねぎ
（みじん切り）

▶ 縁が色づく　LEVEL 1　炒め時間 5分

▶ 明るめに色づく　LEVEL 2　炒め時間 5分半

▶ 色づく　LEVEL 3　炒め時間 6分

▶ しっかり色づく　LEVEL 4　炒め時間 6分半

▶ パウダースパイスを炒める

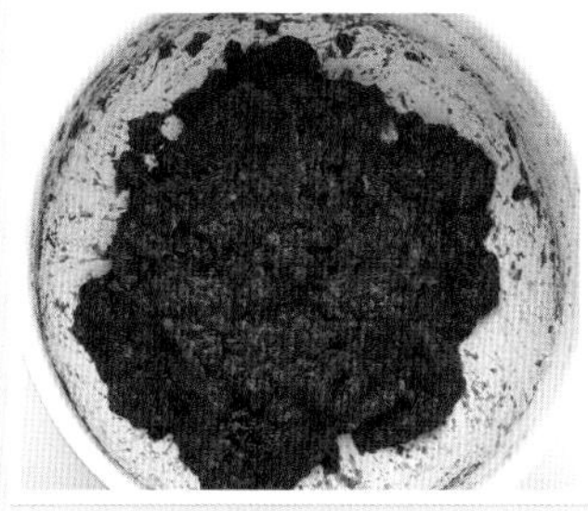

香りを補い、とろみをつけるパウダースパイスを炒めます。スパイスは焦げると苦みが出るので、必ず弱火で手を休ませずに20～30秒間しっかり炒めましょう。パウダースパイスは加熱することで、香りがよみがえります。炒めにくいときは水を少量加えましょう。カレーの多くで、このときに塩も加えます。

▶ 水を加えたら ひと煮立ち

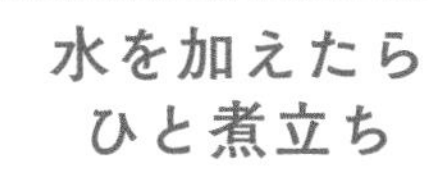

肉や魚、野菜など具を投入したら、必ず強火にしてひと煮立ち。水分を加えたときも強火にしてひと煮立ちが必要です。こうして鍋の中のものと味がなじんでから火を弱めて具に火を通します。生クリームやココナッツミルクなど分離する食品は、ふつふつと沸く程度が目安です。

味をみて塩で調整して完成！

南インドはここでホールスパイスの香りを油に移す

小さなフライパンにサラダ油を温め、マスタードシードを加えて蓋をし、はねがおさまったらその他のホールスパイスを加えて香りを油に移します。これをカレーに加えて全体に混ぜてなじませて仕上げます。南インド特有の手法で「テンパリング」といい、刺激的なスパイスのフレッシュな辛みと香りをつけるのが目的です。

最初にマスターしたい、定番の北インドカレー

チキンマサラ

Chicken masala（チキン マサラ）

スパイスの香りや刺激がクセになるインドカレー。北インドでは、肉や乳製品を使ったコクの豊かな味わいのものが多くあります。とろりと濃度のついたカレーが多いのも特徴です。

北インド定番のこのカレーも、カシューナッツ、バター、牛乳の3つのコクづけ素材を使います。カシューナッツはリッチな味わいになるのでペーストにして使います。香ばしい香りが立つまで、しっかりと炒めるのがコツです。ほどよい辛さのカレーなので、どなたにもおいしく食べていただけますし、パンともご飯とも相性ぴったりです。

材料（4人分）

鶏もも肉（皮をむき、ひと口大に切る）……400g

Ⓐ
- 玉ねぎ（みじん切り）……1個分
- にんにく（みじん切り）……1かけ分
- しょうが（みじん切り）……1かけ分

トマト（ざく切り）……1個分
カシューナッツ[*1]……50g
牛乳……100mℓ

Ⓑ
- サラダ油……大さじ1
- バター……20g

水……300mℓ
塩……適量

■ホールスパイス
- カルダモン……5粒
- クローブ……5粒
- シナモン（皮片）[*2]……2片
- ベイリーフ[*3]……1枚
- カスリメティ（仕上げ用。あれば）……小さじ2

■パウダースパイス
- コリアンダー……小さじ2
- パプリカ……小さじ2
- ターメリック……小さじ1/2
- ガラムマサラ……小さじ1/2
- カイエンヌペッパー……小さじ1/4

＊1 塩味つきでもよい。
＊2 シナモンスティック1本でもよい。
＊3 ローリエで代用可。

MESSAGE

インド料理 INDIAN　ナイル善己

カスリメティはとても珍しいスパイスですが、最近では専門店で手に入れることもできるようになりました。手に入ればぜひ使ってください。もんで香りを出してから加えると、いきなり本格的な味に仕上がりますよ。

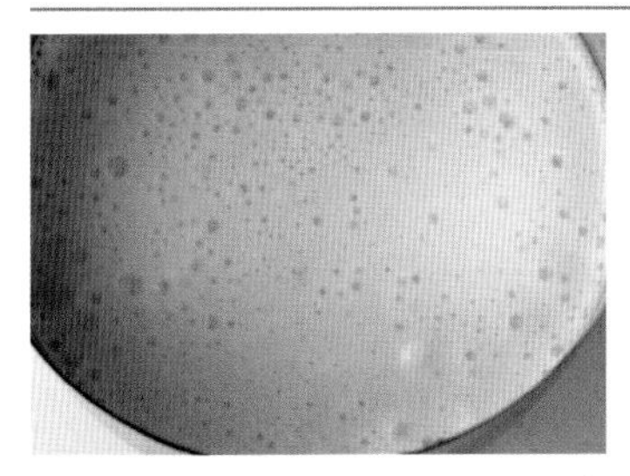

① カシューナッツは2～3分ゆで、水気をきる。牛乳とともにミキサーでペースト状にする。

② 鍋にⒷを入れて軽く温め、バターが半分溶けたらカスリメティ以外のホールスパイスを加える。

最初から油にホールスパイスを入れて香りを移します。これが南インドとの決定的な違いです。

③ カルダモンがふくらんだらⒶを加え、強めの中火で、玉ねぎがしっかり色づくまで炒める。

玉ねぎはかなりしっかりと炒めて色づけてください。きつね色ではなくて"たぬき色"ですよ！

④ トマトを加えてつぶすようにして、水分をとばしながら炒める。

トマトの水分がほとんどなくなるぐらいまで炒めて、旨みをぎゅーっと凝縮させます。これだけでおいしさが大きく違いますよ。

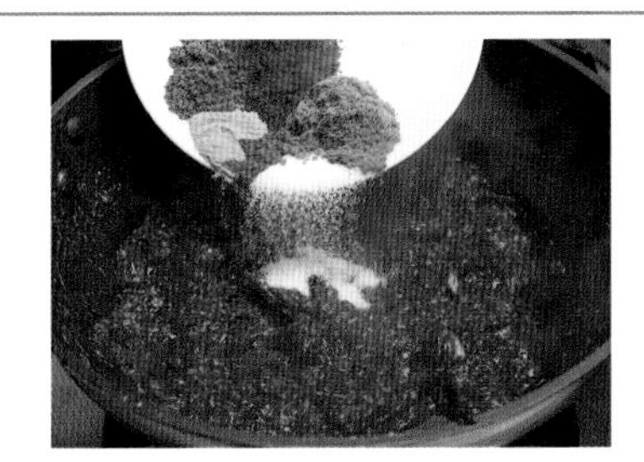

⑤ ペースト状になったら弱火にし、パウダースパイスと塩小さじ1弱を加え、焦げないように20～30秒炒め合わせる。

⑥ スパイスが混ざってぽってりとまとまった状態。

写真のように、ひとまとまりになるぐらいまで炒めて香りをよみがえらせます。くれぐれも焦がさないように注意しましょう。

⑦ カシューナッツペーストを加え、中火でなじませる。焦げやすいので、鍋肌も木べらでぬぐいながら混ぜる。

⑧ 少し粘り気が出て、うっすら色づくまで炒め合わせる。

これが全体の"味のベース"。このあとメインの具と水を加えて煮ていきます。

⑨ 鶏もも肉、水を加え、カスリメティを手で押さえるようにもんで加え、強火でひと煮立ちさせる。弱火にして蓋をし、約10分煮る。塩で味をととのえる。

日本でも人気のスパイスカレーは西洋文化の味

バターチキン

Butter chicken
バター　チキン

北インドでは、チキンマサラと並ぶ2大カレー。日本では辛みがマイルドで、ちょっと甘めのカレーとして人気ですよね。でもインドでは、**辛みをしっかりと立たせるのが一般的。甘み、酸味、コクの三拍子がそろい、辛みもあるというクセになる味なんです。**ですからここではインドをリスペクトしたレシピをご紹介します。もともとはパンジャブ地方の上流階級の料理で、生クリームやバターをたっぷりと使って、ちょっと贅沢な味わい。ホールトマトを加えるところも西洋色が強く、僕は西洋文化が交じった味だと思っています。

材料（4人分）

- Ⓐ
  - 鶏もも肉（皮をむき、ひと口大に切る）…400g
  - ヨーグルト（無糖）…大さじ3
- Ⓑ
  - にんにく（みじん切り）…1かけ分
  - しょうが（みじん切り）…1かけ分
- ホールトマト（缶詰）…400g
- 青唐辛子[*1]（みじん切り）…2本分
- 生クリーム…100mℓ
- 砂糖…大さじ1
- バター…50g
- サラダ油…大さじ1
- 水…200mℓ
- 塩…適量

■ホールスパイス
- カルダモン…5粒
- クローブ…5粒
- シナモン（皮片）[*2]…2片
- ベイリーフ[*3]…1枚
- カスリメティ（仕上げ用。あれば）…大さじ1

■パウダースパイス
- ガラムマサラ…小さじ1
- パプリカ…小さじ1
- ターメリック…小さじ½
- カイエンヌペッパー…小さじ¼

＊1 ししとうで代用可。
＊2 シナモンスティック1本でもよい。
＊3 ローリエで代用可。

MESSAGE

インド料理 INDIAN　ナイル善己

鶏肉はヨーグルトをからませて、1時間ほどおきます。長くおいてもかまいませんので、作り方①だけ先に準備しておくと段取りがよいですよ。

① ボウルにⒶを入れてよく混ぜ、冷蔵庫で1時間おく。

ヨーグルトによって全体にクリーミーな酸味がつき、コク深くなります。

② 鍋にバターを入れて軽く温め、バターが半分溶けたらカスリメティ以外のホールスパイスを加えて炒める。

北インドのカレーらしく、使うスパイスは、基本のカルダモン、クローブ、シナモン、ベイリーフです。

③ カルダモンがふくらんだら、Ⓑを加えて軽く色づくまで炒める。

カルダモンがふっくらしたら、香りが引き出されて油に移った証拠。ほかのカレーでも同様です。

④ ホールトマトを加えて強火にし、ひと煮立ちさせてなじませるように混ぜる。弱火にして蓋をし、15分ほど煮る。

⑤ ボウルにざるでこし入れてなめらかにする。

⑥ 別の鍋にサラダ油を入れて中火にかけ、青唐辛子を加えて軽く炒める。⑤と水を加えて強火でひと煮立ちさせ、①をマリネ液ごと入れる。塩小さじ1弱、砂糖を加える。

青唐辛子のスーッとした辛みを油にしっかりと移します。

⑦ ひと混ぜしてパウダースパイスを加え、ひと煮立ちさせる。弱火にして蓋をし、約10分煮る。

⑧ 生クリームを加え、カスリメティを手で押すようにもんで加え、中火でさっと煮る。塩で味をととのえる。

塩の量は適量と書きましたが、調味料は塩だけですから、しっかりめに入れたほうがおいしいですよ。

おなじみのひき肉カレーはカルダモンのダブル使いを

キーママタール

Keema matar
キーマ マタール

料理名の「キーマ」はひき肉、「マタール」はグリーンピースのこと。日本でもひき肉カレーは、キーマカレーとして人気ですよね。このカレーは牛ひき肉の力強い味にカシューナッツのコクが加わって、リッチな味わいです。

牛肉は加熱すると独特の甘い香りが立ってきます。その甘みと相性のよいスパイスが、カルダモン。ホールとパウダーの両方を使って、ホールで香りを、パウダーで味を主張します。カシューナッツペーストは、粘り気と香りが出るまで、焦げないように注意しながらしっかりと炒めましょう。

材料（4人分）

牛ひき肉……350g

Ⓐ
- 玉ねぎ（みじん切り）……1個分
- にんにく（みじん切り）……2かけ分
- しょうが（みじん切り）……1かけ分
- 青唐辛子*1（みじん切り）……3本分

トマト（ざく切り）……1個分
グリーンピース（水煮）……100g
ヨーグルト（無糖。よく混ぜる）……大さじ2
カシューナッツ*2……20g
牛乳……40mℓ
水……200mℓ
サラダ油……大さじ3
塩……適量

■ホールスパイス
- カルダモン……5粒
- クローブ……5粒
- シナモンスティック*3……1本

■パウダースパイス
- コリアンダー……大さじ1
- ガラムマサラ……小さじ1
- カルダモン……小さじ1
- ターメリック……小さじ½
- カイエンヌペッパー……小さじ½

*1 ししとうで代用可。
*2 塩味つきでもよい。
*3 皮片2片でもよい。

MESSAGE

インド料理 INDIAN **ナイル善己**

玉ねぎの香ばしさもしっかりとカレーに移して、味に深みを出しましょう。作り方③の写真のように、これも“たぬき色”まで炒めますよ。

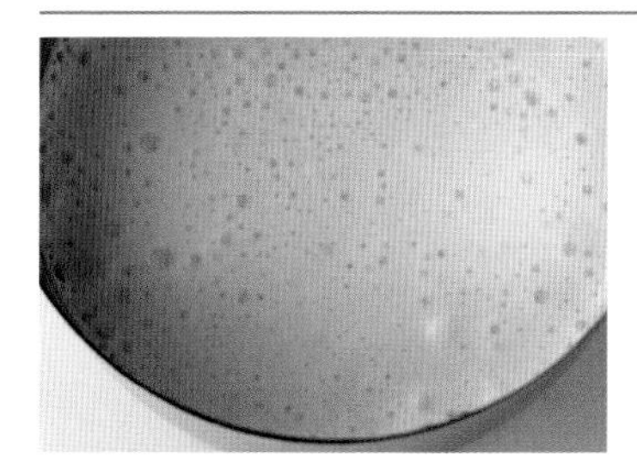

① カシューナッツは2〜3分ゆでで、水気をきる。牛乳とともにミキサーでペースト状にする。

② 鍋にサラダ油を軽く温め、ホールスパイスを加えてカルダモンがふくらむまで炒める。

カルダモンの状態をよく見て、ふっくらしてきたら作り方③に行きましょう。

③ Ⓐを加えて強めの中火で、玉ねぎがしっかり色づくまで炒める。トマト、ヨーグルトを加えて水分がとぶまで炒める。

④ 弱火にして①、パウダースパイス、塩小さじ1を加え、粘り気が出て、香ばしい香りが立つまで炒め合わせる。

これが全体の"味のもと"。具や水を入れて煮ていきます。

⑤ 牛ひき肉を加えて中火にし、軽く色づくまで炒める。

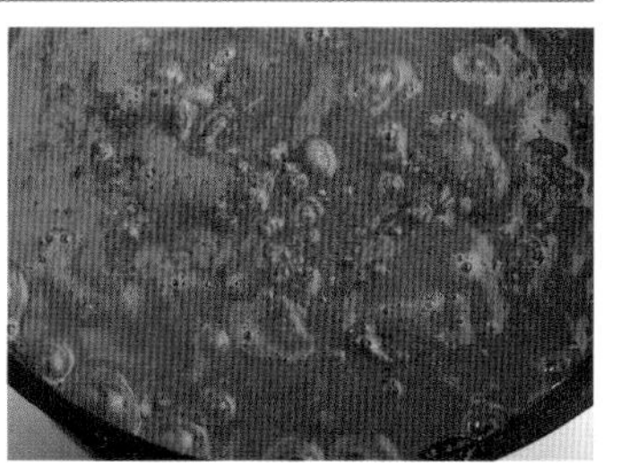

⑥ 水とグリーンピースを加えてひと混ぜし、強火でひと煮立ちさせる。蓋をして弱火でときどき混ぜながら約10分煮て、塩で味をととのえる。

各カレーのグレイビーレベル

とろみが大切

インドではカレーのとろみを「グレイビー」と呼び、グレイビーはカレーごとに決まっています。まったく濃度のないさらさら状のものをレベル0、とろりとして完全に具にからみつくものをレベル10にし、10段階で表示します。

水の加えすぎに注意

グレイビーを左右するのは水分量。濃すぎる場合は水を加えますが、その量は1回50〜100㎖を目安にしましょう。一度に加える量が多すぎると必要以上に煮詰めることになり、具に火が入りすぎてしまいます。また水で薄まると、旨みやコクが足りずおいしく仕上がりません。

ほうれん草の鮮やかな色と甘みを生かして

サグチキン

Saag chicken
サグ　チキン

ほうれん草の甘みと鶏肉の旨みを生かした、おかず的なカレー。ほうれん草はなめらかなペースト状にするため、ゆでたあとは**水気をほとんど絞らず、ミキサーにかけます**。そして**加えるタイミングは最後**。変色しやすいので混ぜる程度にします。玉ねぎはほんのり色がつく程度に炒め、鮮やかな緑色を生かしましょう。

材料（4人分）

鶏もも肉（皮をむき、ひと口大に切る）……400g
ほうれん草……1わ
Ⓐ
- 玉ねぎ（みじん切り）……1個分
- にんにく（みじん切り）……1かけ分
- しょうが（みじん切り）……1かけ分

トマト（ざく切り）……1個分
生クリーム……大さじ1
水……200mℓ
サラダ油……大さじ3
塩……適量
しょうが（仕上げ用。せん切り）……1かけ分

■ホールスパイス
- クミンシード……小さじ1

■パウダースパイス
- コリアンダー……小さじ2
- ターメリック……小さじ1/2
- カイエンヌペッパー……小さじ1/3

作り方

① ほうれん草は熱湯でしんなりする程度にゆで、軽く絞って根元を切り落とし、ざく切りにしてミキサーにかけてなめらかなペースト状にする。

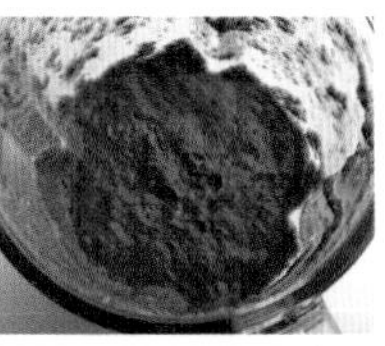

ゆでたほうれん草はぎゅっと絞ってしまいがちですが、ここでは水気を残してミキサーにかけましょう。

② 鍋にサラダ油を軽く温め、ホールスパイスを加えて泡が立つまで炒める。

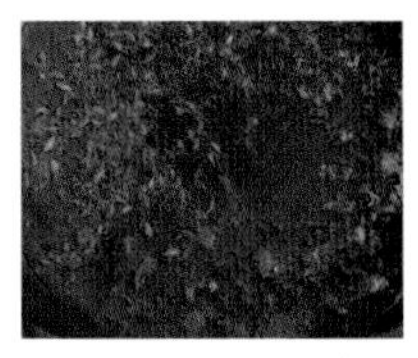

クミンシードの周りが泡立ってきた状態が炒め終わりの目安です。

③ Ⓐを加え、強めの中火で玉ねぎが明るめに色づくまで炒める。トマトを加えてつぶしながら炒め、しっかり水分をとばしてペースト状にする。

④ 弱火にしてパウダースパイス、塩小さじ1弱を加え、焦げないように20～30秒炒め合わせる

⑤ 鶏もも肉を加えて中火で炒め、水を加える。強火でひと煮立ちさせ、蓋をして弱火で約10分煮る。

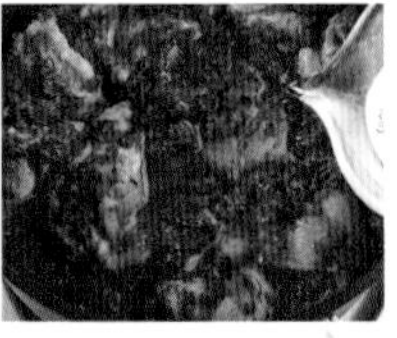

鶏もも肉はスパイスをよくからませながら表面が白くなるまで炒めてから、水を加える。

⑥ ①と生クリームを加え、強火で煮立てながら全体を混ぜ合わせる。色が均一になったら塩で味をととのえ、器に盛る。しょうがをのせる。

なすと油、スパイスの相性は最高！

ベイガンバルタ

Baingan bharta
ベイガン　バルタ

なすをたっぷり使ったカレーは、バターのコクとミントのさわやかさが魅力。水分をとばして**とろりと仕上げます**。北インドでよく使うミントは軽く炒めるとさわやかさが際立ち、味もなじみます。

材料（4人分）

なす……小10本

Ⓐ
- 玉ねぎ（みじん切り）…1個分
- にんにく（みじん切り）……1かけ分
- しょうが（みじん切り）……1かけ分

トマトピューレ……100mℓ

Ⓑ
- ヨーグルト（無糖）…大さじ3
- ミント（粗みじん切り）……ひとつかみ

バター……20g
サラダ油……大さじ2
水……200mℓ
塩……適量
ミント（仕上げ用）……適量

■ホールスパイス
- クミンシード……小さじ1

■パウダースパイス
- コリアンダー……小さじ2
- クミン……小さじ1
- ガラムマサラ……小さじ1
- ターメリック…小さじ½
- カイエンヌペッパー……小さじ¼

作り方

① オーブンを230℃に予熱する。なすはサラダ油大さじ1をからめ、オーブンで20分焼き、水にとって皮をむき、水分を軽く絞ってみじん切りにする。

なすは水分を軽く絞り、たたくように刻んで細かくするとなめらかに仕上がります。

② 鍋にバター、サラダ油大さじ1を入れて軽く温め、ホールスパイスを加えて泡が立つまで炒める。

③ Ⓐを加えて強めの中火で玉ねぎが色づくまで炒め、トマトピューレを加えて混ぜ、なじませる。

④ 弱火にしてパウダースパイスと塩小さじ1弱を加え、焦げないように20～30秒炒め合わせる。

⑤ Ⓑを加えて軽く炒め、ヨーグルトを均一に混ぜる。水を加えて強火にしてひと煮立ちさせる。①を加え、余計な水分をとばしながら、なじませるように炒め合わせる。塩で味をととのえ、器に盛ってミントを飾る。

ミントは軽く炒めると、さわやかな香りが立つうえ、味がなじみます。チャパティ（➜p.332）で包んで食べるとおいしいですよ。「ベイガン」はなす、「バルタ」はミンチの意味です。

北インドの豆カレーはバター入りでまろやか

チャナマサラ

Chana masala
チャナ　マサラ

豆カレーはインドの国民食。これはインドの屋台でパンを頼むと必ずついてくる料理。**玉ねぎの量はほかのカレーの半分、炒め具合もやや軽めにすると、**豆のコクとトマトの酸味が立った現地らしい味になります。

材料（4人分）

豆（チャナ）*1 …… 200g

Ⓐ
- 玉ねぎ（みじん切り）…… ½個分
- にんにく（みじん切り）…… 1かけ分
- しょうが（みじん切り）…… 1かけ分
- 青唐辛子*2（みじん切り）…… 3本分

トマト（ざく切り）…… ½個分

Ⓑ
- バター …… 10g
- 水 …… 100mℓ

サラダ油 …… 大さじ3

塩 …… 適量

紫玉ねぎ（仕上げ用。みじん切り）…… 適量

香菜（仕上げ用。ざく切り）…… 適量

■ホールスパイス
- クミンシード …… 小さじ1

■パウダースパイス
- コリアンダー …… 小さじ2
- ガラムマサラ …… 小さじ1
- ターメリック …… 小さじ½
- カイエンヌペッパー …… 小さじ⅓

＊1 ひよこ豆。
＊2 ししとうで代用可。

作り方

① 豆は倍量の水に浸してひと晩おく。たっぷりの水で柔らかくなるまで1時間ほどゆで、ざるに上げて水気をきる。

② 鍋にサラダ油を入れて軽く温め、ホールスパイスを加えて泡が立つまで炒め、Ⓐを加えて強めの中火で玉ねぎが明るめに色づくまで炒める。

③ トマトを加えてペースト状になるまで炒め、弱火にしてパウダースパイス、塩小さじ1弱を加え、焦げないように20～30秒炒め合わせる

④ ①を加えて炒め合わせ、Ⓑを加えて強火でひと煮立ちさせる。蓋をして弱火にし、約5分煮る。

⑤ 木べらで全体に混ぜながら豆の約⅓量をつぶし、水分となじませる。

⑥ つぶれた豆が水分を吸ってぽってりととろみがついてきたら塩で味をととのえる。器に盛り、紫玉ねぎ、香菜を散らす。

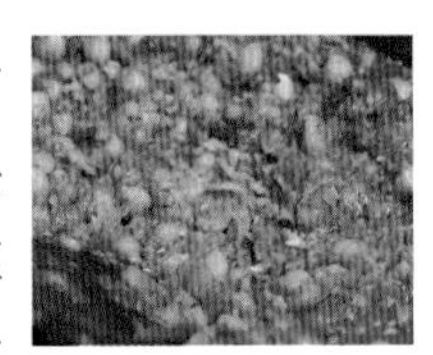

MESSAGE

インド料理 INDIAN　ナイル善己

仕上げに紫玉ねぎや香菜をのせます。これは、僕にとってインドで生活したときを思い出す料理です。

子どもから大人まで誰もに愛される味

ダールタルカ

Dal tadka
ダール　タルカ

豆はインド全土で手に入り、たんぱく質が豊富。しかも安いから、豆カレーは貧富の差に関係なく誰もが食べる家庭の味。肉が入っていなくても、豆の風味とコクでおいしすぎるほどの味になります。インドでは日本のみそ汁のように家によって味が違います。きれいな黄色を出すため、**玉ねぎはうっすら色づく程度に。**

材料（4人分）

豆（ムングダール）＊……200g
水……1ℓ

Ⓐ
- 玉ねぎ（みじん切り）……1/2個分
- にんにく（みじん切り）……1かけ分
- しょうが（みじん切り）……1かけ分

トマト（ざく切り）……1/2個分
塩……適量
サラダ油……大さじ3

■ホールスパイス
- 赤唐辛子……3本
- マスタードシード……小さじ1/2
- クミンシード……小さじ1/2

■パウダースパイス
- ターメリック（豆用）……小さじ1
- コリアンダー……大さじ1
- クミン……小さじ1

＊緑豆のひき割り。

作り方

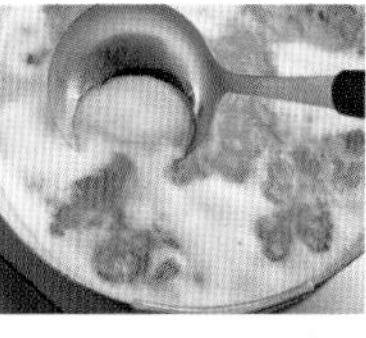

① 豆は軽く洗って分量の水とともに鍋に入れ、強火にかけてアクをすくう。ターメリックを加えて弱火でときどき混ぜながら約45分煮る。煮汁が減ったら、湯を少量ずつ足す。

② 鍋にサラダ油を軽く温め、マスタードシードを入れて蓋をする。はねがおさまったら、残りのホールスパイスを加えて色づくまで炒め、Ⓐを加えて強めの中火で炒める。

③ 玉ねぎの縁が色づいたらトマトを加え、ペースト状になるまで炒める。弱火にして残りのパウダースパイスと塩小さじ1弱を加え、焦げないように20〜30秒炒め合わせる。

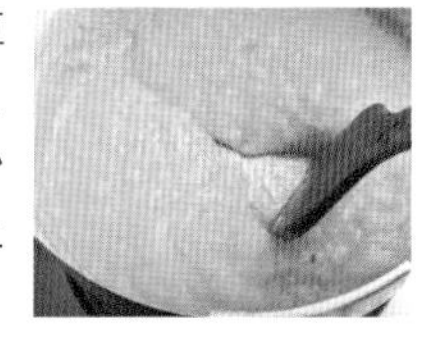

④ ①の豆は、少し粒が残るくらいで、とろりと柔らかくなったら煮上がった状態。

⑤ ④を③に加えて混ぜながら強火で煮立て、弱火にして1〜2分煮てなじませる。なめらかに混ざらなければ少し水を足し、塩で味をととのえる。

海に面した南インドらしく、酸味と辛みの際立つ魚のカレー

ケララフィッシュ

Kerala fish
ケララ　フィッシュ

南インドのカレーは、魚介や野菜がたっぷり、**さらりとして濃度があまり濃くない**のが特徴です。また、タマリンドの酸味や仕上げに加えるスパイスの刺激で、**さわやかなあと口**です。

このカレーは海沿いのケララ州らしく、魚介が主役です。北インドのカレーではまろやかさやコク出しに木の実のカシューナッツを使いますが、南ではココナッツミルクを使うのが王道。さらに酸味と辛みが立った刺激的な味わいで、暑さも吹き飛びます。意外とあっさりしているので、毎日でも食べ飽きませんよ。

材料（4人分）

ぶり（切り身を3等分に切る）……350g

Ⓐ
- 玉ねぎ（薄切り）……1個分
- 青唐辛子（斜め薄切り）……3本分
- にんにく（せん切り）……1かけ分
- しょうが（せん切り）……1かけ分

トマト（ざく切り）……1個分
ココナッツミルク……200mℓ
タマリンド……15g
ぬるま湯……300mℓ
サラダ油……大さじ3
塩……適量

■パウダースパイス
- コリアンダー……大さじ1
- パプリカ……大さじ1
- ターメリック……小さじ1/2
- カイエンヌペッパー……小さじ1/3
- フェヌグリーク（あれば）……小さじ1

■テンパリング
- サラダ油……大さじ1
- 玉ねぎ（みじん切り）……大さじ2
- ■ホールスパイス
  - 赤唐辛子……2本
  - マスタードシード……小さじ1/2
  - カレーリーフ（生。あれば）……10枚
- ■パウダースパイス
  - カイエンヌペッパー……小さじ1/4

代用食材

□ ぶりの代わりにまながつお、あじ、いわし、さばもおすすめ。

MESSAGE

インド料理 INDIAN **ナイル善己**

魚のカレーには共通して、フェヌグリークを入れると味が締まります。あまり一般的ではないスパイスですが、手に入ったらぜひ使ってください。タマリンドも南インド料理に欠かせない食材です。どの料理でも使い方は同じですから、覚えておくと便利です。

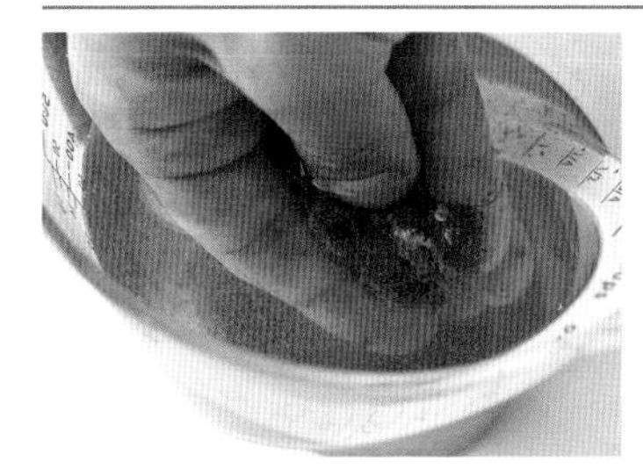

① タマリンドはぬるま湯に約10分ほど浸け、手でよくもみ出す。

東南アジアから南アジアにかけてよく使われるのがタマリンドという果実。甘酸っぱくて、自然な酸味がつきます。

② 鍋にサラダ油を軽く温め、Ⓐを加え、強めの中火で玉ねぎの縁が色づくまで炒める。

南インドでは玉ねぎは薄切りに、しょうがはせん切りにします。炒め加減も浅めにして、フレッシュな香りを生かします。

③ トマトを加えてつぶしながら炒める。トマトの形が少し残り、ほぼペースト状になったら、弱火にしてパウダースパイス、塩小さじ1を加える。

トマトは、ほぼ水分がなくなるまで炒めます。

④ 焦げないように20～30秒炒め合わせる。

⑤ ココナッツミルクを加え、①の浸け汁を少しずつ手でこし入れ、最後にギュッと絞る。

タマリンドの果肉のエキスだけを使います。太めの繊維の周りについているので、絞ってエキスを残らず出します。

⑥ 強火でひと煮立ちさせ、弱火にして蓋をし、ときどき混ぜながら約10分煮る。強火にしてぶりを加え、ひと煮立ちさせて弱火にし、蓋をして約3分煮る。塩で味をととのえる。

⑦ 小さいフライパンにテンパリング用のサラダ油を軽く温め、マスタードシードを加えて蓋をし、はねがおさまったら残りの材料をすべて加える。

この工程こそ、南インド料理の真骨頂。スパイスの鮮やかな香りと辛みをカレーに加えます。

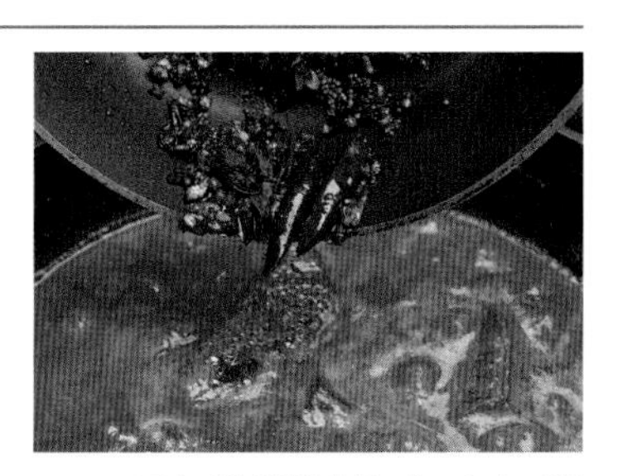

⑧ 玉ねぎが薄く色づいたら、⑥に加えて混ぜてなじませる。

フレッシュな香りと辛みが命なので、混ぜて刺激をプラスします。グツグツ煮ると刺激がとんでしまいますよ。

酸っぱくて辛い、旧ポルトガル領ゴア州の名物カレー

ポークヴィンダルー

Pork vindaloo
ポーク　ヴィンダルー

ポルトガルの影響を受けたカレーで、白ワインヴィネガーをたっぷり使うのがポイント。食べてひと口目に口の中に広がる酸味と辛みに衝撃を受け、味を確かめながら食べていくと、もう止まらなくなるほどハマります。柔らかく旨みたっぷりの豚肉との相性も抜群。

材料（4人分）

豚肩ロースかたまり肉（ひと口大に切る）…400g

■マリネ液
- にんにく（すりおろし）…2かけ分
- しょうが（すりおろし）…2かけ分
- 白ワインヴィネガー…大さじ3
- 酢…大さじ2
- ココナッツミルクパウダー…大さじ2
- 塩…小さじ1
- 砂糖…小さじ1

■ホールスパイス
- マスタードシード…小さじ1/2

■パウダースパイス
- コリアンダー…大さじ1
- パプリカ…小さじ2
- カイエンヌペッパー…小さじ1/2
- 黒こしょう…小さじ1/2
- ターメリック…小さじ1/2

玉ねぎ（薄切り）…1個分
トマト（ざく切り）…1個分
水…400mℓ
サラダ油…大さじ3
塩…適量

■ホールスパイス
- カルダモン…5粒
- クローブ…5粒
- ベイリーフ*…2枚

*ローリエで代用可。

作り方

① ボウルにマリネ液の材料を合わせる。豚肩ロース肉をしっかりからませ、ラップをかけて冷蔵庫に1時間おく。前日に仕込んでもよい。

② 鍋にサラダ油を軽く温め、ホールスパイスを炒め、カルダモンがふくらんだら玉ねぎを加え、強めの中火で明るめに色づくまで炒める。

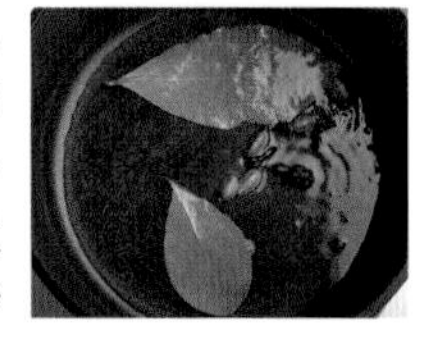

③ トマトを加えてつぶしながら炒め、水分がとんでペースト状になったら、①をマリネ液ごと加えて、水分をとばしながら軽く炒める。

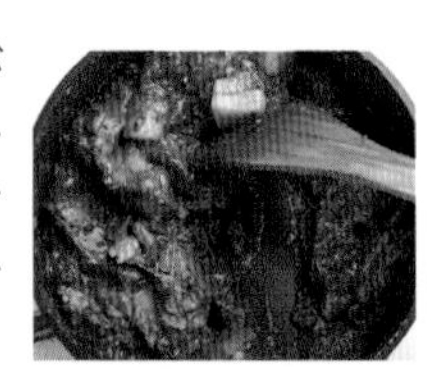

④ 分量の水を加え、強火にしてひと煮立ちさせ、弱火にして蓋をし、ときどき混ぜながら約40分煮込む。途中、水分が足りなくなったら、そのつど水100mℓを数回足し、しっかりなじませる。塩で味をととのえる。

さわやかな味わいの南インドのチキンカレー

ケララチキン

Kerala chicken
ケララ　チキン

チキンカレーはインドのあちらこちらにありますが、南インド、ケララ州のレシピは**さわやかなしょうがの香りが印象的**。にんにくとしょうがはせん切りにし、コク出しはココナッツミルク。仕上げにホールスパイスをテンパリングする手法まで、北のチキンカレーとはまったく別物です。

MESSAGE

インド料理 INDIAN **ナイル善己**

テンパリングをすることでフレッシュなスパイスの香りと辛みを堪能できます。僕は祖父が南インドのケララ出身だからか、なんとなくなじみ深くてホッとするんですよね。

材料（4人分）

鶏もも肉（皮をむき、ひと口大に切る）……400g

Ⓐ
- 玉ねぎ（薄切り）……1個分
- 青唐辛子（斜め薄切り）……3本分
- にんにく（せん切り）……1かけ分
- しょうが（せん切り）……1かけ分

トマト（ざく切り）……1個分

Ⓑ
- ココナッツミルク……200mℓ
- 水……300mℓ

香菜（ざく切り）……適量
サラダ油……大さじ3
塩……適量

■パウダースパイス
- コリアンダー……大さじ1
- ターメリック……小さじ1/2
- カイエンヌペッパー……小さじ1/2

■テンパリング
- サラダ油……大さじ1

■ホールスパイス
- マスタードシード……小さじ1/2
- 赤唐辛子……3本
- カレーリーフ（生。あれば）……10枚

作り方

① 鍋にサラダ油を軽く温め、Ⓐを加えて、強めの中火で玉ねぎがしっかり色づくまで炒める。

② トマトを加えつぶしながら炒め、トマトの形が少し残り、ややペースト状になったら弱火にしてパウダースパイス、塩小さじ1弱を加え、焦げないように20〜30秒炒め合わせる。

③ Ⓑを加え、強火にして混ぜる。鶏もも肉を加えてひと煮立ちさせ、弱火にして蓋をし、約10分煮る。

④ 小さいフライパンにテンパリング用のサラダ油を軽く温め、マスタードシードを加えて蓋をし、はねがおさまったら、残りのホールスパイスを加えて中火で炒める。

⑤ 赤唐辛子がほんのり色づいたら③に加え、混ぜる。香菜も加えて混ぜる。

カレーに合わせるお米とパン

日本ではカレーというとお米と一緒に食べることが多いですが、インドではお米の産地は南インド。細長くて粘りの出ない長粒米（インディカ米）は、濃度の少ないさらりとした南インドのカレーにぴったり。よく混ぜ合わせていただきます。一方、北インドは小麦の産地。濃度のついたどろりとした北インドカレーには、パンがよく合います。

香り高いインド米は鍋で煮る！

バスマティライス

Basmati rice（バスマティ ライス）

インド米は日本の米に比べて糖分や粘りが少なく、さらっとしているので、たくさん食べてもお腹に負担になりません。バスマティ米はインディカ米の一種で、その香りの高さで知られています。

バスマティ米を炊くときは、水加減は多ければ捨てる、少なければ足す、とおおざっぱ。硬さは好みですが、**ちょっと芯が残ってるかな？くらいがカレーにはちょうどよいでしょう。**お米をゆでるときに、お米が水から飛び出るほど少なくなったら、湯を足すようにしてください。

材料（4人分）

バスマティ米	2合
水	2～2.5 ℓ

■ホールスパイス

カルダモン	3粒
クローブ	3粒
シナモンスティック*	1本

*皮片2片でもよい。

作り方

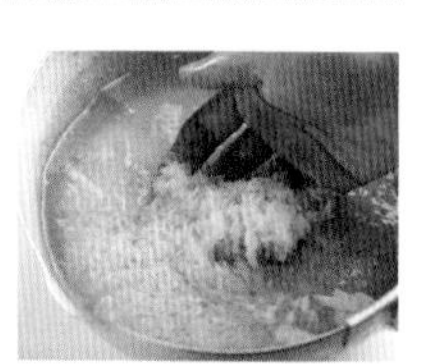

① バスマティ米が折れないように注意しながら、そっと軽く洗い、水気をきる。

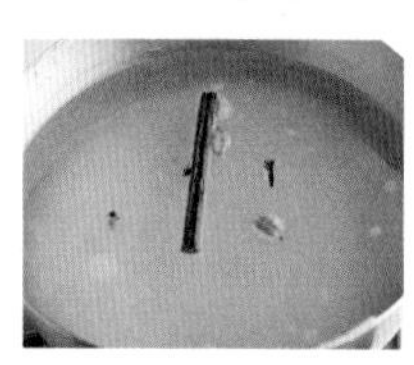

② 大きい鍋に①、分量の水、ホールスパイスを入れ、強火にかける。煮立ったら弱火にして蓋をし、ときどきかき混ぜながら12～13分ゆでる。

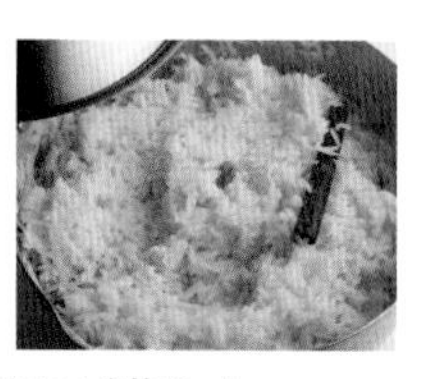

③ 米が柔らかくなったら、ざるに上げて水気をきる。日本のご飯より少し硬めが目安。米をスパイスごと鍋に戻して全体をさっくり混ぜ、蓋をして5分ほど蒸らす。

クミンと香菜がさわやかに香るご飯

ジーラライス

Zeera rice
ジーラ　ライス

「ジーラ」はクミンの意味。粘りがなくパラッとしたバスマティライスは炒めご飯にぴったり。クミンシードの香りを移した油で炒め、食欲をそそる香りをまとわせます。**肉系のカレーとも相性抜群。**チャーハン風にこのまま食べてもおいしいです。

材料（4人分）

バスマティライス（炊いたもの。➜p.330）……1合分
香菜（みじん切り）……1株分
塩……小さじ1/4
サラダ油……大さじ2

■ホールスパイス
［クミンシード……小さじ1

作り方

① フライパンにサラダ油を軽く温め、ホールスパイスを入れ、泡立つまで炒める。

② 香菜を加えてさっと炒め、炊いたバスマティライスと塩を加えて炒め合わせる。

サフランの香りと鮮やかな色を楽しむ

サフランライス

Saffron rice
サフラン　ライス

日本のインド料理店でもおなじみのサフランライス。**独特の香りと美しい黄色**で食欲が増しますね。日本でサフランは高級スパイスですが、それはインドも同じ。シナモンも一緒に炊きますが、控えめにしてサフランの香りを生かしましょう。

材料（4人分）

バスマティ米……2合
水……2〜2.5ℓ
サフラン*1……ひとつまみ

■ホールスパイス
［シナモンスティック*2……1本

＊1 サフランの雌しべ。1g入りのものなら1/3量で充分。
＊2 皮片2片でもよい。

作り方

① バスマティ米は330ページと同様に洗う。

② 鍋に①、水、サフラン、ホールスパイスを入れて強火にかける。

③ 330ページの作り方②〜③と同様にして炊き上げる。

材料（4人分）

全粒粉	400g
塩	ふたつまみ
水	200㎖強
打ち粉（全粒粉）	適量

カレーとよく合う、イーストも砂糖も使わないシンプルパン

チャパティ

Chapati

チャパティ

粉が主食の北インドでは、とろりと濃度のついたカレーをパンにはさんだり浸けたりして食べることが多いといわれます。日本でおなじみのナンは、じつはインドではあまり一般的ではなく、多くの人が食べるのは全粒粉を使った素朴なチャパティ。北インドだけでなく**インド全土でポピュラーなパン**です。「チャパティが上手に焼けたら一人前」といわれるほど、インド人には欠かせません。昔ながらに**イーストも砂糖も使わない生地**です。硬くてこねにくいときは、水を少し足してください。焼きたてが一番ですが、食べるまで少し時間があるときは表面にバターをぬっておくのがおすすめです。

MESSAGE

インド料理 INDIAN ナイル善己

チャパティの生地を作り方⑥と同じように広げて、油で揚げると「プーリー」というパンになります。中温に熱した油に入れ、浮いてくる生地をフライ返しで押さえながら揚げます。ふくらんだら裏返しにして油をきればでき上がりです。

① ボウルに全粒粉と塩を入れて混ぜ、中央をくぼませて水を注ぐ。周りの粉をかぶせ、にぎるようにして混ぜる。

まずは粉全体に水を行きわたらせます。次第にひとまとまりになるので、そこまで行いましょう。

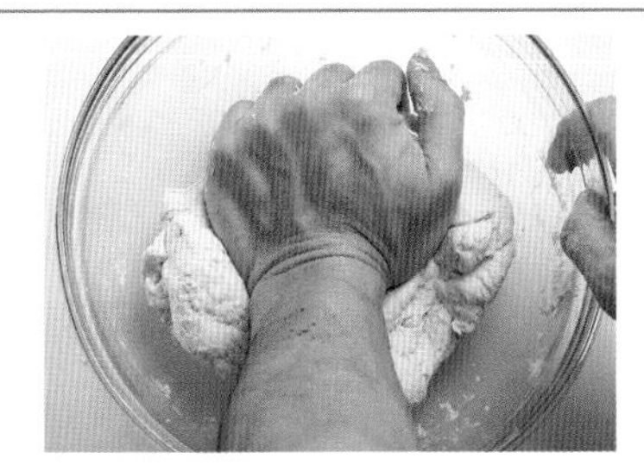

② 粉がボウルに残らずにひとまとまりになったら、手首近くで押してたたみ、ボウルを90度ずつ回しながら同様に押す。

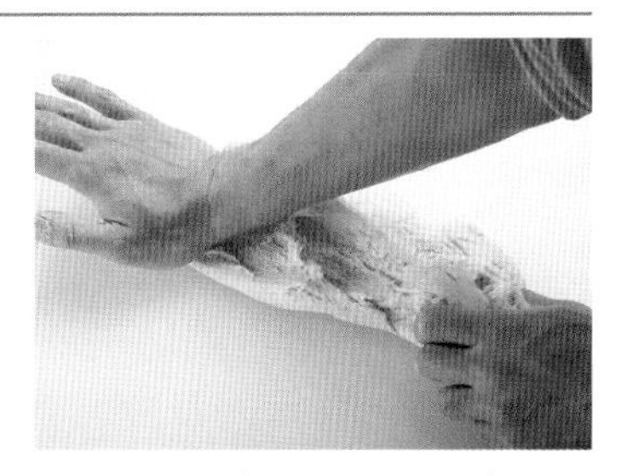

③ 生地がまとまったら台の上に打ち粉をして取り出す。手首近くで押してのばし、②と同様に生地をたたんで90度ずつ回しながらこねる。

④ 約10分こねる。押してみて途中までゆっくり戻ったらラップで包み、常温で30分おく。

生地をこねるのが大変なら、ホームベーカリーの生地作り機能を使ってもいいですよ。

⑤ 台に多めの打ち粉をする。④を2等分し、棒状にのばしてそれぞれ10等分に切る。

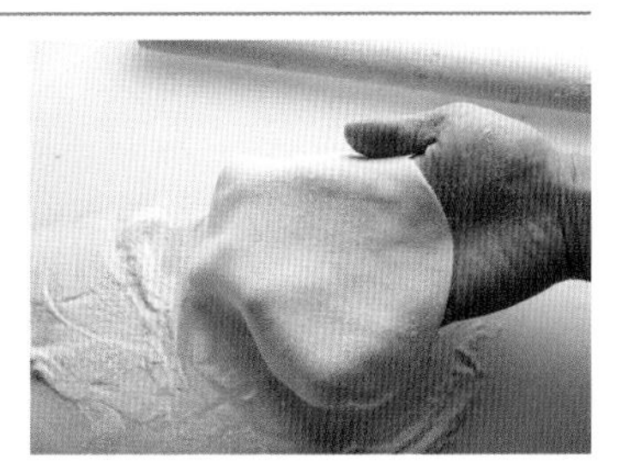

⑥ 団子状に丸め、手のひらで平らに押してから麺棒で直径約14㎝、厚さ約3㎜にのばす。

⑦ フライパンを軽く温め、⑥を中火で焼く。薄く焼き色がついたら裏面も焼く。目安は片面約30秒。

フッ素樹脂加工のフライパンなら、油を引く必要はありません。生地の表面にプクッと穴ができるのが裏返す目安です。

⑧ すぐに直火であぶり、プーッとふくらませる。

いきなりプーッとふくらみます。ヤケドしないよう、あわてず、トングを使って焼きましょう。

日本でもブレイク中、インドを代表するお米料理

チキンビリヤーニ

Chicken biryani
チキン ビリヤーニ

イスラム文化にルーツを持つこの料理、簡単にいうと、インド風鶏肉の炊き込みご飯です。濃厚なスパイス液をしみ込ませた鶏肉、香ばしく揚げた玉ねぎ、ハーブと一緒に米と炊いていきますが、一番大事なのは、**炊き上がっても絶対に混ぜないこと！**　日本の炊き込みご飯と違って、具を全体に混ぜたり味を均一につけません。混ぜずにすくったまま器に盛ることで、白いご飯とスパイスの黄色い層が美しくできてこそ、いい仕上がりとされます。**味も見た目もメリハリがついている**のが、この料理の特徴なんですよ。

材料（4人分）

バスマティ米……3合
鶏もも肉（皮をむき、ひと口大に切る）……700g

■マリネ液
- ヨーグルト（無糖）……100g
- にんにく（すりおろし）……小さじ2
- しょうが（すりおろし）……小さじ1
- サラダ油……大さじ2
- 塩……小さじ1

■パウダースパイス
- パプリカ……小さじ1
- コリアンダー……小さじ1
- ガラムマサラ……小さじ1
- クミン……小さじ½
- ターメリック……小さじ¼

玉ねぎ（薄切り）……1個分
ミント（粗みじん切り）……ひとつかみ
香菜（粗みじん切り）……ひとつかみ
牛乳……大さじ1
サフラン……ひとつまみ
水……2ℓ
塩……小さじ2
揚げ油……適量
香菜（仕上げ用。ちぎる）……適量

■ホールスパイス
- カルダモン……5粒
- クローブ……5粒
- シナモン（皮片）*1……2片
- ベイリーフ*2……2枚

*1 シナモンスティック1本でもよい。
*2 ローリエで代用可。

MESSAGE
インド料理 INDIAN **ナイル善己**

本来は骨付きの鶏もも肉で作りますが、加熱時間が長くなって焦げる心配があるので、確実においしく作るには、骨なしがおすすめです。これで一品料理ですが、インド人はさらにカレーをかけて食べるんですよ。とろみがないと始まらないのがインド人です（笑）。

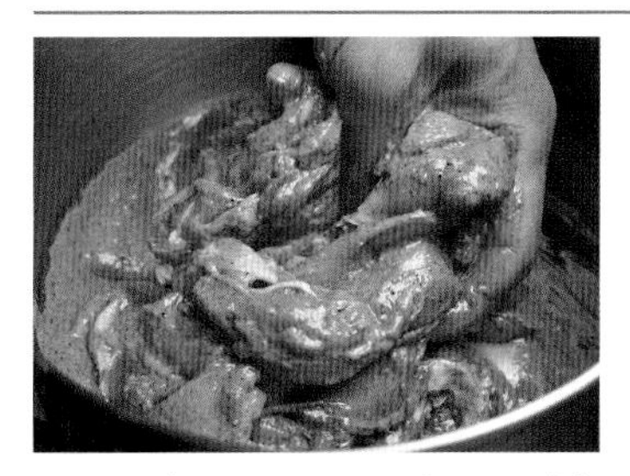

① ボウルにマリネ液を混ぜ合わせる。鶏もも肉にもみ込んで冷蔵庫に1時間おく。牛乳を電子レンジで軽く温め、サフランを浸けておく。

② 揚げ油を熱し、玉ねぎを入れて高温で香ばしく揚げる。

玉ねぎを一気に香ばしくして、さらに油のコクもまとわせます。

③ バスマティ米をやさしく洗い、水気をきる。鍋に水とホールスパイス、塩を入れて火にかけ、沸騰したら米を加え、5〜6分ゆでる。

ゆでて半分ほど火を通します。ゆで汁は作り方④で使いますよ。

④ 別の鍋に①の鶏肉と②の半量、③のゆで汁100㎖を入れて火にかける。

⑤ 沸騰したら中火で5分煮て、ミント、香菜を散らす。

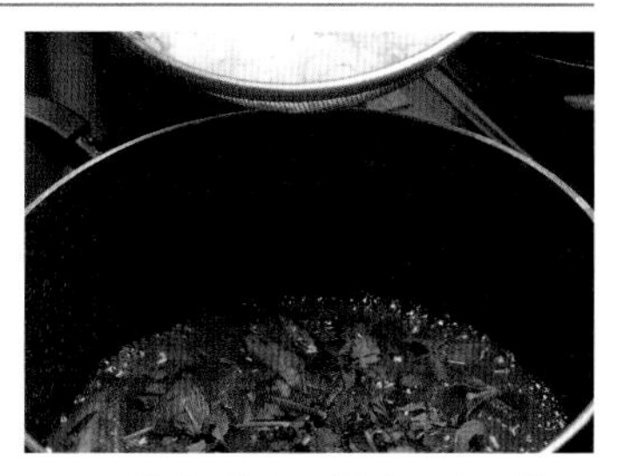

⑥ ③をざるで湯きりし、⑤の鶏の上にのせる。

鶏肉の上にお米をのせて、鍋の中で層にします。これこそが、チキンビリヤーニの醍醐味です。

⑦ ①のサフラン牛乳を全体にかける。

⑧ 残りの②をまんべんなく散らし、弱火にして蓋をし、10分加熱して火を止め、10分蒸らす。混ぜずに器に盛り、香菜をのせる。

間違っても、混ぜないでくださいね！

基本の
スパイス図鑑

レシピにたくさん登場するスパイス名。聞きなれない名前ばかりかもしれません。ここではCHAPTER 6に登場するスパイスをご紹介。買うときの参考にしてください。

ホールスパイス

ベイリーフ

シナモンの葉を乾燥させたもので、さわやかな香りが肉の臭み消しに効果的。日本でベイリーフやローリエ、月桂樹の名で出回るものと別種。区別して「インディアンベイリーフ」とも呼ばれる。油で炒めて香りを引き出すときは焦がさないように。

シナモン

クスノキ科のシナモンやカシアの樹皮を乾燥させたものが一般的。肉桂、桂皮ともいう。不ぞろいな皮片や皮を細く巻いた状態（シナモンスティック）でも出回る。さわやかでほのかに甘い香り。本書では皮片2枚＝スティック1本とし、どちらを使ってもよい。

カルダモン

ショウガ科の多年草。完熟する前の実を乾燥させたもの。スーッとさわやかな芳香と、ピリッとした辛み、ほのかな苦みが特徴。油で炒めてぷっくりふくれたら香りが立ったサイン。噛むとピリピリとした刺激があるので注意すること。甘みと相性がよい。

クローブ

フトモモ科の花のつぼみを乾燥させたもの。独特の強く甘い芳香で、肉の臭み消しに効果抜群。甘い香りとは逆に、噛むと刺激的な苦みと辛みがあるので、料理に入っていても食べないように。少量で効果的ゆえに味に影響が出やすく、分量を守って使う。

クミンシード

セリ科の一年草の種子を乾燥させたもので、インドではジーラと呼ばれる。食欲を刺激するいかにもカレーらしい香り。ほのかに苦みと辛みがあり、バランスがよいので、スパイス初心者にも使いやすい。油で炒めて周囲から泡が出たら、香りが出たサイン。

赤唐辛子

完熟した唐辛子を乾燥させたもの。イタリアンや中華では刻んで加えることが多いが、インド料理ではそのまま油で炒めて、辛みと香りを移して使う。油で炒めたものは発色がよいので、飾りとしても使える。南インドのテンパリング（➜p.315）に不可欠。

マスタードシード

からし菜の種子。ほのかな苦みと辛みがある。油で炒めるとはねるので、まず最初に油に入れて蓋をし、はねがおさまったら残りの材料を加える。香ばしい香りが全体の味わいの引き締め役に。ブラウンほか数色あり、本書ではイエローを使用。お好みでよい。

カレーリーフ

名の通りカレーの香りと、柑橘系のさわやかな香りを持ち合わせるミカン科の葉。南インドやスリランカでは欠かせないもので、基本的に生を使用する。乾燥は生に比べて香りが弱いので、夏に手に入ったらぜひ生を。苗木から育てることも可能。

カスリメティ

フェヌグリークの葉を乾燥させたもの。右記のパウダーと同じく独特の甘い香りがする。手で押すようにもんで香りを立たせ、料理の仕上げに混ぜて使う。

パウダースパイス

コリアンダー

インドの南北ともに登場回数No.1のパウダースパイス。コリアンダー（香菜）の種子を乾燥させて粉末にしたもの。葉ほど個性が強くなく、やや甘みのある穏やかな香りはインド人も大好き。たっぷり使っても味に影響が出にくいので、多めに購入しても使いきれる。

カイエンヌペッパー

唐辛子（日本で出回る赤唐辛子とは別種）を完熟、乾燥させて粉末にしたもので、甘酸っぱい香りと辛みが特徴。チリペッパーとも呼ばれる。唐辛子の中でもスパイスに適した辛みと風味をもついくつかの品種から作られ、1種とは限らない。チリパウダーとは別物。

ターメリック

ショウガ科の多年草の根を加熱、乾燥させて粉末にしたもの。鮮やかな黄色は着色力が強く、カレーの黄色もこのスパイスによるもの。土っぽい香りと苦みがあり、少量でも強く香るだけに、使用量にはご注意を。日本では秋ウコンの名で有名。

パプリカ

辛みのない唐辛子（パプリカ）を完熟、乾燥させて粉末にしたもの。甘酸っぱさを感じる香りとかすかな苦みがあるが、見た目と違って辛くない（メーカーによっては辛いことも）。色素が油に溶けやすく、加熱しても色が鮮明なので、色づけにも使われる。

ガラムマサラ

インド料理に欠かせないミックススパイス。辛みはほとんどなく、風味づけに使用される。クローブ、カルダモン、シナモンを基本材料とし、クミン、コリアンダーを加えることが多い。しかしスパイスの種類や割合に特別な決まりはなく、さまざまな配合のものがある。

カルダモン

乾燥後、さやから取り出したカルダモンの実を粉状にしたもの。詳細はホールスパイスの項を参照。

黒こしょう

熟す前の緑色のこしょうの実を乾燥、粉状にしたもの。外皮に香りがある。

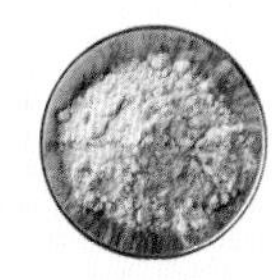

フェヌグリーク

マメ科の植物の種子を乾燥、粉状にしたもの。野菜や豆と相性がよい。

クミン

クミンシードを粉状にしたもの。詳細はホールスパイスの項を参照。

その他

タマリンド

マメ科の高木で、樹上で熟して茶色くなったさやを料理に使う。レモンや梅干しのような酸味が特徴。日本では熟果をかたまりにして密閉したものが手に入る。東南アジアやインドで、酸味づけに使う。

サフラン

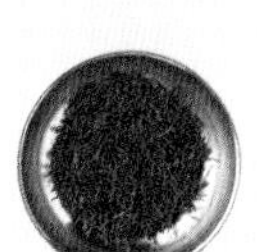

雌しべを乾燥させたもので、高価なスパイスとして知られる。特有の甘い香りがし、少量でも鮮やかな黄色に染まるのが特徴。本書では「チキンビリヤーニ」（➜p.334）に使う。パエリアに用いることでも有名。

レシピに出てくる用語解説

料理レシピを見て「どういう意味?」と思うこと、ありますよね。この本にも、料理の専門用語が多数登場しています。ここでは、主な用語を簡潔に解説します。レシピがもっとよくわかるようになりますよ。

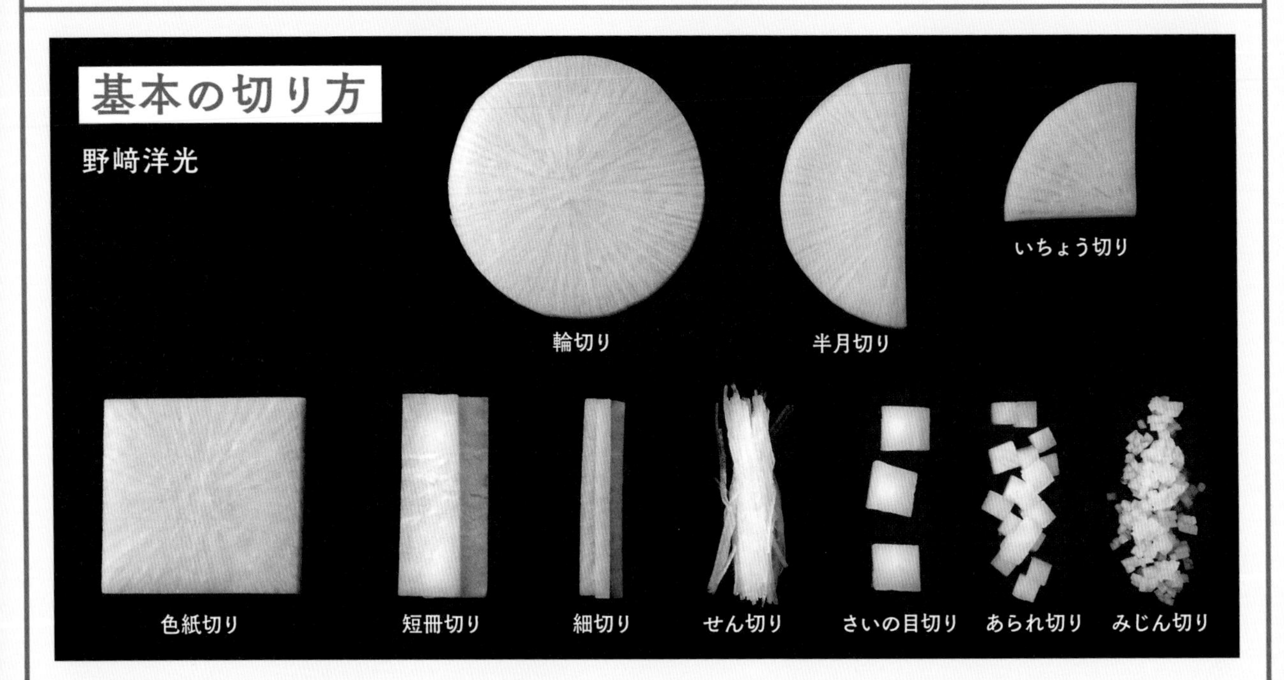

輪切り

丸い形や円筒形の素材を横にして、端から輪に切る。厚さは料理によって変える。大根、にんじん、きゅうり、なすなど、主に野菜に用いられる。

半月切り

球形や円筒形の素材を縦半分に切り、断面を下にして安定させ、端から切る。名前の通り、半月形になる。厚さは料理によって変える。大根、にんじん、かぶ、きゅうりなど、主に野菜に用いられる。

いちょう切り

球形や円筒形の素材を縦半分に切り、断面を下にしてさらに縦半分に切り、端から一定の厚さに切る。いちょうの葉の形に似ているところからこの名がついた。主に野菜に用いられる。

色紙切り

素材を3~4㎝の立方体になるように切り整えて、端から1~2㎜幅に切る。主に野菜に用いられる。

短冊切り

素材を長さ3~4㎝、厚さ1㎝の長方形になるように切り整えて、端から1~2㎜幅に切る。主に野菜に用いられる。

細切り

野菜や肉などに用いられる切り方。まず素材を長さ3～4㎝に切り、野菜などは薄切りにし、重ねて端から4～5㎜厚さに切る。

せん切り

主に野菜に用いられる切り方。素材を3～4㎝長さに切って端から薄切りにするか、薄い輪切りにし、重ねて端から細く切る。繊維に沿って切ればシャキシャキに、断ち切ると柔らかくなる。

さいの目切り

主に野菜に用いられる切り方。素材を約1㎝四方の棒状に切り整え、約1㎝幅に切ってサイコロ状にする。

あられ切り

主に野菜に用いられる切り方。素材を細切りにし、端から3～4㎜幅に刻む。さいの目切りより小さく、みじん切りよりもやや大きめになる。

みじん切り

主に野菜に用いられる切り方。素材をせん切りにし、端から1～2㎜幅に刻む。

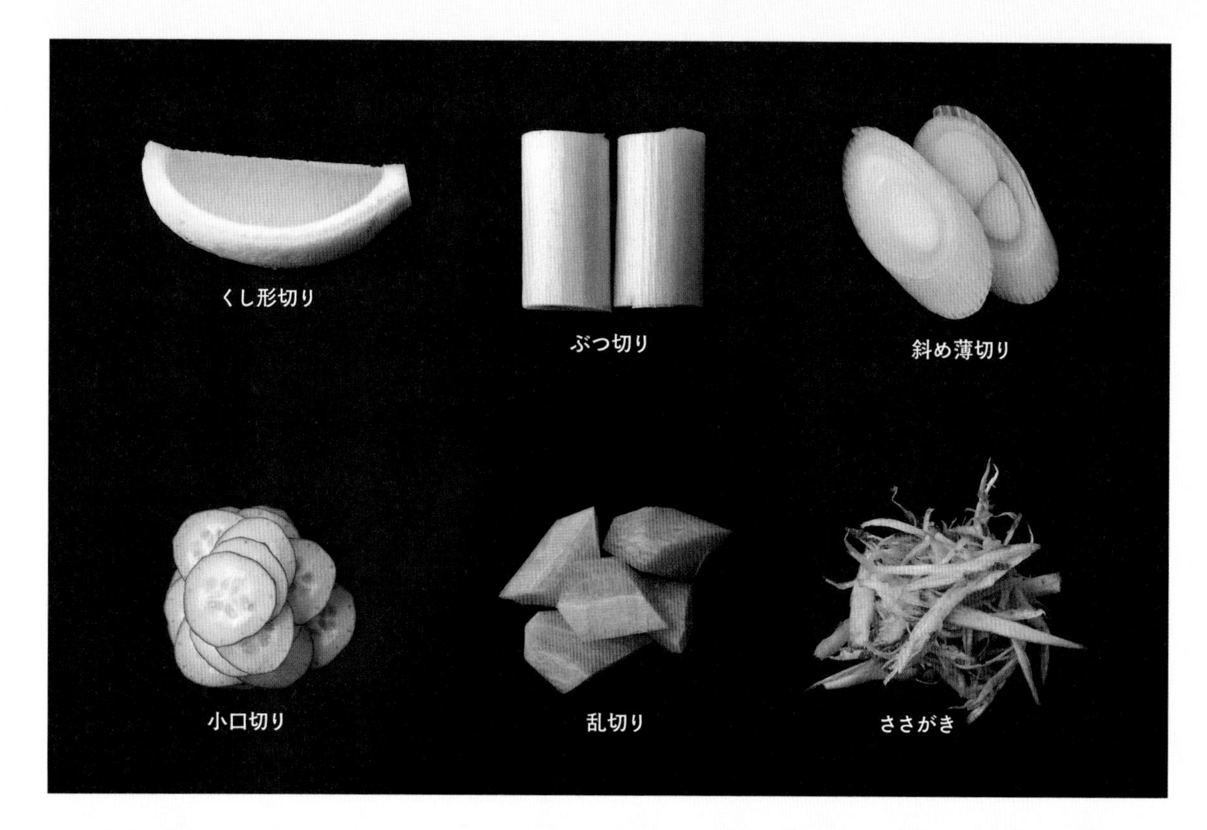

くし形切り

丸い形の素材を縦半分にし、真ん中から等分に切り分ける。トマトやキャベツ、レモンのように柔らかい素材なら縦半分の断面を上にし、玉ねぎのように硬い素材なら断面を下にして安定させて切るとよい。主に野菜などに用いる。

ぶつ切り

適当な形と大きさに、ぶつぶつと切り分けること。長ねぎやごぼうなどの野菜、鶏肉などの肉、まぐろなどの魚に用いられる。

斜め薄切り

細長い素材に対し、包丁を斜めにして薄切りにすることで、切り口が細長く、表面積が広くなる。長ねぎ、きゅうり、ごぼうなどに用いられる。

小口切り

小口とは材料の端のことをいい、細長い素材を端から同じ幅に切る。幅は素材や用途に応じて変える。きゅうりやみょうが、ねぎなどに用いられる。

乱切り

細長い野菜を横にして、斜めに切り落としたら少し回転させ、再び斜めに切る。これをくり返す。切り口の表面積が大きくなり、味がしみ込みやすい。主に野菜に用いられる。

ささがき

ごぼうでよく用いる切り方。材料を回しながら、包丁で先がとがるようにそぎ切る。

1. 泥をよく洗い落としたごぼうの表面に、縦に切り目を入れる。ごぼうを回しながら、1周分、数本の切り目を入れる。

2. ごぼうの先をまな板につけ、ねかせる。包丁は刃を外向きにし、えんぴつを削るようにして、ごぼうを回しながら細くそぐ。

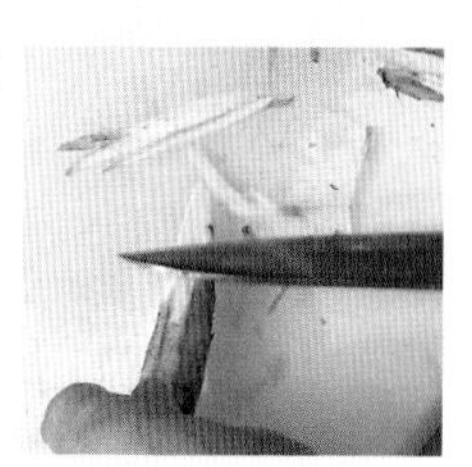

3. 残り少なくなってそげなくなったら、縦に置いて薄切りにし、重ねて細切りにする。白く仕上げたい場合は、酢水にさらす。

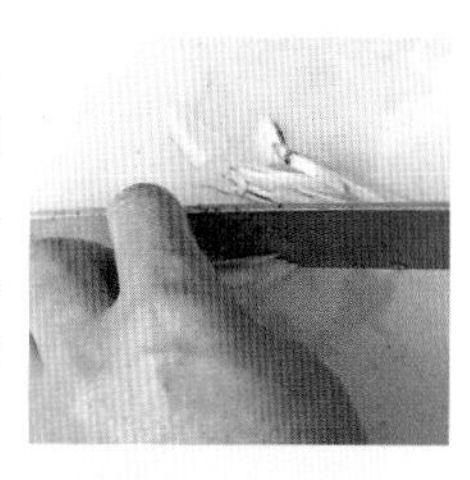

基本の調味料

酒

この本のレシピにある「酒」は日本酒のこと。「料理酒」は調味料などが添加されていることが多いので、米、米麹、水を原料にした醸造酒（清酒）を使いたい。高級でなくてもよいので、飲んでおいしいと思うものがおすすめ。加熱するとアルコール分がとんで旨みが残る。

砂糖

甘みをつけるための、代表的な天然の調味料。和食で使う定番は「上白糖」で、この本でも砂糖と書かれてある場合は上白糖を使用。

塩

味つけや塩ゆで、浸透圧を利用して素材の水分を脱水するなど、キッチンに欠かせない調味料。塩化ナトリウム99％以上の精製塩、海水を原料にした海塩、地層に閉じ込められた岩塩などがある。

酢、ヴィネガー

料理に酸味をつける液体調味料。原料を発酵、醸造して造るものを醸造酢という。防腐作用、たんぱく質の凝固作用などもある。米から作る米酢、麦や雑穀などから作る穀物酢、りんごやぶどうなどの果汁から作る果実酢などがあり、原料によって味わいが異なる。

みそ

大豆や米、麦などを蒸して、麹菌、食塩や水を混ぜて発酵、熟成させたもの。発酵食品なので、旨みが強い。材料別に分類すると、米みそには淡黄色で辛口の信州みそや、クリーム色で甘口の白みそ、赤褐色で辛口の仙台みそなどがある。麦みそは主に九州で作られる。豆みそには赤みその代表格、八丁みそがある。米みそは、きちんと時間をかけて発酵させた、粒みそを使いたい。塩分濃度で大きく3つに分けられる。塩分濃度が低く、熟成期間も短い白みそは、麹の糖分で甘みがある。適度な塩分濃度と甘みがあるものを総称して田舎みそという。塩分濃度が高く、熟成期間も長いのが、八丁みそ。すっきりとした味わい。

白みそ

田舎みそ

八丁みそ

しょうゆ

大豆を発酵、熟成させて造る液体調味料。発酵でアミノ酸が生まれ、旨みが強い。料理で使うのは主に、濃口しょうゆとうす口しょうゆの2種類。この本で「しょうゆ」と書かれてある場合は濃口しょうゆを指し、うす口しょうゆと表記を分けている。濃口しょうゆは塩分濃度が15％前後、色と香りが強いのが特徴。うす口しょうゆは塩分濃度が16％前後で、濃口しょうゆよりも高い。色が淡く、香りが上品なので、吸いものの香りづけや素材の色を生かしたい場合などに使う。

濃口しょうゆ

うす口しょうゆ

みりん

もち米と米麹を焼酎で仕込んで醸造した甘いお酒。アルコール分14％前後で、旨み成分を多く含み、上品な甘みをつける調味料として使われる。「本みりん」ともいわれる。「みりん風調味料」もあるが、間違えないように。これはアルコール１％未満で、水あめやブドウ糖などを加えた調味料のこと。

オリーブ油

オリーブの果実を搾った油。エクストラ・ヴァージン・オリーブ油は化学処理を施していない搾ったままの油で、“果汁”ともいえる。ピュアオリーブ油は精製したオリーブ油をブレンドした普及品。イタリア、フランス、スペインをはじめ地中海や中近東、日本など広く作られている。代表格のイタリアだけでも産地や品種によって味と香りの特徴はさまざま。メーカーによっても風味に大きな違いがある。

調理のことば

【あ】

和(あ)**える**
下ごしらえをした材料に、調味料などを混ぜてからませ、味をつけること。

アクを取る、アクをすくう
材料をゆでたり煮たりしたときに、表面に浮いてくるアクを、玉じゃくしなどで取り除くこと。

味をととのえる
料理の仕上げに、味見をして足りない味を補い、ちょうどよい加減にすること。主に塩、こしょうを少量ずつ加えて調整する。

粗熱(あらねつ)**をとる**
加熱した材料や料理を、手でふれることができるまで冷ますこと。「人肌に冷ます」も同じ意味。

石づき
きのこ類の軸の根元の硬い部分。切り落として調理する。

潮汁(うしおじる)
鮮度のよい魚介を、昆布と一緒に水から煮出した吸いもの。素材の持ち味がストレートに生きる。鯛のアラやはまぐりなどで作ることが多い。

裏ごし
ゆでたり煮たりした材料を裏ごし器にかけて、きめ細かくすること。じゃがいも、かぼちゃなど。熱いうちに行うのが基本。

落とし蓋
材料のすぐ上に直接あたるようにかぶせる蓋のこと。煮汁が蓋にあたって対流し、少ない煮汁でムラなく煮含めることができる。木製やシリコン製のものもあるが、アルミ箔やオーブンシートを鍋の直径より小さく切って使ってもよい。

おろす
一尾の魚を部位ごとに切り分ける下処理のこと。「さばく」ともいう。うろこ、頭、内臓、骨などを取り除くことをいい、身2枚と中骨に分けた場合は「三枚おろし」、身4枚と中骨に分けた場合は「五枚おろし」という。鶏肉などを部位ごとに切り分けるときにも使う。

【か】

香りが立つ
フライパンに油を熱し、炒めた香味野菜や香辛料、調味料からよい香りがしてくること。

かくし包丁
硬い素材、味のしみ込みにくい素材、火の通りにくい素材に、あまり見えないように入れる切り目のこと。盛りつけて裏側になるところや、目立たないところに入れる。

かぶるくらいの水
鍋に材料を平らに入れ、水を加えたときに材料全部がぎりぎりで浸かっている水の量。

皮目(かわめ)
魚や鶏肉の皮がついた部分、皮がついた面。「皮目から焼く」とは、皮のついた側から焼くこと。

切り身
大型の魚の身を、適当な大きさに切ったもの。さば、サーモン、鯛など。

【さ】

さく
魚を、主に刺し身にしやすいように形を切り整えたもの。四角い形にすることが多い。まぐろ、ひらめ、サーモンなど。

三杯酢
合わせ酢のひとつ。酢、しょうゆ、砂糖を同量ずつ合わせることが多い。

三枚おろし
魚のおろし方のひとつ。頭と内臓を取り除き、腹側から骨に沿って包丁を入れ、片身を切り離す。もう片方も切り離し、2枚の身と1枚の骨の計3枚にする方法。

塩ずり
素材に塩を多めにまぶして、手や指ですり込むこと。まな板の上で転がすときは、板ずりともいう。表面の突起や繊毛などを取り除いたり、下味をつけたり、色を鮮やかにするときに行う。きゅうり、オクラなど。

塩をする
素材に塩をふったり、調理中に加えたりすること。

下味をつける
材料にあらかじめ味を薄くつけておくこと。魚や肉に塩やスパイスをふったり、合わせ調味料にしばらく浸けて薄く味をつけたりする。

下ゆで
調理する前の下ごしらえとして、材料をさっとゆでておくこと。アクを抜いたり、味をしみ込みやすくする。

締める
魚などの身を引き締めること。酢に浸けてたんぱく質を変性させる「酢締め」、昆布ではさんで脱水しながら昆布の旨みをまとわせる「昆布締め」などが代表的。

霜降りにする
魚や肉を湯に通して、表面にさっと火を通すこと。たんぱく質が変性してうっすら白くなる状態が、白く霜が降りたようになることからこの名がついた。素材や目的に応じて、湯の温度を変える。

常温にもどす
常温とは室内に置いた食品の自然の温度で、だいたい15～25℃。「もどす」とは、冷蔵庫で冷えている肉やバターなどを調理前に出し、常温まで温度を上げておくことをいう。もどす時間は食材の種類や大きさによって異なる。

少量
親指と人差し指の２本でつまんだ分量。塩なら約小さじ$^{1}/_{10}$。0.2gに相当する。

白髪ねぎ
長ねぎの白い部分を４～５cm長さに切り、細いせん切りにして水にさらしたもの。白髪のように真っ白で細い姿から、この名がついた。

素揚げ
素材にころもや粉などをつけず、そのまま油で揚げること。素材の色と形を生かすことができる。

筋を切る、筋切りをする
主に肉に使う言葉で、焼き縮んで焼きムラができるのを防ぐため、赤身と脂身の境目にある筋に切り目を入れること。

砂出し
あさりなどの貝類を、海水程度の塩分濃度（約３％）の塩水に浸して暗所に置き、砂を吐かせること。

すりおろす
おろし金などで素材を細かくすること。主に水分の多い素材に使う。大根、にんにく、しょうがなど。

すり身
魚介や鶏肉などを、すり鉢やフードプロセッサーなどでなめらかにすりつぶしたもの。

背ワタ
海老の背にある黒い筋。腸管。食味が悪くなるので、背を軽く切り開いたり、竹串で抜いて取り除く。

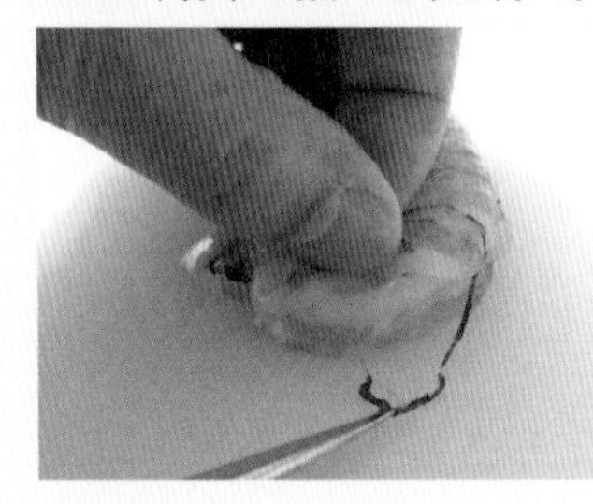

そぼろ
ひき肉や卵、えび、魚の身などを細かいぼろぼろの状態まで鍋で炒ったり炒り煮にしたもの。

【た】

たっぷりの水
材料を鍋に入れ、水を加えたときに材料が完全に水に浸かる量。

照りを出す
しょうゆや砂糖、みりんなどを使った甘辛い煮汁で煮からめたり、煮汁をぬって焼いたりして、材料の表面がツヤツヤの照りのある状態にすること。

とろみをつける
とろりと濃度のある状態にすること。片栗粉を水で溶いて煮汁に加えることが多い。

【な】

鍋肌・鍋肌から入れる
鍋肌とは、鍋の内側の側面のこと。しょうゆなどの液体調味料や油などを加えるとき、鍋肌から入れることで、材料に直接かからず、味ムラができにくい。

煮きる
酒やみりんのアルコール分を、加熱して蒸発させること。煮きったものを「煮きり酒」「煮きりみりん」という。

煮立てる
煮汁が沸き立つ状態の火加減にすること。

煮詰める
材料に火が通るまで煮て、煮汁が少なくなるまでさらに煮ること。水分を蒸発させ、味を濃厚にする。

煮含める
薄味のたっぷりの煮汁で、素材をゆっくり、芯まで味を含ませるように煮ること。

【は】

火加減
調理に合わせて、火の強さを調整すること。調理の間に、強くしたり弱くしたりする。強火、中火、弱火などがある。

ひたひたの水
鍋に材料を平らに並べ、水を加えたときに材料の一部がわずかに出るくらいの水の量。

ひとつまみ
親指、人差し指、中指の3本でつまんだ分量。塩の場合は、約小さじ1/3、0.5gに相当する。

ひと煮立ち
ゆで汁や煮汁を沸騰させること。ひと煮立ちしたら調味料を加える、火を止めるといった具合に、次のプロセスの目安として使われる。

ほぐす
素材の水分を絞ったあとにかたまりをほどいたり、素材を手で適当に裂いて小さくすること。

ポン酢
柑橘類の果汁を使った合わせ酢のこと。だいだい、柚子、すだち、かぼすなどを使う。ここにしょうゆを加えると、ポン酢しょうゆとなる。

【ま】

まぶす
小麦粉やパン粉など、細かいものを素材の全体にまんべんなくつけること。

回し入れる
といた卵や調味料などを、1か所に固まらないように、鍋やフライパンの上でぐるっと回しながら加えること。

水気をきる
素材についている余分な水分をとること。水に浸した材料やゆでた材料をざるに上げたり、ふって水分を落とす。水分が多く残っていると、調味したときに味が薄くなる。

水気を絞る
ゆでたり煮たり、水でもどした素材の水分を、手で絞って除くこと。ゆでたほうれん草を手でぎゅっと絞ったり、塩もみしたきゅうりを両手でぎゅっとにぎったりする。

水溶き片栗粉
片栗粉を水で溶いたもの。煮汁などにとろみをつけるとき、粉を直接入れるとダマになるので、あらかじめ水に溶いてから加える。水1：片栗粉1で混ぜるのが基本。

水にさらす
皮をむいたり切った材料を、たっぷりの水に入れること。アクを抜いたり、水分を吸わせてパリッとさせるのが目的。

むき身
あさりやかきなどの貝類、海老などを生のまま殻をむいて身を取り出した状態。

蒸し煮
鍋やフライパンに材料を入れ、少量の水分を加えるか、水を加えずに素材の持つ水分だけで、蓋をして蒸すように煮ること。

蒸し焼き
焼くときに蓋をして、素材や煮汁から出た蒸気も利用してしっとり火を通すこと。

もどす
干ししいたけやひじきなどの乾物に水を含ませ、乾燥前の柔らかい状態にもどすこと。

もみ込む
素材に調味料などを手でもみながら、しみ込ませること。手で行うことで、表面だけでなく中までしっかりと味がしみ込む。

【や】

焼き固める
素材の表面を焼いて、旨みが逃げないようにすること。「焼き目をつける」より、全体にしっかりと焼くイメージ。

焼き目をつける
素材の表面を焼いて、こんがりと焼き色をつけること。

薬味（やくみ）
素材の味を引き立てるために添える、香りのある野菜やスパイスのこと。刺し身に添えるわさび、しょうが、そばに添えるねぎ、鍋ものの大根おろしなど。

ゆがく
ゆでること。沸騰した湯に材料を入れ、さっと火を通すこと。

湯せんにする
鍋に湯を沸かし、ひと回り小さい鍋やボウルに材料を入れて湯の鍋に重ね、間接的に加熱する方法。直火では焦げやすい材料にゆっくりと火を入れる場合に用いる。

湯通しする
肉や魚、野菜のアクや余分な脂を取り除くために、沸騰した湯に入れて、すぐに取り出すこと。

余熱（よねつ）
素材を加熱したあとに持ち続けている熱のこと。肉を焼くときは、この余熱で柔らかく火を入れることがある。

予熱（よねつ）
オーブンをあらかじめ熱しておくこと。焼くときに、焼成温度まで上がっている状態にする。オーブンの開閉で温度が下がるので、少し高めに設定することもある。

料理上手になるために
～シェフたちからのメッセージ～

「どうすれば料理上手になれますか？」――14人のシェフたちが、その悩みに答えてくれました。
上達へのヒントをひと言で表した、直筆の言葉も贈ります（➡ p. 3～5）。

和食・天ぷら
JAPANESE & TEMPURA

「銀座ろくさん亭」
道場六三郎

「切れる包丁、料理は楽し」――料理を作るかたに、まず伝えたいのがこれ。料理人にとって包丁は命のようなものですが、ご家庭でも切れ味のよい包丁を使うことがいちばん大事と言ってもいいです。スッ、スッと軽く、手早く、きれいに切れるだけで、料理って楽しいと思えるもんですよ。切れ味が悪いとね、気持ちがイラつくし、細かいことを言えば素材の細胞が壊れて味も食感も悪くなります。楽しいと思えれば何度も作りたくなるし、その積み重ねが上達につながるというものです。

もうひとつ、私がモットーとしているのが「交わりは進化なり」。材料を工夫して組み合わせ、オリジナルのたれやふりかけを作ることのすすめです。3つでも4つでも、材料を混ぜると新しい味に進化する。市販のポン酢やドレッシングなど、いつも同じ味じゃつまらんでしょう。オリジナルレシピを5種類くらい持ち、蒸したもの、焼いたものなどいろいろに使いまわせば簡単に料理に変化が出ます。最近評判がよかったのは、大根おろしにマヨネーズとレモン汁と砂糖を混ぜた「マヨおろし」。また、かつおの塩辛をだしで溶いて卵黄を加えて煎る「酒盗香煎」も、長く作っている好評のふりかけです。

私が「なんでもみそ汁」と名づけているものも、考え方は同じ。具材がいろいろ合わさることで複合的なだしが生まれて一層おいしくなるし、冷蔵庫に残った食材を始末できるのもいいんだな。手元にあるものを上手に生かしきることは、料理の基本でもあるんです。材料を買い込んで手の込んだものを作るのがいいとは限らない。あるもので簡単に作ってもおいしい料理はたくさんあります。そう考えれば気持ちもラクで楽しい。料理は楽しいことがいちばんです。

道場六三郎さんのお店
銀座ろくさん亭

東京・銀座で50年続く日本料理店。旬の食材の魅力を生かし、プリフィックスのコースメニューや一品料理など、用途に応じて楽しませる。2021年に銀座6丁目に移転、ゆったりとしたダイニングには季節の盆栽が飾られ、銀座にあって日本の四季を感じることができる。

東京都中央区銀座6-9-9
かねまつビル8階
電話／03-5537-6300
定休日／月曜日（祝日は営業、翌火曜日休み）

「てんぷら近藤」
近藤文夫

天ぷらを揚げて約60年。私がこの世界に入った当時、専門店は海老や江戸前の魚を揚げるものとされていましたが、私には野菜のおいしさを天ぷらで表現したい、という強い思いがありました。野菜の色と香りを生かすためにころもを薄くするなど試行錯誤して考案したところ、大評判となりました。今では当たり前ですが、当時は画期的だったのです。今、お店では産地直送の素材をよく使いますが、すべて現地に赴いてその場で生のまま食べ、その味と香りをどうすれば天ぷらで引き出せるのかを考えます。

こんなふうに常に新しいことにチャレンジしてきましたが、それは皆さまにもっとおいしい天ぷらを食べてもらいたいという「夢」があるからです。夢は未来につながるものです。

ご家庭でもっと天ぷらを揚げてほしい――これが今の私の夢です。天ぷらは日本の文化ですから、忘れないでほしいのです。この本でも、ご家庭で作りやすいように、フライパンを使った揚げ方をご紹介しました。ころもの作り方も揚げ方の基本も、「てんぷら近藤」と同じです。

難しく考えなくて大丈夫です。ただしひとつだけ、食べる相手のことを考えてほしいのです。ご家族にお年寄りがいれば、素材を少し小さめに切るといった心遣いがおいしさにつながります。それが「心」です。食べる人への思いやりと、常に新しい考え方を取り入れるという自分への思い、そのふたつを合わせて作った言葉が「夢心」です。

近藤文夫さんのお店
てんぷら近藤

東京・銀座の並木通り沿いにある名店。店の入り口では、池波正太郎氏筆の店名が染め抜かれた暖簾が、お客さまを迎える。契約農家から直送される野菜は近藤さんが現地で生で食べて納得したものばかり。素材の香り、色、味が生きた洗練の天ぷらが味わえる。

東京都中央区銀座5-5-13
坂口ビル9階
電話／03-5568-0923
定休日／日曜日、祝日の月曜日

野崎洋光

私は家庭料理が大好きです。料理店の料理とは“別の素晴らしさ”があるからです。

たとえば、手作りの風合いのよさ、できたてのフレッシュ感、そしてやさしさ。これらは、仕事としてお客さまに料理を提供する私たちではかなわない、家庭料理ならではの世界。だから毎日食べても飽きることがありません。

料理を作るうえで大切にしているのは、「素材の味を越え無い」ということ。私は昔から「固有名詞の味を食べよう」と言い続けています。あじならあじの味を、さばならさばの味を楽しめるように調理するのが料理です。調味料の味しかしない煮魚や、肉料理なのに魚のだし汁で煮ている料理は、おかしいですね。

また、皆さんは既製品の味や強すぎる旨みに慣れすぎていませんか？　家庭料理の味は素朴かもしれませんが、ゆでたてのほうれん草にしょうゆをかけただけで、とてもおいしいものですよ。おいしいから作るのが楽しくなる。作れば家計にもやさしく、健康的でもあります。昔と違って、スーパーに悪いものは売っていません。野菜はパリッとみずみずしく、魚も新鮮。流通が変わり、産地から新鮮な食材が届く、そんな時代になったのです。

料理はシンプルでも、素敵な器に盛るだけで気分が変わり、ときにはお茶碗を替えてみるだけで食事が楽しくなります。料理上手になるための第一歩は、「作る楽しさを覚えてください」ということです。私の教える料理は、小学校3年生レベルで作れるものばかりなのですよ。

私は2023年末、長年勤めた「分とく山」を70歳で退職し、いまは和食料理人として日本全国で料理教室を行ったり、書籍や雑誌でご家庭で作りやすい料理を教えています。これからも毎日の暮らしが楽しくなる料理を伝えていきたいと思っています。

「銀座小十」
奥田 透

何かを食べて生命を保つことは、動物の原理原則ですが、なかでも人間だけに与えられた特権が、料理することだと思います。何かを食べるのなら、おいしいものを食べたいし、おいしいものを食べることは喜びにつながります。だから人間は、食材に火入れしたり味つけしたりして、おいしくするわけです。「食べるって大事」＝「作るって大事」ということじゃないかと思います。人間の特殊能力を楽しまないと、人生はつまらなくなりますよ！

また、料理をすることは、人間が生きものとして生きる原点だとも思っています。作るときは食べる人を思い、その日のテーマをイメージするとよいでしょう。「明日は試合だからお肉をたっぷり食べてもらいたい」といった、作り手の思いは、食べる人に必ず伝わります。だから食べる人もぜひ、「おいしい」という思いを伝えてください。こんなふうにお互いの気持ちのキャッチボールがあると、食卓は豊かになります。同じ1杯のみそ汁を飲むときにも、どんなにシンプルでも家族が作ってくれたみそ汁はしみじみおいしく感じます。具沢山であっても、市販品の、誰が作ったのかもわからない、機械が作ったかもしれないみそ汁を飲んでも、何の感情もわいてきません。不思議なものなのですが、料理とは人を感じるものだと思います。

そしてレシピ本というのは、作り手の思いを形にするときに役立つもの。ここでご紹介したレシピが、ハッピーな食卓のきっかけになることを願っています。

奥田 透さんのお店
銀座小十

東京・銀座にオープンして10年を機に、現在の並木通り沿いに移転。高級感あふれるゆったりとした空間で、正統派の日本料理がいただけると、全国からお客が訪れる。店名の由来でもある唐津焼の名工、西岡小十さんの器や、四季折々のお椀など、目でも日本料理のよさを実感できるのも魅力。

東京都中央区銀座5-4-8　カリオカビル4階
電話／03-6215-9544
定休日／日曜日、祝日（不定休）

「賛否両論」
笠原将弘

本当に料理上手になるためには「レシピを信じすぎないこと」。これが大切です。レシピは作り方や味の基準を知るには便利ですが、ご家庭ごとに火力も鍋も、手に入る食材も違うから、まったく同じにはなりません。まず状況をよく観察して、どうすればよいかを洞察する。「10分焼く」と書いてあっても、焦げそうなら6～7分で焼き上げればいい。頭を使って自分の感覚を信じましょう。

料理を“点”で見ないことも大切です。肉じゃがの作り方を覚える、それ自体は間違っていません。でも「煮るというのは、液体を介在させながら素材を加熱して、ちょうどよい柔らかさにしながら味をつける調理法」という本質を知れば、液体は水かだしか、煮汁はたっぷりか少なめか、強火か弱火か、といった組み合わせで料理の幅が広がり、アドリブ力が養われます。

皆さんに贈る「腕　舌　遊び心」という言葉。“腕”は、皮をむく、せん切りにするといった、最低限必要な技のことで、身につけるには、何度もやるしかありません。“舌”はいろいろな味を知ること。冬の大根は甘いと知っていれば、煮るときに砂糖やみりんは必要はありませんね。いろんな料理やお店の味を知って、目ざす味を知ることも大切です。

最後に“遊び心”。料理は、とにかく楽しんでください。大根はなくても冷蔵庫にあるかぶで置き換えて作ってみると、新しい発見があるかもしれません。いろいろと遊んでみてください。

笠原将弘さんのお店
賛否両論

恵比寿駅から徒歩15分ほどの住宅街にひっそりとたたずむ日本料理店。店内は落ち着いた雰囲気で、広々としたカウンターと個室がある。メニューは旬の食材を使ったおまかせコース2種類で、土曜日のみランチ営業がある。締めには炊きたての土鍋ご飯がいただけるのもうれしい。名古屋と金沢にも店舗がある。

東京都渋谷区恵比寿2-14-4
電話／03-3440-5572
定休日／日曜日、隔週月曜日

フランス料理
FRENCH

「オテル・ドゥ・ミクニ」
三國清三

料理上手になるには、いろんな店に行っていろんな味を覚えること。僕はいつもこのことを、声を大にして言っています。料理に不慣れな人が、ただやみくもに作るだけでは限界がある。外の世界に出て、さまざまな素材や料理を口にすることで味覚が鍛えられ、おいしい味がわかってくるんです。この味の蓄積があればこそ、自分で料理を作るときに目ざす味が定まり、おいしいものができていくはずです。僕が「KIDS シェフ」という食育活動を長く続けているのも、子どもたちに豊かな自然の「五味」を体験させ、正しい味覚を身につける必要があると思うから。脳の働きや味蕾が整うのが 12 歳とされるので、小学 5、6 年生が大事な時期なんですね。もちろん、その年齢を過ぎても、味覚を磨き続けることは大きな意味があります。

そしてもうひとつ。誤解を恐れずに言えば、「料理教室」を頼るな。つまりレシピに縛られるな、ということです。きちんとしたレシピを前にすると、材料がひとつ欠けるだけで作れないと思ってしまう人が多いんですよ。なければないままでもいいし、別のもので代用してもいい。そんな融通がきかせられれば、気軽に、どんな料理も作れるようになります。僕は毎日、YouTube でフランス家庭料理を発信していますが、ここでもあるもので自由に作ることを推奨しています。加えて、こし器でこすのを省いたり、本来卵黄で作るものでも卵白を無駄にしないよう全卵で作ったり、盛りつけをざっくり不ぞろいにしたり、簡略化できることはどんどん簡単にしています。構えず、いいかげん（良い加減）に作ることが、家庭料理の醍醐味です。

三國清三さんのお店
オテル・ドゥ・ミクニ
（閉店、新店準備中）

1985年、東京・四ツ谷の迎賓館近くにオープンした一軒家レストラン「オテル・ドゥ・ミクニ」。2022年12月末、37年間の営業を終えて閉店。店舗を建て替え、2025年秋、カウンター8席の店をオープン予定。新店では三國シェフが目の前で調理するスタイルになる予定だ。

東京都新宿区若葉1-18

洋食
YOSHOKU

「レストラン大宮」
大宮勝雄

私は「舌の記憶」を大切にしています。またそれが料理上達にとって、いちばん大切だと思っています。今は情報が簡単に入手できる時代ですが、舌の訓練だけは自分で行うかしかない。おいしさの味のイメージを持って、それを目ざして作るには、まずおいしいものを知らなくてはなりません。

たとえば豆腐。豆腐屋さんのものと大量生産されたものを食べ比べて、どんなふうに違うのか、なぜ違うのか。野菜でも肉でも、干物やソーセージでも同じです。考えながら食べて、食べて、"食材のホンモノの味"を舌に覚えさせる。食べ歩きでもそう。おいしいと思ったら、お店のかたに作り方やコツを聞いて真似してみてください。自分でおいしいと思う味の基準が決まります。こうやって舌に味を覚えさせたら、あとはそれを目ざして作るだけ！　体が覚えたことは裏切りませんからね。

もうひとつ大切なこと。料理を失敗しても、メゲずに2回、3回とくり返して作ってみてください。料理が生まれ変わるように徐々に作れるようになります。落ち込んだ気持ちまで生き返って、自信をもって作れるようになり、上達につながる——それを私は「失敗からの生還」と呼んでいます。作り手の気持ちは、食べる人にも伝わりますから、おいしいものを食べてもらいたいという心で作ってみてください。

大宮勝雄さんのお店
レストラン大宮

東京・浅草の浅草寺近くにある人気の洋食店。ハンバーグやカレーライスなど、本格的な味が楽しめると評判。さらに大宮シェフの温かい人柄と笑顔に惹かれて訪れるお客さまも多数。店内は1階がカウンター席、2階がテーブル席で、温かい雰囲気に包まれている。2007年には新丸の内ビルディングに2店目をオープンした。

東京都台東区浅草2-1-3
電話／03-3844-0038
定休日／月曜日（祝日は営業、翌火曜日休み）

「レストラン七條」
七條清孝

料理というのは、当たり前のことを当たり前に、コツコツ行うことがおいしく作るコツだと思っています。洋食で大事なのは、第一に素材。だから調味料は基本的に塩だけで、調理法も焼く、揚げる、煮るといったシンプルな方法ばかりです。それだけにひとつひとつのプロセスがとても大切になります。

とくに「塩」は味を決めるキーポイント。父が始めた洋食レストランを継いだばかりの頃、週１回、フレンチレストランで修業をしていました。そのときにシェフから教わった言葉の数々が、今も自分の料理のベースになっています。とくに印象的だったのは「塩っぱいのはダメ、塩の薄いのはもっとダメ」ということでした。

皆さんも、塩辛くなりすぎないように、恐る恐る、パラパラと加えることが多いでしょう。でも、ある程度しっかりと加えないと素材の旨みは引き出せません。たとえばアスパラガスをゆでるとき。沸かした湯に、相撲の力士が塩をまくように、手でたっぷりとつかんで加えると、下味がついておいしくなります。わかりやすくいうなら素材1kgに対して10～20 gの塩（塩分濃度１～2%）がおいしい目安。塩味薄めのスープなら1%、塩分が保存にも役立つハムや肉のテリーヌなら2%、この幅でご自身のおいしい塩加減を覚えていくとよいでしょう。

七條清孝さんのお店
レストラン七條

長らく神保町で街の"洋食屋さん"として人気を博したが、ビルの老朽化に伴い、小川町に移転のあと、2023年、三鷹に再移転した。昼は海老フライやクリームコロッケなどの洋食中心、夜は本格的なフレンチのアラカルトが豊富で、ワインとともに楽しめる。

東京都三鷹市下連雀3-15-15 I'SAMビル1F
電話／0422-24-8375
定休日／火曜日、水曜日

イタリア料理

ITALIAN

「エル・カンピドイオ」

吉川敏明

イタリアでは、料理店はもともと家庭の日常生活の延長にあって、シェフが作るともっとおいしいから食べに来たよ、という場所でした。だから私がこの本でご紹介した料理はすべて、ご家庭で作れるものばかり。その“もっとおいしく作れる方法”をお教えしていますから、ぜひ作ってみてください。

私は、イタリア料理はアルティジャーノの料理だと思っています。アルティジャーノは「職人」と言われますが、見た目や芸術性よりも、本質を曲げずにコツコツとモノを作る人だと思っています。

だから私は「Come al solito」という言葉が好きです。「いつものように」「普段通りに」という意味で、私自身、特別なことはせず、でも基本はブレず、いつも同じものを作ることを大切にしています。ローマで4年間学び、50年以上前に帰国しましたが、今も私の軸であるローマと同じように作っています。

イタリアの基本の料理は何ですか？　と聞かれることがありますが、私は「ない」と答えます。イタリア料理はローマ料理、トスカーナ料理といった、さまざまな地域の料理の集合体で、多様性こそが特徴だからです。だから、イタリア料理を学びたいなら、それぞれの地域の気候や風土、食材、ワインなどを学ぶといいでしょうね。昔ながらの料理は、それらが密接に結びついて生まれているのですから。

吉川敏明さんのお店

エル・カンピドイオ

小田急線経堂駅から徒歩15分、住宅街の一角にあるログハウス風の店舗は、一見通り過ぎてしまいそうな佇まい。カジュアルな雰囲気の中で、本場そのままのローマ料理がいただける。メニューはアラカルトで、ローマのあるラツィオ州のワインも多くある。夜のみの営業で、要予約。

東京都世田谷区桜丘1-17-11
電話／03-3420-7432
定休日／火曜日〜木曜日。不定休あり

「ヴォーロ・コズィ」

西口大輔

僕が好きな言葉は“L'ingrediente più importante è la passione.”。イタリア語で「材料で、より大切なものは情熱」という意味です。料理を作るだけなら、材料表に書かれてある食材をそろえて、レシピ通りに作ればいい。でも本当においしく作るには、“もっとおいしく作りたい”という熱い気持ちや“食べる人にもっと喜んでもらいたい”という思いが必要だと思うんです。おいしく作りたいという情熱がエッセンスとして料理に宿ってはじめて、人に喜んでもらえる料理に昇華すると思っています。

僕は、お店がお休みの日が大好きです。休めるからではなくて、料理の仕込みを思い切りできるからです。同じ料理が今日より明日、今週より来週のほうがおいしく作れると、うれしいですよね。そのために仕込みをよりていねいに、完璧にできるように自分と向き合っています。皆さんもお客さまをおもてなしするとき、何日も前から献立を考え、器を用意して、準備できる料理は用意して当日を迎えますね。その情熱や思いやりに、ゲストはきっと感動してくれるはずです。

料理は、作るたびに味が違ったり、もっとこうしたいと感じたり、新しい発見があるのも醍醐味です。作り続ける中で、みなさんのお好みの味やマイレシピができ上がっていくのも、楽しんでみてください。

西口大輔さんのお店

ヴォーロ・コズィ

東京・白山の住宅街にあるレストラン。店内には絵が多数飾られ、またアンティークの調度が格調高い雰囲気を醸し出す。数々のアミューズから美しい前菜の盛り合わせ、シェフの手打ちパスタ、メイン、デザートに至るまで、西口シェフの極上の北イタリア料理を求めて食通が訪れる、知る人ぞ知る名店。

東京都文京区白山4-37-22
電話／03-5319-3351
定休日／月曜日、火曜日のランチ

中国料理

CHINESE

「Wakiya 一笑美茶樓」

脇屋友詞

「中国料理は中華鍋が必要」「たっぷりの油で油通しする」とよく言われますね。それがご家庭で中国料理を作るハードルを高くしているように思います。でも、油通しをするのにたっぷりの油は必要ありませんし、ご家庭の火力で、普通のフライパンで充分においしく作れます。

大切なのは段取りです。材料を切り分け、調味料を量り、下準備を整えてから加熱をスタート！　下準備ができていれば、加熱する時間は短いのですぐに料理ができ上がります。

私がお店のスタッフたちによく言うことが、「すぐやる 必ずやる できるまでやる！」。皆さんも、「この料理が作りたい」と思い立ったらすぐに材料を買いに行って、作ってみてください。何事もあきらめずにやれば、できるようになる。できるまでやり続けると自分のものとして習得できる。そして料理上手になれるのです。

「食事は、必ず毎日三度とる。その毎日行う当たり前のことに心を込める」という、料理をするうえで大切にしたい気持ちから、5ページの言葉をご紹介しました。料理は食べると一瞬にして消えてしまうものですが、その一瞬のために一回一回が真剣勝負。ご家族やお客さま、自分のために作る料理に真剣に向き合うことを忘れずに、という思いです。

脇屋友詞さんのお店

Wakiya 一笑美茶樓

都心の赤坂にある隠れ家のような一軒家レストラン。1階は広々としたメインダイニングとガーデンテラス、2階は和の雰囲気を生かした個室、3階は洋個室と、フロアごとに表情の異なる空間になっている。メニューはランチ3種類、ディナー6種類のコースのみ。近くに姉妹店の「トゥーランドット臥龍居」がある。

東京都港区赤坂6-11-10
電話／03-5574-8861
定休日／土曜日、日曜日、祝日

「4000 Chinese Restaurant」

菰田欣也

料理上手になる第一歩は、まず作って味をみること。本に載っているレシピは、料理のガイドラインですから、その通りに作って、食べておいしいかどうか確かめてください。だいたい3回作るともうちょっと甘くしたい、この調味料を足すとおいしいかな、といった自分の味ができてきます。時代によって手に入る食材も調味料も変わります。オリジナルのレシピはリスペクトしながら、ご自身で進化させていくものです。なぜなら、レシピは、その時点でベストでも、どんどん過去のものになるのですから。

また、味つけや素材を進化させても、料理の基礎や基本テクニックだけは大切にしてください。私は「温故知新」という言葉を大切にしています。30年間、修業先でクラシックな四川料理を作りました。今、悩んだり迷ったりすると原点に戻り、四川料理の本質は何か、なぜこういうことをするのかという理由を見つめ直します。

いろいろお伝えしましたが、実は料理上手になるいちばんの秘訣は、食べた人からほめられることだと思っています。ひと言「今日もおいしかった、ありがとう」という感謝の気持ちを伝えることで、作り手はどれだけうれしいことでしょう。他の料理に挑戦したり、もっとおいしく作りたいという意欲がわいてきます。作り手を成長させるのは食べ手なんですよ。

菰田欣也さんのお店

4000 Chinese Restaurant

表参道駅から徒歩15分ほど、南青山の日赤通り沿いにあるモダンなレストラン。四川料理をベースにしながら、食材、調味料、調理法など日々進化する“菰田チャイニーズ”が楽しめる。メニューはランチ3種類、ディナー4種類のコースのみで、完全予約制。なお、4000は「よんせん」ではなく「しせん」。

東京都港区南青山7-10-10
電話／03-6427-9594
定休日／不定休

韓国料理

KOREAN

「妻家房」

柳香姫

私は30年ほど前、韓国の家庭料理のおいしさをもっと知ってもらいたくて、「妻家房」を始めました。自宅の一部を改装して作った小さなお店でしたが、祖父や母から受け継いだ私の味をおいしいと通ってくださるお客さまがいて、今日まで続けられました。いま私は、そのふるさとの味を日本の皆さんに伝え、おうちで作っていただきたいと願っています。韓国風ではない、本当の韓国家庭料理を。だから長年、少人数の料理教室を続けています。

生徒さんたちに「どうしたらおいしく作れますか?」と聞かれると、「"手の味"が加わるとおいしくなります。韓国では昔からそう言われています」と答えています。この本でもナムル作りのコツは手でていねいに和えること、とお伝えしました。こうするとお箸で和えるよりも格段においしくなるんです。同じレシピでも、作る人によって不思議と味が違いますよね? それは、作り手の手の味が加わるからです。"手作り"という言葉通り、手で作るからおいしいし、それぞれの人の味になるのです。

だから道具はあまり使いませんが、私のキッチンに欠かせないのがすり鉢とすりこぎ。ごまをするときも、軽くすって、ところどころに粒が残っている状態で使います。にんにくもそう。それだけのことで味に深みが出て、本場の味にグッと近づけますよ。

柳 香姫さんのお店

妻家房

本店の1階には、白菜キムチをはじめ、季節のキムチやナムル、調味料、韓国食材が数多く並ぶ。2階は落ち着いた雰囲気のレストラン。ランチは人気のビビンバやプルコギ定食など、ディナーはアラカルトでさまざまなメニューがそろう。本店のほかにレストラン17店舗、百貨店のイートインや韓国食品店が13店舗ある。

東京都新宿区四谷3-10-25
電話/03-3354-0100
年中無休

インド料理

INDIAN

「ナイルレストラン」

ナイル善己

インド料理には、だし汁はありません。加える液体は水です。旨みの強い調味料もありません。味つけは塩だけです。おいしさを作るには、素材の味と油の旨みだけが頼りなので、油の使い方、とくに炒め方にポイントがあるのです。素材を油でしっかり加熱して、香りを立たせてインドらしい深い味を出す。その代表選手が玉ねぎです。玉ねぎはスパイスカレーに欠かせない食材のひとつで、味やとろみの濃淡を左右する大切な素材です。カレー作りでは最初に油と玉ねぎを炒めますが、炒めていくにつれて玉ねぎの水分と油が乳化し、次第に油がなじむ感覚になってきます。さらっとしたカレーにはうっすらした色づき加減に、とろりとグレイビーのついたカレーにはきつね色、いやもっともっと濃い"たぬき色"に炒めます。乳化した玉ねぎの水分と油が、そのままカレーのとろみになるからです。このときに弱火でゆっくり炒めても味に勢いがない。強めの火加減で、恐れずにガンガン炒めてください。トマトも強火で炒めて、水分をとばしながらぐーっと旨みを凝縮していきます。水分が残りすぎていると、どこか水っぽい味になります。ただしパウダースパイスは例外です。弱めの火加減で、じっくりと引き出してください。

スパイスはむずかしい、と思われがちですが、分量を恐れず、使って、味を知って、楽しんでください。

ナイル善己さんのお店

ナイルレストラン

東京・銀座、歌舞伎座近くにある、日本最古の本格的インド料理店。お店の目印は、タージマハールをデザインした「印度料理専門店　ナイルレストラン」の看板。お客のほぼ9割が注文するのが、半世紀以上続く店の名物「ムルギーランチ」。夜のおまかせコースでは、初代の出身である南インドの料理が堪能できる。

東京都中央区銀座4-10-7
電話/03-3541-8246
定休日/火曜日

撮影　日置武晴（道場六三郎さん 料理）
ローラン麻奈（野﨑洋光さん<第一章>、三國清三さん）
坂本正行／世界文化ホールディングス写真部（道場六三郎さん、ナイル善己さん 顔写真）

写真　髙橋栄一、日置武晴、ローラン麻奈、海老原俊之

デザイン　河内沙耶花（mogmog Inc.）

イラスト　ばばめぐみ

取材・構成　河合寛子（道場六三郎さん、三國清三さん）

スタイリング　岡田万喜代（道場六三郎さん、野﨑洋光さん<第一章>、三國清三さん）

校正　株式会社円水社、河合寛子

編集部　原田敬子

本当においしく作れる永久保存の200品

一流シェフのレシピ大全

発行日　2022年5月5日　初版第1刷発行
2024年9月15日　第4刷発行

発行者　岸 達朗

発行　株式会社世界文化社
〒102-8187
東京都千代田区九段北4－2－29
電話　03-3262-5118（編集部）
03-3262-5115（販売部）

印刷・製本　株式会社リーブルテック

DTP製作　株式会社明昌堂

ISBN 978-4-418-22302-2

＊本書は新規取材に、小社刊『本当においしく作れる洋食』『本当においしく作れるイタリアン』『本当においしく作れる和食』『本当においしく作れる韓国家庭料理』『定番おかず50』『和食のきほん、完全レシピ』『イタリアンのきほん、完全レシピ』『中華のきほん、完全レシピ』『ナイル善己のやさしいインド料理』の内容の一部を再編集して構成したものです。

＊店舗情報は、2024年8月15日現在のものです。諸事情により変更されることがあります。あらかじめご了承ください。